Reiseptraktisches

Zwischen Sýntagma, Omónia und Monastiráki

Antikes Athen

Pláka und Thissío

Weitere Innenstadtviertel

Nördlich und westlich des Zentrums

Südlich und östlich des Zentrums

Piräus, Südliche Küstenvororte

Nördliche Vororte

Text & Recherche: Dr. Dirk Schönrock
Komplette Überarbeitung der 3. Auflage: Andreas Neumeier
Lektorat: Birgit Rehaag
Redaktion und Layout: Sebastian Sabors
Fotos: alle Andreas Neumeier, außer: S. 115, 121, 128, 132, 133, 137, 182, 185, 199, 205, 219, 220, 222, 224, 231, 241, 244, 251, 253, 259 (Dr. Dirk Schönrock)
Fotomotive: Cover oben: Das Parthenón auf der Akrópolis (Dr. Dirk Schönrock)
Cover unten: Im Herzen der Pláka (Dr. Dirk Schönrock)
S. 3: Im neuen Akrópolis-Museum
S. 7: Abendlicht über Athen
S. 8/9: „Parlamentarier" vor der Kunstakademie
S. 10: Vor der Nationalbibliothek
S. 62/63: Die beleuchtete Akrópolis am Abend
S. 210/211: Das Tempel-Heiligtum auf dem Kap Soúnion
Covergestaltung: Karl Serwotka
Karten: Judit Ladik, Carlos Borrell, Gábor Sztrecska, Inger Holndonner

ISBN 978-3-89953-432-0

Druck: Wilhelm & Adam, Heusenstamm.

3. komplett aktualisierte und überarbeitete Auflage 2009

Dirk Schönrock Andreas Neumeier

ATHEN & ATTIKA

INHALT

Alles im Kasten

Kartenverzeichnis

Zeichenerklärung für die Karten und Pläne

- Autobahn
- asphaltierte Verbindungsstraße
- asphaltierte Straße
- Nebenstraße
- Grünanlage
- Berggipfel
- Leuchtturm
- Sehenswürdigkeit
- Antike Sehenswürdigkeit
- Flughafen/-platz
- Parkplatz
- Metrostation
- Museum
- Kirche/Kloster
- Moschee
- Post
- Ärztliche Versorgung

Was haben Sie entdeckt?

Trotz gründlicher Recherche kann es passieren, dass uns etwas entgeht. Wenn Sie ein empfehlenswertes Hotel, ein gutes Restaurant oder ein nettes Café entdeckt haben, lassen Sie es uns wissen. Auch für Kritik und Verbesserungsvorschläge sind wir dankbar. Schreiben Sie an:

Dirk Schönrock
Stichwort „Athen & Attika“
c/o Michael Müller Verlag
Gerberei 19
91054 Erlangen
E-Mail: dirk.schoenrock@michael-mueller-verlag.de

Athen & Áttika erleben

Athen & Áttika erleben

Athen. Die Stadt atmet, schläft, erwacht, singt, feiert, zieht sich den Mantel an, lässt im Sommer am Strand ihre Hüllen fallen. Eine Stadt, wie sie griechischer nicht sein könnte. Eine brodelnde Mischung aus orientalisch anmutendem Basarleben und eleganter Großstadtatmosphäre, bestückt mit den zahllosen Ruinen seiner großen Geschichte und geprägt von der Geschäftigkeit des Welthafens Piräus (Piraeás).

Die griechische Hauptstadt hat unter den europäischen Metropolen allerdings nicht den besten Ruf. Hochgradige Luftverschmutzung, endlose Autoschlangen, nervtötender Lärm und planlose Bebauung ließen lange Zeit nur noch wenig vom Geist der Antike verspüren. Doch in Athína – so der griechische Name – hat sich in den letzten Jahren einiges zum Positiven verändert, und es gibt zahllose unbestreitbar charmante Ecken, nicht nur im Altstadtviertel Pláka. Das Umland Áttika bietet zudem reizvolle Strände, deutlich mehr Ruhe und ebenso interessante archäologische Stätten.

Als sich die letzten türkischen Truppen Ende April 1833 von der Besatzung Griechenlands zurückzogen, lebten gerade einmal etwa 5000 Einwohner in einer heruntergekommenen Ruinensiedlung namens Athína unterhalb des Akrópolis-Felsens. König Otto I., dem aus Bayern stammenden ersten griechischen König des befreiten Landes, war es zu verdanken, dass die Stadt wieder Regierungssitz wurde und einen erneuten Aufschwung nahm. 1835 zog er mit seinen Beamten von der peloponnesischen Kleinstadt Náfplio in die ehemals führende Stadt der griechischen Antike. Ein Bauboom sondergleichen setzte ein, und die besten deutschen Architekten und Städteplaner wurden nach Héllas geholt: Friedrich von Gärtner, Leo von

Klenze, Eduard Schaubert und Ernst Ziller, ergänzt um die beiden dänischen Brüder Christian und Theophil Hansen. Das Zentrum des modernen Athen ist nach neoklassizistisch-bayerischen Vorstellungen am Reißbrett entstanden und aufgebaut worden.

Inzwischen hat sich Athen zu einer Fünf-Millionen-Metropole entwickelt, in der etwa die Hälfte der griechischen Bevölkerung wohnt und in deren Vororten mehr als die Hälfte der griechischen Industrie angesiedelt ist. Über Jahrzehnte hinweg ist die Stadt praktisch unkontrolliert in alle Himmelsrichtungen gewachsen. Heute hat sich das Wachstum etwas verringert und ist im Süden bis ans Meer sowie im Osten und Westen an Berghänge gestoßen. Nur in Richtung Norden kann sich die Stadt noch weiter ausdehnen. Mehr als 99 Prozent aller Häuser in Athen wurden laut Verwaltung in den letzten 50 Jahren errichtet. Dabei trafen zwei für die Stadt „unheilvolle" Tatsachen aufeinander: die ständige Erdbebengefahr und die Erfindung des Stahlbetons. Das städtebauliche Ergebnis ist daher zwar überwiegend funktionell, aber nicht unbedingt schön anzusehen. Theoretisch besteht Athen aus einer Kerngemeinde – welche die unmittelbaren Innenstadtbezirke umfasst – und 38 Vororten. Praktisch jedoch ist von Kifissiá im Norden bis nach Piräus und Vouliagméni an der Küste alles längst zusammengewachsen. Kein Wunder, dass viele fremde Besucher bei den ewig gleichen Straßenzügen und dem täglichen Verkehrschaos schnell die Orientierung verlieren.

Aber davon sollte man sich nicht abschrecken lassen. Eine Woche Athen-Aufenthalt und Ausflüge in die nahe Umgebung von Áttika sind ein Erlebnis, das genauso zu Griechenland gehört wie ein abgelegenes Bergdorf im Inneren einer kleinen Ägäisinsel. Jeder Grieche kennt die Hauptstadt. Wer einen umfassenden Eindruck von Griechenland bekommen will, sollte sie also ebenfalls erlebt haben. Elegante Großstadtatmosphäre gibt es ebenso zu entdecken wie zahlreiche geschäftige Basare und kleine grüne Oasen am Hang der Akrópolis. Im Stadtzentrum wurden einige Fußgängerzonen neu eingerichtet, und das ehrgeizige Großprojekt „Archäologischer Park" mit Einbindung der Sehenswürdigkeiten im antiken Zentrum (einschließlich prächtiger Fußgängerboulevards) ist so gut wie abgeschlossen. Hinzu kommen das berühmte Altstadtviertel Pláka, die quirligen Studententreffs in Exarchía und Kolonáki sowie die stillen Hügel Lykavitós, Stréfi und Philopáppou hoch über der lärmenden Millionencity. Jeder Stadtteil hat seinen eigenen Obst-, Gemüse- und Fleischmarkt (*Laikí Agorá*), der an mindestens einem Tag in der Woche stattfindet.

Inzwischen haben die Athener Stadtoberen längst erkannt, dass man etwas gegen die gravierenden Umweltprobleme der Metropole tun muss. Zu viel antiker Marmor ist schon dem Smog (*Néfos*) im Sommer und dem sauren Regen im Winter zum Opfer gefallen. Langsam werden Abgasuntersuchungen eingeführt und umweltfreundliche Linienbusse angeschafft, wird die Energieerzeugung von Erdöl auf Gas umgestellt und der Autoverkehr im Zentrum stärker eingeschränkt. Der wichtigste Schritt in den letzten Jahren war jedoch die Fertigstellung zweier neuer Metro-Linien quer durchs Zentrum. Positiv für die Luftqualität macht sich auch der neue Flughafen in der Ebene von Spáta bemerkbar, der deutlich weiter vom Zentrum entfernt liegt als der alte Flughafen *Ellinikón*. Hinzu kommt die neue Stadtumgehungsautobahn *Attikí Odós*, die seit 2003 vom Abzweig Elefsína über den Autobahnanschluss zum Flughafen und weiter nach Nordgriechenland (Lamía/ Thessaloníki) führt.

Auch dank der 2004 in ihre Heimat zurückgekehrten Olympischen Sommerspiele ist Athen zu einem attraktiven Ziel für europäische Städtereisende geworden. Denn

Beliebt bei Studenten, Touristen und Tagträumern – der Nationalgarten, die grüne Lunge Athens

die Vorbereitungen auf das sportliche Mega-Event wurden auch dafür genutzt, die antiken und klassizistischen Baudenkmäler zu restaurieren, Straßen und Plätze im Zentrum zu verschönern und die touristische Infrastruktur zu verbessern. Beispiellos war die Umgestaltung der Pláka vom düsteren Halbweltviertel der 60er-Jahre zum stilvoll restaurierten Touristenzentrum mit dem Charme des Nostalgischen.

Olivenbäume und Palmen am Rande der archäologischen Stätten, die Schickimicki-Szene in Kolonáki, orientalische Flohmarkthändler in der Pláka, alte Losverkäufer im Zentrum und Kirchweihfeste neben einer Boutiquenzeile – Athen ist eine Stadt der Gegensätze geblieben. Grünanlagen wie Nationalgarten, Philopáppou-Hügel, Lykavitós-Hügel oder Áreos-Park sind allerdings spärlich vertreten – zum richtig Durchatmen fahren die Athener deshalb an die nahe gelegenen Küstenstreifen. Auch hier, wie z. B. in Vouliagméni, Kalamáki oder Fáliron, hat sich im Rahmen der Umbaumaßnahmen für die Olympischen Spiele vieles verändert. Öde Betonwüsten sind breiten Flaniermeilen mit Palmen und Parkanlagen gewichen. Tagsüber sitzt man in den schicken Cafés oder spaziert die Promenade entlang, abends sind die zahlreichen Clubs und Tanztempel gut gefüllt. Die neue Tramlinie verbindet die gesamte Südwestküste Athens von Fáliron bis Glýfada mit dem Zentrum der Stadt. Auch ein Ausflug in den einen oder anderen Vorort lohnt sich: Neben dem Riesenhafen von Piräus sind z. B. die Villen in Kifissiá einen Tag allemal wert. Inselfeeling pur schließlich kann man auf dem „vor der Haustür" gelegenen Eiland Ägina genießen.

In Sachen Freizeit und Kultur hat die Region Áttika ein breites Angebot zur Verfügung. Rund um Athen sowie im Westen ist die Landschaft durch beeindruckende Berge (bis über 1400 m), im Norden, Süden und Osten dagegen eher von kleinen, dicht bewaldeten Hügeln geprägt. Die meisten Besucher zieht es jedoch an die schönen Küstenbadeorte im Westen, die sich von Athen bis zum Kap Soúnio hinunterziehen. Im Sommer und an den Wochenenden gehört das *páme bánjo* (*„Fah-*

ren wir zum Baden!") zum Pflichtprogramm der Athener. Gelegenheit ist in Áttika, aber auch an den südlichen Athener Stränden reichlich vorhanden. Zum anderen gibt es eine Reihe bedeutender archäologischer Stätten, die noch dazu zu den schönsten Griechenlands zählen: Eleusis, Soúnio, Vravróna, Marathónas, Ramnoús, Amfiárion, Elevtheraí, Aigóstena, Mégara, Aphaía und Salamís. Alle diese Stätten sind täglich bequem von Athen per Bus bzw. Fährboot zu erreichen, und für eine mehrtägige Áttika-Rundfahrt mit dem eigenen Mietfahrzeug gibt es in Athen eine Vielzahl von Anbietern. In allen größeren Küstenorten gibt es ein großes Angebot an Übernachtungsmöglichkeiten.

Klima und Reisezeit

Griechenland gehört zur Zone des gemäßigten subtropischen Mittelmeerklimas. So wechseln sich auch in Athen und Áttika heiße und trockene Sommer mit windigen und regenreichen, aber vergleichsweise milden Wintern ab. Die Übergangsphasen im Frühjahr und Herbst sind dagegen nur kurz.

Áttika ist im Allgemeinen von Ende April bis Ende Oktober ein angenehmes Reiseziel, aber die beste Urlaubszeit ist das späte Frühjahr ab Mitte Mai bis Ende Juni. In dieser Periode gibt es relativ wenige Regenschauer, die Winde blasen nur schwach, die Temperaturen sind noch nicht so heiß, doch die Wassertemperatur misst schon über 18 °C. Athen macht durch seine Kessellage zwischen mehreren Gebirgszügen eine Ausnahme: Im Jahresmittel ist es hier stets wärmer als im Umland, und im Juli/August ist es in der Stadt kaum auszuhalten. Nicht umsonst flieht ganz Athen im griechischen Ferienmonat August ins Umland oder auf die Inseln. Auch von Mitte September bis Ende Oktober herrscht ein angenehm warmes Klima und das Wasser hat noch fast Sommertemperaturen. Nachteil im Herbst: Es wird merklich früher dunkel.

Wer Niederschläge scheut und hohe Luft- und Wassertemperaturen sucht, kann sich auf das griechische Sommerwetter verlassen. Es wurden schon Jahre verzeichnet, in denen erst im Oktober wieder der erste Regen seit der Osterzeit fiel! Üblicherweise kommt es in den Monaten Mai oder Juni nur an sehr wenigen Tagen zu kurzen, aber heftigen Regenschauern.

Für den *Winter* ist Áttika kein empfehlenswertes Reiseziel, Athen hingegen durchaus. Auch viele Inselgriechen verbringen die kalte Jahreszeit in Athen. Die Hauptstadt bietet im Winter den Vorteil, dass sich kaum Touristen in der Stadt aufhalten, es praktisch immer freie Zimmer in den Hotels gibt und die Preise etwas niedriger sind. Zudem sind im Winter viele nicht-touristische Tavernen und Musikclubs

Klimatabelle	Jan.	Feb.	März	April	Mai	Juni	Juli	Aug.	Sept.	Okt.	Nov.	Dez.
Tageshöchsttemperaturen in ° Celsius	14	14	16	20	25	30	33	33	29	23	19	15
Tagestiefsttemperaturen in ° Celsius	7	7	8	11	16	20	23	23	19	15	12	9
Wassertemperaturen in ° Celsius	14	14	14	15	18	22	24	24	23	21	19	16
Sonnenstunden pro Tag	4	6	6	8	10	12	13	12	10	7	5	5
Anzahl der Regentage	8	7	6	4	4	1	1	1	2	5	7	8

Jetzt auch mit der Tram aus dem Zentrum erreichbar: die Strände von Kalamáki

geöffnet, deren Besitzer im Sommerhalbjahr ihr Geld auf den Inseln mit dem Fremdenverkehr verdienen. Allerdings steigt die Anzahl der Regentage pro Monat im November oder Dezember rapide an, erreicht im Januar oder Februar ihren Höhepunkt und sinkt erst im April wieder unter sieben. In den Wintern der letzten Jahre ist in Athen sogar mitunter kurzzeitig Schnee gefallen.

Winde: Wind gehört zu Griechenland genauso wie Sonne und Meer. Der trockene und kühle Nordwind (manchmal auch aus Nordwest) wird *Meltémi* genannt und erreicht nicht selten bis zu Windstärke acht, während die Sonne gleichzeitig erbarmungslos auf das Land brennt. Die warmen Winde aus südlichen Richtungen heißen *Siróko* (Schirokko).

Niederschläge: Wegen der Festlandslage regnet es in Athen und Áttika etwas häufiger als auf den Inseln. Leichte Bewölkung, Nieselregen oder ein kurzes Gewitter kommen auch im späten Frühjahr und im frühen Herbst gelegentlich vor. Oft fällt dagegen im Sommer monatelang kein Tropfen vom Himmel. Im jährlichen Mittel wurden etwa 70 Regentage gemessen, wobei die Gesamtniederschlagsmenge etwa 50 % des deutschen Mittelwertes erreicht.

Lufttemperaturen: Hier gibt es naturgemäß größere Unterschiede. In den höher gelegenen Orten in Áttika ist es immer ein paar Grad kälter als an der Küste und natürlich als in Athen. Dies liegt aber vor allem am Wind. Wirklich hoch gelegene Bergdörfer, in denen es sogar im Mai nachts noch kräftig abkühlt, gibt es in Áttika nicht. Die relative Luftfeuchtigkeit ist in der Ägäis gering und variiert zwischen 35 und 55 % im Sommer sowie 50 und 75 % im Winter. Im Jahresmittel kommen Athen und Áttika auf gut 2900 Sonnenstunden, während etwa Frankfurt a. M. mit 1650 vorlieb nehmen muss.

Wassertemperaturen sind immer abhängig von verschiedenen Aspekten, u. a. Küstenbeschaffenheit, Wassertiefe, Meeresströmungen und Wind. Die Angaben in der folgenden Tabelle gelten für die Athener Küstenvororte. Üblicherweise schwanken die Messungen im Laufe eines Jahres um gut 10 °C. Am kältesten ist das Wasser von Januar bis März, am wärmsten im Juli und August.

Geschichte

Vorgeschichte: Die Besiedelung des heutigen Stadtgebiets von Athen reicht bis ins 3. Jt. v. Chr. zurück, wobei die ältesten Spuren auf dem Akrópolisfelsen gefunden wurden. Etwa um 1500 errichten die Mykener dort eine Königsburg, auf der sie bis ca. 1065 v. Chr. residieren. Die Zeit des mythischen Théseus, der Athen laut Sage vom Einfluss des kretischen Königs Minos befreite, lässt sich auf etwa 1300 v. Chr. datieren.

Dorische Wanderung und Geometrische Zeit: Seit der Mitte des 12. Jh. v. Chr. erschüttert eine gewaltige *Völkerwanderung* die Welt des östlichen Mittelmeeres. Im Zuge dieser Wanderbewegung kommen etwa gleichzeitig mit dem Zusammenbruch der mykenischen Kultur neue Stämme nach Griechenland: die Dorer. Diese dorische Einwanderung veranlasst viele der einheimischen ionischen Stämme, das Feld zu räumen. Um 950 v. Chr. setzt in der Vasenmalerei der geometrische Stil ein, nach dem dann die gesamte Epoche benannt wurde.

Archaische Zeit, Anfänge der Demokratie und Perserkriege: Während der Archaik erlebt die gesamte griechische Welt eine kulturelle Blütezeit. Die ältesten schriftlichen Zeugnisse von der Geschichte des damals vom Adel beherrschten Athen datieren ins 8. Jh. v. Chr. Um die Politik der Willkür zu beenden, zeichnet Drakon erstmals um 620 v. Chr. die geltenden Gesetze der Stadt auf. 594 v. Chr. folgen die Reformgesetze des Solon zugunsten der einfachen Bürger und Bauern. Die Zugehörigkeit zu einer bestimmten sozialen Klasse beruht nun nicht mehr länger auf dem erblichen Stand. An seine Stelle tritt die Steuerleistung.

Damit sind die sozialen Konflikte mit dem Adel aber nicht behoben. Mit Peisístratos ergreift 560 v. Chr. ein Tyrann die Macht, der das einfache Volk auf seine Seite zieht. Die Herrschaft des Peisístratos und seiner Söhne Hippías und Hípparchos währt etwa 50 Jahre. Es entstehen nun auf der Akrópolis die ersten monumentalen Steintempel mit Säulenhallen und lebensgroßen Marmorstatuen. Als die Tyrannis blutig mit der Ermordung des Hípparchos endet, hat das Volk eine nicht mehr zu unterminierende Stellung erreicht. 509 v. Chr. führt Kleisthénes die Demokratie ein, indem er die alten Solonschen Gesetze wiederherstellt und die Volksversammlung weiter stärkt.

Zu dieser Zeit kommt die erste ernsthafte Bedrohung auf Athen sowie alle griechischen Städte und das gesamte Abendland zu: Die Perser dringen nach Kleinasien und auf das europäische Festland vor. Bei den griechisch-persischen Auseinandersetzungen zwischen 490 und 478 v. Chr. geht es in letzter Konsequenz immer um die Frage der Freiheit. Nur so und mit einer geschickten Taktik ist der Sieg des zahlenmäßig um den Faktor drei unterlegenen Athens in der berühmten *Schlacht bei Marathon* (490 v. Chr.) zu erklären. In der *Schlacht am Thermopylenpass* (480 v. Chr.) werden die Spartaner verraten, König Leonidas und 300 Gefolgsleute fallen. Die Perser zerstören Athen. Nun schließen sich die Griechenstädte zum gemeinsamen Kampf gegen die Perser zusammen und siegen unter Führung des Atheners Themistoklés in den berühmten *Schlachten von Salamís* (480 v. Chr.), *Plataeaé* (479 v. Chr.) sowie in der *Seeschlacht von Mykáli* (478 v. Chr.).

Griechische Antike, Hellenismus und Rom: Nach Athens Sieg über die Perser wird 477 v. Chr. der *Attisch-Delische Seebund* gegründet. Mit den Tributzahlungen seiner Mitglieder werden die Prachtbauten und der Ausbau Athens finanziert. Dabei

Dem Gott der Schmiede geweiht und von Besuchern gehuldigt – Hephaistos-Tempel

gilt insbesondere die Akrópolis als repräsentatives Zeichen seiner Machtstellung in Griechenland. In den Jahren nach 479 v. Chr. beginnt der Bau der „Langen Mauern“, die Athen mit dem Hafen Piräus verbinden. Gleichzeitig steigt der Einfluss des Volkes auf die Politik weiter an, und es entwickelt sich um 464 v. Chr. schließlich die sog. radikale Demokratie mit Periklís an der Spitze. Neben der Architektur erleben auch Kunst und Theater in dieser Zeit eine Blüte. Athen gewinnt mit seinem Seebund die Vorherrschaft in der gesamten Ägäis, während das aristokratisch verfasste Spárta die Vormacht auf dem Peloponnes erlangt. Zwischen beiden Mächten besteht eine jahrelange Feindschaft, die sich schließlich in den Peloponnesischen Kriegen entlädt.

Nach weiteren inneren Kleinkriegen sind die Griechen so geschwächt, dass sie 338 v. Chr. König Philipp II. von Makedonien unterliegen. In der entscheidenden Schlacht bei *Chaironeia in Böotien* (338 v. Chr.) werden die vereinigten Athener und Thebaner vernichtend geschlagen. Nach seinem Sieg vereinigt der König alle griechischen Staaten außer Spárta im *Korinthischen Bund* (336 v. Chr.) unter seiner Führung. Während der Vorbereitungen zum Feldzug gegen die Perser, seinem ehrgeizigsten Vorhaben, wird Philipp II. 336 v. Chr. auf der Hochzeit einer seiner Töchter ermordet. Unter der Führung seines Sohnes Alexander des Großen unterwerfen die Makedonier zusätzlich das gesamte Perserreich. Doch Alexander stirbt ohne Erben, und das Reich zerfällt. Griechenland zählt nun zum Herrschaftsgebiet der Antigoniden. Die Griechenstädte führen weiter Kriege untereinander und beschwören damit das Eingreifen Roms herauf, das Ruhe auf der südlichen Balkanhalbinsel herstellen will.

146 v. Chr. wird ganz Griechenland zur „befriedeten“ und politisch bedeutungslosen römischen Provinz. Doch die Römer finden Gefallen an Athen, bauen einige Tempel nach oder transportieren die Originalteile nach Rom. Kaiser Hadrian versucht schließlich den alten Glanz der Stadt auch in Griechenland wiederherzustellen, indem er den Tempel des Olympischen Zeus fertig stellen lässt.

Die Peloponnesischen Kriege

Im letzten Drittel des 5. Jh. endet Athens Vormacht über Griechenland, als sich der Attische Seebund und der Peloponnesische Bund unter Spártas Führung gegenüberstehen. Die in mehreren Etappen ausgetragenen **Peloponnesischen Kriege** brechen im Jahre **431 v. Chr.** aus. Anlass ist ein gegen Mégara gerichteter Boykott Athens, tiefere Ursache aber das Ausgreifen Athens auf immer mehr Griechenstädte. In der ersten Phase, dem **Archidamischen Krieg**, folgen beide Mächte zunächst ihren bisher erfolgreichen Taktiken: Athen evakuiert seine Einwohner zwischen die Langen Mauern und greift den Peloponnes über den Seeweg an. Allerdings fördert das enge Zusammenleben der Bevölkerung eine schnelle Ausbreitung der in Athen im Jahre 430 ausbrechenden Pest. Das erfahrene Landheer der Peloponnesier unter König Archídamos fällt mehrfach in Áttika ein und verwüstet dort die Felder. Nach Periklís' Pesttod erobern die Spartaner 427 Plataeaé, aber 425 siegt Athen unter Kléon in einer wichtigen Schlacht bei Pýlos. Doch Kléons Kriegsführung ist teuer, und so erhöht man die Tributzahlungen der im Attischen Seebund organisierten Verbündeten Athens. Spárta hat daher leichtes Spiel, immer mehr Mitglieder aus dem Seebund herauszulösen. Nach Kléons Tod 421 auf dem Schlachtfeld bei Amphípolis bildet sich auf beiden Seiten eine innenpolitisch begründete Friedensmehrheit heraus. Unter Vermittlung des Níkias wird **421 v. Chr.** der **Níkiasfriede** auf die folgenden 50 Jahre geschlossen.

Verschiedene Bündnispartner beider Seiten sind jedoch mit dem Friedensabkommen nicht einverstanden. Gleichzeitig besetzt Spárta ab 413 die Stadt Dekeleía in Áttika dauerhaft und sperrt von dort aus Athens Landzugang. Dekeleía war auch der Ausgangspunkt für regelmäßige Verwüstungen der landwirtschaftlichen Anbaugebiete Áttikas seitens der Spartaner. Damit befindet man sich ab **413 v. Chr.** faktisch wieder im Kriegszustand, dem **Dekeleischen Krieg**.

Spárta schließt mit dem athenischen Erzfeind Persien einen Bündnisvertrag, in dessen Folge die ionischen Städte von Athen abfallen und ab **412 v. Chr.** den **Ionischen Krieg** gegen Athen beginnen. 411 kommt es dann in Athen zu einem Staatsstreich, der eine gemäßigte Oligarchie an die Macht bringt. Die drei Folgejahre bringen Terraingewinne für Athen, während Spárta seine Seestreitmacht ausbaut.

Der Krieg kommt in die entscheidende Phase, als die Flotte Athens 406 im Hafen von Mytilíni auf Lésbos eingekesselt wird. In der größten Seeschlacht der Peloponnesischen Kriege werden bei der Inselgruppe Arginoúsa etwa 270 Schiffe eingesetzt. Athen siegt und kann sich zunächst befreien, aber die Verluste sind immens. Nun greift Lýsandros auf persisches Geld zurück, stellt eine neue Flotte auf und sperrt wieder den Hellespont. Vor der thrakischen Küste bringt **405 v. Chr.** die Seeschlacht von Agiospotamoí den endgültigen **Sieg der Spartaner**. 3000 athenische Gefangene werden dabei getötet. Ausgelöst durch die Blockade von Piräus **kapituliert die Staatsführung Athens im Frühjahr 404 v. Chr.** nach einer Hungersnot in der Stadt. In der Folge muss Athen sowohl die demokratische Staatsform als auch den Seebund abschaffen und dem Peloponnesischen Bund unter Spártas Führung beitreten.

Christliches Gedankengut kommt schon früh nach Griechenland. Als der Apostel Paulus im Jahr 51 n. Chr. auf dem Areopag in Athen und ein Jahr später in Korínth predigt, gibt es schon erste christliche Gemeinschaften. 267 n. Chr. fallen dann gotische Stämme auf dem griechischen Festland ein und zerstören Athen. Zur Zeit *Konstantins des Großen* (280–337 n. Chr.) wird das Reich von Byzanz (Konstantinopel) aus regiert.

Byzantinische Zeit: Ab dem Ende des 4. Jh. muss man spätestens auch vom Ende der römischen Antike sprechen. 380 wird unter dem römischen Kaiser Theodosius I. das *Christentum zur Staatsreligion* erhoben. 394 erlässt derselbe Herrscher das Verbot aller heidnischen Bräuche, was auch das Ende der Olympischen Spiele des Altertums bedeutet.

Nach der endgültigen *Teilung des Römischen Reichs* 395 werden Griechenland, die Provinzen Macedonia und Achaia dem *Oströmischen Reich* (Konstantinopel) zugesprochen. Athen und Áttika sind damit byzantinisch, und der Niedergang Athens vollzieht sich parallel zur Christianisierung. Als schließlich durch Kaiser Justinian im Jahre 529 die Philosophenschule auf der alten Agorá geschlossen wird, verwaist die Stadt zusehends. Byzanz betreibt eine Politik der Verschmelzung von Staat und Religion, die Griechenland bis heute prägt. Es entstehen zahlreiche Klöster und Kirchenbauten, von denen einige Fragmente noch heute zu sehen sind. Während dieser Zeit leidet ganz Hellas unter den ständigen Piratenüberfällen. Etwa um 900 fallen Araber-Heere ein und verwüsten ganze Landstriche. Trotz einiger Befestigungsversuche kann der Kaiser jedoch von Konstantinopel aus keine dauerhafte Sicherheit gewährleisten.

Venezianisch-fränkische Zeit, Türkenherrschaft und griechischer Freiheitskampf: Fränkische Kreuzritter unter Venedigs Führung lenken 1204 den Vierten Kreuzzug um und plündern Konstantinopel. Damit ist das Byzantinische Reich politisch (nicht aber religiös) am Ende und wird aufgeteilt. Athen fällt in die Hände der Franzosen, die in Athen ein Herzogtum errichten, das auch Áttika und den Peloponnes umfasst. In den Folgejahrzehnten wechseln sich katalanische, florentinische, venezianische, türkische und albanische Besatzungen ab. Nachdem die Türken am 29. Mai 1453 Konstantinopel erobern, endet auch die Existenz der byzantinischen Nachfolgestaaten. 1456 können die Osmanen Athen vollständig unter ihre Kontrolle bringen, vier Jahre später wird im Parthenon eine Moschee errichtet.

Am 25. März 1821 – dem heutigen Nationalfeiertag – gibt Bischof *Germanós von Pátra* den Startschuss zum Aufstand gegen die verhasste Türkenherrschaft. In seinem Verlauf erhalten die Griechen Unterstützung durch westeuropäische Freiwillige, die sich begeistert von der Idee der Wiedergeburt Griechenlands und des Hellenismus dem Kampf anschließen. Am 1. Januar 1822 erfolgt die Unabhängigkeitserklärung, und am 9. Juni 1822 hisst der griechische Hauptmann Odysséus Androútsos die griechische Fahne auf der Akrópolis. Nach der *Seeschlacht von Navarino* (1827), in der eine englisch-russisch-französische Flotte die Türken vernichtend schlägt, werden die griechischen Gebiete südlich einer Grenze von Vólos bis Árta 1829 unabhängig. Die Ionischen Inseln stehen bereits seit der Jahrhundertwende unter wechselndem Protektorat der Russen, Engländer und Franzosen. 1815 werden sie zur *Republik der Ionischen Inseln* (unter englischem Schutz) und gehen 1863 im Königreich Griechenland auf.

Königreich und Militärdiktatur: Die siegreichen Großmächte überlassen Griechenland jedoch nicht den Einheimischen, sondern setzen einen König an die Spitze des

Schmuckstück nach bayerischen Plänen erbaut: die Kunstakademie

Landes: Der Wittelsbacher *Otto I. (1832–1862)* wird am 18. Februar 1832 zum König der Hellenen gekrönt. Sein erster Regierungssitz ist Náfplio, doch bereits im Dezember 1834 zieht die Regierung auf Betreiben Ottos nach Athen um. Allerdings erweisen sich Ottos Maßnahmen zur Ordnung des Staatswesens schon bald als ungeeignet. Sein zentralistisch organisierter, absolutistischer Staat widerspricht dem griechischen Wesen zutiefst. So kommt es 1843 zu einem Aufstand, in dessen Verlauf die absolute Monarchie in eine konstitutionelle umgewandelt wird. Da Otto auch außenpolitisch wenig erfolgreich ist, nehmen die innenpolitischen Unruhen und Aufstände kein Ende. 1862 muss Otto I. endgültig abdanken. Seine wichtigsten Taten waren wohl die Gründung der **Universität Athen** sowie der **Wiederaufbau der Stadt** durch die ihn begleitenden Architekten Eduard Schaubert und Leo von Klenze. Es folgt mit *Georg I.* eine dänisch-britische Linie auf dem Thron. Ihm sind größere politische Erfolge beschieden als seinem Vorgänger. Unter seiner Herrschaft erfolgt der Anschluss der Ionischen Inseln (1863) und Thessaliens (1881), auf wirtschaftlichem Gebiet glänzt er mit dem Bau des **Kanals von Korinth** (1881–1893). 1913 wird *Konstantin I.* Nachfolger seines Vaters. Unter Ministerpräsident *Elefthérios Venizélos* werden große Teile des kirchlichen Landbesitzes verstaatlicht und an die Bauern verteilt. Im Gegenzug erhalten die orthodoxen Priester bis heute ein Salär vom Staat.

1922 versucht Griechenland die alten griechischen Besitztümer an der kleinasiatischen Küste zurückzuerobern. Doch Kemal Atatürk schlägt das griechische Heer. Zahlreiche Gräueltaten gegen die griechische Bevölkerung folgen, bevor im Friedensvertrag von Lausanne 1923 ein Bevölkerungsaustausch vereinbart wird. Etwa eine Million kleinasiatischer Griechen wandern nach Griechenland ein und lassen die Einwohnerzahlen insbesondere in Athen stark ansteigen. Die **Integrationsprobleme** dieser Flüchtlinge haben Spätfolgen bis heute.

Konstantin muss wegen der Niederlage in Kleinasien abdanken. Sein Sohn *Georg II.* besteigt den Thron, tritt aber schon 1923 zurück und flieht nach London ins Exil.

1935 kehrt er zurück. Im gleichen Jahr errichtet General *Ioánnis Metaxás* eine Militärdiktatur. Am 28. Oktober 1940 stellt Italiens Diktator Mussolini den Griechen ein Ultimatum, die Stadt Ioánnina und die Küste von Épirus an Italien zu übergeben. Metaxás antwortet mit „Nein" (*óchi*-Tag), worauf Mussolini Griechenland den Krieg erklärt. Im Winter 1940/41 schlagen die Griechen die italienische Offensive zurück, müssen sich jedoch bald darauf deutschen Truppen geschlagen geben, die Italien ab dem 6. April 1941 zu Hilfe kommen. Knapp zwei Wochen später kapituliert Griechenland. Als sich 1943 die Kriegsniederlage der Deutschen abzeichnet, beginnen die Griechen einen Partisanenkrieg. Die deutsche Wehrmacht antwortet mit Massakern an der Zivilbevölkerung. Am 12. Oktober 1944 verlassen die letzten deutschen Soldaten griechischen Boden.
Schon zwei Monate nach dem Abzug der Deutschen beginnen Straßenschlachten in Athen. Der politische Gegensatz zwischen dem royalistischen und kommunistischen Widerstand leitet nahezu übergangslos in den griechischen Bürgerkrieg über (1945–49), den schließlich die Royalisten für sich entscheiden. Es folgt eine Zeit stabiler innenpolitischer Verhältnisse. *König Paul I.* (1947–1964, Bruder Georgs II.) und die Ministerpräsidenten *Papagos* (1951–1955) und *Konstantínos Karamanlís* (1956–1963) verzeichnen einige politische Erfolge. Unter der neuen westlichen Schutzmacht USA tritt Griechenland 1954 der NATO bei.
Als 1967 ein Wahlsieg der Linken erwartet wird, putscht die Armee am 21. April und die Obristen unter *Geórgios Papadópoulos* übernehmen die Macht. Noch im selben Jahr muss *König Konstantin II.* nach misslungenem Gegenputsch das Land verlassen. Die führenden Politiker aller Parteien werden verhaftet. Über Griechenland wird der Ausnahmezustand verhängt. Die Obristen-Clique gibt dem Land eine neue Verfassung, tritt aus dem Europarat aus und kündigt die Menschenrechtskonvention auf. 1974 stürzt die Junta über ihre Verwicklung in den Putsch und den türkischen Überfall auf Zypern, dem die Teilung der Insel folgt.

Republik: Am 17. November 1974 erringt die konservative Partei Néa Dimokratía (Neue Demokratie, ND) die absolute Mehrheit bei den Parlamentswahlen. Im Dezember des gleichen Jahres fegt eine Volksabstimmung die Monarchie hinweg: Griechenland ist seither eine Republik. 1981 erfolgt der Eintritt in die Europäische Gemeinschaft, und die ND-Regierung unterliegt dem Sozialisten *Andréas Papandréou* (Panhellenische Sozialistische Bewegung, PASOK) bei der Parlamentswahl.

Mit Ausnahme der Jahre zwischen 1990 und 1993 unter Ministerpräsident *Konstantínos Mitsotákis* wird Griechenland von 1981 bis 2004 von der PASOK regiert. Allerdings gewinnen die Sozialisten unter *Kóstas Simítis* die Wahlen vom 9. April 2000 nur mit dem hauchdünnen Vorsprung von einem Prozentpunkt. Das Hauptziel der Regierung Simítis, die Teilnahme Griechenlands an der Europäischen Währungsunion, wird jedoch erreicht (wenn auch mit gefälschten Bilanzen, was sich aber erst 2004 zeigt).

In Griechenlands Hauptstadt ist seit Januar 2003 die dynamische und charmante *Dóra Bakogiánni* (ND) am Ruder, 2006 wird sie zur Außenministerin berufen. Dies ist umso bemerkenswerter, als ihr Vater, der ehemalige Ministerpräsident Konstantínos Mitsotákis (ND), beim Volk nicht sonderlich beliebt war. Noch im Dezember des Jahres 2002 entkam sie nur knapp den Kugeln eines Geisteskranken, der in Athen vor ihrem Amtssitz auf ihr Auto geschossen hatte.

Wohl kaum eine andere europäische Stadt hat sich in derart kurzer Zeit so rasant entwickelt wie Athen unter der Ägide der jungen Oberbürgermeisterin. Unübersehbar sind die vielfältigen architektonischen Neuerungen im Stadtbild, das „Facelifting" der großen Plätze und im Zusammenhang mit den Olympischen Spielen natürlich die neuen Schnellstraßen um und durch die Stadt. Trotz der angespannten Haushaltslage sind sich die Athener einig, dass „Dóra" ihre Sache gut gemacht hat.

Bei der Parlamentswahl im März 2004 erzielt die konservative ND-Partei von Oppositionsführer *Kóstas Karamanlís* einen klaren Sieg und lenkt seither die Geschicke des Landes. Die bis dahin regierende PASOK unter *Geórgos Papandréou* (der kurz zuvor Regierungschef Kóstas Simítis abgelöst hatte) verliert ihre Mehrheit.

Am 6. Dezember 2008 trifft ein vermeintlicher Querschläger aus einer Polizeipistole den 15-jährigen Alexis Grigoropoulos, Sohn eines angesehenen Athener Schmuckhändlers und Anhänger einer autonomen Bewegung, tödlich, und entfacht die schlimmste Gewaltwelle in Athen und weiteren griechischen Städten seit der Diktatur.
Linksautonome nützen die emotionsgeladenen Proteste der Schüler, Studenten und der Bevölkerung für ihre Zwecke und liefern sich fast eine Woche lang nächtliche Straßenkämpfe mit der Polizei. Vor allem der Athener Stadtteil Exárchia, der von Behörden und Polizei seit Jahren als „verbotene Stadt" toleriert wird, liegt im Brennpunkt. Es fliegen Steine und Molotowcocktails – rund drei Tonnen Tränengas kommen zum Einsatz. Die Situation im Athener Zentrum gerät völlig außer Kontrolle: Rund 4000 Randalierer zünden Autos, Banken und Geschäfte an und errichten brennende Straßenblockaden. Was ihnen in den Weg kommt, fällt den Flammen zum Opfer. Fast symbolisch wird auch der 20 m hohe Weihnachtsbaum am Sýntagma-Platz abgefackelt. 500 Geschäfte werden völlig zerstört und teilweise geplündert; Allein in Athen beläuft sich der Sachschaden auf rund 50 Mio. Euro. Besonders brisant: Die maskierten Jugendlichen können sich immer wieder in die Gebäude des Polytechnikums zurückziehen, denn seit der Diktaturzeit verbietet ein Gesetz der Polizei das Betreten der Universitäten.
Verhaltensforscher sehen den Grund für die Gewaltbereitschaft vor allem in der Perspektivlosigkeit der Jugend in Griechenland. Mit 26 % hatte das Land offiziell die höchste Jugendarbeitslosenquote der EU. Dagegen richten sich die friedlichen Proteste der Bevölkerung im Banne der weltweiten Finanzkrise vor allem gegen fehlende Strukturreformen der Regierung, gegen Vetternwirtschaft und Korruption des Behördenapparates. Indirekt wird damit auch die Ablösung der Regierung Kóstas Karamanlís gefordert, doch eine grundlegende Verbesserung scheint wegen fehlendem Erneuerungswillen und der zerrissenen Parteiensituation in Griechenland fraglich.

Brauchtum, Feste und kulturelle Veranstaltungen

Die Griechen lieben ihre Festtage, die sie oft mit großem Aufwand begehen. Es gibt zwei Arten von Feiertagen: die nationalen und die lokalen. Die Anlässe sind meist historischer, religiöser oder kultureller Art. Allerdings wird in Athen vergleichsweise wenig gefeiert.

Nahezu ausnahmslos feiert jedes Dorf in Áttika sein eigenes Kirchweihfest. Oft wird mit einer Prozession an den örtlichen Kirchenheiligen erinnert. Auch fast alle Klöster begehen einmal im Jahr ihren Stiftungstag oder sind der Veranstaltungsort bedeutender kirchlicher Zeremonien. Das traditionell höchste Fest der griechischen Orthodoxie ist **Ostern**. Sieben Wochen vor Ostern beginnt die Fastenzeit *Megáli Sarakostí*, die heute aber von den meisten Gläubigen nur noch in der Karwoche streng eingehalten wird. Am Karfreitag wird Halbmast geflaggt und man enthält sich in der Öffentlichkeit vergnüglicher Äußerungen aller Art. In den Kirchen wird nachmittags die Christus-Statue vom Kreuz abgenommen und auf einen Altar gelegt. Abends erfolgt ein Umzug des mit Blumen geschmückten Epitáphios unter allgemeinem Trauergesang. Ostersamstag ist der Tag der Vorbereitungen: Alles wird fein herausgeputzt und in den Fleischläden herrscht Hochkonjunktur, denn das traditionelle *Osterlamm* schlachtet man heute kaum noch selbst. Am frühen Abend treffen sich die Familienmitglieder im Haus des Familienoberhauptes. Üblicherweise kommen alle Angehörigen, und selbst im weit entfernten Ausland lebende Griechen kehren zum Osterfest in die Heimat zurück. Etwa um 22 Uhr beginnt am Karsamstag der *Ostergottesdienst.* Die strenge Liturgie mit Wechselgesängen endet kurz vor Mitternacht. Dann wird das Licht ausgelöscht, und der oberste Priester eröffnet um Mitternacht das Osterfeuer an seiner Kerze. Die Umstehenden entzünden ihre mitgebrachten Kerzen an diesem Osterlicht, und so wandert es im Schneeballsystem in wenigen Minuten durch die ganze Kirche, die nun wieder hell erstrahlt. Das Licht soll die *Auferstehung Christi* symbolisieren. *„Christós anésti"* („Christus ist auferstanden") lautet der Ostergruß, und man antwortet *„Alithós anésti"* („Er ist wahrhaftig auferstanden"). Draußen knallen Feuerwerkskörper mit einem Getöse, das an unser Neujahrsfeuerwerk erinnert. Dann geht es mit dem Osterlicht nach Hause, wo im Kreise der Familie traditionell die *Majirítsa,* eine Suppe aus Lamminnereien, gegessen wird.

Der Ostersonntag beginnt erneut mit einem Gottesdienst. Danach werden *rot gefärbte Eier* verteilt, die einerseits das Blut Christi und andererseits das Leben symbolisieren sollen. Es folgt das große Festessen in den Familien. Traditionell gibt es *Lammbraten.*

Trachtengruppen am Sýntagma-Platz – Tradition wird in Griechenland groß geschrieben

Große **Feste** werden in Athen – mit Ausnahme von Ostern, Weihnachten, Mariä Entschlafung oder dem Dreikönigstag – nicht gefeiert. Dennoch wird in jeder Kirche der Namenstag des örtlichen Heiligen begangen. Oft findet dann nebenan ein kleiner Flohmarkt der Straßenhändler statt. In der Pláka wird außerdem **Karneval** gefeiert. Von Donnerstag bis Samstag ziehen Jugendliche mit Glocken durch die Straßen und verteilen dabei jede Menge Kalkstaub. Natürlich gibt es in Athen auch Veranstaltungen zu den nationalen Feiertagen sowie zahlreiche kulturelle Festivals. Details dazu im Reiseteil.

Osterprozession

Festkalender (Auswahl)

1. Januar	Fest des Ágios Vassílios (Weihnachtsmann), Tag der Geschenke und Neujahr.
6. Januar	Theophánia (Dreikönigstag). Mit Triangeln ziehen Kinder von Haus zu Haus und singen die *Kálanta,* um Kleingeld oder Süßigkeiten einzuheimsen.
2. Februar	Ypapantí (María Lichtmess).
Fastnacht/ Katharí Devtéra	Apokriés (sieben Wochen vor dem Osterfest), Beginn der Fastenzeit am orthodoxen Rosenmontag:
Karfreitag/Ostern	Das größte Kirchenfest des Jahres wird überall noch immer nach alter griechisch-orthodoxer Tradition gefeiert – ein unvergessliches Erlebnis! Wichtig: Das Datum kann von unserem Osterfest bis zu 6 Wochen abweichen, denn das griechisch-orthodoxe Ostern wird nach dem Julianischen Kalender berechnet. Die Termine der nächsten Jahre: 19. April 2009 (bei uns 12. April), 4. April 2010 (4. April) und 24. April 2011 (24. April).
25. März	Griechischer Unabhängigkeitstag (Erinnerung an den Aufstand von 1821 gegen die Türken); außerdem Fest der Evangelístria (María Verkündigung).
15. August	Panagía (Mariä Entschlafung). Damit gedenkt man des leiblichen Todes Marias (die eigentliche Himmelfahrt findet für die orthodoxe Kirche erst drei Tage später statt).
28. Oktober	„Óchi-Tag" (Erinnerung an das griechische Nein zum Ultimatum der italienischen Faschisten im Zweiten Weltkrieg).
6. Dezember	Fest des Ágios Nikólaos.
25./26. Dezember	Christós (Weihnachten).

Taxifahren in Athen – im europäischen Vergleich nach wie vor ein günstiges Vergnügen

Praktische Informationen

Anreise

Mehr als 2000 km gilt es zu überwinden, um aus Mitteleuropa nach Griechenland zu gelangen. Es lohnt also, sich ein paar Gedanken über die Anreise zu machen, um von den wertvollen Urlaubstagen möglichst wenig Zeit zu vergeuden. Flugzeug, kombinierte Auto- und Fährpassage oder gar Bahnanfahrt – jede Variante ist mit Vor- und Nachteilen verbunden, die man in Ruhe abwägen sollte.

Wer nur zwei Wochen Zeit hat, wird für die Anreise sicher keine vier Tage für Hin- und Rückfahrt in meist überfüllten Zugabteilen in Kauf nehmen, sich im Bus das Sitzfleisch oder im Auto die Nerven strapazieren. Auch wenn es nach dem Krieg auf dem Balkan inzwischen wieder durchgehende Straßen gibt, sind Stress bei der Anreise auf dem Landweg und die damit verbundenen Kosten (Straßennutzungsgebühren, Kfz-Vollkasko-Transit-Versicherung, Benzin- und Übernachtungskosten) eine grundsätzliche Überlegung wert.

Mit dem Flugzeug

Der neue Athener Airport *Elefthérios Venizélos* bei Spáta ist der größte internationale Flughafen Griechenlands. Er wurde im März 2001 eingeweiht und ersetzte den alten, stadtnahen Flughafen *Ellinikón*. Der hochmoderne neue Großflughafen wurde von einem internationalen Konsortium unter deutscher Führung gebaut und entspricht allen sicherheitstechnischen Anforderungen. Auch die Leitung der Betreibergesellschaft wird noch mindestens 17 Jahre in deutscher Hand bleiben.

Athen wird ganzjährig per Linienverbindung und im Sommerhalbjahr auch von ausländischen Chartermaschinen direkt angeflogen. Abflüge gibt es von allen großen Flughäfen in Deutschland, Österreich und der Schweiz.

• *Flug mit Unterkunft* Für den Urlaub in der Hauptsaison ist – vor allem Familien mit Kindern – anzuraten, Flug und Unterkunft über Reiseveranstalter pauschal zu buchen. Die Zimmersuche auf eigene Faust kann in dieser Zeit unter Umständen zu einem langwierigen Unternehmen ausarten, da Athen im Sommer von Touristen aus aller Welt besucht wird, und auch griechische Urlauber im Sommer vermehrt nach Áttika fahren. Um im Dschungel von Saisonpreisen, Sonderarrangements und Billigangeboten das für einen selbst günstigste Angebot zu erfahren, sollte man sich immer in mehreren Reisebüros informieren – nicht alle bieten dieselben Veranstalter an (Exklusivverträge mit bestimmten Unternehmen). Oft zahlt man bei verschiedenen Gesellschaften für die gleiche Leistung erheblich unterschiedliche Preise. Stellen Sie auf jeden Fall Vergleiche an und nehmen Sie sich Zeit bei der Auswahl. Man kann so viel Geld sparen. Beachten Sie auch die diversen Extras, etwa die unterschiedlichen Kinderermäßigungen.

• *Nur Flug* Im Zuge der Deregulierung des EU-Luftverkehrs kann man inzwischen problemlos Charterflüge ohne Pauschalarrangement buchen, genannt „Nur Flug" bzw. „Only-Flights". Alle großen Reiseveranstalter und Fluggesellschaften bieten mittlerweile auch „Nur-Flug-Reisen" an. Vor der Buchung ist in jedem Fall auch hier das Einholen mehrerer Angebote zu empfehlen – nicht alle Reisebüros haben sich darauf spezialisiert, besonders günstige Flüge herauszufinden.

Reiseveranstalter mit Athen/Áttika-Programm

Attika, Sonnenstr. 3, 80331 München, ✆ 089-54555-100, 📠 089-54555-280, www.attika.de. Darüber hinaus empfehlen wir besonders den Prospekt dieses langjährigen Griechenland-Spezialisten.

NUR, Zimmersmühlenweg 55, 61440 Oberursel, ✆ 06171-65-00, 📠 06171-652125, www.neckermann-reisen.de.

Reiseladen, Dominikanerbastei 4, A-1010 Wien, ✆ 01-5138936 und Flughafenstr. 1, A -4063 Linz, ✆ 07221-64792, www.reiseladen.at.

TUI, Postfach 610280, 30620 Hannover, ✆ 0511-567-0, 📠 0511-567-1301, www.tui.com.

Transport von Gepäck, Sondergepäck und Tieren

• *Gepäck* Auf allen internationalen Linien- und Charterflügen dürfen 20 kg Freigepäck pro Person mitgenommen werden, auf innergriechischen Flügen dagegen nur 15 kg; wer aber aus dem Ausland kommt und einen Anschlussflug gebucht hat, darf seine 20 kg trotzdem ohne Aufpreis mitnehmen.

• *Sportgerät, Fahrrad usw.* Hier zeigen sich die großen Charterfluggesellschaften seit einiger Zeit großzügig. Sportausrüstungen bis 30 kg pro Person werden oft kostenfrei mitgenommen. Dies gilt nicht für Surfbretter, Flugdrachen, Tauch- und Golfgepäck sowie Fahrräder, für die man wegen ihrer Sperrigkeit eine Gebühr zahlen muss. Für ein Surfbrett werden etwa 30–50 € hin/rück verlangt. Ein Fahrrad kostet ca. 15–30 €. Manche Airlines berechnen das Rad auch als Übergepäck nach Kilogramm. Für transportgerechte Verpackung, z. B. in Pappe oder Luftpolsterfolie, müssen Sie selbst sorgen. Pedale müssen abmontiert, der Lenker quer gestellt und festgebunden sein. Die Anmeldung – im Reisebüro oder direkt bei der Fluggesellschaft – sollte beim Ticketkauf erfolgen (Gewicht angeben). Dies gilt vor allem, wenn eine ganze Reisegruppe Sportgeräte mitnehmen will. Der Transfer zwischen Flughafen und Unterkunft im Urlaubsland umfasst in der Regel die Beförderung sperriger Gegenstände nicht, sodass man Kosten und Risiken eines Sondertransfers (z. B. Taxi) selbst tragen muss.

• *Tiere* Hier gilt: besser zu Hause lassen. Wer seinen Bello unbedingt mitnehmen will, muss dies bei der Buchung anmelden. In der Kabine darf der Vierbeiner nur mitfliegen, wenn er ein bestimmtes Gewicht nicht überschreitet und eine spezielle Transportbox mitgebracht wurde. Das Gewicht des Tieres wird bei Charterflügen dem Gesamtgepäck aufgeschlagen, gezahlt wird nur, wenn 20 kg überschritten sind. Linienfluggesellschaften berechnen Tiere generell als Übergepäck. Außerdem werden für Hunde und Katzen ein amtstierärztliches Gesundheitszeugnis und ein Tollwutimpfzeugnis verlangt. Nach der Ankunft erfolgt eine veterinärärztliche Untersuchung. Und Griechenland ist nicht unbedingt ein Tierparadies ...

Verbindungen vom Flughafen in die Stadt

• *Mit dem Bus* Der *Expressbus X 95* fährt rund um die Uhr alle 20–40 Min. von und zum Sýntagma-Platz. *Expressbus X 94* verkehrt von 6.15 Uhr (ab Airport) bzw. 7.30 Uhr (ab Metrostation) bis gegen 23 Uhr von und zur Metrostation Ethnikí Ámina, weiter ins Zentrum mit Metro-Linie 3. Abfahrten fast durchgehend alle 10–15 Min., von ca. 20–23 Uhr halbstündlich bis stündlich.

Zwischen dem zentralen Busbahnhof der Peloponnes-Busse, dem „Terminal A" (Kifissou-Station), und dem Flughafen pendelt alle 30–60 Min. der *Expressbus X 93* (nicht zu verwechseln mit der Express-Linie X 92 in den nördlichen Stadtteil Kifisías!).

Tickets im Kiosk nahe der X 93-Station (nachts in der Regel auch beim Fahrer erhältlich; vorher fragen!), kosten 3,20 € und berechtigen zur *einmaligen* Fahrt zum oder vom Flughafen.

Drehscheibe zu den Inseln – Athens International Airport

• *Mit der Bahn/Metro* Seit Olympia 2004 ist der Flughafen auch ans Schienennetz der Bahn angeschlossen. Vom Airport fährt zwischen 5.39 und 23.39 Uhr (ca. alle 20 Min.) der Schnellzug *Proastiakos* (6 €) bis zur Haltestelle **Plakentias Doukakis**, weiter ins Zentrum mit der Metro („blaue Linie" M3). Oder direkt vom Flughafen mit der Metro M3 bis ins Zentrum, z. B. Sýntagma oder Endstation Monastiráki (einfache Fahrt 3 €, Gültigkeit 90 Min.); verkehrt nur bis gegen Mitternacht.

Verbindungen nach Piräus-Hafen mit dem *Expressbus X 96*, Abfahrten mind. alle 20–40 Min. rund um die Uhr (d.h. auch nachts, wenn keine Metro fährt).

> Für die öffentlichen Verkehrsmittel in Athen müssen eigene Tickets gelöst werden (z. B. kombiniertes 24-Std.-Ticket für Metro und Stadtbusse, 3 €). Wer schwarzfährt oder mit dem falschen Ticket unterwegs ist, muss mindestens 30 € berappen.

• *Mit dem Taxi* Aufpassen, dass man nicht überhöht zur Kasse gebeten wird! Ungefähre Preise inkl. Flughafen- und Gepäckzuschlag zum Sýntagma-Platz und je nach Tageszeit mind. 25 €, nach Piräus ca. 30 €. Falls der Taxameter eingeschaltet ist: Tagsüber gilt Tarif 1, nicht der teurere Tarif 2.

• *Autovermietung* Am Flughafen gibt es zahlreiche Autovermietungen, darunter namhafte Anbieter wie:

Avis (✆ 210-3530578 oder 3530579, 📠 210-353 2285), **Budget** (✆ 210-3530168, 📠 210-353 2470), **Europcar** (✆ 210-3533321, 📠 210-353 2956), **Hertz** (✆ 210-3534900, 📠 210-3532859), **National** (✆ 210-3533323 oder 3533325, 📠 210-3493493) oder **Sixt** (✆ 210-3530556, 📠 210-3532391).

• *Übernachten* ***** **Hotel Sofitel**, einziges Hotel am Flughafen, direkt gegenüber dem Hauptgebäude. 332 Zimmer und 13 Suiten, auch behindertengerechte Zimmer sind vorhanden. Alle Zimmer mit Bad, Telefon, Radio, Klimaanlage, Haartrockner, Mini-Bar und schalldichten Fenstern. Gourmet-Restaurant Karávi, Restaurant mit mediterraner Küche Mesógia, Panorama-Bar, Business-Center, Pool, Boutiquen und Friseur im Hotel. Parkplatz am Flughafen. Preise auf Anfrage. ✆ 210-3544000, 📠 210-3544444, www.accorhotels.com.

Preiswert in den Urlaub: Last Minute

Flüge „in letzter Minute" haben mittlerweile einen festen Stellenwert in der Reisebranche: Plätze in nicht ausgebuchten Chartermaschinen werden noch kurz vor Abflug zu reduzierten Preisen an den Mann und an die Frau gebracht. Es gibt sie mit Unterkunft oder auch als „Nur Flug". Solche Tickets kann man nur kurzfristig buchen, und man darf selbstverständlich nicht wählerisch sein, was das Ziel betrifft. In der Hochsaison (Ostern, Sommerferien) sind die Angebote naturgemäß seltener, weil die Maschinen meist gut gefüllt sind. Als besonders guter Monat gilt dagegen der Juni. Athen-Flüge sind dabei durchaus häufig im Programm.

Echte Last-Minute-Angebote werden von den Fluggesellschaften erstmals frühestens 14 Tage vor Reisebeginn offeriert, bis zum Flugdatum sinken die Preise dann – je nach Nachfrage – meist noch ein ganzes Stück. Wenn man hoch pokert, kann man so zwei Tage vor Termin einen Flug für einen Bruchteil des Preises bekommen, den Frühbucher gezahlt haben – allerdings mit dem Risiko, dass die Maschine zwischenzeitlich ausgebucht ist.

Anbieter: Die Offerten zahlreicher Last-Minute-Anbieter können per Bandansage abgerufen werden, viele Reisebüros geben Auskunft und auch auf allen wichtigen Flughäfen sind Last-Minute-Schalter eingerichtet. Der Abruf per Fax ist ebenfalls möglich: Das eigene Gerät auf Abruf stellen und eine der unten aufgeführten Nummern wählen – umgehend erhält man die neuesten Angebote zugefaxt, was allerdings ein paar Euro kostet. Ebenso kann man sich im Internet informieren und teilweise auch direkt online buchen.

L'tur, größer Last-Minute-Anbieter mit zahlreichen Filialen in Deutschland, Österreich, der Schweiz und in den Niederlanden. ✆ 0180-5212121, Faxabruf 07221-279000, www.ltur.de.

Travel Overland, ✆ 089-272760, Faxabruf 089-3073039, www.travel-overland.de.
Auch die **Fluggesellschaften** haben Homepages im Internet: z. B. Condor (condor.de), Lufthansa (lufthansa.de), AirBerlin/LTU (airberlin.de) und Germanwings (germanwings.com). Online-Buchungen sind überall möglich.
Weitere aktuelle Schnäppchen findet man unter www.start.de und www.travel24.com.

Sonstige Anreisemöglichkeiten

Mit dem eigenen Auto: Falls sich mehrere Personen die Benzinkosten teilen, kann der eigene Pkw eine preiswerte Anreisemöglichkeit sein. Áttika verfügt zudem über ein gut ausgebautes Straßennetz. Noch dazu ist man damit flexibel und kann bequem einige Ausflüge unternehmen (z. B. nach Korínth, Epidaúros oder Délphi). Doch auch nach dem Ende des Kriegs im ehemaligen Vielvölkerstaat Jugoslawien ist die direkte Anreise mit Schwierigkeiten verbunden, zudem fallen hohe Gebühren an (Straßenbenutzungsgebühren ab Österreich bis Makedonien, Transitvisum und obligatorische Vollkaskoversicherung in Serbien). Bleibt als einzige realistische Möglichkeit derzeit nur die Anreise über Italien mit Fährpassage nach Griechenland ab Venedig, Ancona, Bari oder Brindisi (→ Fährverbindungen). Allerdings sind die Griechenlandfähren im Sommer oft schon Monate im Voraus ausgebucht. **Nicht ohne Reservierung fahren!**

Der günstigste Ankunftshafen in Griechenland ist Pátra (nördlicher Peloponnes), von dort gelangt man rasch über eine fast vollständig zweispurig ausgebaute Autobahn in etwa 2–2,5 Std. über Korínth nach Athen/Áttika.

Wenn Sie mit dem Auto den Trip nach Athen/Áttika planen, müssen Sie je nach Abfahrtsort mit etwa 2,5 Tagen Fahrt rechnen, hin/zurück also eine knappe Woche einkalkulieren.

• *Informationen* Besorgen Sie sich vor Antritt der Fahrt bei Ihrem Automobilclub die neusten Daten zu Autobahngebühren, Höchstgeschwindigkeiten, besonderen Verkehrsregeln und Benzinpreisen in den Transitländern.

• *Papiere* Nationaler Führerschein, grüne Versicherungskarte, Fahrzeugschein. Sinnvoll ist auch der Auslandsschutzbrief bzw. eine vorübergehende Vollkaskoversicherung, da die griechischen Versicherer nicht viel zahlen.

Griechische Verkehrsbußen: Das kann sehr, sehr teuer werden ...

Geschwindigkeits-beschränkung ...	Pkw	Wohnmobil	Motorrad bis 125 ccm/ ab 125 ccm
... auf Schnellstraßen	110 km/h	80 km/h	70/110 km/h
... außerhalb Ortschaften	90 km/h	80 km/h	70/90 km/h
... innerorts	50 km/h	50 km/h	40 km/h
... auf Autobahnen	120 km/h	80 km/h	70/120 km/h

Bußgelder bei Geschwindigkeitsüberschreitung: bis zu 20 km/h zu schnell: 40 €; 20–30 km/h: 100 €; über 30 km/h: 350 €. Falsch parken: 80 €. Mobil telefonieren am Steuer: 100 € für Autos und 150 € für Zweiräder. Fußgängergefährdung: 200 €. Verstoß gegen Gurt-/Helmpflicht: 350 € pro Person. Überfahren eines Stopp-Schildes oder einer roten Ampel: 700 €. Gefährliches und verbotenes Überholen: 700 €. Bei allen Strafen kann zudem das Kennzeichen für einen gewissen Zeitraum (10–60 Tage) eingezogen und damit das Fahrzeug stillgelegt werden. Die Strafen werden jeweils halbiert, wenn man binnen 10 Tagen bezahlt.

Sicherheitsgurte müssen angelegt werden. Für Motorräder gilt **Helmpflicht!**

Promillegrenze: 0,2 ‰

Bußgelder bei Fahren unter Alkoholeinfluss: 0,2 ‰: 200 €; 0,21–0,4 ‰: 700 € und 90 Tage Führerscheinentzug; über 0,4 ‰: 1.200 € und 180 Tage Führerscheinentzug und mindestens 2 Monate Haft; im Wiederholungsfalle binnen 2 Jahren: 2.000 € und 5 Jahre Führerscheinentzug und mindestens 6 Monate Haft. Auch bei geringer Überschreitung gehört eine Nacht in der Ausnüchterungszelle immer zur Strafe.

Telefonieren am Steuer ist in Griechenland nur mit Freisprechanlage erlaubt.

In Athen wie in anderen Großstädten markieren gelbe Linien an den Straßenrändern **Parkverbot**. An neuralgischen Punkten werden regelwidrig geparkte Fahrzeuge rigoros abgeschleppt, mit Parkkralle versehen oder es wird das Kennzeichen entfernt. Die Kosten dafür: bis zu 220 €!

Achtung: Laut Gesetz dürfen Sie Ihr Fahrzeug in Griechenland nicht verleihen!

Mit der Bahn: Derzeit muss man für die reine Landstrecke von München nach Athen (Umsteigen in Budapest, Belgrad oder Thessaloníki) laut Fahrplan exakt 39 Std. veranschlagen, Realisten kalkulieren von vorneherein noch etwa 4–5 Std. für Verspätungen mit ein. Die einfache Fahrt kostet ab München 200 €. Weniger stressig ist auch hier die Anreise über Italien in Verbindung mit einer schönen Fährüberfahrt. Fähren nach Igoumenítsa und Pátra auf dem griechischen Festland starten von den italienischen Adriahäfen Venedig, Ancona, Bari und Brindisi (→ Fährverbindungen). Egal, welche Strecke man wählt, nötig ist in jedem Fall eine rechtzeitige Sitzplatzreservierung (ab 2 €), außerdem eventuell eine Reservierung für Liege- (20 €) oder Schlafwagen (ab 40 €) für die Nacht. Spätestens ein paar Wochen vorher muss man buchen. Wenn man Verpflegung, Liegewagen etc. einberechnet, ist die Zugfahrt leider keinesfalls günstig.

Wer nach Pátra übersetzt, kann vom dortigen Bahnhof am Hafen bis zu 5-mal täglich mit einem der neuen, klimatisierten IC-Triebwagenzüge nach Athen/Piräus fahren (Fahrtdauer 3,5 Std., Grundfahrpreis 9,70 €, Zuschlag 4 €). Von Igoumenítsa fahren häufig Busse nach Athen (Fahrtzeit 7 Std., Ticket 25,20 €).

Erholung beginnt bei der Anreise mit der modernen Fährflotte

Die **Fahrradmitnahme** per Bahn zu einem der italienischen Fährhäfen ist möglich; Auskunft gibt die Hotline der DB (→ Kasten). Die Fährpassage Italien–Griechenland ist kostenlos. Von Pátra muss das Rad dann mit der Bahn nach Athen versandt werden (preiswert), eine direkte Mitnahme im Zug ist nicht möglich. Einige Fährgesellschaften bieten allerdings auch weiterführende Bustransfers.

Telefonische Reiseauskunft, Reservierung und Buchung der DB: ✆ 0180-5996633, an 365 Tagen 24 Std. erreichbar.

Fahrrad-Hotline der DB: ✆ 0180-5996633; nach dem Hinweis zur Qualitätssicherung 15 drücken, tägl. 8–20 Uhr.

Service-Telefon DB AutoZug: ✆ 0180-5996633; nach dem Hinweis zur Qualitätssicherung 14 drücken, tägl. 8–22 Uhr.

Noch nicht sehr populär, aber eine Überlegung wert ist der Abschluss eines **Fahrrad-Schutzbriefs**, der europaweit Sicherheit bietet und zum Beispiel vom Verkehrsclub Deutschland (VCD) angeboten wird. Informationen unter ✆ 0228-9858585.

Fährverbindungen Italien–Griechenland: Die Fähren sind im Sommer lange im Voraus ausgebucht, vor allem Stellplätze für Pkw, Wohnmobile („Campingdeck") usw., aber auch Kabinen sind schnell weg.

Fährhäfen in Italien sind Venedig, Ancona, Bari und Brindisi, Ankunftshäfen in Griechenland entweder Pátra oder Igoumenítsa. Nach Athen/Áttika geht es anschließend per Auto, Bus oder Bahn weiter, einige Fährlinien bieten Anschlussbusse vom Fährhafen nach Athen an (Auskünfte erhält man bei der Rezeption an Bord). Gegebenenfalls sollte man mit einer Zwischenübernachtung in Igoumenítsa oder Pátra rechnen.

Tipp: Unbedingt vor dem Einschiffen die Sachen zusammenpacken, die man während der Überfahrt braucht (Schlafsack, Essen, Getränke, Lektüre und Toilettenpapier). Auf fast allen Fähren (ausgenommen „Campingdeck") darf man erst kurz vor dem Anlegen wieder zum Auto, bis dahin bleibt das Fahrzeugdeck verschlossen.

Von welchem Hafen man abfährt, ist eine individuelle Entscheidung. Besorgen Sie sich die aktuellen Prospekte der Fährlinien (in jedem größeren Reisebüro erhältlich) und rechnen Sie die verschiedenen Fährpreise, kombiniert mit den Anfahrtskosten per Auto oder Bahn, einmal durch (Spritpreise und Autobahngebühren bei den Automobilclubs). Die Fährlinien staffeln ihre Tarife nach Saisonzeiten. In der Nebensaison liegen die Preise generell niedriger als in der Hauptreisezeit. Es gibt z. T. erhebliche Schwankungen zwischen den konkurrierenden Linien. Achten Sie auch auf die verschiedenen Sonderpreise der einzelnen Reedereien (z. B. Kinder- und Rückfahrtermäßigungen).

• *Information* Einen ausführlichen Übersichtsplan mit allen Fährverbindungen zwischen Italien und Griechenland erhalten Sie bei folgender Adresse: Ikon Reiseagentur GmbH, Schwanthalerstr. 31/I, 80336 München, ✆ 089-59988890, 📠 089-599888925, sales@ikon-reiseagentur.de, www.ikon-reisen.de. Der Plan wird jährlich aktualisiert und enthält auch innergriechische Schiffsverbindungen.

• *Generalagenturen und Routen* **Endeavor Lines**, **Adriatica**, und **Med Link Lines (MLL)** und **Hellenic Mediterranean Lines (HML)**: Neptunia Schifffahrtsreiseagentur, Postfach 600803, 81208 München, ✆ 089-89664735, 📠 089-89664737, www.neptunia.de; Routen: Brindisi–Kórfu–Igoumenítsa–Pátra bzw. Brindisi–(Kephalonía–Zakýnthos)–Pátra.

Anek Lines, Ikon Reiseagentur GmbH, Schwanthalerstr. 31/I, 80336 München, ✆ 089-59988890, 📠 089-599888925, sales@ikon-reiseagentur.de, www.anek.gr; Routen: Ancona–Igoumenítsa–Pátra und Venedig–Igoumenítsa–Kórfu–Pátra.

Superfast Ferries: Attika Premium S.A., ZN Deutschland, Herrenholz 10–12, 23556 Lübeck, ✆ 0451-88006166, 📠 0451-88006129, www.superfast.com; Routen: Ancona–Pátra und Bari–Igoumenítsa–Pátra.

Minoan Lines: Voigt Seereisen-Agentur GmbH, Colonnaden 21, 20354 Hamburg; ✆ 040-180160030, 📠 040-180160010; www.seereisen-agentur.de; Routen: Venedig–Kórfu–Igoumenítsa–Pátra und Ancona–Igoumenítsa–Pátra.

Strintzis Lines, in jedem DER-Reisebüro buchbar, www.ferries.gr/Strintzis; Routen: Ancona–Igoumenítsa–Kórfu–Pátra oder Venedig–Igoumenítsa–Kórfu–Pátra.

Innergriechische Verbindungen von und nach Athen/Áttika

Flugzeug: Athen ist die unangefochtene Drehscheibe des innergriechischen Flugverkehrs. Verbindungen gibt es zu nahezu allen griechischen Flughäfen. Buchen Sie rechtzeitig, möglichst bereits von Deutschland aus (was auch nicht teurer ist) – in der Hauptsaison ist vor Ort meist kein Platz mehr zu bekommen.

Fähren: Konkurrenzlos wichtigster Hafen in Griechenland ist Piräus. Von dort gibt es tägl. Verbindungen auf die Kykladen, die saronischen Inseln, die ostägäischen Inseln, den Dodekanes, nach Kreta und auf den Peloponnes. Die Fährverbindungen vom und zum kleinen Hafen Rafína an der Ostküste Áttikas sind von deutlich geringerer Frequenz. Nur die Kykladeninseln Ándros, Tínos und Mýkonos sowie Kárístos auf Évia (Euböa) werden tägl. bedient.

Schnellboote: Seit einigen Jahren werden in der Ägäis verstärkt immer modernere, größere und komfortablere Schnellboote und Katamaranschiffe eingesetzt, die *Speed Boats* genannt werden. Für alle, die es eilig haben und keine Kosten scheuen, bilden diese Hightech-Gefährte eine interessante Alternative zu den behäbigen Großfähren.

Man sitzt in relativ bequemen Flugzeugsesseln, und es gibt sogar eine Aussichtsplattform. Kostenpunkt: knapp doppelt so teuer wie eine Decküberfahrt per Fähre. Dafür genießt man fast Airline-Feeling und extrem schnelle Überfahrten. Derzeit werden diese Schnellboote auf der Kykladenroute und nach Sámos eingesetzt.

Flying Dolphins: Die so genannten „Fliegenden Delphine", es handelt sich dabei um Tragflächenboote, fahren wegen ihrer hohen Windanfälligkeit von Piräus nur noch zu den saronischen Inseln und zum Peloponnes. Mehrmals tägl. Verbindungen.

Fahrkarten für die Inselfähren

Ein Ticketbüro neben dem anderen findet man schräg gegenüber der Metrostation in Piräus am Karaiskáki-Platz in dem großen, freistehenden Gebäudekomplex an den Kais. In der Hauptsaison sind die Verkaufsstellen oft bis spätabends geöffnet, die täglichen Abfahrten auf großen Tafeln vor der Tür nachzulesen. Meist warten dort auch Anwerber, die versuchen, mit markigen Sprüchen wie „Naxosparosmykonosiossantorini ..." Kunden anzulocken. Wichtig: Falls ein Schalter keine günstige Verbindung bietet, auch bei den anderen nachschauen bzw. -fragen – nicht jeder vertritt alle Reedereien. Die Auskunft „Heute keine Verbindung mehr" bezieht sich nur auf die von dem jeweiligen Büro angebotenen Linien. Vielleicht gibt es ein paar Meter weiter doch noch eine Alternative. Preisunterschiede sollte es nach gesetzlicher Regelung jedenfalls keine geben. Auch am Hafen Rafína gibt es mehrere Ticketbüros, doch hier ist das Angebot überschaubar geblieben.

Unterwegs in Athen

Einen Gedanken sollte man schnell wieder vergessen: Athen mit dem Auto erkunden zu wollen. Trotz verbesserter Infrastruktur der öffentlichen Verkehrsmittel sind die Straßen des Zentrums jeden Tag – Sonntage ausgenommen – und praktisch rund um die Uhr verstopft, unübersichtliche Einbahnstraßen und nervige Parkplatzsuche tun ihr Übriges. So bleiben drei realistische Möglichkeiten: zu Fuß, mit öffentlichen Verkehrsmitteln oder per Taxi.

Zu Fuß: Trotz aller Unkenrufe, die der Riesenmetropole vorauseilen: Im zentralen Dreieck zwischen den Plätzen Sýntagma, Omónia und Monastiráki sowie in der Pláka, dem schicken Stadtteil Kolonáki und fast allen sehenswerten antiken Stätten bewegt man sich am besten zu Fuß. Nur wer sich in den zahlreichen Seitengassen, im Psirrí-Viertel oder beispielsweise im fast ländlichen Anafiótika einmal „verlaufen" hat, lernt den Charme der Stadt wirklich kennen. Gerade wer auf der Suche nach dem einen oder anderen versteckten Platz, schattigen Park oder der versteckten Taverne mit den Menschen hier ins Gespräch kommt, wird Athen schätzen lernen.

Allerdings sollte man an den Hauptstraßen stets gut auf den Verkehr achten und seine Augen offen halten.

Wer sich in Athens Innenstadtbereich orientieren will, ist mit der Faltkarte, die es kostenlos in den Tourist-Informationen gibt, gut gerüstet. Wirklich zu empfehlen ist der Stadtplan von *Road Editions* (8 €), den es in jedem größeren Períptero oder in Zeitungs-/Buchläden zu kaufen gibt. Hier sind neben lateinischer und griechischer Schreibweise der Straßennamen z. B. auch die Positionen sämtlicher Hotels, Tankstellen, Parkhäuser oder Apotheken exakt eingetragen.

Metro: Bis 1999 gab es nur eine einzige Metro-Linie, die seit vielen Jahrzehnten vom weit außerhalb liegenden, nördlichen Vorort *Kifissiá* quer durchs Zentrum zum Hafen *Piräus* fährt. Diese Linie heißt heute **M1**. Ihre wichtigsten Haltestellen in der City sind *Victoria* (Nähe Bahnhof und Archäologisches Nationalmuseum), *Omónia, Monastiráki* (Nähe Pláka, Flohmarkt und Akrópolis) und *Thissíon* (Nähe Agorá und Akrópolis). Die Endstation in *Piräus* liegt direkt am Terminal der Inselfähren. Zum Anfang des neuen Jahrtausends wurden nach achtjährigem Bau erste Teilstrecken zweier weiterer Metro-Linien in Betrieb genommen, seitdem ist auch die zentrale *Platía Sýntagma* ans Netz angeschlossen. Die Linie **M2** verbindet die Station *Ágios Dimítrios* mit dem nordwestlichen Vorort *Peristéri* (Station Ágios Antónios). Die wichtigsten Haltestellen sind hier *Akrópoli, Sýntagma, Omónia, Stathmós Laríssis* und *Attikí*. Gleichzeitig wurde auch die Linie **M3** in Betrieb genommen. Sie verbindet die östlichen Vororte Chalándri/Halándri und Papágou (Haltestelle *Ethnikí Ámyna*) mit dem *Monastiráki-Platz* und wurde pünktlich zu Beginn der Olympischen Spiele bis zum Flughafen *Elefthérios Venizélos* weitgehend parallel der neuen Stadtumgehungsautobahn Attikí Odós verlängert. In der anderen Richtung ist der Ausbau über den Kerameikós bis zum westlichen Vorort Aigáleo/Egáleo seit 2007 abgeschlossen.

Bewachte Park&Ride-Parkplätze gibt es bei den Metrostationen *Halándri* (280 Open Air-Plätze, Mo–Sa) und *Sygroú-Fix*, Nähe Akropolis (640 24-Std.-Plätze im Parkhaus) mit Preisen um 3 €/2 Std. Informationen im Internet unter: www.amel.gr.

• *Tarife* Die Züge fahren von 5–24 h (Nachteinsätze sind geplant), für einfache Fahrten auf den neuen Linien oder mit Umsteigen (sowie Fahrten mit öffentlichen Stadtbussen innerhalb von 90 Min.) zahlt man 1 €, das 24-Std.-Ticket (nicht für Airport-Busse gültig; es wird inzwischen penibel kontrolliert!) ist für 3 € zu haben und ab dem Zeitpunkt der Entwertung für alle Transportmittel des Athener ÖPNV gültig. Die Tickets sind an den Metrostationen vor dem Einstieg zu entwerten. Es gibt

Quirliges Zentrum Omónia-Platz

Fahrkartenautomaten an jeder Station, die größeren Stationen haben auch Ticket-Kioske in der Zwischenetage. Kinder unter 6 Jahren fahren frei. Informationen unter www.oasa.gr und ✆ 185.

Linienbusse: Es existiert ein nahezu undurchschaubares Netz an Linien, die von den meist modernen grünen (schadstofffreien) Stadtbussen befahren werden. An den jeweiligen Haltestellen hängen in der Regel Informationen über Streckenführung und Abfahrtszeiten bzw. Frequenzen. Auf dem Gratis-Stadtplan der Infostellen sind die Linien eingezeichnet. Faustregel: Die Stadtbusse sind durch dreistellige Nummern gekennzeichnet, die (derzeit) von 021 bis 915 reichen. Wer sichergehen will, kann die Fahrtrouten schon vorher im Internet ermitteln. Die Betreibergesellschaft OASA bietet dazu einen absolut vorbildlichen Online-Service zur Routensuche an, der in Griechenland seinesgleichen sucht und auch in Deutschland als vorbildlich gelten könnte: www.oasa.gr (Englisch als Sprache wählen).

- *Tarife* Ein Ticket kostet unabhängig von der Reiserichtung 1 € (für alle Transportmittel des Athener ÖPNV) und ist ab Entwertung 90 Min. gültig. Tageskarten kosten 3 € und gelten 24 Std. ab dem Zeitpunkt der Entwertung. Die Tickets sind nach dem Einstieg im Bus zu entwerten. Ticketverkauf an fast jedem Kiosk in der Stadt und an den meisten Metrostationen. Kinder unter 6 Jahren fahren frei. Informationen unter: www.oasa.gr.
- *Langstreckenbusse* Athen ist Zentrum des gut ausgebauten griechischen Verkehrsnetzes für Langstreckenbusse. Täglich kann man mehrmals alle größeren Städte und Häfen des Landes erreichen. Zwei große Busstationen außerhalb des Zentrums bedienen Ziele in ganz Griechenland: **Terminal A** (Kifissou-Station; Kifissou-Str. 100) mit Verbindungen u. a. nach Peloponnes, Igoumenítsa oder Thessaloníki. Zubringerbus vom Zentrum Zinonos/Menandroustr. (Nähe Omónia-Platz) mit Buslinie 051.

Terminal B (Liossion-Station; Liossion-Str. 260), Busse hauptsächlich nach Nord- und Mittelgriechenland, u. a. Délphi, Metéora, Vólos. Vom Zentrum ab Station Nationalbibliothek; Panepistimíou-Str./El.-Venizélou-Str. mit Zubringerbus 024.

Trolleys: Die Athener Oberleitungsbusse (*Trolleys*) befahren auf 23 Linien den Bereich der erweiterten Innenstadt. Mit den Trolleys sollte man keine allzu weiten Strecken zurücklegen. Vorteil: Die Linienführung steht weitgehend fest. Man kann auch hier die Fahrtrouten über den Online-Service der OASA vorab recherchieren.

• *Tarife* Das Ticket für uneingeschränkte Fahrten innerhalb von 90 Min. ab dem Zeitpunkt der Entwertung kostet einheitlich 1 € (gültig für alle Fahrzeuge des Athener ÖPNV). Tageskarten kosten 3 € und gelten 24 Std. ab der Entwertung. Die Tickets sind nach dem Einstieg im Trolley zu entwerten. Ticketverkauf an fast jedem Kiosk in der Stadt und an den Metrostationen der Linien M2 und M3. Kinder unter 6 Jahren fahren frei. Informationen unter: www.oasa.gr.

Bei der Tourist-Information, in größeren Metrostationen (Sýntagma, Omónia) und in Infoständen am Flughafen sind **Übersichtspläne** (griechisch: „Chartis Astikon Synkinonion") sämtlicher öffentlicher Verkehrsmittel für den gesamten Großraum Athen und Piräus erhältlich. Sie sind in 6 Blättern aufgelegt, pro Blatt ist jeweils das Zentrum und ein Außenbezirk mit Bus- und Metrolinien dargestellt.

Wer beim **Schwarzfahren** erwischt wird, muss in Bussen und Trolleys, in der Metro und den Flughafenexpressbussen eine Strafe zwischen 30 € bis 72 € zahlen. Die Strafe ist sofort und bar zu entrichten – anderenfalls erhält man eine Anzeige.

Trambahn: Sie führt vom Sýntagma-Platz bis hinunter an die Badestrände bei Vouliagméni bzw. zur Endhaltestelle SEF (zwischen dem Karaiskáki-Stadion und dem Peace-&-Friendship-Stadion bei Néo Fáliro). Es sollte das große Vorzeigeprojekt Athens für die Olympischen Spiele 2004 werden, mit dem man vor allem das Umweltbewusstsein der Athener und seiner Besucher schärfen wollte, doch eine echte Alternative für schnelles Vorankommen ist die Trambahn nicht unbedingt. Tickets gibt es an den Automaten der Haltestellen (Preis 1 €).

Taxi: Taxi fahren in Athen ist fast ein Volkssport, zumal die Preise im europäischen Vergleich zu den günstigsten zählen. Wohl in keiner europäischen Hauptstadt ist die Taxidichte größer als in Athen, die gelben Wagen sind im Großstadtverkehr leicht zu erkennen. Zwar ist es nur selten möglich, ein leeres Taxi zu ergattern. Dennoch sollte man nicht gleich genervt aufgeben, sondern die Taxis auch heranwinken, wenn bereits ein Fahrgast im Auto sitzt. In der Regel halten die Fahrer an, wenn man das gleiche Fahrtziel hat. Einfach den Namen des Stadtteils oder der nächstgelegenen Station durchs halb geöffnete Fenster rufen. Hält ein bereits besetztes Taxi an, muss man sich den Zählerstand des Taxameters beim Einsteigen merken. Wenn zwei voneinander unabhängige Parteien dieselbe Strecke in einem Taxi fahren, müssen sie in der Regel beide den auf dem Taxameter angezeigten oder den vorher vereinbarten Preis zahlen. Das heißt natürlich nicht, dass bei einer Gruppe, die gemeinsam ein Taxi besteigt, jeder den angezeigten Fahrpreis zahlen muss, wie es findige Taxifahrer ab und zu unerfahrene Touristen glauben machen wollen.

Ein Tipp aus der Praxis: Die meisten Fahrer halten ungern an, wenn man größere Gepäckstücke mitführt. In diesem Fall: Taschen etc. beim Heranwinken ein wenig „verbergen" und erst wenn das Taxi anhält, die Türe öffnen und den Fahrer bitten, die Heckklappe aufzumachen.

Beliebter Ort zum Heranwinken eines Taxis sind übrigens Bushaltestellen.

• *Fahrpreise* Wie überall in Griechenland deutlich teurer als die Busse, aber längst kein deutsches Preisniveau. Grundgebühr 1,05 €, im Stadtverkehr 0,36 € pro km, außerhalb 0,56 € (Mindestgebühr 3 €). Zuschläge bei Nachtfahrten (0,68 € pro km) und für Gepäckstücke über 10 kg (0,35 €). Fahrten ab Bahnhof oder Busstation ebenfalls mit Zuschlag (0,95 €), von u. zum Flughafen Athen 3,40 € Zuschlag. Wartegebühr pro Std. 9,60 € (Stand: Frühjahr 2009). Um den schwarzen (Taxi-) Schafen auf die Schliche zu kommen, führte die Regierung 1987 landesweit einheitliche **gelbe Nummernschilder** ein. Achten Sie darauf, bevor Sie einsteigen. Im Zweifelsfall: Lassen Sie sich die Taxi-Lizenznummer zeigen.

Unterwegs in Áttika

Linienbusse: Athen ist Zentrum des gut ausgebauten griechischen Busnetzes. Täglich erreicht man mehrmals alle größeren Städte und Häfen des Landes. Die Busse zu Zielen im Süden, Osten und Norden Áttikas starten an der Mavromatéon-Straße 18 am Eingang zum Áreos-Park in der Nähe des Archäologischen Nationalmuseums. Wer in den Westen Áttikas will, fährt mit den Bussen Richtung Peloponnes, die am Busterminal in der Kifissioú-Straße 100 (✆ 210-5129233) starten. Das Bahnnetz in Griechenland ist dagegen vergleichsweise dünn; einzige Ausnahme: die Peloponnes-Route.

Abfahrtszeiten und Tarife sind in den Regionalkapiteln dieses Buches aufgelistet bzw. an den jeweiligen Busstationen zu erfragen.

Mietwagen (oder eigenes Auto): Angesichts der Größe Áttikas lohnt ein Mietwagen oder das eigene Auto durchaus. Das Straßennetz ist gut ausgebaut und nach der Eröffnung der *Attikí Odós* zwischen dem Abzweig Elefsína, der Autobahn Richtung Lamía/Thessaloníki und dem Flughafen noch komfortabler geworden. Seit 2004 ist auch die Ymittós-Umgehungsstraße (Teil der *Attikí Odós*) bis Katecháki fertig gestellt. Durchaus lohnenswert ist ein Rundtrip von Athen über die Westküstenstraße zum Kap Soúnio und dann entlang der Ostküste wieder nordwärts bis Oropós. Von Oropós über die Autobahn geht es wieder zurück nach Athen und westwärts über die *Attikí Odós* nach Elefsína. Der Westen Áttikas ist bequem über die Autobahn nach Korínth zu erreichen, der Alkionidische Golf über Mégara. Vor allem zu den antiken Stätten gelangt man am besten und schnellsten mit dem Auto. Mit dem Bus muss man dagegen erheblich mehr Zeit einkalkulieren.

Die meisten Büros der Autovermieter liegen in der oberen *Leofóros Singroú* oder schon direkt am Flughafen. Bei den großen internationalen Anbietern kann man in der Regel mit gut gepflegtem Fahrmaterial rechnen. Bei kleineren Anbietern kommt man preiswerter davon, sollte jedoch in jedem Fall den Zustand des Fahrzeugs eingehend überprüfen (Kupplung, ausgeleierte Pedale, Stoßdämpfer etc.). Die Bedingungen der Verleiher sind teilweise sehr unterschiedlich. Es empfiehlt sich auf alle Fälle, die Bedingungen – Verträge meist in englischer Sprache – sehr genau zu studieren. Bei Nutzung des Fahrzeugs über drei Tage hinaus werden Rabatte zwischen 10 und 20 % gewährt.

Vor Fahrtantritt Öl, Kühlwasser, Bremsen, Reifenzustand (Reserverad und Werkzeug vorhanden?) sowie Beleuchtung prüfen.

Bei Problemen: Der **griechische Automobilclub** heißt ELPA. ✆ 104.

• *Bedingungen* Fahrer muss mind. 21 (bei manchen Anbietern auch 23) Jahre alt und bereits ein Jahr im Besitz des Führerscheins sein.

• *Mietverträge* Die Verträge (Rental contracts) sind meist so vage abgefasst, dass der Mieter für vieles haftbar gemacht werden kann. Verträge auf Deutsch gibt es nur selten, die Vermieter haben meist englische Vordrucke. Fast immer muss man unterschreiben, dass das Fahrzeug bei der Übergabe vollständig in Ordnung war und im selben Zustand zurückzugeben ist. Für selbst verursachte Schäden am Fahrzeug haftet der Fahrer im Allgemeinen voll (Kosten für Ersatzteile und/oder Reparatur) – was von ihm letztendlich verursacht wurde, ist dann allerdings Definitionssache. Reifenschäden gehen meist zu Lasten des Mieters. Manchmal wird auch vorgegeben, dass man nur auf Asphaltstraßen fahren soll. Wenn man dann auf einer Erdpiste eine Panne hat, wird man zur Kasse gebeten. Prüfen Sie daher insbesondere das Profil der Reifen sehr genau und vermerken

Werkstattbesitzer mit Faible für die Antike

Sie Entsprechendes in den Verträgen. Wenn Schäden auftreten, für die der Mieter nicht verantwortlich ist, muss man die Vertragswerkstätten des Vermieters anrufen (✆ in den Verträgen), oder der Vermieter ist dem Automobilclub ELPA angeschlossen.

• *Versicherungen* Im Mietpreis ist eine **Haftpflichtversicherung** eingeschlossen. Um auch selbst verschuldete Schäden am „eigenen" Fahrzeug zu decken, wird meist eine **Vollkaskoversicherung** angeboten (collision damage waiver). In der Regel nicht versichert sind Unterboden, Reifen und Felgen. Darüber hinaus muss man bei vielen Firmen – trotz Vollkaskoversicherung – für die Dauer einer etwaigen Reparatur des beschädigten Wagens den Mietausfall begleichen!

• *Preise* differieren je nach Hoch- und Nebensaison bis zu 30 %. Sie beginnen in der Hochsaison in der niedrigsten Klasse (Kleinwagen: Fiat Panda, Suzuki, Subaru etc.) bei ca. 40–50 € pro Tag. Für einen Jeep zahlt man bis zu 90 €. Achtung: Die in einigen Prospekten abgedruckten Preise scheinen auf den ersten Blick günstig, doch sie enthalten nicht die Umsatzsteuer und Versicherung. Handeln ist insbesondere bei längerer Ausleihdauer meist möglich.

• *Anbieter in Athen* Fast alle Autoverleihfirmen haben ihren Sitz im oberen Teil der Leofóros Singroú, nahe der Amalías und nur wenige Gehminuten vom Sýntagma entfernt. Sämtliche international tätigen Anbieter sind hier genauso vertreten wie die regionalen griechischen Anbieter. Wir haben gute Erfahrungen gemacht bei:

SIXT, die griechische Niederlassung des bekannten deutschen Autovermieters. Zentrale: Leofóros Kifissioú 138–140, 12131 Athen-Peristéri, ✆ 210-5770006, ℻ 210-577 7501, reserv@sixt.gr. Zweigstelle: Leofóros Singroú 21, 11743 Athen-Koukáki, ✆ 210-922 0171, ℻ 210-9220769. Internationale Reservierungszentrale in Deutschland: ✆ 01805-232 222, ℻ 0381-80705567, reservierung@sixt.de.

Europcar, großer europäischer Anbieter mit akzeptablen Preisen und freundlichem Service. Zentrale in der Sorou-Str. 9, 14452 Athen-Metamórfossi, ✆ 210-2882150, ℻ 210-2882050, Zweigstelle in der Syngroú Av. 43, ✆ 210-9248810, ℻ 210-9221440, www.europcar.com.gr.

Hertz, zuverlässiger Anbieter mit vielen Niederlassungen überall in Griechenland. Zentrale in der Viltanioti-Str. 31, 14564 Athen-Kifissia, ✆ 210-6264444, ℻ 210-6264449, Zweigstelle in der Syngroú Ave. 12, Athen-Makrygianni, ✆ 210-9220102-4, 📠 210-9227921, www.hertz.gr.

Wandern: Die Küsten Áttikas sind keine idealen Wandergebiete. Es gibt keine ausgewiesenen Wanderrouten, geschweige denn entsprechendes Kartenmaterial. Ausnahmen bilden jedoch die Gebirgsregionen. In den Bergen Ymittós, Pentélis und Párnitha lässt es sich vorzüglich wandern. Entsprechende Wanderkarten (GPS-kompatibel) gibt es in den Athener Buchhandlungen (beispielsweise beim Road-Editions-Bookstore in der Ippokrátous-Straße 39 oder direkt beim Verlag in der Iliá Íliou-Straße 41) sowie in den meisten Zeitungsläden.

Im Zweifel: Erst einmal ein schattiges Plätzchen (und ein erfrischendes Getränk)

Der Vorteil beim Wandern in Áttika ist, dass die Hügel weitgehend bewaldet sind und somit viel Schatten bieten. Nachteilig wirkt sich allerdings aus, dass damit Wandern auf Sicht praktisch nicht möglich ist. Belohnt wird man aber immer wieder durch herrliche Ausblicke und die unvergleichliche Stimmung im Gebirge! Wie oft und wie lange man wandern will, ist natürlich von der individuellen Kondition abhängig. Man sollte mit kurzen Strecken beginnen und sich erst allmählich steigern. Zwar muss man nicht unbedingt bei Sonnenaufgang losgehen, aber in der Mittagshitze zu wandern kann zur Tortur werden. Generell gilt, dass man so wenig wie möglich allein wandern sollte – zumindest sollte immer eine Kontaktperson wissen, wo man unterwegs ist. Áttikas Gebirgswege sind zwar keine einsamen Pfade, aber es kann dennoch passieren, dass man den ganzen Tag keinem Menschen begegnet – was also tun, wenn man sich den Knöchel verknackst oder gar ein Bein bricht? Rechnen Sie zudem damit, dass Ihr Mobiltelefon nicht überall Empfang hat.

Tipp: Gelegentlich wird man unterwegs nach dem Weg („monopáti") fragen müssen: „pou íne to monopáti pros" (wo ist der Fußweg nach ...), „pósa chiliómetra íne pros" (wie viele Kilometer sind es nach ...), „thélo na páo stin" (ich möchte nach ... gehen).

Die mit Abstand beste Wanderzeit ist das Frühjahr (Mai und Juni). Eher abzuraten ist dagegen von den extrem heißen Sommermonaten Juli und August. Gut möglich sind Wanderungen dann wieder im September und eventuell in der ersten Oktoberhälfte – dann sind die Trauben reif, und die Sonne ist nicht mehr sengend. Nachteil im Herbst: Die Sonne geht merklich früher unter und verringert die maximale tägliche Wanderzeit erheblich. Vor und nach den genannten Zeiträumen ist das Wetter in der Regel zu unsicher: häufige Regenfälle mit Matsch und Schlamm, außerdem wird es oft unangenehm kalt und windig.

Hotel Grande Bretagne:
Nobelherberge, in der sich auch Könige die Klinke in die Hand geben

Übernachten

Das Zimmerangebot in Athen ist riesig, vor allem in der Pláka, rund um die Platía Omónia und in der Nähe der Bahnhöfe. Da Athen viel besucht wird, werden Sie dennoch nicht überall sofort ein freies Zimmer finden. Für die Olympischen Spiele wurden zahlreiche Hotels neu gebaut, renoviert oder zumindest mit neuem Anstrich versehen.

In Áttika konzentrieren sich die Hotels fast ausschließlich auf die touristisch relevanten Küstenregionen. In den Kapiteln zu den jeweiligen Orten finden Sie eingehende Beschreibungen zahlreicher Hotels, Pensionen, Privatzimmer und Campingplätze.

Athen hat die höchsten Hotelpreise Griechenlands, und sie sind kaum saisonabhängig. Eine wichtige Rolle spielt hingegen, wo sich ein Quartier befindet: Es gibt sehr teure, bisweilen heftig überteuerte Unterkünfte in den heiß begehrten Lagen im Zentrum und der Pláka mit traumhaftem Blick auf die Akrópolis. Auch wer im Nobelvorort Kifissiá unterkommen will, benötigt einen sehr dicken Geldbeutel. Die gesamte Innenstadt und auch die Hotels im Hafen von Piräus haben ein gehobenes Preisniveau. Zwischen der Platía Omónia und den Bahnhöfen liegen dagegen ein paar preiswertere Hotels und Jugendherbergen, aber auch in der Pláka finden sich einige wenige Billigunterkünfte.

Leider sinken die Hotelpreise nicht wesentlich, wenn man sich aus Athen herausbewegt und eine Unterkunft in Áttika wählt. Fast alle Hotels befinden sich an der Küste oder in küstennahen Lagen; von der einfachen Privatunterkunft bis hin zum Luxushotel ist alles geboten. Mit erhöhten Zimmerpreisen sollte man vor allem an der beliebten *Apóllon*-Küste zwischen Athen und dem Kap Soúnio rechnen. An der

Ostküste Áttikas und im Norden liegen die Standardpreise nicht ganz so hoch. Entlang der Westküste Richtung Peloponnes gibt es außer zwei Campingplätzen kaum Übernachtungsmöglichkeiten. Relativ preiswert sind nur die Unterkünfte an der abgelegenen Bucht *Kólpos Alkionídes*.

> **Tipp**: Vermeiden Sie es nach Möglichkeit, im griechischen Ferienmonat August oder an den Sommerwochenenden ohne im Voraus gebuchte Unterkunft in Áttika anzukommen! Halb Athen befindet sich dann im Umland und belegt den Großteil der Betten. Die Stadt selbst ist im August auch nahezu ausgebucht, da viele ausländische Gäste im Hochsommer nach Griechenland kommen.

Zimmerpreise: In Athen kostet ein günstiges Doppelzimmer im Sommerhalbjahr etwa 50–70 €, im Winterhalbjahr ab 40 € aufwärts (Stand: Frühjahr 2009). In der Region Áttika wird dagegen in Winter, Neben- (NS) und Hochsaison (HS) unterschieden. Die Preisangaben im Buch beziehen sich immer auf ein Doppelzimmer (DZ), Angaben wie „50–70 €" stehen für den Winter-/Nebensaisonpreis (NS) und Sommer-/Hochsaisonpreis (HS). Generell gilt: Eine Reihe von Häusern bietet durchschnittlichen bis passablen Komfort wie z. B. Zimmerservice mit täglicher Reinigung und Handtuchwechsel erst ab ca. 80 € aufwärts an. Bei Bedarf sollte man dies vor der Anmietung abklären.

Die Hotels werden seit 2007 nach internationalem Vorbild in fünf Kategorien unterteilt, die mit Sternen gekennzeichnet sind. Apartmentwohnungen sind von dieser Klassifizierung in der Regel ausgenommen. Kategorie und Preise sind bei offiziell angemeldeten Vermietern staatlich festgelegt und werden von der Touristenpolizei überwacht. Die Preise müssen in den Zimmern deutlich angeschlagen sein (sog. „Door-Preise"), und die Besitzer dürfen nicht mehr verlangen, als auf dem Anschlag steht. In der Nebensaison bzw. im Winter werden die offiziellen Preise üblicherweise abgesenkt oder sind verhandelbar. Frühstück wird nicht in allen Häusern angeboten, kostet extra (Preise werden im Buch gesondert genannt) und ist meist karg.

Unterkünfte in Athen und Áttika

Die meisten Hotels in Athen werden ganzjährig betrieben. In Áttika öffnen Hotels, Privatzimmer, Campingplätze in der Regel im Laufe des Monats April (bzw. mit dem griechischen Osterfest) und schließen Ende Oktober. In der kalten Jahreszeit existiert außerhalb von Athen nur ein sehr beschränktes Angebot.

Hotels: Die Häuser werden von der griechischen Fremdenverkehrsbehörde je nach Ausstattung, Lage und Service in fünf Sterne-Kategorien unterteilt. Dennoch, das wurde auch bei der aktuellen Recherche wieder deutlich, sind die Kriterien für den Urlauber nicht in allen Fällen transparent. Oftmals übertrifft ein modernes 3-Sterne-Hotel seinen mit *vier* oder *fünf Sternen* eingestuften, mittlerweile renovierungsbedürftigen Nachbarn um Längen und ist darüber hinaus auch noch um einiges günstiger. Manche Anbieter haben sich bei der Umstellung durch kurzfristige Erweiterung des Angebots (z. B. Kühlschrank oder Kaffeemaschine im Zimmer) um einen Stern „nach oben gerettet", sind aber ansonsten „ganz die Alten" geblieben. Fazit: Fragen Sie nicht nach der Anzahl der Sterne, sondern werfen Sie vor Ort lieber einen Blick in die Zimmer.

5*/Luxus-Kategorie: Dieses Prädikat tragen nur die großen Hotels mit allen Einrichtungen für höchste Ansprüche; in Ausstattung und Service – einige bieten Tennisplätze, z. T. Golfplatz, eigenen Strand, Wassersport, mehrere Restaurants und Bars, Disco, Aircondition usw. Die Zimmer sind in der Regel mit High-Speed Internet ausgestattet, CD/DVD-Spieler und Sat-TV sind häufig vorhanden. 24-Std.-Service ist Standard. Preise für ein DZ je nach Saison 200–380 € (Halb- oder Vollpension möglich).

4*-Kategorie: Durchweg gehobene Häuser mit gutem Komfort und Service (z. B. Zimmerservice, Concierge-Service, Gepäcktransport/Stauraum, oft mit Parkmöglichkeit). Restaurant im Haus ist Standard. Oft alteingesessene Hotels, die seit Jahren von Reiseveranstaltern gebucht werden. Die neu erbauten Häuser der Kategorie sind oft erfreulich modern, mit guten sanitären Anlagen und gepflegter Atmosphäre, ansprechender Deko in den Zimmern, täglichem Handtuchwechsel etc. Einige wenige Hotels entpuppten sich als Nieten. DZ je nach Saison ab 90–180 € (Halbpension möglich).

3*-Kategorie: Die normalen Durchschnittshotels; hier gibt's schon ziemliche Qualitätsunterschiede – von sehr gut bis ungepflegt und vernachlässigt. Kriterienschwerpunkte sollten auf gutem Service, gutem Einrichtungsstil und komfortablem Wohnen liegen. In der Regel Zimmer mit eigenem Bad, manchmal aber auch nur abgetrennte Duschkabinen im Zimmer. Einige Hotels haben sich in der Ausstattung an die Bedürfnisse von Geschäftsreisenden angepasst (Internet, Schreibtisch, Konferenzzimmer). Manche Häuser bieten darüber hinaus Fitnessräume oder Pool an. Preise fürs DZ je nach Saison 45–85 € (Halbpension meist nicht möglich).

2*-Kategorie: Einfache „Billighotels" mit eingeschränktem Service – mal blitzsauber, mal läuft eine Schabe durchs Zimmer. Nicht immer mit Bad, dafür oft mehr persönliches Flair als in den besseren Kategorien. Telefon und Fernseher sind meist im Zimmer zu finden. Auch hier kann man erfreuliche und unerfreuliche Entdeckungen machen. Zumindest Frühstück sollte angeboten werden. DZ 35–60 €.

1*-Kategorie: Billigabsteigen – hauptsächlich bei Rucksacktouristen beliebt. Ein Dach überm Kopf, Dusche am Gang, hier kommt es sehr auf den Besitzer an – und wie er sein Haus in Schuss hält. Normalerweise sind sie aber in einem passablen Zustand. Vor allem in den größeren Städten findet man sie häufig in „historischen" Häusern, die lange keine Renovierung mehr erlebt haben. Verpflegung ist in der Regel nicht vorgesehen und die Rezeption ist möglicherweise beizeiten unbesetzt. Preis fürs DZ je nach Saison 25–45 €. Dazu können noch Aufschläge kommen, z. B. für heiße Duschen oder bei kurzer Übernachtungsdauer.

Pensionen und Privatzimmer: Nur außerhalb der Stadt zu finden. Für Reisende, die aufs Geld achten, sind Pensionen und Privatzimmer in der Regel eine preiswerte Alternative zu den Hotels. Man erkennt Privatquartiere an Schildern wie *„rooms to rent"*, *„rooms to let"* oder einfach *„rooms"* bzw. *„domátia"* (griechisch: Zimmer) – viele nennen sich auch einfach stolz „Hotel" oder „Pension". „Zu vermieten" heißt *„enoikiázontai"*. Häuser, die bei der Griechischen Zentrale für Fremdenverkehr eingetragen sind, tragen zudem am Eingang das E.O.T.-Symbol.

Pensionen und Privatzimmer werden seit der Neuklassifizierung ebenfalls mit Sternen beschrieben. In Pensionen der 5*- und 4*-Kategorie haben die Zimmer eigenes Bad und sind durchwegs freundlich eingerichtet; Preis je nach Saison und Ausstattung etwa 35–75 € fürs DZ. Der Begriff „Pension" ist übrigens offiziell nicht zulässig. Es gibt laut Gesetz entweder Hotels oder Privatzimmer, dazwischen nichts. Dennoch nennen die meisten Privatvermieter ihre Häuser nach wie vor Pensionen, und wir übernehmen hier diesen Sprachgebrauch.

• *Abreise* Die Zimmer müssen – wenn nicht anders vermerkt – bis 12 Uhr geräumt sein, sonst kann der Besitzer für diesen Tag die Hälfte des Übernachtungspreises verlangen.

• *Bei Beschwerden* Erste Anlaufadresse ist die **Touristenpolizei**. Seit 1992 werden Hoteliers, die ihr Haus überbuchen und die Gäste dann nicht mehr angemessen unterbringen können, kräftig zur Kasse gebeten. Um dem Nachdruck zu verleihen, hat die Griechische Zentrale für Fremdenverkehr (Beschwerde- und Verbraucherschutzabteilung) ein Formblatt entwickelt, mit dem sich Urlauber u. a. über Missstände bei der Unterkunft, touristischen Unternehmen, Taxifahrern oder Misshandlung von Tieren beschweren können. Beschwerdeantrag kann heruntergeladen werden unter:

www.gnto.gr/pages.php?pageID=921&langID=5. Dann per E-Mail an kouremenou_i@gnto.gr schicken. **Beschwerdetelefon**: 1572.

• *Frühstück* Die Übernachtung mit Frühstück ist in Griechenland eher unüblich (→ „Essen und Trinken", S. 43).

Jugendherbergen gibt es nur in Athen (Details im Reiseteil). Infos auch beim *Griechischen Verband der Jugendherbergen* (Botsai-Str. 11, ✆ 210-3837449) bzw. bei der *Griechischen Jugendherbergsorganisation* (GYHO, Damareos-Str. 75, 11633 Pangráti, ✆ 210-7519530, y-hostels@otenet.gr).

Die Galaxy Bar des Hilton-Hotels

Ferienwohnungen/Apartments heißen auf Griechisch *„diamerísmata"*. Es gibt sie in Áttika inzwischen in größerer Anzahl, insbesondere an der Apóllon- und der Ostküste. Sie bestehen meist aus Wohn- und Schlafzimmer mit Küche (Herd, Kühlschrank) und Dusche/WC, sind oft neu erbaut und im Komfort durchaus ausreichend. Ein Vorteil dabei: Man kann den relativ teuren Frühstücksangeboten in den Cafés entgehen. Preise ab etwa 50–70 € pro Tag aufwärts (Vermietung meist wochenweise), in der Nebensaison sinken die Preise geringfügig. Dann stehen auch viele Häuser leer, und man muss nicht im Voraus buchen. Praktisch alle Reiseveranstalter und viele Privatvermittler bieten Ferienwohnungen in Áttika an, einfach mal zu Hause in die großen Wochenzeitungen schauen. In Athen und Áttika kann man dann auch über Reisebüros vor Ort buchen.

Camping: Athen hat drei weit außerhalb liegende Campingplätze: zwei in Kifissiá an der Autobahn und einer an der Nationalstraße Richtung Korínth. In Áttika stehen dagegen etwa ein Dutzend Campingplätze zur Verfügung. Allerdings haben viele Athener dort Dauerstellplätze, sodass es oft nur ein geringes Platzangebot gibt. Daher bei Anreise mit Wohnmobil oder Wohnwagen unbedingt vorher telefonisch anfragen. Die Plätze in Áttika liegen bei Várkiza, Soúnio, Rafína, Marathónas, Néa Mákri, Alepochóri und Kinéta. Fast jeder Platz hat ganzjährig geöffnet. Allesamt sind sie mit dem öffentlichen Busverkehr erreichbar. Die Qualität ist allerdings eher mittelmäßig, und wenn im Hochsommer alles überfüllt ist, lässt die Sauberkeit mitunter zu wünschen übrig. Mängel bei älteren Anlagen findet man leider immer wieder bei den Sanitäranlagen und/oder Duschen. Aufgrund fehlender Investitionen wird an der Neuausstattung gespart, schlimmer noch zuweilen am (Putz-)Personal. Über einen kurzen Mailhinweis bei ganz schlimmen Zuständen sind wir immer dankbar. Schönste und ruhigste Lagen haben die Plätze bei Soúnio, Rafína und Alepochóri. Details in den entsprechenden Kapiteln.

Auskünfte Bei Fragen im Zusammenhang mit Campingplätzen können Sie sich an die Vereinigung der Griechischen Campingplatzbesitzer (Panhellenic Campings Association) wenden: Solonos-Str. 102, 10673 Athen, ✆ 210-3621560, 210-5222723, www.panhellenic-camping-union.gr.

Verschwindet leider zunehmend von der Bildfläche: traditionelles In-die-Töpfe-Schauen in den Tavernen

Essen und Trinken

Die griechische Küche ist traditionell einfach. Die Landwirtschaft produziert eine Vielfalt an nahrhaftem und wohlschmeckendem Gemüse sowie würzigen Kräutern. Und zu alledem gesellt sich neben einer Vielzahl von Fleischsorten noch ein reichhaltiges Angebot an Meeresfrüchten. Da viele Athener Tavernenbesitzer zugewandert sind, gibt es praktisch keine eigenen kulinarischen Traditionen. Vielfältig ist vor allem das Angebot an Vorspeisen, Gegrilltem und interessanten Gerichten aus dem Backofen.

Die wesentliche Entscheidung bei der Wahl des Restaurants ist die zwischen einer Taverne mit schlichter Möblierung und einem klassischen Angebot griechischer Speisen, dem etwas edleren Restaurant, das ebenfalls griechische Küche anbietet, dabei aber mehr Wert auf die Ausstattung legt, und dem feinen Restaurant mit internationaler Küche (und natürlich griechischem Touch). Kenner behaupten, dass in den letzten Jahren der Trend zur schlichten Taverne mit griechischer Hausmannskost wieder gestiegen ist. Offenkundig gibt es aber auch eine deutliche Tendenz zur internationalen und vor allem zur exotischen Küche. Dabei wollen wir nun nicht behaupten, Áttika gehöre zu den verkannten Gourmetregionen Europas.

Dass sich der Gast in der Küche umsehen und sein Stück Fleisch oder Fisch selbst aussuchen kann, gehört (mit wenigen Ausnahmen) der Vergangenheit an. Und natürlich verführt die allsommerliche Massenabfertigung die Wirte beispielsweise in der Pláka oder an der Apóllon-Küste geradezu dazu, das „Essen von der Stange“ zu perfektionieren. Wer jedoch nach der *haute cuisine à la grecque* sucht, wird inzwischen an vielen Orten fündig. In Athen essen gehen bedeutet aber auch, die unvergleichliche Stimmung der Millionenstadt auszukosten: Tavernentische in den en-

gen Gassen der Pláka oder nobles Weltstadtambiente in gehobener Umgebung. Áttika bietet oft hübsche Restaurants an den Uferpromenaden der Badeorte mit fantastischem Blick auf das tiefblaue Meer.
Tipp: Gehen Sie abseits der touristischen Ballungszentren essen. Hier muss ein Tavernenwirt noch um Kundschaft kämpfen, deshalb ist die Qualität des Gebotenen meist höher – und das bei oft günstigeren Preisen!

Frühstück: Griechen frühstücken wie die Bewohner aller mediterranen Länder sehr wenig. Oft sind es nur ein griechischer Kaffee und ein paar Kekse, mit denen der Tag anfängt. Auch das gebuchte Hotelfrühstück fällt oft dementsprechend karg aus: kaum Wurst und Käse, nur Marmelade, alles in kleinen abgepackten Portionen etc. – allerdings ist auch in Griechenland das Frühstücksbuffet mittlerweile auf dem Vormarsch. Für Touristen ist es inzwischen in den Cafés und Tavernen angeschrieben: *„Breakfast"*, *„Bread, Butter, Marmelade"* oder ähnlich. Auf Wunsch gibt es auch ein Ei (*avgó*) oder Omelett, außerdem kann man Jogurt (*yaúrti*), Milch (*gála*), Kakao (*gála sokoláta*) und frisch gepressten Orangensaft (*frésko chimó portokáli*) bestellen. Sogar Jogurt mit Früchten, Honig (*yaúrti me méli*), Nüssen etc. wird inzwischen häufig angeboten, ab und an sogar Müsli. Zu den Kaffeevariationen vgl. weiter unten (im Kapitel Getränke).
Während die Frühstückspreise in den Übernachtungsquartieren je nach Umfang 6–8 € betragen, sollte man an den Strandpromenaden oder etwa in der Pláka mit 10–12 € pro Person rechnen.

Vorspeisen (*orektiká*): Vor der abendlichen Hauptmahlzeit gehen die Griechen gerne in ein Café oder eine *Oúzeri*. Vor allem zum Oúzo werden dort *mezédes* (Appetithappen) serviert, leckere Kleinigkeiten wie Pistazien, Mandelkerne, Käsewürfel, Tomaten- und Gurkenscheibchen, Scampi, Kalamares, Schnecken, Sprotten (*marídes*), Oliven, kleine Stückchen Melone, Muscheln u. a. m. – je nachdem, was auf dem Markt gerade zu haben war. Diese Vorspeisenteller werden auch als *pikília* bezeichnet. Manche Restaurants haben sich darauf spezialisiert.

Archinosaláta: Seeigelsalat.

Dolmadákia: gerollte Wein- oder Rebenblätter, mit Reis und Gewürzen gefüllt.

Oktapodokeftédes: aus Tintenfisch zubereitete Fischbällchen („octopus balls").

Salingária: Schnecken. Man isst sie, indem man die Zinken einer Gabel verbiegt und damit das Fleisch aus der Schale pult.

Skordaliá: Knoblauchpüree bzw. -soße.

Taramosaláta: rötlicher Fischrogensalat.

Tsatsíki: Knoblauchjogurt mit Zwiebeln und Gurken.

Fleischgerichte: Es gibt viele Fleischspeisen vom Schwein, Rind, Schaf und der Ziege. *Arní* (Hammelfleisch) bzw. *arnáki* (Lammfleisch) sollte man auf jeden Fall probieren. Sehr lecker sind die diversen Gerichte im Tontopf (Kasserolle), die sich wachsender Beliebtheit erfreuen.

Békri Méze: scharf gewürzte Fleischstückchen (Gulasch) mit einer Soße aus Käse und verschiedenen Gewürzen – ein traditionelles Gericht, das zunehmend auf den touristischen Speisekarten zu finden ist.

Gýros: Schweinefleisch an großen Spießen, wird durch Drehen vor Heizspiralen gegart und in Stückchen abgeschabt. Gelegentlich auch mit Hühnerfleisch. Serviert als Tellergericht oder als Snack mit Zwiebeln und Kräutern in zusammengerollten Fladen (píta). Gibt es in Athen und den größeren Orten in Áttika überall.

Imám Baíldi: mit Tomaten, Zwiebeln und Hackfleisch gefüllte Auberginen. Der Name stammt aus dem Türkischen und bedeutet „Der Imam fiel vor Begeisterung um".

Giouvétzi: kleine spindelförmige Nudeln mit Kalb- oder Lammfleisch, im Tontopf gegart.

Keftédes: „meat balls", sprich: Frikadellen oder Fleischbällchen, in Griechenland auch **biftéki** genannt. Gibt es in zahlreichen Abwandlungen – auch vegetarisch!

Kléftiko: Partisanengericht – Rind- oder Hammelfleisch, mit Kartoffeln, Gemüse usw. in einer Kasserolle serviert und mit Alufolie abgedeckt. Der Name stammt von den „Kléftes" (Diebe und Räuber) – die Partisanen der Befreiungskriege gegen die Türken hausten versteckt in den Bergen und wurden nachts heimlich von ihren Familien versorgt.

Souvláki mit Tsatsíki

Kokkinistó: geschmortes Rindfleisch in Tomatensoße aus dem Backofen, oft im Tontopf serviert.

Makarónia kimá: Spagetti mit Hackfleischsoße, Standardgericht.

Moussaká: Auflauf aus Auberginen, Hackfleisch und Kartoffeln. Wird auf großen Blechen zubereitet und den ganzen Tag über warm gehalten. Kann sehr lecker sein.

Pastítsio: Nudelauflauf mit Hackfleisch und Tomaten, mit Käse überbacken.

Soutzoukákia: knusprig gebratene Hackfleischröllchen mit leckerer Tomaten-Paprikasoße und/oder Beilagen.

Souvláki: Das Nationalgericht ist jedem Griechenlandreisenden zur Genüge bekannt: aromatische Spieße aus Schweinefleisch (früher Hammel), über Holzkohle gegrillt und mit Oregano gewürzt. Mit etwas Zitrone verfeinert man den Geschmack. Meist preiswert und überall zu haben – wichtig ist jedoch die Qualität des Fleisches: Es kann hauchzart sein, aber auch zäh wie Schuhsohlen. Gutes Gericht, um die Qualität einer Taverne zu testen!

Spetsofaí: Wursteintopf mit Zwiebeln, Tomaten, Paprika. Sehr schmackhaft, leider nur selten zu haben.

Stifádo: zartfasriges Rindfleisch mit leckerem Zwiebelgemüse und mit Zimt gewürzt. Gibt's auch mit Lammfleisch oder Oktopus, während der Jagdsaison mit Kaninchen. Oft im Tontopf serviert.

Fisch und Meeresfrüchte: wesentlich teurer als Fleisch, da die ägäischen Fischgründe überfischt sind. Die Flotten der Fischer müssen nicht selten bis vor die afrikanische Küste fahren, um fündig zu werden, was sich nicht zuletzt im Preis niederschlägt. Zunehmend kommt der Fisch auch aus eigenen Zuchtstationen. Für den riesigen Bedarf der Touristenlokale kommen Fisch und Hummer inzwischen aus aller Welt – Tiefkühlfracht aus Argentinien und Kanada ist leider keine Seltenheit.

Wichtig: Fisch heißt *psári* und wird nach Gewicht verkauft (in der Speisekarte ist meist der Kilopreis angegeben). Zum Sattwerden genügen 200 bis (maximal) 300 g. Man sollte aufpassen, dass einem nicht zu viel aufgenötigt wird. Am besten man lässt sich den Fisch vor der Zubereitung zeigen; falls er zu groß ist, einen kleineren wählen! Es gilt übrigens keineswegs als unhöflich, wenn man beim Abwiegen dabei ist, um spätere Missverständnisse zu vermeiden.

Barboúnia: Rotbarben, verbreiteter und sehr geschätzter Speisefisch, den man in allen Fischtavernen erhält.

Kakaviá: Auch diese Fischsuppe wird als Besonderheit in fast allen Fischlokalen angeboten.

Kalamarákia: Tintenfisch – die Arme werden in Öl gesotten und paniert. Die Kalamari-Ringe entstehen durch das Aufschneiden des Körpers in Scheibchen.

Marídes: Die winzigen Fischchen (Sprotten bzw. Sardellen), nicht größer als ein kleiner Finger, werden meist als mezédes (Vorspeisen) gereicht, sehr günstig.

Oktapódi (oder *Chtapódi*): Im Gegensatz zu den kleineren **Oktapódia** muss der Oktopus-Opa nach dem Fang viele Dutzend Mal kräftig auf einen Stein geschlagen werden, damit das Fleisch weich und genießbar wird. Danach wird er auf langen Leinen zum Trocknen aufgehängt, später gegrillt und mit Zitrone serviert.

Xifías: Schwertfisch. Eher selten, weil der typische Hochseefisch nur mit großen Schiffen gefangen werden kann. Die meterlangen Prachtexemplare werden säuberlich in dicke Scheiben gesäbelt – sehr lecker!

• *Sonstige Fische und Meeresgetier* **astakós** (Hummer), **bakaláos** (Kabeljau); **fangrí** (Zahnbrasse), **astakós** (Langusten), **garídes** (Garnelen), **galéos** (Neunauge), **sargós** (Meerbrasse), **tónnos** (Thunfisch).

Gemüsemarkt an der Athinás-Straße

Vegetarisches, Beilagen, Gemüse und Salate: Überall gibt es traditionell auch eine große Anzahl von vegetarischen Gerichten bzw. Beilagen, darunter die „Falschen *Keftédes*“, aber auch Mus aus den kleinen gelben Fava-Bohnen, gefüllte Zucchini, *Krítama*-Blätter und -Blüten (ähnlich den Kapern), Kichererbsen u. a. m.

Briám: Eintopf aus Gemüse und Kartoffeln.

Choriátiki: Der griechische Bauernsalat wird in jeder Taverne als Standardgericht serviert. Er besteht aus Tomaten, Gurken, Oliven, Zwiebelringen, Oregano und vor allem **féta**, dem würzigen, bröckligen Schafskäse. Man kann ihn als Vorspeise, aber auch als Beilage zum Hauptgericht essen. Mit etwas Brot kann er sogar allein als Mittagessen ausreichen.

Piperjés jemistés: gefüllte Paprika, nur selten erhältlich.

Pseftikeftédes („falsche Fleischklößchen“): Die vegetarischen Gemüse-Bouletten werden in Öl frittiert und sind echten Fleischklößchen oft täuschend ähnlich. Sie bestehen neben Mehl, Zwiebeln und Kräutern hauptsächlich aus einem Püree aus Fáva-Bohnen, sodass sie auch **Favakeftédes** genannt werden.

Revíthia: gebackene Kichererbsen, z. B. als Suppeneinlage.

Revithokeftédes: leckere Bratbällchen aus klein gehackten Kichererbsen. So gekonnt zubereitet, dass man das fehlende Fleisch gar nicht vermisst.

Tomátes jemistés: mit Reis gefüllte Tomaten, lecker. Es gibt sie praktisch überall, sie sind aber nicht so einfach zuzubereiten wie es scheint.

• *Beilagen/Gemüse* **patátes** (Kartoffeln oder Pommes frites), **piláfi** (Reis), **melitzánes** (Auberginen), **fassolákia** (Bohnen), **angóuri** (Gurken), **tomáta** (Tomaten).

• *Salate* **lachanosaláta** (Krautsalat), **tomatosaláta** (Tomatensalat), **angourotomatosaláta** (Gurken-Tomaten-Salat).

Nachspeisen/Süßes (*Gliká*): In Griechenland gibt es eine reiche Auswahl an traditionellen Backwaren – meist aus Blätterteig, sehr süß, oft anlässlich des Osterfests oder anderer Feiertage gebacken, gelegentlich türkischen Ursprungs.

Amigdalotó: Mandelgebäck in Pralinenform.

Baklavá: Blätterteig-Roulade mit Honig und Nüssen gefüllt.

Chalwadópittes: handgroße Oblaten mit türkischem Honig, Spezialität der Kykladeninsel Sýros.

Chalvá: knusprig-süßes Gebäck aus Honig und Sesamsamen.

Féta: gesalzener Weichkäse aus Schafs-, Ziegen- und auch Kuhmilch. Wird für nahezu alle Gerichte verwendet, z. B. Aufläufe, Salat, Gebäck oder auch als Beilage.

Kasséri: weicher Hartkäse, dient als Brotbelag, wird aber auch in der Pfanne ausgebraten.

Kefalotíri: gesalzener Hartkäse, vergleichbar dem Parmesan.

Von stylisch bis lauschig – Athens Bar- und Restaurantlandschaft hat aufgeholt

Loukoumádes: in heißem Öl frittierte Teigkugeln, mit Honig übergossen.

Loukoúmi: extrem süße Fruchtgeleestücke, ebenfalls von Sýros.

Yaúrti: frischer Schafsjogurt mit Honig (**méli**), für Liebhaber eine Delikatesse.

Käse (*Tirí*): Es gibt ein breites Angebot an vielen Käsesorten aus allen Regionen Griechenlands. Auch Importware ist beliebt.

Mizíthra: quarkähnlicher ungesalzener Frischkäse mit herzhaftem Aroma.

Saganáki: überbackener Käse, der in Tavernen serviert wird.

Gewürze: Basilikum, Bohnenkraut, Fenchel, Kamille, Lorbeer, Oregano, Rosmarin, Salbei und Thymian wachsen in den griechischen Bergen weitab der Abgase von Industrie und Verkehr. Sie enthalten große Mengen ätherischer Öle.

Getränke

Wasser (*Neró*): traditionell das wichtigste Getränk. Nachdem die alte griechische Sitte fast ausgestorben war, zum Essen und zum Kaffee ungefragt Wasser zu reichen, nimmt diese Tradition im Rahmen der in den letzten Jahren verstärkten Bemühungen um die Urlaubergunst wieder zu. Das merkt man allerdings auch deutlich am Preis.

Kaffee (*Kafé*): Wer den typischen griechischen Kaffee, ein starkes, schwarzes Mokkagebräu in winzigen Tassen, trinken will, muss ausdrücklich *„kafé ellinikó"* oder *„greek coffee"* verlangen. Die Griechen haben sich an die Ausländer schon so weit gewöhnt, dass sie ihnen ansonsten obligatorisch Nescafé servieren, wenn „Kaffee" bestellt wird. Filterkaffee mitteleuropäischer Art ist gelegentlich in Cafés zu haben, die von Ausländern geführt werden.

- *Kafé ellinikó* **elafrís kafés** = leicht; **métrio** = mittelstark, mit Zucker; **varí glikó** = sehr süß; **skéto** = ohne Zucker; **varí glikó me polí kafé** = sehr süß und sehr stark.
- *Nescafé* **sestó** = heiß; **frappé** = kalt; **skéto** = schwarz; **me sáchari** = mit Zucker; **me galá** = mit Milch.

Wein (*Krassí*): Die bekannten Sorten sind praktisch in jeder Taverne zu haben. Generell sind offene Weine preiswerter, denn sie gehören offiziell einer niedrigeren Qualitätsstufe an, aber letztlich ist es natürlich eine Geschmackssache. Zudem werden Flaschenweine von einigen Wirten als Chance für den schnellen Euro angesehen – die Preise wirken nicht selten überhöht. Verlangen Sie *„ap to varéli"* (Wein vom Fass) bzw. *„krassí chíma"* (Hauswein), *„kókkino krassí"* (Rotwein) oder *„áspro krassí"* (Weißwein). Auch in Áttika wird Wein angebaut, insbesondere im Westen und Norden.

Griechische Trauben

Die wichtigste und edelste Rebsorte ist die *Asýrtiko*-Traube. Daneben gibt es noch die aromatische *Aidáni* und die vollfruchtig-milde *Athíri*-Traube. Aus allen drei Sorten werden zum Großteil (ca. 85 %) trockene und halbtrockene Weißweine gekeltert. Daneben produziert man aber auch süße Weine, darunter etwas Rosé und Rotwein. Der trockene Rotwein stammt weitgehend von der *Mandilariá*-Traube.

In den letzten Jahren hat man sich mitteleuropäischen Trends etwas angepasst und baut einen gewissen Anteil der Weine wieder im traditionellen Holzfass aus. Diese Variante, zumeist weiß und seltener rot, trägt die Zusatzbezeichnung *Varéli*.

Die anfallende Maische wird zu einem Schnaps namens *Tsikoudiá* verarbeitet. Die Sorten sind dabei äußerst zahlreich, und jedes Jahr gibt es neue Kreationen, je nach Launen und Einfällen der Hersteller.

Bier (*Bíra*): Davon gibt es jede Menge, denn auch die Griechen trinken inzwischen viel und gerne das eigentlich fremde Hopfengetränk. Meist wird es eiskalt serviert – wunderbar erfrischend an heißen Tagen. In Griechenland gebraut werden die Biere *Mýthos, Álpha* und *Vergína*. Sie sind (nach jahrelanger Dominanz ausländischer Marken) fest im Markt etabliert und brauchen sich auch geschmacklich nicht hinter der Konkurrenz zu verstecken. Weit verbreitet sind außerdem die Biere von Löwenbräu, Amstel und Heineken, die in Lizenz im Land gebraut werden. In den Nachtbars und Diskos wird auch das leichte mexikanische Bier Corona überall angeboten.

In Griechenland wurde das Bier während der ersten Hälfte des 19. Jh. eingeführt – damals war Otto I., Sohn des bayerischen Königs Ludwig I., König von Griechenland. Er brachte natürlich sein Bier mit – und die Braumeister gleich dazu. Nach dem Braumeister Fuchs hieß die erste griechische Biermarke „Fix".

Hochprozentiges: Wie überall in Griechenland ist *Oúzo* besonders verbreitet. Der klare Anisschnaps wird beim Verdünnen mit Wasser milchig-trüb, kann aber auch pur getrunken werden. Bekannt sind außerdem die Tresterschnäpse *Rakí, Tsikoudiá* oder *Tsípouro*, gebrannt aus den Rückständen der gepressten Weintrauben. In den Nachtbars und Diskos beherrschen natürlich vor allem internationale Modegetränke wie Wodka, Tequila, Longdrinks und Cocktails aller Art die Szene.

Alkoholfreies: Neben den bekannten internationalen Limonaden-Multis findet man in Griechenland leider wenig Authentisches. Allerdings bekommt man überall frisch gepressten Orangensaft.

portokaláda = Orangenlimonade; **limonáda** = Zitronenlimonade; **chymós portokalióu** = Orangensaft.

Wissenswertes von A bis Z

Ärztliche Versorgung und Apotheken

Die ärztliche Versorgung ist in Griechenland nirgendwo besser als in Athen. Ärzte aller Fachrichtungen sind reichlich vorhanden. Ihre Adressen stehen in den Telefonbüchern. Außerdem gibt es praktisch in jedem Stadtteil ein Krankenhaus, wobei deren Ausstattung von unterschiedlicher Qualität ist. Wir empfehlen immer, Privatkliniken vorzuziehen, da hier die Ausstattung und manchmal auch die Versorgung deutlich besser ist. Teilweise werden die Kosten in Deutschland von der eigenen Versicherung erstattet.

Apotheken befinden sich in praktisch jedem Stadtteil von Athen und in allen größeren Orten in Áttika. Bei kleineren Beschwerden kann man getrost auf den Gang zum Arzt verzichten und die meist sehr kompetenten Apotheker um Rat fragen. Medikamente sind preiswert, vieles wird rezeptfrei abgegeben.

• *Behandlungskosten/Versicherung* Für deutsche und österreichische Touristen, die in einer gesetzlichen Krankenkasse versichert sind, gibt es die Möglichkeit, sich bei ihrer Krankenkasse die EHIC-Karte (European Health Insurance Card) ausstellen zu lassen, mit der man bei griechischen Ärzten, die der IKA (griechische Krankenkasse) angehören, kostenlos behandelt wird (für Schweizer bisher noch nicht möglich). Sie ersetzt den bis 2004 gültigen Auslandskrankenschein E 111 und das komplizierte Umtauschverfahren vor Ort. Die neue (Chip-) Karte ist nur gültig für die Notfallversorgung, z. B. bei einem Knochenbruch, einem kranken Zahn oder einer Virusinfektion. Auch die fortlaufende Versorgung bei schweren chronischen Krankheiten ist darüber abgedeckt. Sie gilt ausdrücklich nicht, wenn sich jemand bewusst für eine Behandlung im EU-Ausland anstatt im Heimatland entscheidet. Viele IKA-Stellen verfügen über eine ambulante Station, in der Sie sich gleich an Ort und Stelle untersuchen lassen können. Empfehlenswerter ist es aber in der Regel, einen privaten Arzt **bar** zu bezahlen. Griechische Arztkosten sind im Allgemeinen nicht übermäßig hoch, Athen macht dabei jedoch leider – wie so häufig – eine Ausnahme. Mit 40 € für einen Besuch sollten Sie auf jeden Fall rechnen. Gegen eine detaillierte Quittung (**Apódixi**) des behandelnden Arztes, die die Diagnose, Art und Kosten der Behandlung beinhalten sollte, erstattet Ihre Krankenkasse zu Hause die Ausgaben zurück (je nach Krankenkasse ganz oder anteilig). Darunter fallen auch Apotheken- und Arzneikosten (anteilig), falls Medikamente vom Arzt verschrieben wurden.

Aufenthalt und Behandlung in einem staatlichen Krankenhaus oder Health Center (Nosokomío) kosten für ausländische Touristen nur eine geringe Gebühr von ca. 10 € am Tag. Zusätzlich müssen die Medikamente bezahlt werden. Auch diese Kosten erstattet Ihre Krankenkasse zurück.

Kaufhaus im Schuhkarton: Perípterobesitzer mit Grundsortiment

Wichtige Telefonnummern (in allen Orten): **Polizei-Notruf** ✆ 100; **Feuerwehr** ✆ 199; **Erste Hilfe** ✆ 166; **Pannenhilfe** ✆ 104.

Zu erwägen ist eventuell der Abschluss einer zusätzlichen **Auslandskrankenversicherung**, die die meisten privaten Krankenkassen preiswert anbieten (ab 0,50 € /Tag). Darin sollte auch ein aus medizinischen Gründen nötig gewordener Rückflug eingeschlossen sein, den die Versicherungen sonst nicht zahlen.

• *Gesundheitsvorsorge* In den ersten Tagen sollte man höchstens 1–2 Std. und nur mit hohem Schutzfaktor (mindestens 20) in die **Sonne** gehen. Beim Baden in Felsbuchten können **Badeschuhe** sehr gute Dienste leisten; auf Wanderungen einen **Sonnenhut** und stabiles **Schuhwerk** mitnehmen.

Für eine eventuell unruhige Seefahrt sollte man ein Mittel gegen **Seekrankheit** dabeihaben, falls man dafür anfällig ist.

Seeigelstacheln sind schmerzhaft – Ringelblumensalbe relativ dick auftragen und Pflaster drauf, nach einem Tag lösen sie sich wie von selbst. Für **Insektenstiche** auf jeden Fall entsprechende Lotion mitnehmen, außerdem vorbeugenden Schutz gegen Stiche.

Kleiner Tipp, um einem verdorbenen Magen vorzubeugen: Essen Sie scharf, z. B. Peperoni – dadurch werden die Magenschleimhäute angeregt, und Sie sind eher gefeit gegen kleine, unfreundliche Gesellen, die dem Magen Übles antun können. Auch **Kohletabletten** sollten in der Reiseapotheke nicht fehlen, ebenso wenig **Verbandszeug** und **Jod**.

Ein letzter Tipp: Leicht holt man sich an der stets windigen attischen Küste eine handfeste **Erkältung** – es kann sich lohnen, entsprechende Medikamente bereits von zu Hause mitzubringen.

• *Deutschsprachige Ärzte in Athen* **Chirurgie**: Kornilia Anastassókou, Ambelokipi, Fokidos 57–59, ✆ 210-7789-329. **Gynäkologie**: Ári Karagiannídis, Glyfáda, Fivis 46, ✆ 210-8941515; Claudia Schiementz, Agía Paraskeví, Amaryllidos 1, ✆ 210-6007452; Sabine Wünschmann, Paléo Psychikó, Marathonódromon 111, ✆ 210-6777747. **HNO**: George Georgopoulos, Ipirou 16, ✆ 210-8213037. **Innere Medizin**: Sokrátis Kallistsis, Agía Paraskeví, Amaryllidos 1, ✆ 210-6007452. **Physiotherapie**: Konstantínos Asmátsis, Paléo Fáliro, Naiadon 87, ✆ 210-9848793. **Zahnheilkunde**: Alexandros Papasotiriou, Kolonaki, Vas. Sofias 35, ✆ 210-7227045; Wássia Soultanopoúlou-Dahl, Kifissiá, Chariláou Trikoúpi 93, ✆ 210-8018444. **Veterinärmedizin**: Maria Kontaxi, N. Kifissia, Elaion 43, ✆ 210-6252996.

Diplomatische Vertretungen

Alle Botschaften haben ihren Sitz in Athen. In Notfällen – z. B. beim Verlust sämtlicher Reisefinanzen oder der Ausweispapiere – kann man sich dorthin wenden. Mit einer Überbrückungshilfe sieht es aber meist schlecht aus. Zuerst wird man aufgefordert, sich das nötige Geld für die sofortige Heimreise von zu Hause schicken zu lassen. Erst wenn zu Hause niemand erreichbar ist, erhält man ein Zugticket für die sofortige Heimreise, das aber natürlich zurückgezahlt werden muss.

• *Deutschland* (Botschaft und Konsulat) Karaolí-&-Dimitríou-Str. 3, 10675 Kolonáki, Athen, ☏ 210-7285111, ℻ 210-7285335, www.athen.diplo.de.
• *Österreich* (Botschaft und Konsulat) Vassilíssis Sofía Ave. 4, 10674 Athen, ☏ 210-7257270, ℻ 210-7257292, athen-ob@bmeia.gv.at.
• *Schweiz* (Botschaft und Konsulat) Iassíou-Str. 2 (Nähe Sýntagma), 11521 Athen, ☏ 210-72303-64, -65, -66, ℻ 210-7249209, www.eda.admin.ch/athens.

Einkaufen

In Athen – vor allem in der Pláka und auf Basaren oder Flohmärkten – findet man eine Menge hübscher Stücke, die sich gut als Mitbringsel oder zur Erinnerung eignen. Authentisch sind sie jedoch nur selten. Besonders Ton-, Keramik- und Glasprodukte werden aber auch in Griechenland in guter Qualität gefertigt. Weiterhin gibt es aus einheimischer Produktion hin und wieder schöne Stickereien und Häkelarbeiten. Vieles ist allerdings aus allen Regionen Griechenlands importiert oder gar fernöstliche Massenware. Bunte Ikonenmalereien, Schmuck von Athener Juwelieren und blank polierte Kopien der berühmten antiken Kykladenidole ergänzen das Angebot. Ein guter Tipp sind auch griechische Gewürze, diverse Honig- und Olivenölsorten, Olivenseife und Süßigkeiten. Entsprechende Läden gibt es nicht nur in der Pláka. Details finden Sie im Reiseteil. Last but not least: In den Boutiquen abseits der Odós Ermoú erhält man Markenware (sofern sie echt ist) manchmal bis zu 20 % unter mitteleuropäischem Preisniveau.

Ein- und Ausreise

Für Deutsche, Österreicher und Schweizer genügt bei einem Aufenthalt in Griechenland der Personalausweis. Kinder unter 16 Jahren müssen im Pass der Eltern eingetragen sein oder einen eigenen Kinderausweis haben, ab 10 Jahren mit Passbild. Wenn man mit dem Reisepass einreist, darf dieser keinen Stempel der international nicht anerkannten türkischen Republik Nordzypern enthalten. Wer über die Serbien und Makedonien kommt, muss unbedingt den Reisepass mitnehmen und sich vorher eingehend nach etwaigen Visabestimmungen erkundigen.
Sinnvoll ist es, Personalausweis und Reisepass mitzunehmen. Erstens hat man Ersatz, falls ein Ausweis abhanden kommt. Zweitens ist ein Papier manchmal bei der Hotel- oder Campingplatzrezeption hinterlegt – problematisch, wenn man z. B. ein Fahrzeug mieten will (allerdings ist es griechischen Hoteliers offiziell nicht erlaubt, einen Ausweis länger als 24 Std. einzubehalten). Es empfiehlt sich auch, Kopien der Dokumente mitzunehmen (getrennt von Originalen aufbewahren). Im Fall eines Verlustes kommt man so beim zuständigen Konsulat schneller zu Ersatzpapieren.
Kraftfahrer mit eigenem Fahrzeug benötigen als Nachweis für eine bestehende Haftpflichtversicherung die grüne Versicherungskarte (kostenlos bei der eigenen

Bummel über den berühmten Athener Flohmarkt

Kfz-Versicherung). Wer sie vergessen hat, kann sie für stolze 36 € noch an der Grenze erwerben. Internationaler Führerschein ist nicht nötig.

Finanzen

Auch in Griechenland wurde die Währung 2002 auf den Euro umgestellt. Seither entfällt für Deutsche und Österreicher der Geldumtausch. Schweizer müssen weiterhin ihre Franken wechseln. Griechenland ist aber längst kein „Billigreiseland" mehr, da der Wechselkurs der Drachme seit Mitte der neunziger Jahre relativ stabil geblieben war. Zudem hatte das Land Anfang 2002 im europäischen Vergleich die höchste umstellungsbedingte Inflation zu verzeichnen. Insofern ist selbst einige Jahre nach der Währungsumstellung die „TEuro"-Diskussion auch in Griechenland allgegenwärtig.

Der Euro wird in Griechenland übrigens *„ΕΥΡΩ"* geschrieben und „Evró" ausgesprochen. Als Unterwährung wurde nicht der Cent – wie ansonsten überall in Europa – eingeführt, sondern die alte griechische Einheit *„Leptá"* wieder belebt.

Zahlungsmittel: Am bequemsten und sichersten ist zweifellos das Abheben von Bargeld mit Kreditkarte und Geheimnummer. Geldautomaten gibt es bei praktisch allen Banken in Athen und Áttika. Ansonsten können Reiseschecks bei allen Banken problemlos in Euro eingetauscht werden (Pass mitnehmen). Euroschecks gibt es seit 2002 nicht mehr. Auch Kreditkarten werden in den meisten Touristenorten akzeptiert. Und wem das Geld einmal ausgeht – der Western Union Service (ehemals telegrafische Postanweisung) ist der rettende Draht zur Heimat (→ Post).
Tipp: Fragen Sie an Tankstellen vor Betätigung der Zapfsäule nach, ob per Kreditkarte gezahlt werden kann. Nicht alle bieten diesen Service an.

Geldwechsel (für Schweizer): Da der Umrechnungskurs zwischen Franken und Euro nach wie vor schwankt und die Banken unterschiedliche Gebühren verlangen, lässt es sich nicht generell sagen, ob ein Geldwechsel in Griechenland günstiger ist als zu Hause. Als Gebühr fallen zumeist 1–2 % des eingelösten Betrags an.

> Bei Verlust der EC-Karte kann man diese unter ✆ **0049-180-5021021** zu jeder Tages- und Nachtzeit sperren lassen.

EC-Geldautomaten: Gibt es bei fast allen Banken. Zwei große Vorteile: Vor Ort fällt keine Kommission an und in der Regel geringe Wartezeiten. Jedoch Vorsicht: Nicht alle Automaten nehmen EC-Karten an, man muss auf die Aufkleber achten. Es kommt auch häufig vor, dass ein Automat defekt ist. Zu Hause fällt pro Abhebung eine Gebühr an.

Griechische Ein-Euro-Münze

Bedienungshinweis: An den meisten Automaten leitet den Nutzer inzwischen ein deutschsprachiges Menü.

Reiseschecks: werden hauptsächlich von American Express, Thomas Cook und Visa angeboten. Man muss sie vor der Reise bei einer Bank kaufen, dabei kassiert das Institut eine Kommission von 1 % des Werts. Bei der Einlösung in Griechenland werden ebenfalls Gebühren fällig. Bei Verlust oder Diebstahl erhält man vollen Ersatz von den Büros der Scheck-Gesellschaft – im Notfall auch per Kurier, jedoch muss die Kaufquittung vorgewiesen werden (getrennt von Schecks aufbewahren).

Kreditkarten: Mit den gängigen Karten wie Eurocard, Mastercard, Visa, American Express kann man in größeren Geschäften, Hotels, Restaurants, Fahrzeugvermietungen etc. bargeldlos bezahlen, die Abbuchung vom eigenen Konto erfolgt erst Wochen später. Bei den meisten Banken kann man mit Kreditkarten auch Geld abheben, allerdings zu ungünstigen Bedingungen. Bei Verlust der Karte diese sofort international sperren lassen, dann muss man nicht für Schäden haften (**Zentraler Sperrnotruf** für die o. g. Kreditkarten ✆ 0049-116116, alternativ ✆ 0049-30-40504050).

Tipp: Bei Einkäufen kann es sich lohnen, mit der Kreditkarte zu „drohen", d. h. sie einfach zu zücken. Oft bietet der Verkäufer dann einen Rabatt bei Zahlung in bar.

FKK

Theoretisch ist Nacktbaden überall in Griechenland verboten und strafbar. „Oben ohne" ist mittlerweile jedoch an fast allen Stränden üblich und wird geduldet, auch junge einheimische Frauen machen da keine Ausnahme mehr. Das gilt sowohl für die stadtnahen Strände Athens als auch für alle Strandgebiete Áttikas. Gänzlich nackt sollte – abgesehen vom Verbot und dem damit verbundenen Risiko einer Anzeige – nur an Stränden und in Buchten gebadet werden, die etwas abseits vom nächsten Dorf liegen, denn nicht selten reagieren Einheimische (Männer und Frauen) verärgert auf hüllenlose Touristen. FKK „empfehlen" wir daher nur an den einsamen Stränden im Nordosten Áttikas oder in kleinen Buchten am Alkionidischen Golf.

Fotografieren/Filmen

Alle Arten von Fotomaterial, Filmen, Speicherkarten usw. sollte man bereits vor der Reise zu Hause kaufen. Zwar sind die Geschäfte in Athen und Áttika gut bestückt, doch Fotomaterial ist in Griechenland nach wie vor teurer als bei uns. Vor Ort empfehlen wir in jedem Fall ausgewiesene Fotogeschäfte für den Einkauf, nicht selten werden die Filme in den Souvenirläden unsachgemäß gelagert, und/oder das Verfallsdatum ist bereits näher gerückt, weil noch Ware vom letzten Jahr verkauft wird. Digitale Fotos von allen möglichen Chip-Varianten sind auch hier längst auf dem Vormarsch. Wer seine abgespeicherten Bilder auf Fotopapier ausdrucken lassen will, um anschließend seine Karte löschen zu können, zahlt in Griechenland für den Druck etwa die gleichen Preise wie zu Hause.

Grußworte

Man begrüßt einander mit *„kaliméra"* (guten Morgen/guten Tag). *„Kalispéra"* (guten Abend) kommt ab dem Zeitpunkt zum Einsatz, wo sich die Griechen nach der Siesta wieder aufrappeln. *„Jássas"* und *„jássou"* (Hallo) sind gebräuchlich, sofern man sich näher kennt. *„Sto kaló"* meint „Gehe/Geht im Guten" und wird bei der Verabschiedung nur von der zurückbleibenden Person gebraucht. *„Chérete"* heißt sowohl „Sei gegrüßt" als auch „Leb wohl", und am (späteren) Abend wünscht man zum Abschied *„kaliníchta"* (gute Nacht). Wenn der Grieche *„nai"* (gesprochen „nä") sagt, meint er übrigens „ja". „Nein" heißt dagegen *„óchi"*.

Informationen

Die Griechische Zentrale für Fremdenverkehr (G.Z.F.), in Griechenland unter dem Namen „Ellenikós Organismós Tourismoú" (E.O.T.) zu finden, hat in der Bundesrepublik Deutschland vier Büros, in Österreich und der Schweiz jeweils ein Büro eingerichtet. Man erhält dort unter Umständen auch einiges an speziellem Info-Material. Das Personal ist freundlich und versucht, selbst bei ausgefallenen Wünschen zu helfen. Prospekte werden auf Anfrage kostenlos zugeschickt.

• Deutschland **10789 Berlin**, Wittenbergplatz 3a, ✆ 030-2176262-63, Fax 030-2177965, info-berlin@gzf-eot.de.

60311 Frankfurt, Neue Mainzer-Str. 22, ✆ 069-2578270, Fax 069-25782729, info@gzf-eot.de.

20354 Hamburg, Neuer Wall 18, ✆ 040-454498, Fax 040-454404, info-hamburg@gzf-eot.de.

80333 München, Pacellistr. 5, ✆ 089-222035-36, Fax 089-297058, info-muenchen@gzf-eot.de.

• Österreich **A-1010 Wien**, Opernring 8, ✆ 01-5125317-8, Fax 01-5139189, grect@vienna.at.

• Schweiz **CH-8001 Zürich**, Löwenstr. 25, ✆ 01-2210105, Fax 01-2120516, eot@bluewin.ch.

• Athen Hauptbüro in der **Tsocha-Str. 7** (Stadtteil Ambelókipi), ✆ 210-8707000, Fax 210-6445501, www.gnto.gr.

Neue Anlaufstelle der **E.O.T.** ist das Büro in der **Amalías 26** (Nähe Sýntagma-Platz). Hier erhält man kostenlose Stadtpläne, aktuelle Fahrpläne der Überlandbusse und Fähren, Öffnungszeiten der Museen und Prospekte aller übrigen Regionen in Griechenland. Öffnungszeiten: Tägl. 10–16 Uhr, ✆ 210-3310 347, 3310392 und 3310716, Fax 210-3310640, info@gnto.gr.

Zweigstelle im **Piräus-Büro** (Zeas Marinas), ✆ 210/4522586.

Büro im **Flughafen**: Mo–Fr 9–19 Uhr, Sa/So 10–16 Uhr. ✆ 210-3530445-8, Fax 210-3532334.

Wer sich via Internet über das Reiseziel informieren möchte, wird unter folgenden Adressen fündig:

• Griechenland im Internet/deutsche Seiten **www.in-greece.de**, private Erlebnisberichte und die Möglichkeit, eigene beizusteuern.

www.hellasproducts.net, offizielle Seite der deutschsprachigen „Griechenland-Zeitung" mit Urlaubstipps, Adressen, Links.

www.go4sun.de, Reiseinformationsportal mit Reiseplaner, Wetter, Unterkünfte, Fotos.

www.de-di.de, Homepage für Griechenlandfreunde und Hobbyfotografen. Allgemeine Griechenland-Infos.

www.griechenlandaktuell.de, deutschsprachige Online-Touristikzeitung mit Sitz in Iráklion (Kreta).

• *Offizielle Seiten griechischer Institutionen*

www.gtp.gr, offizielle Seite der Greek Travel Pages in englischer Sprache. Detaillierte Informationen zu allen innergriechischen Schiffsverbindungen und aktuelle Fahrpläne.

www.griechische-botschaft.de, Info-Seite der Griechischen Botschaft. Aktuelle Nachrichten aus Sport, Kultur, Wirtschaft und Politik; außerdem Veranstaltungskalender und Links zu zahlreichen Presseorganen.

www.culture.gr, Info-Seite des Griechischen Kulturministeriums (englisch). Diverse Unterseiten informieren unter anderem über Sehenswürdigkeiten im Raum Athen und Áttika mit Adressen und Eintrittspreisen.

Kartenmaterial

Konkurrenzlos bestes Blatt ist die Karte *„Athens – Piraeus"* (1:12.000) des Athener Verlags Road Editions (Ippokrátous-Straße 65, 10680 Athen). Die Karte beinhaltet den gesamten Innenstadtbezirk in vergrößerter Form, einen Straßenplan von Kypséli bis zur Küste von Paleó Fáliro inklusive Piräus und einen Plan der Athener Metro. Auf der Rückseite findet sich ein Großraumstadtplan von Athen mit allen Vororten und weiten Teilen von Áttika (ISBN 960-8481-80-5; 8,50 €).

Wer die ganze Stadt mit allen Vororten in Kartenform benötigt, sollte auf den im Buchformat erhältlichen Plan *„Athína-Peiraiás-Proástia"* des Athener Verlages Níkos & Ioánnis Fótis zurückgreifen. Das Buch erscheint jährlich neu. Neben der Kartierung bietet es ein umfassendes Straßenverzeichnis mit Postleitzahlen sowie ein Branchenverzeichnis (mit Telefonnummern) der wichtigsten Einrichtungen (ISBN 960-8098-02-5; ca. 18 €).

Für Áttika empfehlen wir das Blatt *„Áttica – Égina & Salamína"* (1:50.000) von Road Editions, das in Zusammenarbeit mit dem geografischen Service der griechischen Armee erstellt wurde. Absolut aktuell, beste Detailangaben, Höheneinzeichnungen, Kirchen und Kapellen, Strände, Flüsse, z. T. auch Fußwege u. v. m. Die Karte beinhaltet die Stadt Athen sowie den gesamten Süden und Osten von Áttika. Leider endet die Karte im Norden bei Néa Mákri und im Westen bei Pérama, sodass – trotz des Titels – nicht ganz Áttika enthalten ist. Dennoch ist das Blatt ein absolutes Muss für jede Áttika-Rundfahrt (ISBN 960-8481-88-0; 8 €).
Den in der Karte *„Áttica – Égina & Salamína"* fehlenden Teil von Áttika ergänzt das Blatt *„Stereá Elláda/Central Greece"* (1:250.000) von Road Editions (ISBN 960-8481-16-3; 8 €).

Die Road-Editions-Karten kann man über das Internationale Landkartenhaus in Stuttgart bestellen. Adresse: GeoCenter Touristik Medienservice GmbH, Schockenriedstr. 44, 70565 Stuttgart, www.geocenter.de.

Klöster und Kirchen

Einen Besuch der Klöster und wichtigen Kirchen in Athen und Áttika sollte man sich nicht entgehen lassen. Vor allem in den meist einsam gelegenen Klöstern Áttikas ist die Atmosphäre oft Welten entfernt vom Rummel in der Stadt oder an der Küste. Ganz wichtig jedoch beim Besuch: Sie müssen angemessene Kleidung tragen und dürfen nur wenig Haut zeigen. Keine nackten Beine und Schultern, stattdessen lange Hosen für Männer bzw. mindestens knielange Röcke für Frauen. Mönche und Nonnen reagieren auf Touristen mit Shorts in ihren Kirchen mitunter sehr verärgert. Manche Klöster halten sogar lange Hosen am Eingang bereit, damit sich Besucher entsprechend anziehen können. Die Kleiderordnung gilt natürlich auch für die Kirchen, die allerdings häufig geschlossen sind. Am besten versucht man es am Vormittag, am frühen Abend oder direkt nach den Gottesdiensten.

Medien

In vielen Geschäften der touristischen Zentren in Athen und Áttika gibt es die wichtigsten deutschsprachigen Printmedien zu kaufen.

Wer Griechisch lesen kann, dem sei das wöchentlich in der Landessprache erscheinende Info-Heft *Athinórama* empfohlen (an jedem Kiosk). Hier gibt es die besten und aktuellsten Informationen zu Kino, Theater, Museen, Ausstellungen, Musik, Diskos und Tavernen. In englischer Sprache gibt es das ebenfalls wöchentlich erscheinende und kostenlose, aber längst nicht so ausführliche und aktuelle *Athens today*. Die Infos umfassen hier Restaurants, Shopping, Entertainment und Kunst. In griechischer und englischer Sprache zugleich erscheint monatlich und kostenlos das dünne Heft *best of Athens*. Es beinhaltet Tipps zu Hotels, Restaurants, Nachtleben, Shopping, Sightseeing und zu Museen. Einen ausführlichen Athen-Teil enthalten natürlich auch die griechischen Tageszeitungen, die allesamt politisch mehr oder minder stark eingefärbt sind: *Vradiní* und *Apogevmatiní* sind konservativ, *Ta Néa*, *To Víma* und *Eleftherotypía* sozialistisch und *Kathymeriní* liberal.

Die Mitnahme eines Weltempfängers ist sicherlich sinnvoll. Nachrichten aus dem Äther gibt es aber auch in den griechischen Programmen. Der staatliche Hörfunk sendet täglich ab 7.30 Uhr Nachrichten mit Wetterberichten in englischer, italienischer, französischer und deutscher Sprache. Sonntagmorgens beginnen die Nachrichten bereits um 7.15 Uhr. Bei den Meldungen handelt es sich um Übersetzungen der griechischen Nachrichten. Wer auf aktuelle Berichte aus der Heimat hofft, wartet deshalb vergebens. Gesendet wird auf MW: 728 kHz (ERT 1) und 1385 kHz

Überfliegen des medialen Regenbogens

(ERT 2). Mehr Infos zu News aus der Heimat bieten dagegen die Sendungen der Deutschen Welle: stündlich Nachrichten, Wettervorhersagen, Reise-Notrufe oder Live-Berichte aus der Fußball-Bundesliga (Information zu Frequenzen unter: www.dw-world.de).

In den vielen griechischen UKW-Radioprogrammen Athens, die auch in fast ganz Áttika zu empfangen sind, wird eine gut sortierte Mischung aus internationalem und griechischem Pop gespielt.

Nach 13 Jahren wurde im August 2005 die *Athener Zeitung (AZ)* eingestellt. Unter dem Titel **Griechenland Zeitung** erscheint seit Oktober 2005 eine wöchentliche Printausgabe. Zusätzlich gibt es eine online-Version im PDF-Format, die unter www.griechenland.net abonniert werden kann. Herausgegeben wird die Griechenland Zeitung vom früheren Team der AZ-Redaktion, Chefredakteur Robert Stadler und dem stellvertretenden Chefredakteur Jan Hübel. Die Themen umfassen Politik, Wirtschaft, Tourismus und Kultur.

Öffnungszeiten

Seit 2005 ist das Ladenschlussgesetz landesweit neu geregelt. Demnach können die meisten Geschäfte wochentags durchgehend von 8 bis 21 Uhr öffnen, samstags bis 20 Uhr (bisher 18 Uhr).

Natürlich sind in Athen die Läden in den touristischen Zentren der Pláka jeden Tag durchgängig geöffnet, jedoch viele erst ab 10 Uhr morgens und dafür oft bis gegen Mitternacht.

Staatliche Einrichtungen haben übrigens weiter genau limitierte Öffnungszeiten, über deren Verlängerung aber bereits diskutiert wird.

Post (tachidromíon)

Postämter gibt es in jedem Athener Stadtteil und in den größeren Orten in Áttika sowie am Flughafen. Karten und Briefe werden in etwa zwei bis fünf Werktagen nach Mitteleuropa befördert. Der Vermerk „per Luftpost“ ist überflüssig, da die gesamte Post ab Athen generell per Flugzeug befördert wird. Wer seine Post außerhalb der Hochsaison aus entlegenen Ortschaften in die Heimat schickt, sollte mit Laufzeiten von bis zu zwei Wochen rechnen.

Briefmarken: gibt es außer bei der Post in den meisten Läden/Kiosken, die Postkarten verkaufen. Tarife kann man dort erfragen.

Poste Restante: Jedes Postamt nimmt postlagernde Sendungen entgegen. Diese können mit Ausweis und gegen eine kleine Gebühr abgeholt werden. Ein Brief wird im Normalfall bis zu zwei Monate aufbewahrt. Als Absender in einem solchen Fall immer den Empfängernamen (Nachnamen unterstreichen!), das Zielpostamt und den Vermerk „Poste restante“ auf den Umschlag schreiben. Tipp: Falls der Beamte unter dem Familiennamen nicht fündig wird, auch unter dem Vornamen nachschauen lassen. Das Einordnen „teutonischer“ Namen fällt griechischen Postbeamten verständlicherweise schwer.

Geldanweisung: Die frühere telegrafische Geldanweisung hat ausgedient, an ihre Stelle ist der *Western-Union-Service* getreten. Damit wird der Geldtransfer mittlerweile innerhalb weniger Stunden von einer deutschen Postfiliale oder Bank zur griechischen Empfängerbank abgewickelt, die Gebühren liegen bei 4 % des überwiesenen Betrages (Minimum 20 €, Maximum 200 €). Western-Union-Partnerbanken gibt es in Griechenland in größeren Orten bzw. Städten; Adressen der an den Service angeschlossenen griechischen Banken direkt bei *Western Union*, ✆ 0180-3030330.

Geld abheben mit dem **Postsparbuch** ist im Ausland nicht mehr möglich. Stattdessen kann eine **Postbank Card** beantragt werden, auf die man den benötigten Geldbetrag vorher einzahlt. Abheben können Sie damit weltweit an allen Geldautomaten, die mit Visa-Plus-Symbol gekennzeichnet sind (die ersten vier Vorgänge im Kalenderjahr sind kostenfrei). Eine Liste aller Orte mit entsprechenden Automaten finden Sie unter www.visa.de.

Letztes Geleit für Erzbischof Christodoulos I. (siehe auch Kasten S. 119)

Religion

Mit 93 % gehört landesweit der größte Teil der Bevölkerung dem griechisch-orthodoxen Glauben an. Daneben leben in Griechenland noch etwa 33.500 Moslems, 67.000 Katholiken, 22.300 Protestanten, 11.000 Juden und 6000 Armenier.

> Im Jahre 1054 kam es zum Bruch zwischen der orthodoxen Kirche und dem vom Papst verkörperten Katholizismus. Der Besuch einer Gesandtschaft des katholischen Oberhauptes beim Patriarchen Michael Kerullários in Konstantinopel endete in einem Desaster: Leo IX. belegte Michael mit einem Bannfluch, den dieser mit der Exkommunikation des Papstes beantwortete. Seitdem gehen die Kirchen getrennte Wege.

Liturgie und Architektur der griechisch-orthodoxen Kirche unterscheiden sich deutlich von katholischen und evangelischen Gottesdiensten bzw. -häusern. Die Predigt spielt eine untergeordnete Rolle; dominiert wird der Gottesdienst (bei dem Besucher anderer Religionszugehörigkeit willkommen sind) von gesungener Liturgie voller Symbolik, die sogenannte *Liturgie der Katechumenen*. Noch heute dürfen in strenggläubigen Kirchen und Klöstern (z. B. Athos) nur getaufte Mitglieder der orthodoxen Kirche den Innenraum betreten. Büßer und alle Anderen dürfen sich nur in der Vorhalle (Narthex) aufhalten. Die Kuppel der Kirche stellt in der Wahrnehmung der Orthodoxen das Firmament dar, das Gebäude selbst wird als Teil des Himmels, genauer gesagt als dessen Eingang empfunden. Sichtbares und Unsichtbares, Symbolik, Glaube und Architektur verschmelzen zu einer Einheit.

Eng verbunden mit dem religiösen Glauben ist das Selbstverständnis und der Umgang mit dem Tod. Ein Besuch auf einem der kleineren Dorffriedhöfe macht das deutlich: Neben zum Teil prunkvoll erbauten Grabstätten mit sündhaft teurem Marmor gibt es viele äußerst bescheiden gestaltete Gräber, die gerade einmal mit ein paar Plastikkränzen und einem Öllicht verziert sind. Nach etwa fünf Jahren werden die Kammern aufgebrochen und die Gebeine in einer schlichten Holzkiste deponiert. Drastisch wird das auf dem Athener „Friedhof Nr. 1" vor Augen geführt. Neben den prunkvollen „Grundpächtern" stapeln sich in der Halle neben dem Eingang in Regalen turmhoch die Kisten mit den Gebeinen, darunter auch das ein oder andere ungeöffnete (!) Paket aus Übersee.

Sport

Griechenland ist gewiss kein Sportparadies, das Angebot im Athener Umland und in Áttika kann sich dennoch sehen lassen.

Bootssport: Tretboote und Kanus werden an den touristisch erschlossenen Stränden der West- und Ostküste Áttikas verliehen.

Golf: In Glyfáda (südöstlich von Athen) gibt es einen Golfplatz, der gleichzeitig Sitz des griechischen Golf-Verbandes ist (✆ 210 8941933).

> Kaum zu glauben, aber wahr: Athens Stadtführung hat 2008 den Bau von zwei **Fahrradwegen** mit insgesamt rund 21 km Länge angekündigt. Der erste wird entlang der Leofóros Mesogíon zum Park von Ilissa führen und den Campus der Universität und TU mit einbinden, der zweite wird das Panathenäische Stadion (über Thissío, Távros und Kallithéa) mit dem Naherholungsgebiet bei Fáliron verbinden.

Segeln: Áttika ist wegen seiner vielen Häfen ein fantastisches Segelrevier und bietet ideale Ausgangspunkte für Törns auf die Kykladen, durch den Saronischen Golf und hinüber nach Euböa. Speziell im Frühjahr und im Frühherbst kreuzen viele Jachten – im Hochsommer können dagegen die Meltémi-Winde das Segeln insbesondere auf den Kykladen oft für Tage unmöglich machen. Alle nautischen Reiseführer warnen: Wind und Seegang sind südlich des Kaps Soúnio unberechenbar und oft sehr gefährlich. Wer die Kykladen kennt, weiß um ihr doppeltes Gesicht.

• *Informationen* Die Broschüre „Segeln in der griechischen See" gibt's bei der Griechischen Zentrale für Fremdenverkehr. Darin enthalten: Liste der Häfen mit Versorgungseinrichtungen und Liegeplätzen für Jachten, Hinweise zu Charterfirmen u. a. Aktuelle Infos ansonsten beim Deutschen Segler-Verband, Kreuzer-Abteilung / Informationsstelle Mittelmeer, Gründgensstr. 18, 22309 Hamburg, ✆ 040-6320090, 📠 040-63200928, www.kreuzer-abteilung.org.

• *Literatur* Gerd Radspieler, „Törnführer Griechenland", 4 Bände; Band 1: Ionische Inseln, Golfe von Patras & Korinth, Peloponnes, Argolischer und Saronischer Golf. Delius Klasing Verlag, Bielefeld, 8. Auflage 2008, 29,90 €.

Dieser nautische Reiseführer bietet Orientierungspläne, Kartenmaterial und Hafenbeschreibungen (Ansteuerung, Ankerplätze und Versorgungseinrichtungen). Band 2 enthält Attikaküste, Petalischer Golf, Südlicher Euböa-Golf, Südteil von Euböa, Kykladen. Ebenfalls spärliche Hinweise touristischer Art.

Fußball in Athen

Da es zahllose Mannschaften in Athen gibt, tobt natürlich auch hier der Fußballkrieg. Jedes Viertel hat seinen Klub, aber nur drei von ihnen haben es zu internationaler Bedeutung gebracht: **Panathinaikos** (PAO) sind die *Grünen*, **AEK** die *Gelben* und **Olympiakós Piräus** die *Roten*. Je nachdem, welcher Verein gerade einen Titel oder ein wichtiges Spiel gewonnen hat, werden Siegesfeiern in den jeweiligen Stadtteilen abgehalten: PAO an der Platía Omónia, AEK in Néa Philadélphia und Olympiakós natürlich in Piräus.

Tauchen: Schnorcheln ist überall erlaubt. Für das Tauchen mit Pressluftflaschen und Tauchanzügen ist fast ganz Áttika dagegen Sperrzone. Erkundigen Sie sich bei den Reisebüros vor Ort.

Wandern: siehe Kapitel „Unterwegs in Áttika" (S. 37).

Windsurfen: Die attische West- und Ostküste gehören zu den windstärksten Zonen im Mittelmeer – vor allem in den Sommermonaten, wenn die *Meltémi*-Winde aktiv sind. Im Juli, August und Oktober gibt es hier an mehr als zwei Dritteln der Tage Windstärken von über 4 Beaufort. An zahlreichen Stränden der touristischen Zentren werden Surfbretter verliehen.

Telefon

Telefonieren ist von den vielen öffentlichen Kartentelefonen problemlos in alle Welt möglich.

Bei der O.T.E, bei der Post, in Supermärkten und an fast allen Kiosken kann man Karten für die **öffentlichen Kartentelefone** erwerben. Kartentelefone gibt es mittlerweile an jeder Straßenecke.

Ansonsten gibt es noch die Möglichkeit, von Hotels, Tavernen, Kiosken usw. aus anzurufen – jedoch zahlt man dort oft fast das Doppelte!

Großer Beliebtheit erfreuen sich auch die *Prepaid Calling Cards*, die es an den Kiosken von verschiedenen Anbietern gibt (5 €, 6 €, 13 €, 23 €). Sie können national, international und mit Mobiltelefonen verwendet werden. Einfach Pincode frei rubbeln, mit der Vorwahlnummer auf der Karte eingeben und den Anweisungen der Computeransage folgen.

Immer noch kein Handy?

Im Sommer 2007 wurden die Preise für das Telefonieren mit Handy im EU-Ausland reguliert. So kostet das abgehende Gespräch nur noch maximal 0,58 € pro Minute, und auch für eingehende Gespräche (0,28 €/Min.) sind die Kosten spürbar gesunken. Diese Preise sollen ab 2009 nach Weisung der EU noch einmal bis zu 60 % gesenkt werden. Als Kostenfresser im Ausland gelten jedoch Mailbox oder MMS. Denn eine Verbindung von Deutschland zum Handy im Ausland wird als eingehendes und die Umleitung zurück zur Mailbox in Deutschland als abgehendes Gespräch berechnet. MMS werden bei Versand je nach Datengröße und Netz berechnet, bei Empfang können teurere Roaming-Datenpreise oder Pauschalbeträge bis 0,79 € entstehen.

Griechenland ist mittlerweile fast flächendeckend mit den Netzen der griechischen Mobilgesellschaften versorgt. Funklöcher kommen meist nur noch in ganz abgelegenen Bergregionen vor.

• *Internationale Vorwahlnummern* (Danach wählt man die Ortsvorwahl, jedoch ohne die Null, dann die Rufnummer): **Deutschland** ✆ 0049, **Österreich** ✆ 0043, **Schweiz** ✆ 0041, **Griechenland** ✆ 0030. Weitere wichtige Telefonnummern finden Sie bei den Abschnitten zu den jeweiligen Ortschaften.

Achtung: Landesweit wurden in Griechenland seit 1. Nov. 2002 alle **Festnetz**-Telefonnummern geändert. Zwischen Vorwahl und Teilnehmernummer wurde eine Null ge setzt, ebenso wurde die erste Null der Vorwahl durch eine 2 ersetzt. Um beispielsweise die Deutsche Botschaft in Athen zu erreichen, wählt man jetzt: 0030-**210**-7285111 (statt zuvor 0030-**01**-7285111). **Die Ortsnetzkennzahl muss in Griechenland auch bei Ortsgesprächen mitgewählt werden**.

Bei allen griechischen **Handynummern** wurde seit 1. Jan. 2003 die erste Null der Vorwahl durch eine 6 ersetzt. Aus 096-123456 wird demnach **6**96-123456.

Telefonieren während der Autofahrt ist nur mit **Freisprechanlage** gestattet!

Toiletten

Ein leidiges Thema: Genau genommen war die Kanalisation vor rund 3000 Jahren hygienischer als heute. Für alle Toiletten in Griechenland gilt: Papier darf nicht mit hinuntergespült werden, dafür steht immer ein Eimer in der Ecke (ansonsten wären die engen Abflussrohre dauernd verstopft). Während in allen guten Hotels die Toiletten längst westeuropäischem Standard haben, sind in vielen öffentlichen Toiletten bzw. in Tavernen, Cafés usw. noch die traditionellen Stehklos in Gebrauch. Leider spottet ihr Zustand oft jeglicher Beschreibung: Nicht selten sind sie verstopft, verdreckt oder schlicht verschlossen. Auch die Spülung funktioniert nicht immer (oder zu stark).

Tipp: Um prekären Situationen vorzubeugen, sollte man immer etwas Papier oder einige Papiertaschentücher dabei haben. Beschilderung: *ándron* (Herren), *ginaíkon* (Frauen).

Uhrzeit

In ganz Griechenland gilt die osteuropäische Zeit (OEZ). Sie ist der mitteleuropäischen Zeit um eine Stunde voraus. Wenn also zu Hause die Tagesschau beginnt, ist es hier bereits 21 Uhr. Von April bis Oktober ist wie bei uns zusätzlich die Sommerzeit gültig.

Wasser

Das auf den griechischen Inseln so zentrale Wasserproblem ist in Athen nicht von so großer Bedeutung. Zwar wird auch hier das Wasser im Sommer knapper, doch verfügt die Stadt über zahlreiche Wasserreservoire. Das größte von ihnen ist der Stausee bei Marathónas. Allerdings wird das Leitungswasser mit Chlor versetzt, um möglichen Keimen in der Hitze der Sommermonate keine Chance zu geben. Das Leitungswasser wird in vielen Tavernen und Restaurants als Trinkwasser serviert, auch die meisten Eiswürfel sind daraus hergestellt.

Gravierend sind hingegen die Abwasserprobleme. Die Wasserqualität an der Apóllon-Küste hat sich zwar deutlich verbessert, seitdem auf der kleinen Insel Psitaliá – zwischen Piräus und der Insel Salamína gelegen – eine Kläranlage gebaut wurde. Doch noch immer fließen gigantische Mengen aus den Haushalten der Stadt und vor allem aus den Industriegebieten zwischen Piräus und Elefsína fast ungeklärt ins Meer. Gefahrloses Baden an den städtischen Küsten ist deshalb erst ab Glyfáda nach Süden hin möglich.

Zoll

Innerhalb der EU dürfen Waren zum eigenen Verbrauch unbegrenzt ein- und ausgeführt werden. Es wurde allerdings ein Katalog über Richtmengen erstellt. Überschreitet man diese, muss man im Fall einer Stichprobenkontrolle glaubhaft machen, dass diese Mengen nicht gewerblich genutzt werden, sondern nur für den persönlichen Gebrauch bestimmt sind. Weitere Hinweise in der Broschüre „Urlaub", erhältlich bei vielen öffentlichen Stellen (z. B. Stadtverwaltung), Reisebüros und beim Zollamt.

Die Ausfuhr von Antiquitäten ist **streng verboten**, ausgenommen sind staatlich autorisierte Kopien, die in verschiedenen Shops und Museen erworben werden können (mit „Falschheits-Zertifikat").

Richtmengen-Katalog (Warenmenge pro Person ab 17 Jahre): 800 Zigaretten, 400 Zigarillos, 200 Zigarren, 1 kg Rauchtabak, 10 l Spirituosen, 20 l Zwischenerzeugnisse, 90 l Wein (davon höchstens 60 l Schaumwein) und 110 l Bier.
Für **Schweizer** gelten niedrigere Quoten: 200 Zigaretten oder 100 Zigarillos oder 50 Zigarren oder 250 g Tabak; 1 l Spirituosen oder 1 l Zwischenerzeugnisse oder 2 l Wein oder 2 l Bier sowie Geschenke im Wert von bis zu 200 sFr.

Athína – Athen

Bummelmeile: Ermoú-Straße und die Kapelle Kapnikaréa

Athína – Athen

Zentrum: Zwischen den Plätzen Sýntagma, Omónia und Monastiráki

Das Zentrum der pulsierenden Megalópolis: auf den ersten Blick ein scheinbar unlösbares Knäuel von Fußgängern zwischen zäh fließendem Autoverkehr und tausenden von vorbeibrausenden gelben Taxis. Doch schon wenige Meter abseits der breiten Hauptverkehrsstraßen locken moderne Geschäfte in breiten Fußgängerzonen, klassizistische Prachtbauten bieten ein Wechselspiel mit gesichtslosen Betonklötzen. Verwahrloste Gassen oder breite Marmor-Boulevards mit Straßenhändlern und -artisten bestimmen das Stadtbild. Athens Zentrum ist eine bunte Mischung und präsentiert sich nicht überall so fein herausgeputzt wie die meisten anderen europäischen Hauptstädte. Faustregel: Zwischen Sýntagma und Omónia liegt das „europäische", rund um Monastiráki das „orientalische" Athen.

Der Großteil des touristischen Geschehens in Athen spielt sich einerseits im bekannten Altstadtviertel Pláka und andererseits im zentralen Dreieck zwischen den Plätzen Sýntagma, Omónia und Monastiráki ab. Alle Strecken kann man bequem zu Fuß bewältigen, allerdings sollte man die Athener Hochsommerhitze nicht unterschätzen. Zur Anstrengung des Fußmarschs kommt nämlich noch das Problem der schlechten Luftqualität im Zentrum hinzu. Trotz Straßensperrungen und der Einrichtung einiger Fußgängerzonen führen die Hauptverkehrsadern wie die Panepistímiou und die Stadíou noch immer mitten durchs Zentrum.

Vor allem zwischen Sýntagma und Monastiráki sowie zwischen Omónia und Monastiráki wurden einige Straßen zu erholsamen *Fußgängerzonen* umgestaltet. Ende der 90er-Jahre wurde die *Ermoú* für den Verkehr gesperrt, wenig später folgte die südliche Hälfte der parallel zur Athinás verlaufenden *Aeólou*. Beide bilden die Hauptachsen des noch kleinen Systems von Fußgängerzonen, das weiter ausgebaut werden soll. Zum zügigen Vorankommen kann man auch die zahlreichen Stadtbusse benutzen oder mit der Metro fahren.

Zwischen Sýntagma und Omónia liegen zahlreiche interessante Museen und einige prachtvolle klassizistische Bauten. Auf halber Strecke zwischen Omónia und Monastiráki sollte man einige Stunden für den Besuch der *Markthallen* reservieren. Und schließlich sind die beiden Plätze *Kotziá* und *Klaftmónos* in den letzten Jahren optisch aufgepäppelt worden, sodass sie einen Besuch lohnen. Das Athener *Bankenviertel* liegt im Dreieck Stadíou-Aeólou-Sofokléous. In einem schönen klassizistischen Gebäude in der Sofokléous ist die griechische Börse untergebracht. Sehenswert sind auch die renovierten Gebäude sowie der moderne Neubau der Nationalbank.

Der Metrobau: Im Untergrund von Athen

Von 1991 bis Ende 2002 war die Athener Innenstadt eine einzige große Baustelle. Ein Konsortium aus 21 europäischen Unternehmen (darunter Daimler, Hochtief und Bosch unter der Leitung von Siemens) bauten zwei neue Metrostrecken, die u. a. auch den Flughafen Elefthérios Venizélos an die Stadt anbinden. Sechs Jahre hatte man für den Bau veranschlagt, schließlich sind daraus elf geworden. Der Grund für die Verzögerung: Ständig stießen die Arbeiter auf Überreste der Antike. Archäologen waren anwesend, um die Bauarbeiten bei relevanten Funden sofort zu unterbrechen. Erschwerend kam hinzu, dass der Boden von Wasserläufen, Hohlräumen, antiken Kanälen und Brunnenschächten durchzogen ist. Immer wieder sackte die Erde ein, mussten Umwege gezogen und die Gleistunnel aufwändig abgestützt werden. Doch das Ergebnis kann sich sehen lassen: Die neuen Stationen sind mit griechischem Marmor und italienischem Granit ausgekleidet, hinter Glas wird dort ein Teil der entdeckten archäologischen Kostbarkeiten präsentiert. In der Station Panepistímiou liegen kleine Gefäße und Keramik in den Vitrinen, und am Sýntagma-Platz befindet sich hinter kugelsicherem Glas sogar ein Skelett aus der Zeit Platos. Nach der abgeschlossenen Renovierung der Station Monastiráki kann man hier freigelegte Fundamente der antiken Stadt bewundern. Eine ausgedehnte Belüftungsanlage mit turbinengroßen Ventilatoren sorgt im gesamten Untergrund für reichlich Frischluft, und in der Nähe von wichtigen Denkmälern wie der Akrópolis sind die Gleise mit vibrations- und schalldämpfendem Kunststoff überzogen.

Verbindungen

Das Stadtzentrum ist bequem **zu Fuß** zu durchqueren.

Bus: Zahllose Haltestellen finden sich in einem schier undurchsichtigen System an allen großen Straßen und Alleen. Größte Busstation ist die Akadimía hinter der Universität in der Odós Akadimías, aber auch rund um den Omónia starten zahlreiche Linien.

Taxis stehen an praktisch allen Plätzen. Im Straßenverkehr halten sie auf Handzeichen.

Metro: Alle drei Linien fahren durch das Zentrum. Zentrale Stationen auf der M1 sind „Omónia" und „Monastiráki", auf der M2 „Sýntagma", „Panepistímiou" und „Omónia" sowie auf der M3 „Sýntagma" und „Monastiráki".

Karte Seite 68/69

Sehr zu empfehlen ist die neu eingerichtete **Athens Sightseeing Public Bus Line Nr. 400**, ein „Schnelldurchlauf" der Stadt, um sich einen ersten Überblick zu verschaffen. Die Busse verkehren Juni–Sept. von 7.30–21 Uhr (Mai und Okt. von 9–18 Uhr) im 30-Min.-Rhythmus, Nov.–April von 10–16 Uhr im 60-Min.-Rhythmus. Die Touren dauern zwischen 80 und 90 Min., Aus- bzw. Zustieg an 20 Haltestellen möglich. Zusätzlicher Vorteil: Das Ticket für 5 € (*nur* im Bus erhältlich) berechtigt **24 Std.** zur Fahrt mit allen öffentlichen Bussen und der Metro (ausgenommen Fahrten zum Flughafen ab Station Doukissis Plakentias). Zu den Stationen gehören u. a. Nationalmuseum, Benáki-Museum, Akrópolis, Zeus-Tempel, Universität und die großen Plätze Athens. Der Plan der Haltestellen ist in der Tourist-Information (s. u.) oder unter www.oasa.gr erhältlich.
Leserhinweis (Eva Paulusberger): „Wunderbare Idee, die Busse starten pünktlich. Das ‚Hop-on/Hop-off-System' mit genauen Zeiten hat aber bei uns (vermutlich wegen des Verkehrs in Athen) nicht funktioniert."

Adressen

• *E.O.T.* (auch *G.N.T.O* = Griechische Zentrale für Fremdenverkehr) Hauptsitz in der Tsócha-Straße 7 im Stadtteil Ambelókipi. Hier gibt es kostenlose Stadtpläne (unverzichtbar in Athen!), die jeweils aktuellen Fahrpläne für Überlandbusse und Schiffe, detaillierte Hinweise zu Museen und zum Flughafen, sonst nur oberflächliches Prospektmaterial zu den übrigen Regionen Griechenlands. Mo–Fr 8–15 Uhr, im Sommer 7.30–14.30 Uhr, Sa/So geschlossen. ✆ 210-8707000, ℻ 210-6445501. Tipp: Sparen Sie sich den Weg, hier in der „Zentrale" reagiert man auf Besucherverkehr eher reserviert. Alle Informationen gibt es auch in der Amalías-Ave. (s. u.)

• *Tourist-Information* Die Zweigstelle der E.O.T. im Zentrum ist in der **Amalías-Ave. 26** (Nähe Sýntagma-Platz). Hier erhält man kostenlose Stadtpläne und aktuelle Fahrpläne der Überlandbusse und Fähren sowie Öffnungszeiten der Museen und Prospekte zu den wichtigsten touristischen Regionen Griechenlands. Tägl. 10–16 Uhr. ✆ 210-3310347, 3310392 und 3310716, ℻ 210-3310640, info@gnto.gr. Die Angestellten sind allerdings häufig überfordert.

• *Post* Mehrere Postämter im Zentrum, z. B. das große Hauptpostamt an der Ecke Platía Sýntagma/Mitropóleos. Weitere Filialen an der Ecke Stadíou/Aeólou und an der Nordseite der Platía Kotziá.

• *Parkplätze und Parkhäuser* Nähe Sýntagma in der Xenofóntos, Filellínon, Kriezotou und Omírou. Nähe Omónia in der Satovriándou und der Fidíou. Nähe Monastiráki: keine. Weitere Parkplätze im Zentrum in der Kratínou, Parnasoú, Germanoú, Lékka und Perikléous. Gebühren im Parkhaus pro Stunde etwa 4–6 €.

• *Touristenpolizei* Dimitrakopoúlou 77, ✆ 210-9242700 und 210-9243354, ℻ 210-9243406. Telefonischer 24-Std.-Service unter ✆ 171, es wird Englisch gesprochen, in der Regel sind die Beamten hilfsbereit.

Übernachten (siehe Karte S. 68/69)

Das Hotelangebot im Zentrum ist breit gestreut, von der Luxusklasse (5*) bis zum einfachen 1-Stern-Hotel ist alles vertreten. Schallisolierte Fenster gehören in der Regel zur Standardausstattung – wer sich etwas mehr in Altstadtnähe einquartiert, kann durchaus noch vom Hahn geweckt werden! Im Zuge der Olympischen Spiele 2004 wurde fast überall noch einmal renoviert oder zumindest gestrichen, einige Häuser wurden gar in aller Eile neu erbaut. Lassen Sie sich von den angeschlagenen Preisen an der Rezeption nicht zu sehr beeindrucken. In der Regel kann man die offiziellen Preise durch Handeln noch drücken. Grund: ein Überangebot an Hotelbetten mit Auslastungslücken auch in der Hochsaison.

******* Hotel Athens Plaza (14)**, Platía Sýntagma, Vassileos-Georgíou-Str. 2, Luxushotel in bester Lage und eine der ersten Adressen der Stadt. Die Suiten sind an Ausstattung kaum zu übertreffen. Auch bei den Zimmern wurde an jedes Detail gedacht.

Alle sind mit Klimaanlage, Lärmschutz, Mini-Bar, Telefon, Sat-TV und Safe ausgerüstet. Freier Internetzugang in allen Zimmern. Bäder ganz in Marmor. Freundliche Lobby, hauseigenes Oberklasse-Restaurant, Business Center, Babysitting und Konferenzraum für bis zu 300 Personen. EZ 480 €, DZ 110–550 €, Suiten 590–1900 €. ✆ 210-335240, 📠 210-323585, www.classicalhotels.com.

***** **Hotel Grande Bretagne (15)**, Platía Sýntagma, das älteste und traditionsreichste der Athener Luxushotels (1874 errichtet) wurde nach seiner Renovierung 2003 wiedereröffnet. Könige, Präsidenten und Ikonen der Unterhaltung geben sich hier die Klinke in die Hand. Der neoklassizistische Bau bietet 321 Zimmer und 23 Suiten der Luxusklasse. Die Räume sind sehr exquisit eingerichtet und mit antiken Stücken dekoriert. Bäder ganz in Marmor. Mehrere Bars und Restaurants gehören zum Hotel, am bekanntesten ist das GB Corner mit gehobener griechischer Küche. Im Hotel befindet sich auch ein Wellnesszentrum. DZ 345–1150 €, EZ 250–400 €, Suiten ab 1050 €. Frühstück 32 €. ✆ 210-3330000, 📠 210-3228034, www.grandebretagne.gr.

**** **Grecotel Athens Acropol (2)**, Pireós-Str. 1, praktisch direkt am Omónia-Platz werden 167 voll ausgestattete, dunkel möblierte Zimmer der Oberklasse vermietet. Besonders erwähnenswert sind der Parkettboden und Internet-Anschlüsse in jedem Zimmer. Hotelrestaurant und -bar, Konferenzsaal, Sauna, Fitnessraum, schöne Lobby, zuvorkommende Rezeption und Zimmerservice rund um die Uhr. EZ 85–123 €, DZ 97–137 € (inkl. Frühstück). ✆ 2810-300330, 📠 2810-220785, www.ellada.net/athacropol.

**** **Hotel Titania (4)**, Panepistímiou 52, Großhotel mit 385 komfortablen Zimmern. Alle mit neuen Bädern, Balkon, schallisolierten Fenstern, Klimaanlage, Mini-Bar, Safe, Telefon, Haartrockner, Radio, Sat-TV und Internet-Anschluss. Geschmackvolle neue Einrichtung, angenehme Atmosphäre und freundlich geführte Rezeption. 24-Std.-Zimmerservice. Frühstücksbuffet. Tiefgarage und Konferenzraum für bis zu 700 Personen. Ein Café im EG und das Restaurant Vergína gehören zum Hotel. Besonders empfehlenswert ist aber das Nobel-Restaurant Olive Garden auf dem Dachgarten. EZ 130 – 190 €, DZ ab 145 € inkl. Frühstück. ✆ 210-3326000, 📠 210-3300700, www.titania.gr.

Überschaubar und flott: die Athener Metro

*** **Hotel Alassia (5)**, Socratous-Str. 50, wenige Schritte vom Omónia-Platz, neueres und sehr elegantes Art-Deco-Hotel, in dem optisch mit Farben, Formen und Spiegelungen gespielt wird. Freundlich gestaltete Zimmer, Bad mit Waschschüssel, sehr fein. EZ ab 90 €, DZ ab 120 €, 3er ab 140 €. ✆ 210-5274000, 📠 210-5274029, www.thealassia.com.gr.

** **Hotel Attalos (11)**, Athinás 29, nur 2 Min. von der Metrostation Monastiráki entfernt, der freundliche Chef Herr Zíssis vermietet 80 mit dunklen Möbeln eingerichtete Zimmer. Alle mit Bad, Klimaanlage, Doppelglasfenster, Telefon, Sat-TV, Safe und Zentralheizung im Winter. Von der Dachgarten-Bar bester Ausblick auf die Akrópolis und den Lykavittós. Frühstücksraum und Bar. Gemütliche Atmosphäre. EZ 48–76 €, DZ 60–94 € (Frühstück 8 € extra). ✆ 210-3212801, 📠 210-3243124, www.attaloshotel.com.

Im Zentrum (v. a. zwischen Omónia, Psirrí und Monastiráki) gibt es eine Fülle von Hotels, darunter viele Low-Budget-Häuser – aber auch einige schwarze Schafe. Manche Hotelbesitzer im günstigen Preissegment vermieten gerne langfristig an Asylanten oder stundenweise an das horizontale Gewerbe. Unsere im Buch genannten Quartiere sind eingehend getestet, ansonsten raten wir: Billigquartiere vor Ort eingehend unter die Lupe nehmen!

Essen & Trinken/Fastfood

Gemessen am Angebot in der Pláka hat das Zentrum kulinarisch wenig zu bieten. Einige urige und traditionelle Tavernen befinden sich in und um die Markthalle (hier gibt es nachts *Patsás*, eine fette Suppe aus Lamm- oder Kalbsfüßen und Kutteln, die angeblich die Wirkung des Alkohols dämpfen soll). Ansonsten finden sich im Zentrum eher Fastfood-Pinten und Souvláki-Läden. Zum gepflegten Essen geht man eher – je nach Geschmack und Geldbeutel – in die Pláka, nach Psirrí, Exárchia oder Kolonáki.

Tipp! The Olive Garden (4), Panepistímiou-Str. 52. Auf dem Dachgarten des Hotels Titánia (11. Stock) befindet sich das beste Restaurant für mediterrane Küche im Zentrum Athens. Romantische Open-Air-Plätze im Kerzenlicht oder Mondschein mit Blick auf die nächtlich angestrahlte Akrópolis. Eleganter Innenraum mit Glasfront, die ebenfalls einen Blick über Athen ermöglicht. Angeboten wird eine breite Auswahl einfallsreicher Kreationen mit Fisch oder Fleisch. Auch Vegetarier finden einige Gerichte ihrer Vorliebe. Die Weinkarte beinhaltet hervorragende Tropfen aus allen Regionen Griechenlands. Dezente Piano-Musik im Hintergrund und geschultes, zuvorkommendes Personal. Reservierungen unter ✆ 210-3838511.

Far East (12), Stadíou-Str. 7. In dem nobel-rustikal eingerichteten Restaurant wird asiatische Küche aus China, Korea und Japan angeboten. Die Köche stammen aus Fernost und bereiten authentische Gerichte zu.

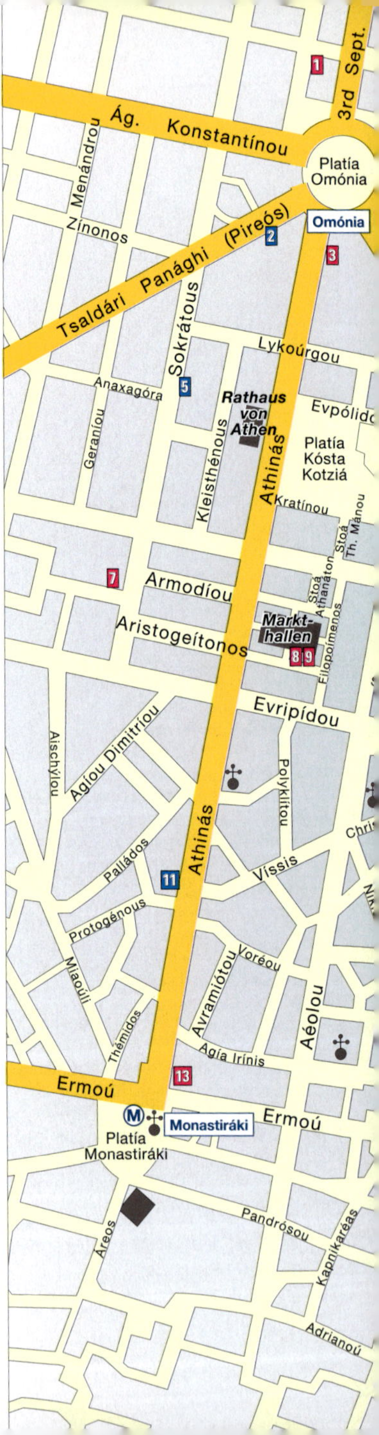

Übernachten (S.66-68)
2 Grecotel Athens Acropol
4 Hotel Titania
5 Hotel Alassia
11 Hotel Attalos
14 Hotel Athens Plaza
15 Hotel Grande Bretagne
Essen & Trinken (S.68-70)
1 Café in der Kotopouli-Str.
3 Internetcafé Downtown
4 The Olive Garden
6 Café Pólis
7 Dio Porto
8 Monastíri
9 Papandréou
10 Kantina im Goethe-Institut
12 Far East
13 Café Grigóris
28th Octovríou (Patissíon)
Themistokléous
Emm. Benáki
Tsaválla
Zalóggou
Zoodóchou Pigís
Akadimías
Benáki
Hariláou Trikoúpi
Mavromicháli
Ippokrátous
E. Venizélou (Panepistimíou)
Fidíou
Stoá Theológou
Emm.
Stoá Mántaka
Stoá Fix
Santaróza
Stadíou
Arsáki
Stávrou
Stoá Orféos
Stoá Vivlíou
Stoá Karalopoúlou
Stoá S. Venizélou
Asklipíou
Skoufá
Sólonos
Sína
National-bibliothek
Universität
Ríga Feraíou
BUS
Pemazóglou
Stoá Athinón
Stoá Nikoloúdi
Stoá Pesmazóglou
Stoá Anatolís
Theofilátou
Koraí
Panepistímiou
Akademie der Wissenschaften
Omírou
Dragatsaníou
Platía Klafthmónos
Aristídou
Stoá Athinai
Germanoú
Paparigopoúlou
Museum der Stadt Athen
Chrisospiliotíssis
Historisches Museum Elefthérios Venizélos
Leochárous
Kolokotróni
A. Gazí
Historisches National-museum
Stoá Lemonou
Numismatisches Museum
Amerikís
Valaorítou
Schliemann Haus
Voukourestíou
Stoá Sp. Miliou
Stratíou
Kriezótou
Zalokósta
Rómvis
Thiséos
Lékka
Voúlis
Perikléous
Karagiórgi Servías
Stoá Kalligá
Georgíou A.
Leof. Vas. Sophías
Ermoú
Fokíonos
Petráki
Königs-schloss + Parlament
Platía Sýntagma
Sýntagma
Vas. Amalias Ave.
Filelínon
Óthonos
Mitropóleos
Apóllonos
Níkis
P. Venizélou
50 m
Zentrum

Freundlicher, professioneller Service der traditionellen fernöstlichen Art. Für größere Gruppen ist auch ein Catering ins Hotel möglich. Tägl. ab 12.30 Uhr geöffnet. Etwas teurer. ✆ 210-3234996-7.

Monastíri (8), Athinás-Straße, in der großen Markthalle. Stammkneipe der Metzger – und die wissen, wo es schmeckt. Üppiges Angebot in großen Töpfen, meist schön heiß und beileibe nicht nur Fleisch. Alle Speisen unter 8,50 €. Spezialität der urigen Taverne ist die Kuttelsuppe *patsá*. Geöffnet ist fast rund um die Uhr. Tische im klimatisierten Innenraum neben dem Fleischmarkt.

Papandréou (9), Aristogeltonos-Str. 1, ebenfalls in der großen Markthalle. Traditions-Tavérna seit 1896. Plätze im Hallenbereich und im klimatisierten Innenraum. Natürlich stets frische Ware und nicht teuer. 24 Stunden geöffnet, daher auch für Nachtschwärmer bestens geeignet.

Dio Porto (7), Sokratous 9 u. Theatrou 2 (auf der Rückseite des Platzes, gegenüber den Markthallen). Die Treppe führt in ein Kellergewölbe mit einfachen Holztischen und -bänken, ebenfalls ein Tipp unter Griechen. Manchmal spontane Live-Einlagen durch Straßenmusikanten. Hausmannskost und Hauswein; Grillfisch, Bauernsalat, diverse Mezedes; Preise pro Person 8–10 €. Nur vormittags während der Marktzeiten geöffnet, So geschl.

Kantina im Goethe-Institut (10), Omírou 14–16. Gutes Essen zu angemessenen Preisen. Mo–Do 9–20 Uhr, Fr 9–15 Uhr, Sa u. So geschl.

Cafés & Internet (siehe Karte S. 68/69)

Mit gemütlich-romantischen Café-Bars ist das Zentrum nicht gesegnet. Auch dieses Ambiente findet man eher in der Pláka, in Psirrí, Exárchia oder Kolonáki. Dennoch haben wir auch hier einen guten Tipp: das *Pólis* im Obergeschoss der *Stoá tou Vivlíou*.

Café in der Kotopouli-Str. (1), Marikas-Str., unweit vom Omónia-Platz. Links am Hondos-Center vorbei, nach ca. 100 m auf der rechten Seite. Hier gibt es frischen, selbst gemachten Yoghurt, Eis, Loukoumádes mit Honig – und den besten Milchreis Griechenlands! Geöffnet ab 6 Uhr." (Leserbrief von Patricia Spengler)

Grigóris (13), Ecke Athinás/Ermoú. Man sitzt mitten im Stadtleben an der viel befahrenen Straße. Bis spät in die Nacht geöffnet.

Internetcafé Downtown (3), Platía Omónias 10, im 1. Stock. Computer auf MS-Basis, Word, Scanner, Farbdrucker und CD-Brenner. ISDN-Verbindung. Fax-Service und Fotokopien. Nebenbei werden auch noch Bücher verkauft. ✆ 210-5239500.

Pólis (6), Pesmazoglou-Str. 5 (Stoá to Vivlíou), im Obergeschoss. Kulturcafé mit vielen Bildern an den Wänden, die Sportler, Künstler und Politprominenz zeigen. Ruhige Lage und dennoch mitten im Zentrum. Tagsüber und abends immer gut besucht, hier sitzt man unter jungen Griechen und vielen Studenten. Griechische Musik. Ab 8.30 Uhr bis spätabends, So geschl. Preise im Rahmen. ✆ 210-3249588.

Nachtleben

Das Nachtleben Athens findet nicht im Zentrum, sondern in den umliegenden In-Vierteln statt. Touristen bevorzugen die Pláka, Griechen je nach Geschmack Psirrí, Exárchia, Kolonáki oder die Küstenvororte.

Cinemax/Cine Titánia, Ecke Themistokléos 5/Panepistímiou. Kino, tägl. ab 17.30 Uhr US-amerikanische und griechische Filme.

Ethnikó Théatro, Agíou Konstantínou 22. Das Athener Nationaltheater liegt sehr zentral unweit des Omónia. Aufführungen weitgehend in griechischer Sprache.

Lirikí Skiní, Akadimías 59. Musiktheater. Opern, Operetten, Ballett.

Shopping

Die **Athinás** ist die Einkaufsstraße der Athener Mittelschicht. Hier gibt es sämtliche Alltagsgüter, Haushaltsgegenstände und Bekleidung. Die Qualität ist nicht hochwertig, aber gut, und die Preise sind akzeptabel. Ähnliches gilt für die **Aeólou**, in der aber auch modische Bekleidungsartikel und fast die gleiche Markenware wie in der Ermoú (siehe Plaká) zu deutlich niedrigeren Preisen verkauft wird. Silberschmuck-Fans sollten die **Lékka** ansteuern, wo sich viele Silberschmiede aus Nordgriechenland angesiedelt haben. Große Kaufhäuser, in denen man fast alles findet, liegen am Omónia-Platz und in seiner Umgebung.

• *Kaufhäuser* **Hóndos Center**, Platía Omónias 4. Auf sieben Stockwerken gibt es hier Damen- und Herrenbekleidung, eine weitere Etage gehört den Schuhen. Außerdem Kosmetik, Uhren, Schmuck und diverse Geschenkartikel. Ganz oben im 10. Stock liegt eine nette Cafeteria mit wunderschönem Blick auf die Akrópolis und den Lykavittós. Guter Kaffee, selbst gemachte Süßigkeiten und leckerer Kuchen. Preisgünstiger Tipp für Frühstück in der Innenstadt. Mo–Sa ab 9 Uhr geöffnet.

Lambrópoulos Stores, Ecke Aeólou 28/Lykoúrgou. Eines der größten Shopping-Häuser der Innenstadt. Auf 12.000 m^2 gibt es zahllose „Shops im Shop". Teils Filialen weltweit bekannter Markenartikler aus den Bereichen Bekleidung, Schuhe, Kosmetik, Schmuck, Sportartikel, Geschenke und Spielzeug. Ganz oben im 7. Stock befindet sich ein Café.

• *Bücher* **Buchhandlung Konstantopoúlou-Loeb**, Omírou 4/Stadíou 10, in der Stoá Lemoú. Deutsche Buchhandlung, seit 35 Jahren in Athen, heute von Vicky und Alexandra Konstantopoúlou geführt. Reiseliteratur über viele Regionen Griechenlands (u. a. dieses Buch), Philosophie, Belletristik, Griechisch-Lernbücher, Kinderbücher und Zeitschriften. ✆ 210-3225294, www.dbo.gr.

Buchhandlung Notos, Omírou 15. Deutsche Buchhandlung.

Road Editions, Ippokrátous 39. Buchhandlung des besten griechischen Verlags für Landkarten. Hier erhalten Sie hervorragende Karten von Athen und Áttika aus dem verlagseigenen Programm. Außerdem gibt es Stadtführer über Athen und Reiseführer über andere Regionen Griechenlands auch in englischer Sprache.

Stoá to Vivlíou, zwischen Panepistímiou, Stadíou, Pesmazóglou und Arsákio. Hier sind die meisten Athener Verlage mit Geschäften vertreten. Sehr gute Auswahl. In der Stoá gibt es auch ein Café.

Eleftheroudákis, Panepistímiou 17. Kaufhaus für Bücher und Landkarten.

• *Verschiedenes* **Virgin Megastore**, Stadíou 7–9. Einer der größten CD-Shops Griechenlands. Von Ellinádika über Folklore bis zu internationalem Pop ist alles zu bekommen. www.virginmega.gr.

Karanásou, Lykoúrgou 10, in der Stoá Lykoúrgou. Das älteste und beste Honig-Geschäft in Athen, seit drei Generationen in Familienbesitz. Die verschiedenen Honigsorten kommen meist vom Pelopónnisos, aus Épiros und Thessalien. Das Angebot kann variieren, aber ein halbes Dutzend Sorten zur Auswahl ist immer vorhanden. Die hübschen Gläser eignen sich hervorragend als Mitbringsel aus Griechenland. Es wird auch offener Honig vom Fass verkauft.

Arsákeio Megáro, Ecke Stadíou/Pesmazóglou. Einkaufspassage hauptsächlich für Lederwaren.

Sýntagma-Platz

Der große quadratische Sýntagma-Platz (*Platía Syntágmatos*), zu Deutsch „Platz der Verfassung", ist das politische und repräsentative Zentrum Athens. Inmitten von Grünanlagen mit Bänken und Springbrunnen kann man einmal tief durchatmen oder sich in das neue Café setzen (unterhalb des Hotels Grande Bretagne) und die Touristen beobachten, wie sie aus der Metro-Station kommen und ihre ersten Athen-Eindrücke sammeln. Im Gegensatz zum Omónia-Platz hat die Stadt hier mit dem kompletten Umbau 2004 eine kleine Oase geschaffen, in der man den belebten Straßenverkehr ringsherum für kurze Zeit vergisst. Ein schmucker Platz mit viel Marmor und mehreren Brunnenanlagen, der die Bevölkerung ebenso zum netten Plausch oder einer kurzen Rast auf Parkbänken zusammenbringt, wie er sie z. B. bei Wahlveranstaltungen oder Demonstrationen trennt.

An der östlichen Seite des Platzes befindet sich das 1834–1838 errichtete **Schloss der Könige** Griechenlands. Es wurde nach Plänen des bayerischen Architekten

Friedrich von Gärtner erbaut und diente nach der Thronbesteigung des Wittelsbachers *Otto* als Königspalast. Auch der zweite König Griechenlands, König *Georg*, residierte hier. Zwei schwere Brände verwüsteten das Gebäude jedoch derart, dass es als königliches Domizil nicht mehr geeignet erschien. Nach den Renovierungsarbeiten wurde es 1934 zum Sitz des griechischen Parlaments umfunktioniert, heute dient es sowohl dem **Parlament** als auch dem Präsidenten der Republik als Amtssitz. Davor patrouillieren die Wachsoldaten in ihren historischen Uniformen. Die *Evzonen* (siehe auch Kasten unten) halten auch Ehrenwache am **Grabmal des Unbekannten Soldaten** vor dem Parlament an der oberen Platzseite. Neben dem Schloss stammen auch die beiden Hotels *Grande Bretagne* und *King Geórgios II.* aus dem 19. Jh., ansonsten umrahmen Neubauten den Platz.

Links neben dem Parlament beginnt die breite Vassilíssis-Sofías-Avenue mit ihren klassizistischen Stadtpalästen, in denen sich zahlreiche Botschaften niedergelassen haben. In diesem Viertel befinden sich auch die meisten Museen Athens (u. a. Byzantinisches Museum, Kykladen-Museum, Benáki-Museum).

Die Metro-Station am Sýntagma-Platz ist die prachtvollste der Stadt. Während der langwierigen Ausschachtungen hat man zahlreiche Funde gemacht, die heute hinter Panzerglas in der Station präsentiert werden. Oberirdisch wird der Platz von diversen Banken, Reisebüros und Filialen der bekannten Fastfood-Ketten umrahmt.

Die Wachsoldaten

Die *Evzonen* (Evzónis) sind die Ehrengarde des Präsidenten. Ihr strenges Zeremoniell vor dem Sandsteinpalast ist eine große Touristenattraktion, da die Soldaten traditionell gekleidet sind. Von Montag bis Samstag tragen sie dunkelblaue Uniformen mit Rock, weißen Strumpfhosen und roten Schnabelschuhen mit Pompons (Tsaroúchia). An Sonn- und Feiertagen sind die Evzonen feierlich in weiße Uniformen mit kunstvoll bestickten Samtjacken gekleidet. Die Soldatenröcke (Fustanélla) haben 400 Falten, die an die 400-jährige Türkenherrschaft in Griechenland erinnern sollen. Die Wachzeremonie mit einer besonderen Schrittfolge vor dem Grab des Unbekannten Soldaten erfolgt zu jeder vollen und halben Stunde und dauert knappe 10 Minuten. Zu jeder vollen Stunde werden zudem die Wachsoldaten abgelöst. Sonntags um 10 Uhr findet eine feierliche Wachablösung mit der vollständigen Kompanie der Palastwache statt.

Nationalgarten

Gleich neben dem Parlament oberhalb des Sýntagma-Platzes liegt der Nationalgarten. Der *Ethnikós Kípos* ist ein einzigartiges Biotop und eine Oase der Ruhe im tosenden Verkehrslärm.

Zeitgleich mit dem Baubeginn des königlichen Schlosses 1836 wurde auch über einen Garten nachgedacht, der das repräsentative Gebäude umgeben sollte. König Ottos Frau Amalía ließ 15.000 Bäume aus Italien einschiffen und auf dem freien Gelände südlich und östlich des Schlosses nach englischer Gartenordnung einpflanzen. Architekt war der Dessauer Friedrich Schmitt, der über 50 Jahre lang Chef des königlichen Gartens blieb. Überliefert sind viele Problemjahre mit zu trockenen Sommern und zu kalten Wintertagen, die nichtendemische Arten übel nehmen. Die Gartenliebhaberin Amalía machte sich zudem beim Volk unbeliebt, da sie Palmen mit Kriegsschiffen transportieren ließ und das im Sommer knappe Wasser für den Garten nutzte, während die Stadtbevölkerung Durst litt.

Ein Verdienst von Königin Amalía sind allerdings die heute für bestimmte Gebiete in Griechenland so charakteristischen Agaven. Sie wurden zwar schon seit Mitte des 18. Jh. aus Mexiko importiert, doch sie sind erst seit der Agaven-Anpflanzung im königlichen Garten 1852 in Griechenland heimisch. Mehr als 10 m hoch wuchsen Amalías Prachtexemplare damals. Ansonsten bevorzugte die Königin den englischen Gartenstil. Heute ist davon allerdings nichts mehr zu sehen. Der Nationalgarten gleicht eher einer urwüchsigen Wildnis, erfüllt aber seinen Zweck als schattiges Naherholungsgebiet der Athener Innenstadtbevölkerung und zahlreicher Studenten. Natürlich finden sich auch hier – wie überall in der Stadt – Marmorbruchstücke von Säulen oder Kapitelle korinthischen Stils, die bei irgendeiner Pflanzung zufällig ausgegraben wurden und hier genauso zufällig verblieben. In Kürze soll die historische Oase mit neuen Gehwegen, Brunnen, Plätzen und einem Kinderspielplatz ausgestattet werden.

🕐 Tägl. von Sonnenaufgang bis –untergang. Eintritt frei.

Botanisches Museum: Leofóros Vasilíssis Amalías 1, im Nationalgarten. Die Heimat des Botanischen Museums, ein kleines neoklassizistisches Gebäude hinter dem Parlament, diente König Otto einst als Jagdpavillon. Im Erdgeschoss werden etwa 520 Pflanzen ausgestellt, die auch im Nationalgarten wachsen. Davon sollen 100 Arten endemisch sein. Einige Vitrinen zeigen Fotos und Dokumente zum Nationalgarten, der 1839 von Otto als königlicher Schlosspark angelegt wurde. Das Obergeschoss ist der Präsentation von Zierpflanzen vorbehalten.

🕐 Di–So 9–15 Uhr, Mo geschl. Eintritt frei.

Záppeion

Der neoklassizistische Halbrundbau aus dem späten 19. Jh. befindet sich inmitten einer Parkanlage. Er bietet Platz für Ausstellungen und Informationsveranstaltungen für die Athener Bevölkerung.

Den südlichen Teil des Nationalgartens prägt dieser monumental anmutende Bau mit seiner eindrucksvollen neoklassizistischen Fassade. Benannt ist das 1888 fertig gestellte Gebäude nach den reichen griechischen Brüdern *Záppas*, die es der Stadt Athen stifteten. Architekt war *Ernst Ziller*, der auch das palastartige Haus von Heinrich Schliemann erbaute. Während der Olympischen Spiele von 1896 diente das stattliche Gebäude unter anderem als Austragungsort der Fechtwettkämpfe. Größere Bedeutung erlangte es 1979, als hier die Urkunde zum Beitritt Griechenlands in die Europäische Gemeinschaft unterzeichnet wurde. Heute finden hier publikumswirksame Ausstellungen und Informationsforen statt (sehenswerter Innenhof mit Säulengang). Vor dem Haupteingang an der Leofóros-Amalías-Straße wird es besonders in den Abendstunden betriebsam, wenn ganze Familien zur *Vólta* aufbrechen. Die Fassade des Záppeion mit seinen korinthischen Säulen und der angrenzende Park bieten dafür die passende Kulisse.

Beachtenswert im Park ist eine Statue Lord Byrons aus dem 19. Jh. Sie zeigt den englischen Philhellenen in romantischer Verklärung in den Armen einer Muse auf das tägliche Verkehrschaos an der Ecke Leofóros Amalías/Leofóros Vasilíssis Ólgas schauend. Nebenan haben Archäologen die Fundamente einer Villa aus römischer Zeit freigelegt.

Aégli Bistro Café, rechts neben dem Záppeion-Gebäude, ausgezeichnete Lage mit Blick auf Akrópolis und Záppeion, überwiegend französisch-italienische Küche. Preise 40–45 €. ✆ 210-3369363.

Zwischen Sýntagma und Omónia

Die beiden Plätze Sýntagma und Omónia sind durch zwei Straßen verbunden: Auf der üblicherweise Panepistímiou genannten Odós Elefthérios Venizélou verläuft der Verkehr in Richtung Omónia, zurück geht es auf der fast ebenso breiten Stadíou. Neubauten und einige klassizistische Häuser dominieren die Panepistímiou, darunter vor allem die „Athener Trilogie“, bestehend aus der **Akademie der Wissenschaften**, der **Nationalbibliothek** und dem Hauptgebäude der **Athener Universität**.

Athener Universität: Erbaut 1839–63 nach Plänen des Dänen *Christian Hansen*. Der Auftraggeber des schlichten klassizistischen Gebäudes, König Otto, wird hinter den Säulen in der Vorhalle dargestellt, umgeben von Musen. Die beiden Statuen direkt vor dem Gebäude zeigen den Dichter *Rigas Pheraios* und den Patriarchen *Gregorios V.*, die von den Türken ermordet wurden. Die „Othonische Universität“ nahm 1852 den Lehrbetrieb auf. Heute wird der Bau nur noch für repräsentative Veranstaltungen genutzt, da der neue Campus im Vorort Kaisarianí liegt.

Akademie der Wissenschaften: Die Arbeiten am Akademiegebäude rechts neben der Universität leiteten *Ernst Ziller* und *Theophil Hansen*, der zehn Jahre jüngere Bruder Christian Hansens. Durch den Geldmangel nach der Vertreibung König Ottos aus Griechenland zog sich die Fertigstellung bis 1886 hin. Auffällig an dem Gebäude im ionischen Stil sind vor allem seine reichhaltige Ornamentik sowie die Statuengruppe um das Gebäude und im Giebel. Am Treppenaufgang sitzen Platon und Sokrates und betrachten mit verklärten Blicken die verspiegelte Front des gegenüberliegenden Bürohauses.

Nationalbibliothek: Auch für die Entstehung dieses Gebäudes zeichnen *Theopil Hansen* und *Ernst Ziller* verantwortlich. Neben den lang gestreckten Nachbargebäuden wirkt es mit seinen dorischen Säulen und schmalen Flügeltreppen eher gedrungen. Nach jahrelanger Einrüstung erstrahlt die Fassade wieder in altem Glanz.

Ansonsten sind die beiden Straßen von vielen fünf- bis zehnstöckigen Beton-Hochhäusern, teils neueren Datums, teils schon älter, geprägt. Unweit des Sýntagma trifft man entlang der Stadíou-Straße auf die bescheidene Grünanlage des **Theódoros Kolokotróni-Platzes**. Der Revolutionsheld aus Arkádia thront in Bronze gegossen auf einem Sockel hoch zu Ross vor dem Historischen Nationalmuseum (Beschreibung s. u.).

Vom bayerischen König Otto in Auftrag gegeben: Kunstakademie an der Panepistimiou-Straße

Etwa in der Mitte der Stadíou liegt der **Klafthmónos-Platz** auf der Westseite. Etwas Grün sowie Restaurants und Cafés säumen den Platz, der eigentlich *Platía 25. Martíou* heißt, da hier 1821 der erste Unabhängigkeitstag gefeiert wurde. Die heutige Bezeichnung „Platz des Weinens und Wehklagens" hat einen etwas eigentümlichen Hintergrund: Entlassene Regierungsbeamte trafen sich hier Ende des 19., Anfang des 20. Jh. in den Cafés und klagten über ihr ungerechtes Schicksal.

Römisch-katholische Dionýsios-Kathedrale: Panepistímiou-Straße. Die dreischiffige Basilika neben der Akademie wurde 1887 von deutschen Baumeistern errichtet und ist dem ersten katholischen Bischof von Athen, Dionýsios Areopagítes, geweiht. Sie ist vormittags und am frühen Abend geöffnet.

Ágii-Theódori-Kirche: Evripídou-Straße. Wer die Platía Klaftmónos nach Westen verlässt, gelangt auf die Platía Ágion Theodóron. Wie auch die Kapnikaréa ist die Kirche Ágii Theódori zwischen Geschäftsstraßen eingepfercht. Das byzantinische Bauwerk aus Tonziegeln stammt aus dem 11. Jh. Es ist nicht sehr groß, aber seine Portale mit Bögen und ornamentierten Tonplatten sind sehenswert.

Ágios-Geórgios-Karítsis-Kirche: Christoú Láda-Straße. Die 1845 errichtete Kirche liegt an der Platía Ágios Geórgios Karítsi. Früher befand sich hier eine byzantinische Kirche aus dem 11. Jh., die von dem Kreter Karítsis gestiftet wurde.

Zoodóchos-Pigí-Kirche: Akadimías-Straße 71. Die neubyzantinische Basilika wurde um die Jahrhundertwende des 19. / 20. Jh. erbaut.

Historisches Nationalmuseum: Stadíou-Straße 13. Das Nationalmuseum befindet sich im alten Parlamentsgebäude, in dem bis in die 30er-Jahre des 20. Jh. die königlichen Abgeordneten tagten. Durch den streng chronologischen Aufbau der Sammlung lässt sich die Nationalgeschichte vom Fall Konstantinopels (1453) bis zum italienisch-griechischen Krieg von 1940 anschaulich nachvollziehen. Träger des

Museums ist die ebenfalls hier untergebrachte, 1882 gegründete *Historische und Ethnologische Gesellschaft Griechenlands,* die außerdem eine umfangreiche Bibliothek unterhält.

Am **Eingang** stehen die Büsten der griechischen Könige und herausragender historischer Persönlichkeiten wie Ioánnis Kapodístrias (1776–1831) und Aléxandros Ypsilántis (1792–1828). Auffallend sind die Galionsfiguren der Schiffe des Befreiungskampfes von 1821.

Zum **Saal A** führt ein kleiner Korridor, ausgestattet mit einer Statue des letzten byzantinischen Kaisers Konstantínos Palaiológos (1449–1453) aus Marmor. Sämtliche Exponate des Saals stammen aus der nachbyzantinischen Zeit des 15. und 16. Jh. Die Vitrinen enthalten Helme, Brustpanzer, Waffen, Pfeilspitzen, Hellebarden, Schiffsplanken und ein auf Holz gemaltes Bild der berühmten Seeschlacht von Náfpaktos (1517).

Saal B führt bis an die Zeit der Befreiungskriege heran. Neben Waffen und Schriftstücken sind die Gegenstände aus dem Besitz von Aléxandros Ypsilántis bedeutend, u. a. ein Schwert und ein Siegel. Ein wichtiges Dokument der Nationalgeschichte bildet auch ein Gemälde, das den Schwur des Theódoros Kolokotrónis zeigt.

Pompöser Gartenzaun des ehem. Hauses von Heinrich Schliemann

Die nachfolgenden vier **Säle C bis F** sind den Befreiungskriegen gegen die verhasste Türkenherrschaft gewidmet. Hervorzuheben sind Waffen aus Épiros (Saal C, Vitrinen 1–3), die Waffen des Generals Geórgios Karaiskákis (Saal D, Vitrine 1), der Helm des Theódoros Kolokotrónis (Saal D, Vitrine 6), Porträts bedeutender Kleriker und die Presse der ersten griechischen Staatsdruckerei (zwischen Saal D und F). Außerdem gibt es Flaggen sowie Kupferstiche, Ölgemälde und Aquarelle mit Abbildungen der Aufständischen.

Saal G reicht vom Beginn des unabhängigen Griechenlands bis zur Absetzung von König Otto (1862). Wertvollstes Stück ist die Handschrift der ersten griechischen Verfassung aus dem Jahr 1844 in der Vitrine 1.

In den **Sälen H bis K** werden Exponate aus den Anfängen des griechischen Königreichs präsentiert: Ölgemälde, Flaggen, Schriftstücke und Waffen. Besonders interessant sind der Thron König Ottos und der Schreibtisch von König Geórgios I. sowie Hochzeitskränze und Kleidungsstücke der ersten Monarchen in Saal K.

Natürlich dürfen die typisch griechischen Trachten in keinem historischen Museum fehlen. Hier sind sie in den **Sälen L und M** ausgestellt. Einige von ihnen gehörten einst bedeutenden Persönlichkeiten des 18. und 19. Jh.

Der (unsystematisch) gleich am Eingang liegende **Saal N** beherbergt weitere Trachten, aber auch Möbelstücke wie beispielsweise den Schreibtisch von Theódoros Kolokotrónis und einige Malereien aus ganz Griechenland.

🕐 Di–So 9–14 Uhr, Mo geschl., Eintritt 3 €, erm. 1 €. ✆ 210-3237617.

Schliemann-Haus und Numismatisches Museum: Panepistímiou-Straße 12. Mit dieser palastartigen Villa erfüllte sich *Heinrich Schliemann,* der Entdecker Trojas und für viele ein hoffnungsloser Fantast, seinen Kindheitstraum. In Anlehnung an seine Ausgrabung von Troja nannte er das zweigeschossige Haus, dessen Fassade durch Säulen aus pentelischem Marmor geprägt ist, *Iliou Melathron.* Der erfolgreiche Archäologe konnte es sich leisten, für Fußbodenmosaike, Ornamente, Stuck und Deckenmalereien in seinem Haus die besten Künstler seiner Zeit zu verpflichten. Doch Schliemanns Frau Sophia empfand dieses prunkvoll ausgestattete Gebäude, das das Selbstbewusstsein des Ausgräbers unterstreichen sollte, als zu monströs.

Im Seitenflügel ist das **Numismatische Museum** untergebracht. Die Sammlung zählt zu den fünf größten der Welt. Dem mit Renaissance-Elementen durchzogenen Gebäude und seiner Geschichte ist der Saal 2 des Museums gewidmet. Das vor einigen Jahren renovierte Haus gilt museumspädagogisch zu Recht als vorbildlich. Tafeln, Fotos und Computersimulationen erläutern die Exponate.

Die bedeutende Münzausstellung beginnt in **Saal 3**. Rechts befinden sich Talente aus Bronze, die bis in das 16. Jh. v. Chr. zurückdatiert werden. Sie stammen aus einem vor Kými (Évia) gesunkenen Schiff und sind nicht-griechischer Herkunft. In Griechenland wurde das Münzgeld erst im 7. Jh. v. Chr. erfunden. Vorher wurden Gewichte (im Tauschhandel) verwendet, die ebenfalls hier ausgestellten Obeloi. Auf der linken Seite des Saals werden Münz-Schatzfunde aus Kórinthos, Náxos, Kefaloniá und Ólynthos präsentiert.

Saal 4 ist thematisch gegliedert. Er behandelt die Münzprägung Athens (560–100 v. Chr.), die Münzen aus den Reichen Alexanders des Großen, die Funde in der Korykischen Höhle bei Délphi, die Prägungen der griechischen Kolonien in Süditalien und die gemeinsamen Münzen verschiedener Stadtbünde.

Saal 5 zeigt Münzen aus dem gesamten Mittelmeerraum. Zwei thematische Abteilungen sammeln Münzen mit mythologischen Motiven sowie solche mit Darstellungen von Tieren und Pflanzen.

In den folgenden beiden **Sälen 6 und 7** finden sich Archivalien des Museums und Informationen zu den Stiftern vieler Exponate.

Ⓘ Di–So 8.30–15 Uhr. Mo geschl., Eintritt 3 €, erm. 2 €. ✆ 210-3643774, www.nma.gr.

Museum der Stadt Athen: Paparigopoúlou-Straße 5–7/Platía Klafthmónos. Das in einem bedeutsamen neoklassizistischen Gebäude von 1833 untergebrachte Museum wurde 1973 von dem Sammler Lámbros Eftaxías gegründet. König Otto und seine Gattin Amalía residierten in dem Haus von 1837 bis 1843, weshalb es im Athener Volksmund auch „Alter Palast“ genannt wird. Schwerpunkt der Sammlung sind Dokumente, Modelle, Pläne und Fotos zur Stadtgeschichte des 19. Jh., als Athen Griechenlands Hauptstadt wurde.

Erdgeschoss: Präsentiert werden Holzschnitte und Kupferstiche, teils bis ins 13. Jh. zurückreichend. Sehr interessant ist ein Modell der 25.000-Einwohner-Stadt aus dem Jahr 1842. Erhalten sind auch noch Teile und einige Exponate der königlichen Küche aus der Zeit, als das bayerische Herrscherpaar dieses Gebäude bewohnte.

1. Obergeschoss: Zunächst fällt das Piano von Königin Amalía ins Auge, dann einige Gemälde, bevor man einen Raum mit privaten Besitztümern von König Otto betritt. Es folgt ein Saal mit dem königlichen Schreibtisch und Porträts von Mitgliedern der Familie. Weitere Räume umfassen Zeichnungen und die Museumsbibliothek. Mitte 2000 wurde ein Saal eröffnet, der dem Nachbau eines charakteristischen Salons der gehobenen Athener Bürgerschicht im ausgehenden 19. Jh. entspricht. Nebenan wurde eine kleine Kapelle eingerichtet.

2. Obergeschoss: Die Etage umfasst eine moderne Gemäldegalerie, die Athen-Darstellungen griechischer und ausländischer Künstler vom 18. Jh. bis heute zeigt.

Ⓘ Werktags außer Di 9–16 Uhr, Sa/So 10–15 Uhr. Eintritt 3 €, EU-Studenten erm. 2 €. ✆ 210-3231397. www.athenscitymuseum.gr

Elefthérios-Venizélos-Museum: Christoú-Láda-Straße 2. Das dem berühmten liberalen Politiker Elefthérios Venizélos gewidmete Museum ist im ehemaligen Club der Liberalen Partei untergebracht. Gezeigt wird eine immense Anzahl von Fotografien der Person und aus der Epoche Venizélos. So erhält man einen guten Eindruck vom Griechenland des beginnenden 20. Jh. Natürlich finden sich auch persönliche Gegenstände wie Ringe, Medaillen, Schreibgeräte und Brieftaschen im

Museum. Besonders eindrucksvoll ist eine Vitrine mit Kleidungsstücken, die Einschusslöcher im Rücken und Bein aufweisen. Venizélos trug diese Wäsche am 12. August 1920 in Paris, als ein Anschlag auf ihn verübt wurde. Auch die Requisiten des zweiten Mordversuchs vom 6. Juni 1933 sind ausgestellt: der obere Teil eines Autos mit mehreren Einschusslöchern. Neben Zeichnungen und Skizzen des mehrmaligen Ministerpräsidenten zählen auch Einrichtungsgegenstände seiner Wohnung und sein Reisekoffer zu den Exponaten.

Ⓛ Di–Sa 10–13 u. 18–20, So 10–13 Uhr, Mo geschl., Eintritt frei. ✆ 210-7224238.

Archäologische Sammlungen der Metro-Stationen

Panepistímiou (Linie M2): Vom Eingang Koraí-Straße aus befinden sich zunächst links acht Vitrinen mit Gefäßen aus klassischer und hellenistischer Zeit. Daneben werden Amphoren, Kleinkeramiken, Behältnisse aus Stein, Gewichte und drei kleine Sarkophage aus Ton ausgestellt.

Sýntagma (Linien M2 und M3): Auf dem Eingangsniveau der Station wurden elf Vitrinen installiert, die teils Originale und teils Reproduktionen präsentieren. Auffallend sind die hellenistischen und römischen Grabsäulen (eine davon mit Relief) und ein ionisches Kapitell sowie Amphoren aus klassischer Zeit. Hinzu kommen Teile der Tonrohre aus der Wasserleitung des Peisístratos, mit denen im 6. Jh. v. Chr. Wasser vom Berg Ymittós in die Stadt Athen geleitet wurde. In den anderen Vitrinen befinden sich kleine Tonbehältnisse, Gewichte, Lampen, Täfelchen und ein Münzbehälter aus römischer Zeit. Das Fußbodenmosaik zwischen den Vitrinen stammt aus der Spätantike.

Größtes Interesse der Besucher ruft meist die 42 m lange und 5 m hohe Vitrine mit einer Präsentation der Kulturschichten hervor, wie sie die Archäologen bei den Bauarbeiten zur Metrostation vorgefunden haben.

Ⓛ Tägl. 5.30–24 Uhr, während der Betriebszeit der Metro. Eintritt frei.

Antikes Athen in der Metrostation Sýntagma

Goethe-Institut: Omírou-Straße 14–16. Das Athener Goethe-Institut ist das älteste und größte weltweit; es feierte 2002 sein 50-jähriges Bestehen. Es umfasst drei operative Abteilungen: Spracharbeit, Informations- und Bibliotheks- sowie Programmarbeit. Nicht zuletzt trägt das Institut mit seinen vielen Veranstaltungen einen guten Teil zum kulturellen Leben der Stadt Athen bei.

Informationen Goethe-Institut Athen, P.O.B. 30383, 10033 Athen. ✆ 210-3661000, ℻ 210-364 3518, info@athen.goethe.org, www.goethe.de/athen.

Deutsches Archäologisches Institut: Fidíou-Straße 1. Das 1874 gegründete Deutsche Archäologische Institut ist heute dem Berliner Außenministerium unterstellt. Seine wichtigste Grabungsstätte in Athen ist seit 1903 der antike

Friedhof Kerameikós. Sehenswert ist das von Ernst Ziller erbaute klassizistische Institutsgebäude, das auf einen Auftrag von Heinrich Schliemann zurückgeht. Keine Besichtigung von innen möglich.

Verhaltener Jubel über das neue Erscheinungsbild des Omónia-Platzes

Omónia-Platz

Der runde Platz ist das konzentrierte Verkehrs- und Einkaufszentrum der Stadt. Von hier aus führen die acht wichtigsten Ausfallstraßen Athens per halbrundem Kreisverkehr in alle Stadtteile. Hinzu kommt der wichtigste Knotenpunkt der Athener Metrolinien.

Verwundert und beschämt rieb sich so mancher Athener im Frühjahr 2003 die Augen, als der über sechs Jahre abgesperrte und mit hohen Sichtschutzwänden versehene Traditionsplatz wieder seiner Bestimmung übergeben wurde. Schön war er nie, der runde Platz inmitten des konzentrierten Verkehrszentrums mit seinen umliegenden Hotels und Kaufhäusern, die sich allesamt hinter Schallschutzfenstern verbarrikadieren. Dem neuen Platz wurde ein breites, graues Pflasterkorsett verpasst, zusammen mit einem fragwürdigen und sündhaft teuren Wasserspiel, das schon eine Woche nach Eröffnung seinen Geist aufgab.

Auch das letzte Stück Rasen wurde damit verbannt, und der Aufschrei der Athener Presse war groß. „Was habt Ihr aus unserem Platz der Einheit gemacht?", ohrfeigten die Schlagzeilen, und die Planer machten sich daran, das Kind aus dem Brunnen zu holen. Eilig wurden Blumenkübel aufgestellt, man hoffte auf buntes Treiben und flanierende Menschen (im Sommer ohne einen Hauch von Schatten!).

Zwar gibt es wegen der hohen Verkehrsdichte gerade mal ein einziges Stehcafé, doch der Trubel ist groß. Fliegende Händler, Losverkäufer und Stände aller Art gehören genauso zum Straßenbild des Omónia wie zwielichtige Gestalten und eine ausländische Subkultur, vor allem von Albanern. Zwar wurde die Dealer- und Drogenszene inzwischen von der Polizei vertrieben, doch ist der sehr laute Platz nachts nach wie vor wenig erfreulich und bietet kaum touristisch Interessantes.

Zu König Ottos Zeiten lag hier der Nordrand der Stadt. Nach seiner Entmachtung lieferten sich zwei politische Gruppen auf diesem freien Feld wochenlange blutige Schlachten, bis sie in einem „Schwur der Eintracht" (*omónia*) wieder zusammenfanden. Seither wird die Stelle „Platz der Eintracht" genannt.

Ágios-Gerásimos-Kirche: Pireós-Straße 3. Kleine Kirche im Bezirk des Krankenhauses, nur ein paar Schritte vom Omónia-Platz entfernt.

Ágios-Konstantínos-Kirche: Agíou Konstantínou-Straße. Diese Kirche mitten auf der Platía Agíou Konstantínou an der Südseite der Allee ist ein neuerer Bau und kaum mehr als 100 Jahre alt. Hübsch sind ihre Bogengänge und die Ikonostase.

Kunst auf der Platía

Ende Februar 2003 erhielt die Platía ein plastisches Kunstwerk in ihrer Mitte. Das Wasserspiel wurde von dem griechischen Künstler Geórgios Zongolópoulos entworfen. Es ist ein Wasserbecken mit einer 16 m hohen Metallskulptur. Das Brunnenwasser soll durch kleine Röhren empor gepumpt und dann von mehreren rotierenden Kreissegmenten wieder herabbefördert werden. Dieses Kunstwerk wurde erstmals 2001 auf der Biennale von Venedig präsentiert. Die Stadt Athen bot dem Künstler danach an, sein Werk auf dem Omónia-Platz aufzustellen. Zongolópoulos, der am 3. Oktober 2005 im Alter von 101 Jahren verstarb, war einer der international bekanntesten griechischen Künstler. Das Wasserspiel lief *einen* Tag lang, seither hat sich so mancher Passant über die Funktion des Kunstwerks den Kopf zerbrochen.

Zwischen Omónia- und Monastiráki-Platz: Die Athinás-Straße

Vom Omónia zum Monastiráki verläuft die schnurgerade Odós Athinás mit einem herrlichen Blick auf die Akrópolis. Fast auf der ganzen Länge reihen sich diverse Läden für Haushaltswaren oder Bekleidung dicht an dicht, draußen bedrängen die Straßenhändler an ihren Verkaufsständen die Passanten, etwas zu kaufen. Höhepunkt des Getümmels ist der riesige *Gemüse-, Obst-, Fleisch- und Fischmarkt* etwa in der Mitte der Straße – jeden Vormittag offen, auf keinen Fall versäumen! Vor allem die Hallen der Fleisch- und Fischhändler sind überwältigend für Ohren und Augen, versteckt mittendrin liegen dampfende Markttavernen. Draußen gibt es überquellende Obst- und Gemüsestände, man bekommt ein gutes Dutzend verschiedener Nusssorten, und Gewürzhändler bieten Waren aus aller Welt an. 2009 soll die gesamte Athinás-Straße zur Fußgängerzone umgestaltet werden.

Vor nicht allzu vielen Jahren wurde der lange Straßenzug durch die Neugestaltung der großen **Platía Kósta Kotziá** (ein Theaterschriftsteller) sehr aufgewertet. Eigentlich heißt der Platz *Ethnikís Antistátheos*, wird oft aber auch *Platía Dimarchíou* genannt, weil auf der gegenüberliegenden Seite der Athinás das Rathaus (*Dimarchíon*) der Stadt Athen liegt. Mit großzügigen Freiflächen, illuminierten Springbrunnen und großen klassizistischen Bauten ringsum hat der Rathausplatz durchaus das Zeug, sich zu einem neuen repräsentativen Mittelpunkt zu entwickeln. Im westlichen Platzbereich, nahe der Aeólou, wurden 1985 bei Bauarbeiten Grundmauern aus antiker Zeit freigelegt. Sie gehören zu den Resten eines antiken Friedhofs. Die ältesten Gebäude am Platz sind das Rathaus und der restaurierte Palast der Nationalbank (*Ethnikí Trápeza*).

Düfte und Gerüche im Markt in der Athinás-Straße

Südlich der Platía Kotziá wird die Athinás von der Sofokléous gekreuzt. Die **Sofokléous-Straße** ist die griechische Wall Street. Hier befand sich bis 2006 die Athener Börse (keine Besichtigung möglich) und zahlreiche Gebäude der griechischen Großbanken. Ursprünglich wurde die Börse 1875 in Piraeás gegründet, zog aber später nach Athen um und liegt jetzt an der Ausfallstrasse Athinón.

Markthallen (Kentrikí Agorá): Athinás-Straße. Die *Kentrikí Agorá* liegt etwa auf der halben Strecke zwischen der Platía Omónia und der Platía Monastiráki. In den uralten Markthallen (teils sind die Stahlrohrkonstruktionen und Gebäudeteile von 1880 noch im Originalzustand) werden vor allem frisches Fleisch und frischer Fisch zu durchaus akzeptablen Preisen angeboten. Die Qualität ist allerdings sehr unterschiedlich, ein geübter Blick für die Ware kann von Vorteil sein. Entlang der Außenwände stehen die Händler mit ihren Oliven, Käse, Eiern und Nüssen, während der Obst- und Gemüsemarkt auf der gegenüberliegenden Straßenseite der Odós Athinás liegt. Nebenan – an der Ecke zur Odós Aristogítonos – wird mit Wein und Oúzo aus Holzfässern gehandelt. In den Markthallen befinden sich außerdem zwei vollklimatisierte Tavernen.

Agía-Kiriakí-Kirche: Athinás-Straße 30. Sehenswerte kleine Kirche südlich der Markthallen. Vor ihrer vergoldeten Ikonostase befindet sich die Namensikone der Agía Kiriakí. Reste der einstmals prächtigen Fresken sind noch zu sehen.

Panagía-Chrisospiliótissa-Kirche: Aeólou-Straße. Die neuere Kirche ist „Unserer lieben Frau der goldenen Höhle“ geweiht. 1892 wurde der ehemalige, gleichnamige Kirchenbau durch das heutige Gebäude ersetzt. Die alte Panagía-Ikone soll von einer Kirche auf der Akrópolis selbsttätig hierher gekommen sein, so erzählt die Legende.

Agía-Iríni-Kirche: Aeólou-Straße. Die mächtige Kirche Agía Iríni an der kleinen Platía Agía Irínis inmitten der Fußgängerzone wurde 1848 errichtet und war zu König Ottos Zeiten die Mitrópolis von Athen. Auch heute noch präsentiert sich die Kirche prächtig mit zahllosen Ikonen und ist mit einer großen Ikonostase ausgestattet. Ein Teil des Hofs wurde als kleine Gartenanlage gestaltet.

Dóra Bakogiánni – eine Frau räumt auf

Frauenpower in Athen – die junge Ex-Oberbürgermeisterin Dóra Bakogiánni hatte sich ganz der (Neu-)Gestaltung Athens verschrieben. „Die Athener müssen leiden", hatte Bakogiánni aus der konservativen *Neo-Dimokratia*-Partei den Bürgern der Hauptstadt nach dem haushohen Sieg im Oktober 2002 prophezeit, und sie sollte Recht behalten. Eine Stadt im europäischen Stil, lebenswert für ihre Bürger und Besucher, wollte sie gestalten, mit Fußgängerzonen, Bäumen und neuen Grünanlagen – keine schlechte Idee für eine Metropole, deren Grünanteil gerade mal 2 % der Gesamtfläche ausmacht (die Friedhöfe mitgerechnet).
Den Worten folgten Taten: Eine neu gestaltete Flaniermeile um die Akrópolis, Gehwege aus strahlend weißem Marmor, abgeflachte, behindertengerechte Bordsteine und etliche muntere Springbrunnen, Tausende neuer Bäume und Pflanzen entlang der Straßen und Wege, kaum ein Platz, der nicht aufwändig erneuert wurde. Öffentlicher Raum in der Megalopolis wird mühsam zurückerobert, die Küstenzone wird Zug um Zug zum Naherholungsziel. Sogar auf die Fahrt mit dem eigenen Auto wird zunehmend freiwillig verzichtet, bieten doch die erweiterten öffentlichen Verkehrsmittel Metro und Tram inzwischen ein flächendeckendes Netz. Wer noch mit seinem Bild von ehemals rußgeschwärzten Häuserfassaden und staubigen Gassen anreist, kann diese Eindrücke getrost vergessen und wird nach dem „Facelifting" nicht nur entlang der „olympic routes" von 2004 eine erlebenswerte Stadt entdecken. Unter der Ägide von Dóra Bakogiánni hat sich Athen so rasant gewandelt wie wohl keine andere Hauptstadt der westlichen Welt. Seit 2006 ist Bakogiánni griechische Außenministerin. Ihr Nachfolger Nikitas Kaklamanis stellte derweil zur weiteren Begrünung Athens neue Pläne vor: Für Bürger und Unternehmen, die begrünbare Flächen bepflanzen, plant er die Gemeindegebühren zu senken oder zu erlassen. Dabei sollen Grünflächen entstehen, die zweimal der Größe des Nationalgartens entsprechen.

Monastiráki-Platz

Rund um die große, kreisförmige Platía Monastiráki am Südende der Athinás liegt das „orientalische" Athen. Geschäftige Straßenhändler, überteuerte Souvenirläden mit viel Kitsch, verwinkelte Seitenstraßen und Souvlaki-Pitta-Buden bestimmen das Ambiente. Hinzu kommt die Moschee als Blickfang am Platz. Athen-Kenner verbinden mit dem Namen Monastiráki nicht nur eine Art Lebensphilosophie, sondern vor allem auch den täglichen berühmten *Flohmarkt*, dessen Eingang direkt rechts neben der Metrostation liegt (das Schild über der Passage ist nicht zu übersehen). In der gegenüberliegenden Richtung beginnt die Pláka mit ihren unzähligen Touristenshops, Café-Bars und Tavernen. Insgesamt sieben Einkaufsstraßen münden in den Platz, der 2007 *wieder* für Baumaßnahmen gesperrt wurde. Endgültig soll vollendet werden, was vor den Olympischen Spielen aus Zeitgründen nur ein schneller kosmetischer Eingriff wurde: Farbige Würfel sollen ab dem Frühjahr 2009 einen gewissen Charme versprühen. Zusammen mit der Umgestaltung der Athinás Straße zur Fußgängerzone dürfte eine gemütliche Bummelzone entstehen.

Einziger Verzögerungsgrund für die Baumaßnahmen am Monastiráki-Platz könnte ein Teil des antiken Eridanos-Flussbettes darstellen, das zufällig bei Erdarbeiten entdeckt wurde. Das Flüsschen entspringt am Lykabettós und läuft nur im Bereich des Kerameikós offen und wurde bereits in der Antike abgedeckt.

Vom Monastiráki bietet sich ein herrlicher Blick auf die Akrópolis. Man hat auch die Möglichkeit, von hier aus hinaufzusteigen. Hinter der Moschee liegt das große Gelände der *Hadriansbibliothek*, die der Platía zeitweilig den Namen Hadriansplatz gab. Während der türkischen Jahrhunderte nannte man ihn Basarplatz, später auch Wagenplatz wegen der Pferdekutschenverbindung nach Piräus. Heute ist die Platía ein Touristenzentrum , flankiert von zahlreichen Souvláki-Pinten, der Straßenmusikerszene und den orientalisch anmutenden Händlern. Monastiráki ist in der Tat mehr eine Philosophie als ein Platz.

Vorzeige-Ensemble beim Blick vom Monasteráki-Platz

Tsistarákis-Moschee: an der Platía. Rund um das markante Gebäude lag in türkischer Zeit das wirtschaftliche Zentrum Athens. Im Jahre 1759 ließ der bei den Athenern verhasste osmanische Stadtkommandant Mustafa Aga (von den Griechen *Tsistarákis* genannt) die Moschee mit der typischen Säulenloggia und türkischen Kuppelarchitektur errichten. Später diente das restaurierte Gebäude als Gefängnis, Lagerraum oder Musiksaal. Heute ist im Inneren eine Keramikausstellung griechischer Volkskünstler untergebracht, denn die ehemalige Moschee ist eine Abteilung des Volkskunstmuseums in der Pláka geworden.
⌚ Mo–So 9–14.30 Uhr, Di geschl., Eintritt 2 €. ✆ 210-3242066.

Pantánassa-Kirche: an der Platía gegenüber der Moschee. Die dreischiffige Pantánassa-Kirche gehörte einst zu dem Frauenkloster, das im Mittelalter dem Platz seinen Namen gab. Wahrscheinlich stammen die Grundmauern aus dem 10. oder 11. Jh., aber das heutige Aussehen entstand erst nach einem Umbau im 17. Jh. Im Jahre 1911 folgte eine von vielen als misslungen bezeichnete Restaurierung, die den kunsthistorischen Wert des Gebäudes stark minderte.

Der Name *Monastiráki* ist die Verniedlichungsform von *Monastíri*, zu Deutsch Kloster. Im 10. oder 11. Jh. befand sich hier tatsächlich ein großes Frauenkloster. Heute ist davon nur noch die Kirche Pantánassa am verlängerten Ende der Athinás-Straße übrig geblieben (s. u.).

Lichtspiele auf der Akrópolis

Antikes Athen

Das gesamte antike Athen liegt zentral im Bereich der heutigen Innenstadt. Vom Altstadtviertel Pláka ist man in wenigen Minuten zur Akrópolis hinaufgestiegen, und alle weiteren Ruinen – von der griechischen und der römischen Agorá bis hin zum antiken Friedhof Kerameikós oder dem Tempel des Olympischen Zeus – befinden sich in Spaziergangentfernung.

Bereits in der ersten Hälfte des 19. Jh. hat man begonnen, das Zentrum des antiken Athen auszugraben. Während jedoch die *Akrópolis* schon damals von türkischen und venezianischen Befestigungsbauten „gesäubert“ wurde, hat man die *Agorá* erst im 20. Jh. entdeckt – ein ganzes Stadtviertel mit gut 300 Häusern musste ihretwegen abgerissen werden. Da Athen im Laufe seiner Geschichte mehrfach zerstört und neu aufgebaut wurde, sind nur wenige Bauten in wirklich gutem Zustand erhalten. Einiges wurde restauriert oder wieder aufgerichtet, anderes ist noch in Arbeit oder geplant und wieder anderes existiert nur noch in Fundamenten. Insofern ist häufig ein gutes Stück Fantasie gefragt, um sich statt ein paar herumliegender Marmorquader oder Säulentrommeln einen vollständigen Tempel mitsamt Götterstatue vorzustellen.

Hinweis: Das Athener Kulturministerium hat 2002 ein neues Eintrittspreissystem entwickelt. Seither wird nur noch ein an fünf aufeinanderfolgenden Tagen gültiges **Kombinationsticket** (12 €, erm. 6 €) für die Akrópolis, die griechische Agorá (& Museum), die römische Agorá, das Diónysos-Theater, den Tempel des Olympischen Zeus, und den Kerameikós (& Museum) ausgegeben. Der Eintritt bei den oben genannten Sehenswürdigkeiten ist für Studenten der EU bei Vorlage eines internationalen Ausweises frei.

Akrópolis

Der heilige Tempelbezirk des antiken Athen thront auf einem markanten Tafelberg aus Kalkstein über dem heutigen Zentrum. Wie kein anderes Wahrzeichen ist die Akrópolis Sinnbild einer ganzen Kultur. Sie ist zweifellos die bedeutendste Attraktion Griechenlands, gleichzeitig aber auch ein Umweltopfer ersten Ranges.

Die Athener Akrópolis ist das berühmteste Monument der griechischen Antike und für die Griechen das Nationaldenkmal Nummer eins. Die Tempelanlage steht auf einem 156 m hohen Kalksteinfelsen inmitten der Stadt. Sie ist nur von Westen aus zugänglich, alle anderen Seiten fallen steil ab. Oben ist der Hügel weitgehend abgeflacht, sodass sich ein ideales Plateau für den Bau einer Burg anbot. Das Areal misst etwa 320 m Länge und 150 m Breite. So konnte ein großer Tempelbezirk angelegt werden, der gegen feindliche Angriffe gut zu verteidigen war. Insofern war die Akrópolis nicht nur ein Heiligtum, sondern auch eine Wehrburg, die bis ins Mittelalter hinein diesen Zweck erfüllte. Heute ist natürlich nur noch ein kleiner Teil der Bauten erhalten, die in der Summe nicht unbedingt einen originalgetreuen Eindruck vom antiken Anblick des Akrópolis-Hügels geben. Hinzu kommen Restaurierungsmaßnahmen, die einem so nie existierenden Idealbild der Antike folgen.

Die Besiedelung des Tafelbergs ist bis in die mykenische Zeit hinein nachweisbar. Von dem alten Königspalast der Mykener ist jedoch nichts mehr erhalten. Im 8. Jh. v. Chr. entwickelte sich der Berg langsam vom Königssitz zu einem Heiligtum verschiedener Götter. Es wurden Weihfeste abgehalten und Opfer dargebracht, was an den Altären zu erkennen ist. Der erste Tempel war der Göttin Athená geweiht und wurde im frühen 6. Jh. v. Chr. erbaut. Zusammen mit einem neu errichteten Eingangstor und einem Ártemis-Tempel wurde er von den Persern im Jahre 480 v. Chr. vollständig zerstört. Die gesamte Akrópolis-Bebauung wurde damals dem Erdboden gleichgemacht. Erst 30 Jahre nach dem Sieg der Athener in der Seeschlacht von Salamís (479 v. Chr.) wurde der Beschluss gefasst, die Akrópolis wieder aufzubauen. Damals entstanden die Gebäude, die noch heute bewundert werden können: der Parthenón, das Erechtheíon, die Propýläen und der Níke-Tempel. Vor allem Periklís ist der forcierte Wiederaufbau zuzuschreiben. In römischer Zeit kamen weitere Bauten hinzu. Heute betritt man beispielsweise die Akrópolis durch das Beulé-Tor, das im 3. Jh. n. Chr. angelegt wurde.

In nach-antiker Zeit wurden Parthenón, Erechtheíon und Níke-Tempel unter byzantinischer Regierung zu christlichen Kirchen umgewandelt, während die Propýläen Amtssitz des Athener Bischofs wurden. Im 15. Jh. gestalteten die Venezianer dann Erechtheíon und Propýläen zu Regierungspalästen um, die später von den Türken übernommen wurden. Kurz nach ihrer Eroberung Athens bauten die Osmanen außerdem eine Moschee mit Minarett in den Parthenón, und ihre Militärzentrale zog in die Propýläen. Nach dem Abzug der Türken aus Griechenland im 19. Jh. wurde alles, was nicht griechisch-antiken Ursprungs war, niedergerissen, darunter etwa private Wohnhäuser der ärmeren Schichten, ein Frankenturm der Venezianer und eine Moschee aus türkischer Herrschaft.

Tagtäglich stapfen Heerscharen von Touristen aus aller Welt durch die seit Ende 2008 wieder gerüstfreien Propyläen in den Tempelbezirk, Fremdenführer verkünden die letzten Neuigkeiten zur Antike in allen Sprachen. Eine Besichtigung der

Koren auf dem Erechtheíon

Akrópolis ohne Menschenmassen ist im Sommer nur in aller Frühe möglich, oder wenn am späten Nachmittag die Touristenbusse wieder abgefahren sind. Natürlich ist es im Winter wesentlich ruhiger, und mit viel Glück kann man – wie zuletzt in den Wintern 2007/08 und 2008/09 – die Akrópolis für ein paar Stunden mit einer Schneehaube erleben.

Hinweis: Im Heiligen Bezirk gelten strenge Besichtigungsregeln. Nicht nur Rauchen ist unter Androhung einer saftigen Geldbuße verboten, sondern auch der Verzehr mitgebrachten Essens und ausgedehntes Picknick. Lediglich ein Schluck aus der Wasserflasche ist gestattet, Alkohol dagegen strikt untersagt.

Griechenland leistet sich an seinem Nationaldenkmal die gigantischste Restaurierungsmaßnahmen seiner Geschichte. Der Smog aus Industrie- und Autoabgasen der 5-Millionen-Metropole, die durch Oxidation marmorsprengenden Eisenteile von früheren, unsachgemäßen Restaurierungen und die Füße der zahllosen Besucher haben schlimmste Schäden verursacht. Heute geht man äußerst umsichtig und sorgfältig zu Werk – als Baustoffe werden nicht rostendes Titan und Portland-Zement verwendet, fehlende oder zerstörte Marmorblöcke werden durch Originalmarmor aus dem Pentelischen Gebirge ersetzt. Neben modernsten Restaurierungsmethoden arbeiten gleichzeitig auch die besten Steinmetze Griechenlands auf der Akrópolis. Mit den alten Methoden und Werkzeugen der Antike werden in monatelanger Arbeit Marmorteile gemeißelt und neu eingepasst – der blendend weiße Marmor hebt sich kontrastreich von den alten Stücken ab.

Akrópolis: Im Sommer (1.4.–31.10.) tägl. 8–19.30 Uhr; im Winter (1.11.–31.3.) tägl. 8.30–15 Uhr. ✆ 210-3210219. Tipp: Im Sommer so früh wie möglich kommen. Eintritt 12 €, erm. 6 € (s. Kombiticket). Freier Eintritt für EU-Studenten.

Rundgang

Beulé-Tor: Das Eingangstor zur Akrópolis wurde erst im 3. Jh. n. Chr. unter Kaiser Valerian und damit mehr als 700 Jahre nach den ansonsten erhaltenen Gebäuden errichtet. Es diente ursprünglich als Vorbastion zu den Propýläen und wurde 267 zum Schutz vor Plünderung durch den herannahenden germanischen Stamm der Heruler aus abgetragenen Bauteilen der Akrópolis in aller Eile errichtet.

Propýläen: Die monumentale Eingangshalle ist aufwändig gestaltet mit zwei mächtigen Säulenflügeln. Der Eingangsbereich wurde in den Jahren 437 bis 432 v. Chr. aus pentelischem Marmor errichtet: sechs dorische Säulen, rechtwinklig dazu eine Doppelreihe von jeweils drei ionischen Säulen. Am Ende des Weges durch das prunkvoll mit Wand- und Deckenmalereien sowie Gemälden ausgestaltete Innere der Propýläen (18 m breit und 13 m tief) standen erneut sechs dorische Säulen. Entgegen der ansonsten üblichen Praxis waren der rechte und linke Seitenflügel nicht symmetrisch angelegt.

Athená-Níke-Tempel: Wunderschöner kleiner Tempel mit ionischen Säulen, auf einem Vorsprung rechts neben den Propýläen. Er war der *Níke Apteros* geweiht, der flügellosen Göttin des Sieges (*Níke* = altgr. „Sieg"). Im Innern stand ein Kultbild und davor ein Altar, auf dem der Göttin Opfer dargebracht wurden. Der Tempel wurde zwischen 447 und 427 v. Chr. von der „konservativen" Fraktion der Athener angelegt und bewusst mit vier ionischen Säulen im alten Stil gehalten. Der einst prächtige Fries ist nur noch in Teilen original erhalten (und befindet sich im Museum).

Wenn man einmal von dem gewaltigen Stahlgerüst absieht, das den gesamten Bereich der Propyläen überspannt, so ist der Aufstieg über die glattgewetzten Marmorstufen (größtenteils mit Holzplatten geschützt, um die Erschütterungen der Besuchermassen aufzufangen) und die rundgescheuerten Steine im Innenbereich der Akrópolis auch heute noch beeindruckend. Dabei war in der Antike gerade die weite freie Fläche eine der Hauptattraktionen – vollgestellt mit Weihegaben, Statuen und Schildern, Streitwagen und Rüstzeug aus der Beute von zahlreichen Schlachtfeldern. Einmal mehr lieferte der berühmte Reiseschriftsteller Pausanias im 2. Jh. nach Chr. die zeitgenössische Beschreibung:

Blick vom Areopág auf die Akrópolis

„Unter anderen Dingen welche ich mich erinnere auf der Burg gesehen zu haben, ist auch von Lykios, dem Sohne Myrons, ein eherner Knabe, der den Weihkessel hält und ein Perseus des Myron, wie er die Tat gegen die Medusa ausgeführt hat. Auch ein Heiligtum der Artemis Brauronia ist da, die Bildsäule ein Werk des Praxiteles; die Göttin aber hat ihren Namen vom Demos Brauron. Das alte Holzbild ist in Brauron, wie sie sagen die taurische Artemis. Das sogenannte hölzerne Pferd ist ausgestellt von Erz; dass dieses Werk des Epeios eine Vorrichtung war zur Zerstörung der Mauer weiß jeder, der nicht den Phrygern alle Einfältigkeit zutraut; von jenem Pferde aber wird erzählt, es habe die Tapfersten der Griechen in seinem Inneren enthalten; und danach ist auch die Darstellung des Erzbildes eingerichtet; denn es blicken aus ihm hervor Menestheus und Teukros, und dazu noch die Söhne des Theseus.
Daselbst ist auch Athene dargestellt, welche den Silen Marsyas schlägt, weil er die Flöte aufgehoben hatte, welche die Göttin doch weggeworfen haben wollte. Weiterhin als die Genannten ist der in den Sagen gepriesene Kampf des Theseus gegen den Tauros, der ein Sohn des Minos genannt wird, mag es nun ein Mensch gewesen sein oder ein Tier, wie es sich in der Sage festgesetzt hat; denn Missgeburten, noch weit seltsamer als dieses, haben Weiber selbst zu unserer Zeit auf die Welt gebracht."

Parthenón: Der Tempel der Stadtgöttin Athená ist der größte und beeindruckendste Bau der Akrópolis und über Athen weithin sichtbar. Er wurde in nur 15 Jahren Bauzeit zwischen 447 und 432 v. Chr. errichtet. Im 7. Jh. v. Chr. soll an dieser Stelle bereits ein frühharchaisches Heiligtum gestanden haben. Der Parthenón war vor allem ein ehrwürdiges Gebäude, mit dem Athen allen seine Macht demonstrieren wollte. Im Innern stand eine 12 m hohe Athená-Statue aus Gold und Elfenbein. Die äußere Reihe bestand aus 42 dorischen Säulen, die mit 20 Kanneluren (im Gegensatz zu den ansonsten üblichen 16) feiner gerillt war. Nach oben hin verjüngen sich die Säulen ein wenig und sind geringfügig nach innen geneigt. Ohnehin ist die gesamte Linienführung beim Parthenón an keiner Stelle exakt waagrecht oder senkrecht. Immer gibt es eine gewisse Neigung, entweder zur Mitte oder nach oben hin. Dadurch wirken die Proportionen sanfter und harmonischer. Die ästhetische Wirkung des Gebäudes ist unvergleichlich.

Neben der Athená-Statue befanden sich im Innern weitere Götter-Skulpturen und Darstellungen mythologischer Ereignisse. Kein anderer Tempel Griechenlands war so reich ausgestattet. Hinzu kam, dass die Bundeskasse des Attisch-Delischen Seebundes, nachdem sie von Délos nach Athen geholt worden war, hier im Parthenón aufbewahrt wurde. Der Reichtum wurde bewusst zur Schau gestellt, indem beispielsweise sogar das Dach aus pentelischem Marmor bestand. Unter dem Dach befand sich ein dorisches Fries mit 92 Bildfeldern. Die Cella-Wand umlief ein 160 m langes und 1 m hohes ionisches Fries, welches die jährlich wiederkehrende Prozession der Panathenäen zu Ehren der Athená darstellt.

In hellenistischer Zeit wurde der Tempel durch einen Brand beschädigt, aber später wieder instand gesetzt. 426 n. Chr. wurde die Athená-Statue entwendet, und 437 n. Chr. verbot Kaiser Theodósius II. das Götzentum vollständig. Nun wurde der Tempel zur christlichen Kirche der Agía Sophía umgewandelt, im 10. Jh. der Panagía Athiniótissa neu geweiht. 1466 schließlich kamen türkische Moscheebaumeister zum Zuge, und der Parthenón wurde zum islamischen Gotteshaus. Das Schicksal des Parthenóns wurde am 26. September 1687 endgültig besiegelt. Damals belager-

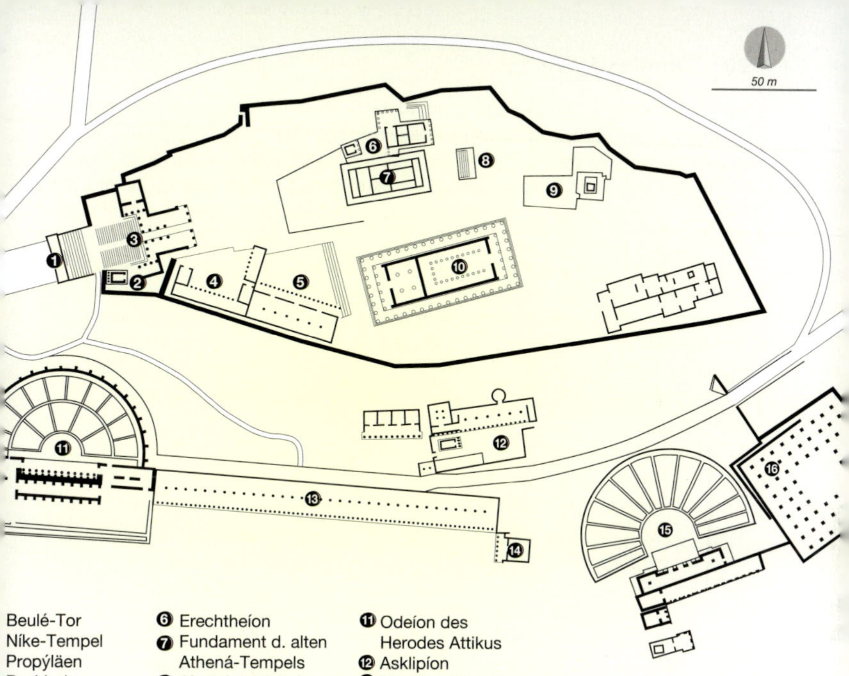

Beulé-Tor
Níke-Tempel
Propýläen
Bezirk der Artemis Vravrónia
Chalkothek
6 Erechtheíon
7 Fundament d. alten Athená-Tempels
8 Altar der Athená
9 Bezirk d. Zeus Polieus
10 Parthenón
11 Odeíon des Herodes Attikus
12 Asklipíon
13 Stoá des Eumenes
14 Monument des Nikias
15 Diónysos-Theater
16 Odeíon des Periklís

Die Akrópolis von Athen

ten venezianische Truppen die türkisch besetzte Stadt und nahmen mit ihren schweren Geschützen vom benachbarten Philopáppous-Hügel auch den Parthenón unter Feuer. Unklugerweise hatten die Türken den exponierten Tempel als Pulvermagazin verwendet ... Das Ausmaß der Explosion ist noch heute sichtbar. Das Bauwerk wurde in der Mitte förmlich auseinander gerissen. Wegen umfangreicher Restaurierungsarbeiten wird er noch auf Jahre hinaus teilweise hinter Gerüsten verschwinden und nicht zugänglich sein.

Erechtheíon: Wenn auch ausgesprochen prächtig gestaltet, so war der Parthenón nur das „Haus der Göttin", deren Goldelfenbein-Standbild er beherbergte. Der eigentliche Kultplatz des Akrópolis-Felsens war dagegen das Erechtheíon. Vor dem Eingang befand sich der Altar des Zeus Hypatos, auf dem nichts Lebendiges geopfert werden durfte, sondern lediglich „Opferkuchen" abgelegt wurden. Es wurde in mehreren Kampfpausen während der Peloponnesischen Kriege zwischen 421 und 406 v. Chr. angelegt. Das Erechtheíon ist ein asymmetrisches und verwinkelt gebautes Gebilde, da mehrere schon bestehende Kultstätten einbezogen werden mussten. Es war dem Kékropas, dem Erechthéos, dem Héphaistos, der Athená und dem Poseidón geweiht, die hier der Sage nach einen Wettkampf der Götter um die Stadtherrschaft austrugen. Athená siegte, und so erhielt die Stadt ihren Namen. Man kann den Tempel umrunden. Sechs Mädchenstatuen (sog. Koren oder *Karyatiden*) tragen auf ihren Köpfen das Vordach des Seitenbaus.

Im 19. Jh. ersetzte ein gewisser Lord Elgin (1799–1803 britischer Botschafter in Konstantinopel) mit Genehmigung des türkischen Sultans eine der Statuen durch eine Kopie und transportierte das Original nebst zahlreichen anderen Stücken der Akrópolis in einer Nacht-und-Nebel-Aktion nach England. In den nächsten Jahren folgten weitere Beutezüge. Heute lagert der gesamte Schatz, die sog. „Elgin marbles", im Britischen Museum. Ihre Rückgabe an Griechenland wird von England seit langem hartnäckig verweigert (→ Kasten S. 91). Seit 1979 sind auch die übrigen Figuren wegen der Luftverschmutzung durch Nachbildungen ersetzt worden. Jedoch haben auch schon diese Kopien die Konturen ihrer Oberflächen verloren und bröckeln allmählich ab. Die Originale stehen jetzt im neuen Akrópolis-Museum. Das alte Akropolis-Museum, in einer Mulde des Akrópolis-Felsens, wurde 2007 geschlossen und soll abgerissen werden. Man vermutet darunter die Werkstatt des Phidias.

Neues Akrópolis-Museum: Eine Wiedereröffnung des prestigeträchtigen Museums an neuer Stelle am Fuße des Akrópolis-Felsens (im Stadtteil Makrygiánni auf dem Grund der ehemaligen Polizeiakademie) ist für das Frühjahr 2009 geplant.

Ursprünglich war die Fertigstellung des vom Schweizer Stararchitekten *Bernard Tschumi* entworfenen Museums bereits für die Zeit der Olympischen Spiele 2004 anvisiert, doch Antikenfunde und Proteste der Anwohner verhinderten das. In einem spektakulären Umzug wurden die Exponate in gegen Erschütterungen gesicherten Stahlcontainern mit Hilfe von drei Kränen aus dem alten Museum in die neuen Gebäude transferiert. Das moderne neue Akrópolis-Museum, dessen oberstes Stockwerk im Grundriss dem Parthenón-Tempel nachempfunden ist, gilt als wichtigstes kunsthistorisches Museum Griechenlands.

Es präsentiert sich als nüchternes, lichtdurchflutetes Gebäude, das auf Stelzen steht. Im Eingangsbereich und im untersten Stockwerk können Besucher auf Panzerglasplatten immer wieder auf die antike Ausgrabung unter dem Gebäude blicken. Die Ausstellungsräume sind mit Sichtbeton und riesigen Trägersäulen schlicht gehalten – um den Blick nicht vom Wesentlichen abzulenken. Weiter umstritten ist indes eine erhoffte Rückgabe der Tempelfriese des Parthenón Tempels, die noch immer in London zu bewundern sind. Zumindest wurde mit der maßstabskonformen Größe das „Platzargument" aus der britischen Hauptstadt entkräftet. Bewusst sollen in der Ausstellung Lücken klaffen, die eine baldige Einigung fordern. Vermutlich wird aber bis dahin noch einiges – auch politisches – Fingerspitzengefühl erforderlich sein.

Eines der berühmtesten Ausstellungsstücke auch im neuen Akrópolismuseum, der „Moschophoros"

Die Rückgabe der „Elgin marbles" – nur Wunschdenken?

Gemäß den damals geltenden internationalen Bestimmungen waren die Demontage und der Transport der Figuren durchaus rechtmäßig, denn der türkische Sultan hatte seine Zustimmung als „Regierungschef" erteilt. Allerdings äußerten schon Zeitgenossen wie Lord Byron, Alexander von Humboldt oder auch Fürst von Pückler-Muskau erhebliche Bedenken. Sie gebrauchten Worte wie „Tempelschänder", „Vandalen" und „unverzeihliche Räuber". Lord Elgin selbst sagte später, er habe die Stücke nur vor dem Verfall retten wollen. In Wahrheit hatte er sie jedoch verkauft. Kulturministerin Melína Merkoúri war die erste griechische Politikerin, die mit Nachdruck die Rückgabe der „Elgin marbles" aus dem Britischen Museum forderte. Und wenn es nach den heutigen griechischen Politikern ginge, würden sie die Krönung des neuen Akrópolis-Museums bilden. Jedoch haben die Londoner eine ganze Reihe von Einwänden: So hat Athen die höchste Luftverschmutzung aller europäischen Städte, und die Stücke würden hier mehr Schaden nehmen als in London. Außerdem verfügten alle europäischen Museen über gestohlene Exponate aus dem Ausland. Würden die „Elgin marbles" zurückgegeben, wäre ein Präzedenzfall geschaffen, der eine völlige Umstrukturierung aller wichtigen europäischen Museen nach sich ziehen würde. Auch Griechenland müsste dann beispielsweise Stücke an Ägypten zurückgeben. Da es zudem keine ausreichende internationale Rechtsgrundlage für das griechische Begehren gibt, wird möglicherweise alles so bleiben wie es ist: Von den 97 erhaltenen Blöcken des Parthenón-Frieses sind 56 in Großbritannien, von den 64 Metopen (Friesverzierungen) befinden sich 15 und von den 28 erhaltenen Skulpturen des Tempels 19 im Vereinigten Königreich.

Den aktuellen Stand hinsichtlich Eröffnung, Zeiten und Eintrittspreise für das neue Museum geben wir im Internet-Forum des Michael-Müller-Verlages bekannt. Offizielle Museums-Homepage ist www.newacropolismuseum.gr.

Südlich der Akrópolis

Diónysos-Eleuthéreos-Theater (Théatro Diónysos): Das bedeutendste griechische Theater steht am östlichen Teil des Südhangs der Akrópolis (Dionysiou-Areopagitou-Straße). Hier nahm die klassische Tragödie ihren Ausgang. Seit dem 6. Jh. v. Chr. wurden alljährlich Tänze und Chorgesänge zu Ehren des Diónysos aufgeführt. 534 v. Chr. wurden Dialoge eingeführt, und damit war das Theater geboren. Die ersten antiken Theater-Autoren waren bekanntlich Aíschylos (525–456), Sophoklés (496–406) und Euripídes (480–406) sowie der Komödiendichter Aristophánes (445–385). Der massive Theaterbau mit Rängen aus Holz wurde erst um etwa 490 v. Chr. begonnen. Seine heutige Form mit steinernen Bänken erhielt das Diónysos-Theater im Jahre 330 v. Chr. unter Lykurg. Ganz vorne auf den Marmorsesseln mit Lehne saßen stets die hohen politischen Würdenträger und die Priester. In römischer Zeit kam noch ein Ehrensitz für den Kaiser hinzu. Ursprünglich gab es 64 Sitzreihen für etwa 17.000 Zuschauer. Heute sind noch 25 Reihen erhalten.

Im Sommer (1.4.–30.9.) tägl. 8–19.30 Uhr, im Winter (1.10.–31.3.) tägl. 8–15 Uhr. ✆ 210-3224625. Eintritt 2 €, Kombiticket 12 €, erm. 6 €. Eintritt für EU-Studenten frei.

Figuren trugen in der Antike die Orchestra des Theaters

Stoá des Eumenes: Die 163 m lange Säulenhalle des Eumenes führt vom Diónysos-Theater hinüber zum Odeíon und war als Flanierzeile für die Theaterbesucher gedacht. Sie ist ein Geschenk des Königs Eumenos II. von Pérgamon an die Stadt Athen und wurde um 160 v. Chr. errichtet.

Asklipíon: Westlich oberhalb des Diónysos-Theaters und der Stoá des Eumenes liegt ein um eine Quelle errichtetes Heiligtum, das dem Heilgott Asklipiós geweiht war. Es wurde um 420 v. Chr. in Verbindung mit der heiligen Stätte von Epídavros errichtet. Erhalten sind nicht nur die Ruinen des 28 m langen Bauwerks, sondern auch Überreste des neueren Asklipíons in direkter östlicher Nachbarschaft. Dieses wurde gegen Mitte des 4. Jh. v. Chr. zwischen dem alten Heiligtum und dem Diónysos-Theater erbaut.

Odeíon des Herodes Attikus (Odeíon Iródou Attikoú): Das große und außergewöhnlich gut erhaltene Theater am Südhang der Akrópolis stammt aus römischer Zeit und ist berühmt für seine hervorragende Akustik. Es liegt am Westende der Eumenes-Stoá. Der Athener Philosoph und Kunstliebhaber Herodes Attikus (101–177 n. Chr.) stiftete es seiner Heimatstadt im Jahre 161 n. Chr. Das Odeíon ist somit das jüngste der antiken Theater Athens. Einst besaß es 35 steil ansteigende marmorne Ränge, die etwa 5000 Zuschauern Platz boten. Hinter der Spielfläche erhob sich ein 28 m hohes dreistöckiges Bühnenhaus mit Säulen, Fenstern und Rundbögen, das noch fast vollständig erhalten ist. Im 20. Jh. wurde das Theater vollständig restauriert. Alljährlich finden im Sommer Festspiele im Rahmen des *Athens Festival* statt, und nur dann ist das Odeíon öffentlich zugänglich.

Areopág

Westlich der Akrópolis liegt ein kleiner Felsenhügel, auf dem einst der Athener Blutgerichtshof tagte. In den Stein geschlagene Stufen führen zu einem kleinen Aussichtspunkt auf 115 m Höhe, von dem man einen herrlichen Blick auf Agorá, Akrópolis und ganz Athen genießen kann. Der Versammlungsort des obersten Gerichts auf dem Weg von der Akrópolis hinunter zur Agorá ist frei zugänglich.

Griechische Agorá

Die Agorá, Markt- und Versammlungsplatz der Bürger, bildete das Herz des antiken Athens. Über tausend Jahre lang – vom 5. Jh. v. Chr. bis 580 n. Chr. – befand sich hier der politische, wirtschaftliche und kulturelle Mittelpunkt der Stadt.

Gleich hinter dem Flohmarkt in der Pláka liegt der Nordeingang zu dem weitläufigen Gelände der Agorá. Heute macht es wegen der verstreut liegenden, teilweise nur kniehohen Ruinen einen leeren und etwas wüsten Eindruck, doch vor 2000 Jahren war es der Mittelpunkt des athenischen Lebens. Hier traf man sich, diskutierte, politisierte, schwang Reden, beschloss Gesetze, verkündete Krieg und Frieden. Vor allem aber fand hier der große Markt des Stadtstaates statt. Auf der 120 x 120 m großen Agorá befanden sich auch die politischen Institutionen der Stadt, Tempel der Götter und Statuen der athenischen Helden. Die heutigen Überbleibsel haben ihren Ursprung in verschiedenen Jahrhunderten, da die Agorá – wie das gesamte Athen – mehrfach zerstört und wieder aufgebaut wurde. Die meisten Relikte stammen jedoch aus römischer Zeit. Für die zwischen 1931 und 1960 durchgeführten Ausgrabungen musste ein ganzes Stadtviertel des modernen Athen geräumt und abgerissen werden.

Die Geschichte der Agorá begann etwa im frühen 6. Jh. v. Chr., als Solon den Auftrag zur Errichtung einer neuen Agorá auf einem mykenischen Gräbergelände gab, da die weiter oben gelegene alte Agorá zu klein geworden war. Schnell wurde die

Antike griechische Agorá mit Blick auf die Säulen der Áttalos-Stoá

neue Agorá zum Mittelpunkt des Staatslebens, und neue Gebäude entstanden im Abstand nur weniger Jahre. 480 v. Chr. zerstörten die Perser das gesamte Gelände. Es wurde neu aufgebaut und in der Folge stark verändert. Neben dem Héphaistos-Tempel, dem Thólos und der Áttalos-Stoá wurden verschiedene Heiligtümer errichtet. 86 v. Chr. zerstörten die Römer unter Sulla erneut weite Teile der Agorá. 60 Jahre später erfolgte der Wiederaufbau unter Kaiser Augustus. Die nach Griechenland einfallenden Heruler-Stämme brannten 267 n. Chr. die Agorá vollständig nieder. Erst um 400 begann eine neue Rekonstruktion, wobei der Héphaistos-Tempel zu einer christlichen Kirche umfunktioniert wurde und man ein Gymnasion als Philosophenschule errichtete. Hier wurde bis zum Verbot durch Kaiser Justinian im Jahre 529 Unterricht gehalten, danach verwaiste die Agorá zusehends. Unter byzantinischer Herrschaft wurde das Areal im 11. Jh. erstmals wieder besiedelt, nun allerdings als Wohngebiet. Dieses fiel schließlich erst im 20. Jh. den Abrissbaggern zum Opfer, als die systematische Ausgrabung begann.

Ausgrabungsgelände der Agorá, Héphaistos-Tempel und Áttalos-Museum haben im Sommer (1.4.–30.9.) tägl. 8–19.30 Uhr geöffnet (Museum Mo 11–19.30 Uhr), im Winter (1.10.–31.3.) tägl. 8.30–15 Uhr. Eingang von der Odós Adrianoú (zwischen Metrostation Thissíon und Monasteráki). ✆ 210-3210185. Eintritt 4 €, erm. 2 €. Kombiticket: 12 €, erm. 6 €. Eintritt für EU-Studenten frei.

Rundgang

Héphaistos-Tempel (Naós Héphaistos): Wenn man vom Nordeingang der Agorá kommt, thront rechter Hand auf einer niedrigen, hübsch bepflanzten Anhöhe der *Tempel des Héphaistos*. Er gilt als der am besten erhaltene Tempelbau Griechenlands und entstand etwa zur selben Zeit wie der Parthenón auf der Akrópolis (ca. 449–444 v. Chr.). Geweiht war er dem Gott der Schmiede und der Töpfer – gleich in der Nähe lag der *Kerameikós*, das antike Wohnviertel der Töpfer. 34 dorische Säulen aus pentelischem Marmor tragen eine Halle rund um den Tempelkern, in dem die Kultstatuen aufgestellt waren. Das originale Dach des Tempels bestand einst aus roten Ziegeln, die nicht mehr erhalten sind. Unter dem Dach umlief ein Fries den gesamten Tempel. Heute sind die Friese vor allem noch auf der Ostseite zu bewundern. Wahrscheinlich war der gesamte 32 m lange und 14 m breite Tempel einst bunt bemalt. Vom 7. Jh. bis 1834 diente der Tempel als christliche Kirche.

Naós Afrodítis: In Richtung der Metro-Linie nach Piraeás liegen die spärlichen Überreste dieses Tempels aus frührömischer Zeit.

Stoá des Zeus: Ebenfalls nahe der Metro-Linie nach Piraeás befinden sich einige Fundamente, die einst zu einer Stoá aus dem 5. Jh. v. Chr. gehörten. Hier wurde außerdem ein dem Zeus geweihter Tempel mit Altar entdeckt.

Bouleuterion: In diesem Gebäude tagte der Rat der 500 Bürger von Athen, das oberste politische Gremium der Bürgerschaft. Leider ist von dem Bauwerk nicht mehr viel zu sehen. Es wurde zunächst durch die Perser zerstört, wieder aufgebaut und schließlich von den Herulern erneut dem Erdboden gleichgemacht.

Thólos: Der Thólos ist ein um 470 v. Chr. erstellter Rundbau mit gut 20 m Durchmesser. In ihm tagten ständig die 50 Ratsherren. Sie führten die täglichen politischen Amtsgeschäfte in Vertretung der 500-köpfigen Ratsversammlung. Ein Teil der Ratsherren musste im 24-Std.-Dienst ständig auf der Agorá anwesend sein. Der Bau wurde ebenfalls mehrfach in seiner Geschichte zerstört und wieder aufgerichtet, zuletzt im 4. Jh. n. Chr.

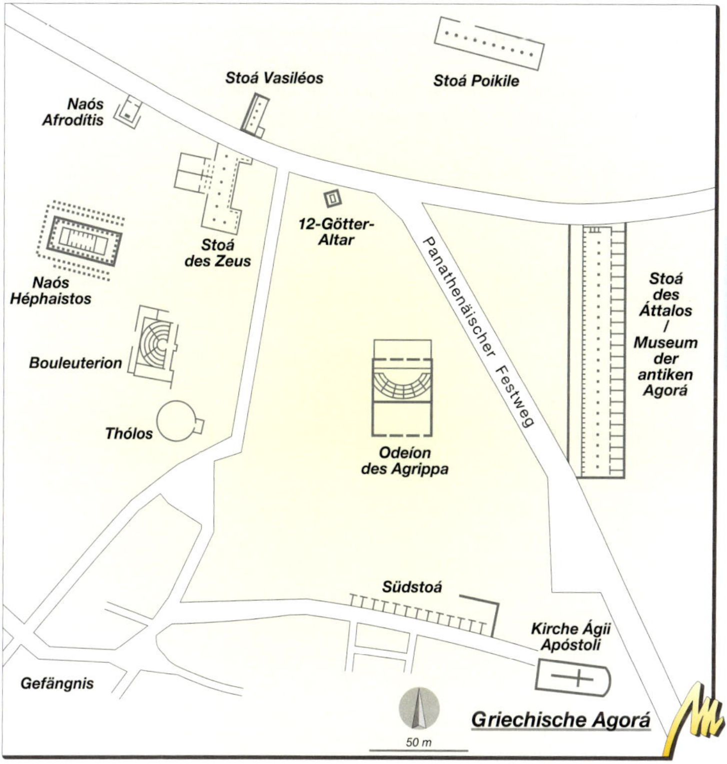

Gefängnis: Die Fundamente im Südosten des Ausgrabungsgeländes gehören wahrscheinlich zum antiken Gefängnis. Lange Zeit ging man davon aus, dass hier auch Sokrates auf seine Verurteilung wartete. Seine Gefängniszelle lag allerdings mit größter Wahrscheinlichkeit am Fuß des Philopáppou-Hügels (wenige Schritte südlich der Ag.-Dimítrios-Loumpadriáris-Kapelle; ab der Kreuzung Dionysíou-Areopagítou/Apostolou Pávlou bestens beschildert).

Süd-Stoá: Neben dem Gefängnis liegen die spärlichen Überreste der südlichen Stoá. Sie diente als Ladenzeile und bestand aus dorischen Säulen.

Ágii-Apóstoli-Kirche: Der aus dem 11. Jh. stammende Kreuzkuppelbau auf der Agorá ist die älteste Kirche Athens aus mittelbyzantinischer Zeit, wie an dem Ziegelmauerwerk zu erkennen ist. Sie wurde Mitte der 1950er-Jahre restauriert. Die schönen Fresken im Narthex stammen ursprünglich von der nebenan gelegenen Kirche Ágios Spirídon. Unter der Kirche vermutet man die Reste der athenischen Münzprägeanstalt. Hier wurden im 5. Jh. v. Chr. Drachmen-Münzen geprägt.

Stoá des Áttalos: Die 112 m lang gestreckte und knapp 20 m breite Säulenhalle im Osten des Ausgrabungsgeländes ist die *Stoá des Áttalos*. Sehr wahrscheinlich waren auch hier Ladenzeilen untergebracht. 150 v. Chr. stifte König Áttalos von Pérgamon diesen Bau der Stadt Athen. Ursprünglich umschlossen vier solche Bauten die gesamte Agorá. Das prächtige Gebäude war bis Mitte des 20. Jh. nur als Ruine erhalten und wurde von amerikanischen Archäologen in mühseliger Kleinarbeit vollständig nach antiken Beschreibungen und mit Originalfragmenten rekonstruiert. Das Untergeschoss ruht auf 45 dorischen Säulen, im Innern stehen 24 ionische Säulen.

Heute beherbergt es das reich bestückte **Museum der antiken Agorá** mit vielen Fundstücken der alten Agorá über eine Zeitspanne von mehr als 3600 Jahren. Während die ältesten Exponate aus neolithischer Zeit stammen, reichen die jüngsten bis ins 6. Jh. n. Chr., als die Philosophenschule endgültig geschlossen wurde. Draußen in der Vorhalle sind die wichtigsten Großfunde aus römischer Zeit aufgestellt: Büsten- und Statuenfragmente sowie Sockelteile. Die Skulpturenteile stammen allesamt von den Tempeln der Agorá. Im Museumsinnenraum gilt eine weitgehend chronologische Ordnung: Rote Keramiken aus neolithischer Zeit sind die ältesten Fundstücke. Die bronzezeitliche Keramik stammt überwiegend aus mykenischen Gräbern. Es folgen schwarzfigurige Keramik, Amphoren und Schmuckstücke aus geometrischer Zeit. Aus der klassischen Periode sind vor allem die Tonscherben bemerkenswert. Sie sind die Relikte des berühmt-berüchtigten Scherbengerichts (*Ostrakismós*). Wer die meisten „Stimmen" auf sich vereinte, musste zehn Jahre lang in die Verbannung gehen. Von den großen Politikern entging nur Periklís diesem Schicksal.

Stoá Poikile: Die um 460 v. Chr. erbaute „bemalte Halle" war einst mit Gemälden berühmter Künstler dekoriert.

Stoá Vasiléos: Im Amtssitz der obersten Archonten – das waren die höchsten Beamten im antiken Athen – wurden die wichtigsten und schwerwiegendsten Rechtsfälle verhandelt. Nach der Überlieferung wurden hier auch die Gesetzestafeln Solons und Drakons aufbewahrt.

Zwölf-Götter-Altar: Der berühmte Altar der zwölf Götter stammt aus dem 6. Jh. v. Chr. Er diente in der Antike als zentraler Ort in Athen, von dem alle Entfernungen in der Stadt und in Áttika gemessen wurden.

Odeíon des Agrippa: Das Odeíon wurde erst relativ spät, nämlich unter Kaiser Augustus um 20–15 v. Chr. errichtet. Mit 18 Sitzreihen fasste es etwa 1000 Zuschauer. Nach seiner Zerstörung im Jahre 267 n. Chr. wurde das Odeíon wieder aufgebaut, da hier die Lehrveranstaltungen der spätantiken Athener Universität stattfanden. Der Bau war auch gleichzeitig das Auditorium der Sophisten. Heute sind noch Teile der Orchestra (Chorbereich), Säulenkapitelle und Mauerreste zu erkennen.

Römische Agorá (Romaíki Agorá) und Turm der Winde (Aérides)

Das Gelände der römischen Agorá liegt reizvoll mitten zwischen den Tavernen der Pláka. Das große langgezogene Areal beeindruckt vor allem von der Anhöhe in Richtung Akrópolis-Hügel. Ein bekanntes Fotomotiv ist der achtseitige Turm der Winde. Auf jeder Seite ist der für die jeweilige Himmelsrichtung typische Windgott versinnbildlicht.

Die römische Agorá umfasst ein 112 x 96 m großes Gelände, das im 1. Jh. v. Chr. zu Regierungszeiten von Cäsar und Kaiser Augustus angelegt wurde. Damals existierte eine Straße, die zur griechischen Agorá führte. Alle vier Seiten des Marktes waren von ionischen Säulenhallen umgeben, unter denen sich die Läden befanden. Beachtenswert ist auch das monumentale dorische Eingangstor der Göttin Athene im Westen der Agorá. Vier Säulen tragen das monumentale Propylon.

Im Sommer (25.02.–1.11.) tägl. 8–18 Uhr (sonst 8.30–15 Uhr), Eingang von der Odós Pelopída und Eolou-Straße. ✆ 210-3245220. Eintritt 2 €, ermäßigt 1 €. Kombiticket: 12 €, erm. 6 €. EU-Studenten haben freien Eintritt.

Rundgang

Turm der Winde: Der achteckige Turm der Winde wurde um 40 v. Chr. von einem syrischen Astronomen erbaut. Er fungierte zur Römerzeit als Sonnenuhr, Kompass und Windrichtungsmesser. In den ersten Jahren der Herrschaft von König Otto diente der Turm als katholische Kirche. Im oberen Drittel zieht sich ein Relieffries rund um den Turm, das die Himmelsrichtungen und die dazugehörigen Windgötter darstellt: Nótos (Süden), Lips (Südwesten), Zéfiros (Westen), Skíron (Nordwesten), Voriás (Norden), Kaikías (Nordosten), Apelíotes (Osten) und Évros (Südwesten).

Fetiye-Moschee: am Nordrand des Ausgrabungsgeländes. Die nicht zu besichtigende Moschee wurde von Sultan Mehmet II. nach der Eroberung Athens als Siegesmoschee errichtet. Im Innenraum sind Fundstücke von der Agorá gelagert.

Hadrians-Bibliothek

Das ausgedehnte Grabungsgelände befindet sich an der Platía Monastiráki, unmittelbar hinter der Tsistarákis-Moschee, die Fassade liegt an der Odós Áreos. Die 122 x 82 m große Anlage stammt von etwa 132 n. Chr., als unter dem römischen Kaiser Hadrian die Stadtgrenze nach Osten erweitert und ein ganzer neuer Stadtteil erbaut wurde. Direkt hinter der Moschee ist eine schöne Säulenmauer mit korin-

Blick auf die Akropolis und die restaurierten Säulen der Hadrians-Bibliothek

thischen Kapitellen erhalten. Einst umschlossen 100 korinthische Säulen aus euböischem Marmor die Bibliothek, deren Magazine weiter östlich lagen und heute nicht mehr erhalten sind.

Seit Mai 2004 ist das Gelände für Besucher zugänglich. Eintritt 2 €.

Jahrhundertprojekt Archäologischer Park

Die Vergabe der Olympischen Spiele 2004 nach Athen hat ein schon mehrere Jahre in den Schubladen der Stadtplaner schlummerndes Projekt plötzlich wiederbelebt: ein archäologischer Park, der die gesamten historischen Stätten der Athener Innenstadt umfassen soll. Zwar war eine vollständige Realisierung auch bis Anfang 2009 nicht möglich, doch die Umsetzung der Pläne nimmt langsam Gestalt an. Zunächst wurde die viel befahrene Dionysíou-Areopagítou-Straße für den Autoverkehr gesperrt und als Fußgängerzone neu gestaltet. Im Frühjahr 2002 folgte die Apostólou-Pávlou-Straße, womit nun die ehemalige Verkehrsader mitten durch das archäologische Zentrum vollständig zum Fußgängerboulevard wurde. Geplant ist, dass der Archäologische Park als Fußgängerzone irgendwann vom Panathenäischen Stadion im Osten bis zum Kerameikós und Philopáppou im Westen reicht. Mit nur drei oder vier Eingängen und einem einzigen Ticket soll dann das gesamte antike Athen zu besichtigen sein.

Kerameikós

Der antike Friedhof von Athen gehört zu den wenigen grünen Oasen der Stadt. Er umfasst zahlreiche interessante Grabdenkmäler und zwei sehenswerte Stadttore.

Athens antiker Friedhof liegt im heutigen Viertel Psirrí an der Ermoú-Straße, nördlich der griechischen Agorá. Ausgegraben wurde er vom Deutschen Archäologischen Institut, das noch heute dort tätig ist. Leider konnte aufgrund der umliegenden Wohnbebauung nur ein Teil des unterhalb der Straße liegenden Kerameikós freigelegt werden. Sein Name leitet sich von den antiken Keramikwerkstätten ab, die sich in der Nachbarschaft befanden. Ursprünglich reichte der Stadtteil von der Agorá bis weit über die Stadtmauer hinaus. Die ältesten Gräberreste stammen aus dem 12. Jh. v. Chr., doch die gut erhaltenen Monumente datieren weit gehend ins 4. Jh. v. Chr. Der Friedhof wurde mehrfach erweitert und umgebaut. Auch der antike Fluss, heute ein schmaler Bach, der am Lykabettos entspringt und dann weiter unterirdisch verläuft, wurde bei den Ausgrabungen wiederentdeckt. Neben den Grabdenkmälern sind es vor allem die beiden wichtigsten der 15 Stadttore des alten Athens, die hier am Rande des Kerameikós entdeckt wurden. Zum einen ist es das Tor der Heiligen Straße (*Ierá Odós*) nach Eleusis, wo jährlich im Herbst der Pilgerzug zu den dortigen Mysterienfeiern (siehe Kapitel „Elefsína") startete. Zum anderen handelt es sich um das wesentlich besser erhaltene Dipylon. Hier zogen die Teilnehmer der Wettkämpfe im antiken Olympiastadion in die Stadt ein, und hier begann der jährliche Prozessionszug auf die Akrópolis. Dazwischen liegt das Pompeion, eine Sportstätte für Ringkämpfe und ein Treffpunkt der Stadtoberen. Neben den Überresten dieser Prachtbauten sind auch zahlreiche imposante private und staatliche Gräber zu besichtigen. Wahrscheinlich wurden auf dem Kerameikós auch große Athener Staatsmänner wie Periklís und Kleisthénes bestattet. Außer-

Töpferwerkstätten und Friedhof – Grabungsfeld Kerameikós

dem ist der antike Friedhof eine grüne Oase der Ruhe in der grauen Hektik der westlichen Odós Ermoú.

Ausgrabungsgelände und Museum haben im Sommer (1.4.–31.10.) tägl. 8–19.30 Uhr geöffnet, im Winter (1.11.–31.3.) tägl. 8.30–15 Uhr. Eintritt 2 €, erm. 1 €. Kombiticket: 12 €, erm. 6 €. EU-Studenten freier Eintritt. ✆ 210-3463552. Mit der Metrolinie 1 (grün) bis zur Haltestelle Thissíon, danach noch etwa 300 m zu Fuß.

Kerameikós-Museum: Ermoú-Straße 148, direkt am Ausgrabungsgelände. Das Museum wurde 1937 von dem deutschen Industriellen Oberländer gestiftet und 1960 erweitert. Es sammelt Funde aus dem Gräberfeld, wobei sich die wertvollsten Stücke allerdings im Athener Nationalmuseum befinden. Die Besucher können im Museum zum einen die Entwicklung der antiken Grabmonumente nachvollziehen und zum anderen die Keramikkunst vom 11. Jh. v. Chr. bis in die Römerzeit verfolgen. Die Ausstellung ist chronologisch aufgebaut.

Saal 1 zeigt wichtige und künstlerisch wertvoll gestaltete Grabmonumente.

Der chronologische Teil der Ausstellung beginnt in **Saal 2** mit antiker Keramik vom 12. bis zum 7. Jh. v. Chr.: mykenische und geometrische Gefäße, aber auch Goldschmuck, Statuetten und Kinderspielzeug sind hier ausgestellt. Zu den wichtigsten Exponaten zählen eine Sphinx und eine große Amphore von 620 v. Chr.

Die Vitrinen des **Saals 3** enthalten schwarz- und rotfigurige Vasen vom 7. bis 5. Jh. v. Chr. sowie Alabaster-Gefäße.

In **Saal 4** erfolgt der Übergang von der klassischen Zeit über die Römerherrschaft bis zum Einfall gotischer Stämme nach Athen im Jahre 267 n. Chr. Neben Kleinkeramik sind hier die Schmuckstücke, Kannen und Wassertransportgefäße sowie ein kleiner Bleikasten, der eine gefesselte Puppe enthält – antike Spuren von schwarzer Magie – besonders bedeutend.

Die Reliefs und Grabstelen in **Saal 5** sind weitgehend Stücke, die in der 478 v. Chr. vor den herannahenden Persertruppen eilig errichteten Stadtmauer des Themistoklís verbaut wurden. Daneben gibt es noch ein paar größere Keramikgegenstände und einen Bronzekessel zu sehen.

Oase in der Großstadt – die Pláka

Altstadt: Pláka und Thissío

Die Altstadt von Athen liegt direkt unterhalb der Akrópolis. Sie wurde praktisch auf den Trümmern des antiken Athen erbaut. Hier lag auch das Stadtzentrum während der jahrhundertelangen türkischen Herrschaft. Viele enge Gässchen mit Treppen und Weinranken ziehen sich den Burghügel hinauf. Die meisten von ihnen sind heute Fußgängerbereich und fest in der Hand des touristischen Business – zahllose Tavernen, Restaurants und Cafés, dazu Boutiquen und Souvenirshops aller Couleurs finden sich an jeder Ecke.

Abgesehen vom Kommerz ist die Pláka nach wie vor ein bunter, fröhlicher Rummelplatz mit viel „griechischer" Atmosphäre, wie sie so nirgendwo sonst in der Stadt zu finden ist. Kitschige Bouzoúki-Restaurants mit Live-Musik passen hier genauso ins Bild wie Drehorgelspieler im Frack und Cafés mit romantischem Flötenspiel. Es macht einfach Spaß durch die Pláka zu schlendern, ein wenig zu bummeln und vielleicht der einen oder anderen Kaufanimation der Händler nachzugeben. Authentische Stücke sind – ausgenommen in den Workshops einiger kleiner Handwerker – praktisch nicht mehr zu finden, und natürlich sind die Preise überteuert, aber ein *Souvenir aus der Pláka* gehört zu Athen wie die Akrópolis.

Wer vom Einkaufsbummel und dem ewigen „óchi" gegenüber allzu aufdringlichen Verkäufern genug hat, wird sich in der Altstadt an den vielen, überall verstreut liegenden *Denkmälern und Überresten aus der Antike* erfreuen, die teils zu besichtigen und teils nur äußerlich einsehbar sind. Lediglich der antike Friedhof Kerameikós liegt ein paar Gehminuten außerhalb. Praktisch unter jedem Haus der Pláka befinden sich Ruinen, die manchmal bei Abrissen freigelegt werden. Bei entsprechender archäologischer Bedeutung werden die Bauarbeiten gestoppt und offizielle

Grabungen eingeleitet. Neben der Antike prägen auch die klassizistischen Häuser aus König Ottos Zeiten das Gesicht der Pláka. Viele Gebäude stehen längst unter Denkmalschutz.

Beliebteste Flanier-Boulevards sind tagsüber bis zum Nachmittag die Fußgängerzone und Geschäftszeile Ermoú, abends die Kidathinéon im etwas höher gelegenen Teil der Pláka.

Zu den antiken Sehenswürdigkeiten kommen noch die *byzantinischen Kirchen* hinzu, die sich ebenfalls auf die Pláka konzentrieren. Hier findet man die ältesten und viele der schönsten Kirchen der Stadt. So steht die altehrwürdige *Kapnikaréa-Kirche* aus dem 11. Jh. mitten in der quirligen Einkaufsstraße Ermoú, und für die *Agía Dinámin* wurde eigens ein Hochhaus auf Pfeiler gesetzt. Einen Blick wert sind auch die *Museen* der Altstadt, obwohl viele aus Platzmangel in andere Viertel verlegt wurden. Zu empfehlen sind insbesondere Besuche im *Museum für griechische Volkskunst* und im *Kanellópoulos-Museum* sowie im Kulturzentrum *Melína Merkoúri*. In der Pláka liegen liegen auch viele kleine, romantische Plätze wie z. B. die *Platía Paleás Agorás* am Südende der Aeólou. Gleich ein halbes Dutzend Cafés haben sich den Platz aufgeteilt. Unter Akazien und Platanen sitzt man gemütlich und kann zusehen, mit welchem Geschick die Besitzer der umliegenden Geschäfte Souvenirs, Bilder, Teppiche und Keramik an Touristen verkaufen.

Karte Seite 104/105

Vom Halbweltviertel zum Touristenzentrum

Die Pláka war nicht immer ein herausgeputztes Vorzeigeviertel für die Besucher Athens. In den 70er-Jahren galt die Pláka als das verrufenste Halbweltviertel der Stadt, Reeperbahn und Rotlichtbezirk in einem. Freizügige Nachtclubs und Spielhöllen schossen aus dem Boden, seriöse Urlauber begannen die Pláka zu meiden. Auch zahlreiche Anwohner wollten ihren Familien zuliebe nicht mehr hier leben; von 17.000 bei der Volkszählung von 1961 gezählten Bewohnern waren 1975 nur noch 4500 geblieben. Dagegen wurden in 200 Etablissements der Vergnügungsindustrie rund 18.000 Plätze gezählt. Es ist das Verdienst der damaligen Kulturministerin Melína Merkoúri, diese Entwicklung rechtzeitig gestoppt zu haben. Heute sind alle zweifelhaften Etablissements (westlich der Níkis-Straße) restlos beseitigt, und die Athener Stadtverwaltung engagiert sich stark dafür, das ursprüngliche Ambiente zu retten beziehungsweise wiederherzustellen. Mittlerweile ist schon wieder sehr viel von der ehemaligen Farbenpracht und Eleganz zurückgekehrt.

Nicht zuletzt ist die Pláka auch ein Zentrum der griechischen Improvisationskünstler. Straßensänger und Musikanten, die ihre Instrumente mehr oder minder gut beherrschen, ziehen durch die Tavernen, Feuerschlucker verblüffen die Passanten, Hobby-Poeten tragen ihre Gedichte vor und Akrobaten führen waghalsige Kunststücke auf. An jeder Ecke gibt es in der Pláka etwas zu sehen und zu bestaunen.

Anafiótika: Direkt unter dem Steilhang zur Akrópolis liegt das romantischste Pláka-Viertel Anafiótika. Mit seinen schmalen, ruhigen Gässchen, niedrigen Häuschen, üppigen Blumenkübeln und farbenfrohen Türen wirkt es wie ein griechisches Inseldorf. Errichtet wurde es im vorletzten Jahrhundert durch Handwerker von der

Kykladeninsel Anáfi, die eigentlich für den Bau des Königsschlosses nach Athen geholt worden waren. Aber auch schon in der Jungsteinzeit war dieser Teil des Burghügels bewohnt, später wurde er vom Orakel in Délphi zu heiligem Boden erklärt. Während der Peloponnesischen Kriege waren die weit oben im Akrópolis-Felsen liegenden Höhlen Zufluchtsorte, in denen die Athener Bevölkerung jahrelang lebte. Von diesen obersten Gassen der Pláka bietet sich ein schöner Blick auf die Millionenstadt. Wegen der Ruhe gehören die Cafés und Tavernen in Anafiótika zu den besten Tipps in der Pláka. Außerdem gibt es zahlreiche Kirchen zu besichtigen, ebenfalls teils im Kykladenstil errichtet.

Dorfleben im Herzen der Millionenmetropole – Anafiótika

Thissío: Benannt wurde der gesamte Stadtteil nach dem Stadthelden Theseus, dessen Grabstätte ursprünglich unter dem Héphaistos-Tempel vermutet wurde. Westlich der Pláka gelangt man über die Adrianoú-Straße nach Thissío, alternativ kann man direkt bis zum gleichnamigen Bahnhof mit der Metrolinie M1 fahren. Schon Mitte 2002 wurde die Apostólou-Pávlou-Straße zur Fußgängerzone umgewandelt und mit teurem Marmor neu gepflastert. Athen hat für die Neugestaltung dieses Straßenzuges einiges Geld lockergemacht, schließlich handelt es sich dabei um die älteste Straße der Stadt und den früheren Prozessionsweg zur Akrópolis. Gleichzeitig wurde der größte Teil der bis dahin noch leer stehenden Hausruinen wieder hergerichtet. Auf der anderen Seite des kleinen Parks an der Metro-Station liegt die **Platía Thissíou**. Auch dieser Platz wurde 2002 neu gestaltet und damit als Zentrum Thissíos aufgewertet. Die gut ein halbes Dutzend Straßencafés sind vor allem der einheimischen Jugend vorbehalten. Das gilt auch für die modernen Cafés in der abzweigenden Iraklíou-Straße. Der Reiz Thissíos liegt in seinem griechisch gebliebenen Charakter, obwohl es von hier nur ein paar Schritte zu Fuß zur touristisch geprägten Pláka sind.

Makrigiánni: Das südlich und südöstlich des Burghügels liegende Viertel Makrigiánni gehört eigentlich nicht mehr zum alten Innenstadtbezirk, ist aber durch die neuen Fußgängerzonen Dionísiou Aeropagítou und Apostólou Pávlou eng mit der Pláka und Thissío verbunden. Voraussichtlich im Frühjahr 2009 wird hier das neue Akrópolis-Museum eröffnet.

Tipp: Wer durch die Altstadt bummelt, sollte einen Stadtplan (oder dieses Buch) nicht vergessen, denn die Gassen und Treppen bilden ein wahres Labyrinth. Zur Orientierung: Bergauf liegt die Akrópolis, in Richtung Stadtzentrum dient zwangsläufig die Ermóu-Straße als Orientierung, die vom Parlament bis Thissío verläuft.

Verbindungen

Vom Stadtzentrum ist die Pláka bequem **zu Fuß** zu erreichen.
Busse fahren nicht durch das enge Straßensystem, das immer wieder durch Fußgängerbereiche und Treppen unterbrochen ist.
Taxis findet man häufig am Sýntagma, am Monastiráki, in der Mitropóleos, der unteren Ermoú, der Níkis und an der Amalías.

Alle drei **Metrolinien** berühren die Pláka. Auf der M1 liegen die Stationen „Thissío" und „Monastiráki". Auf der M2 sind „Sýntagma" und „Akrópolis" die nächsten Stopps. Die Linie M3 hält am „Sýntagma" und endet derzeit am „Monastiráki". Geplant ist eine Fortsetzung bis zum Kerameikós.

Adressen

• *Parkplätze und Parkhäuser* Großes Parkhaus in der Navárchou Nikodímou 4 (8 Std. für ca. 5 €), gegenüber bewachter Parkplatz (8 Std. für ca. 6 €). Weitere Parkplätze in der Ang. Vláchou, Lysíou, Fléssa, Thoukidíou, Patróou, Trípodon, Tsátsou und Filellínon.

• *Post* Pláka, Ecke Níkis/Lamárchou Makriiánni.

• *Reisebüros* Vor allem in der unteren Ermoú, Pandrósou, Adrianoú und in der Níkis sowie Filellínon.

• *Reinigung* **National**, Apóllonos 17.

Übernachten in der Pláka (siehe Karte S. 104/105)

Im reizvollen Pláka-Viertel gibt es unterdessen eine große Vielfalt von Häusern, die durchschnittlichen bis gehobenen Komfort bieten. Echte Billigabsteigen sind kaum noch zu finden. Das Preisniveau ist generell nicht gerade günstig, dennoch ist die Pláka das beliebteste Übernachtungsrevier der Stadt. Zwischen Juni und September ist insbesondere bei den preiswerteren Möglichkeiten eine Reservierung immer sinnvoll.

**** **Hotel Electra (22)**, Ermoú-Straße 5, modern und elegant eingerichtete Zimmer mit Bad, Balkon, Klimaanlage, Mini-Bar, Telefon, Sat-TV, Haartrockner und schallgedämmten Doppelglasfenstern. Frühstücksbuffet im amerikanischen Stil, außerdem Lunch und Dinner im hoteleigenen Restaurant. Konferenzraum für bis zu 80 Personen vorhanden. Stilvolle und freundliche Atmosphäre. EZ ab 150 €, DZ 155–230 €, Suite 260–310 (inkl. Frühstück). ✆ 210-3378000, ℻ 210-3220310, www.electrahotels.gr.

*** **Hotel Plaka (23)**, Ecke Kapnikaréas 7/Mitropóleos, alteingesessenes und beliebtes Haus mit sechs Stockwerken, ordentliche Einrichtung. 67 Zimmer mit Bad, Telefon, Klimaanlage, Radio, TV und schall- isolierten Fenstern. Von der Rückseite Blick auf die Akrópolis. Dachgartenbar. EZ ab 120 €, DZ 145 € (inkl. Buffet-Frühstück). ✆ 210-3222096-8, ℻ 210-3222412, www.plakahotel.gr.

**** **Hotel Amalia (41)**, Ecke Xenofóntos/Amalía Ave. 10, Oberklassehotel mit 97 Zimmern. Alle mit Bad, Klimaanlage, Telefon und Sat-TV. Dunkle Holzmöbel, ansonsten hell und freundlich. Zum Hotel gehören auch Restaurant, Bar, Café und Kongresssaal für 200 Personen. DZ ab 210 €. ✆ 210-3237301-9, ℻ 210-3223872, www.amalia.gr.

*** **Hotel Adrian (36)**, Adrianoú 74, gepflegtes Haus mit 22 Zimmern. Helle, angenehme Einrichtung, freundliche Lobby und hübscher Dachgarten mit Blick auf die Akrópolis. Alle Zimmer mit hellen Möbeln, Bad, Balkon, Klimaanlage, Mini-Bar, Telefon, Sat-TV und Safe ausgestattet. DZ ab 125 €. ✆ 210-3221553, ℻ 210-3250461, douros@otenet.gr.

*** **Hotel Pan (30)**, rustikale Zimmer mit Bad, Klimaanlage, Telefon, Sat-TV, Video, Haartrockner und schallisolierten Fenstern. Preise für das EZ 61–73 €, DZ 73–130 € (inkl. Frühstück). Mitropóleos 11, ✆ 210-3237816, ℻ 210-3237819, www.panhotel.gr.

Pláka und Thissío
Karte Seite 104/105

Übernachten (S. 103-107)

2 Hotel Jason Inn
9 Hotel Tempi
10 Hotel Pella Inn
22 Hotel Electra
23 Hotel Plaka
26 Hotel Metropolis
28 Hotel Arethusa
29 Hotel Amazon
30 Hotel Pan
31 Pension John's Place
34 Hotel Athos
36 Hotel Adrian
37 Hotel Omiros
38 Hotel Hermes
39 Hostel Phedias
41 Hotel Amalia
49 Hotel Acropolis House
50 Hotel Adonis
55 Student & Travellers Inn

Essen & Trinken (S. 124/125)

(Psirrí)

3 Pentéli
4 Tavérna tou Psirrí
5 Zídoron
6 Platía Iróon
7 Náxos
8 To Krasopoulío tou Kókkora

Essen & Trinken (S. 107-112)

(Pláka)

1 Varoulko
11 Kafenion 111
12 To Stéki tou Ilía
13 Bairaktáris / Sigálas
14 Sávvas
15 Stoá Áttalou
16 Dimopratírion
17 Kapnikaréa
18 Thanásis
19 Monastiráki
20 Kafenion Oraía Ellás
21 Dia Távta
24 Pil Poul & Jerome Serres
25 Itháki Barbeque
27 Metropol
32 Ermion
33 Café Terína
35 Furin Kazan
40 Fidías
42 Mirabelle Corner
43 Dioskouri
44 Palió Tetrádio
45 Giouvetsákia
46 Jéros tou Moriá
47 Vrachákia
48 Paleá Athéna
51 Filístron
52 I Paliá Tavérna tou Psarrá
53 To Ipógio tis Plákas
54 To Kafeneio
56 Vizantinó
57 Sholarhio (Ouzerie der Kouklis)
58 Síkinos
59 Diogénes
60 Café Diogénes
61 Diónysos Zónars
62 Plakiótissa

Omónia(-Platz)
Omónia(-Platz)
Zentrum siehe S. 68/69
Sofokléous
Athinás
Filopoímenos
Eolou
Aristídou
Evripídou
Dragatsaníou
Koraí
E. Venizélou (Panepistimíou)
Sína
Akadimías
Germanoú
Paparigopoúl
Polykleítou
Chrisospiliotíssis
Praxitélous
Museum der Stadt Athen
Edouárdou
Omírou
Víssis
Agíou Márkou
Ch. Láda
Stadíou
Amerikís
A. Gázi
National-historisches Museum
Voréou
Kolokotróni
Ag. Iríni
Karorí
Kalamiótou
Rómvis
Thiseos
Lékka
Voúlis
Voukourestíou
Agías Irínis
Athinaídos
Periklé ous
Kapnikaréa
Ermoú
Karagiórgi Servías
Vas. Georgíou A.
Kolonáki und Lykavittós siehe S. 129
Aéolou
Ermoú
Platía Sýntagma
Parlament
Petráki
Agía Dinámi
Platía Agoras
Kapnikaréas
Mnisikléous
Große Mitrópolis
Kleine Mitrópolis
Sýntagma
Mitropóleos
Óthonos
Amalías
Vas.
Leof.
Fethiyé-Moschee
Nikis
Apóllonos
Musikinstrumente
Turm d. Winde
Diogénous
Adrianoú
Venizélou
Ag. Filothéis
Thoukidídou
Skoufou
Xenofóntos
Panagía Chriso-kastriótissa
Kyrristou
Filelínon
Navárchou Nikodímou
Lysíou
Flessa
Volkskunst u. Brauchtum d. Stadt Athen
Yperídou
Kódrou
Sotíra tou Nikodímou
Panágiou Táphou
Ágios Ioánnis Theológos
Meta-mórphosi Sotíros
Jüdisches Mus.
National-garten
Metamórphosi Sotíros
Prytaníou
Kekropos
"Anafiótika"-Bezirk
Sotíros
Mus. für griechische Volkskunst
Saint Paul
Ágios Nikólaos Rangavás
Tripódon
Kydathinaion
Akrópolis
Adrianoú
Platía Eterias
Daidalou
Frissíras Mus.
Agía Ekateríni
Thalou
Pittakoú
Epimenídou
Gkoúra
Lysikrátous
Lysikrátous- u. Diogénes-Monument
Trasílou
Vyronos
Frynichou
Leof. Vas. Ólgas
Antikes Olympiastadion
Diónysos-Theater
Tempel des olympischen Zeus
Juwelen-Museum Ilías Lalaoúnis
Dionísiou
Aeropagítou
Eingang Neues Akropolis -Museum
Akrópoli
Mitsaíon
Makrigiánni
Mákri
Tsiraíon
50 m
Pláka und Psirrí
9 16 17 20 22 23 25 26 27 28 29 30 31 32 33 34 35 36 37 38 40 41 42 44 45 46 48 49 50 52 53 54 55 56 57 58 59 60 62

*** **Hotel Arethusa (28)**, vermietet werden 87 Zimmer mit Bad, Klimaanlage, Telefon, Radio und TV. Dachgarten mit schönem Blick auf die Akrópolis. Im Hotel gibt es außerdem ein Restaurant, eine Bar und eine moderne Cafeteria. Preise je nach Saison EZ ab 66 €, DZ ab 82 €, 3er ab 108 € (jeweils inkl. amerikanischem Buffet-Frühstück). Mitropóleos 6–8/Nikis 12, ✆ 210-3229431-8, ✆ 210-3229439, www.arethusahotel.gr.

** **Hotel Hermes (38)**, renoviertes Haus mit 45 Zimmern in freundlicher Atmosphäre. Alle Zimmer mit Bad, Balkon, Klimaanlage, Telefon, TV, Haartrockner und Safe. Lobby und Restaurant im Hotel. EZ 76–120 €, DZ 86–135 € (inkl. Frühstück). Apóllonos 19, ✆ 210-3222706, ✆ 210-3211800, www.hermes hotel.gr.

*** **Hotel Omiros (37)**, Apóllonos 15, vermietet werden 37 Zimmer mit Bad, Klimaanlage, Telefon, Radio und TV. Einrichtung mit neueren und hellen Möbeln, 2004 komplett renoviert. Netter Dachgarten mit Akrópolis-Blick. Freundliche Lobby. EZ 53–80 €, DZ 75–116 € (inkl. Frühstück). ✆ 210-3235486-7, ✆ 210-3228059.

** **Hotel Adonis (50)**, Kódrou 3 und Voulis, der freundliche Inhaber Spýros Dervos vermietet 26 gepflegte und geräumige Zimmer mit Bad, Balkon, Klimaanlage und TV. Neueres Mobiliar, nett eingerichtet, Bäder geräumig und sauber. Herrlicher Blick von der Dach- bzw. Frühstücksterrasse auf die Akrópolis und den Lykavittós. EZ ab 35 €, DZ mit Frühstück 60–75 €, ab drei Nächten gibt's 5 % Rabatt. ✆ 210-3249737-8, ✆ 210-3231602.

** **Hotel Athos (34)**, Patróou 3, komfortables Haus (Kategorie völlig unzutreffend) mit 18 Zimmern, alles ist mit Teppichboden ausgelegt. Geschmackvolle Einrichtung, sehr sauber, zur Südseite Blick auf die Akrópolis. Alle Zimmer mit Klimaanlage, Mini-Bar und TV. Dachgarten im 6. Stock. DZ 100–150 €, Frühstück kostet extra. ✆ 210-3221977-9, ✆ 210-3210548, www.athoshotel.gr.

** **Hotel Acropolis House (49)**, Kódrou 6–8, klassizistisches Haus am Rand der Pláka in relativ ruhiger Lage. Es gibt einige schöne Zimmer im Haupthaus, aber auch durchschnittliche im Anbau, teils mit Balkon und teils mit Klimaanlage. Ein paar Zimmer haben keinen direkten Zugang zum Bad, das aber privat am Gang liegt (eigener Schlüssel). Kleine Frühstücksecke und TV-Raum im Erdgeschoss. EZ ab 42 €, DZ 50–70 € mit Frühstück, 5 % Ermäßigung für Professoren, Lehrer und Künstler. ✆ 210-3222344, ✆ 210-3244143, www.acropolishouse.gr.

** **Hotel Amazon (29)**, Mitropóleos 19 & Pendelis 7, gegenüber der Agía-Dinámin-Kirche. Freundlich geführte Rezeption. 46 moderne, vollständig renovierte und stilvoll eingerichtete Zimmer (mit Sat-TV, Musik, Minibar, Safe, Internet). Sehr gutes Preis-Leistungs-Verhältnis. EZ 60–87 €, DZ 80–112 € (inkl. Frühstück). ✆ 210-3234002-5, ✆ 210-3226672, www.amazonhotel.gr.

* **Hotel Pella Inn (10)**, Ermoú 104 und Karaikáki 1, nur 3 Min. von Monastiráki, Budget-Hotel, saubere, mit hellen Kiefernmöbeln eingerichtete Zimmer mit Bad, Balkon, AC und Telefon. Alle mit herrlichem Blick auf die Akrópolis, schöner Dachgarten. EZ 50 €, DZ 60 € (mit Continental Frühstück), Bad auf dem Gang 10 €/Person günstiger. ✆ 210-3212229, ✆ 210-3250598, www.pellainn.gr.

** **Hotel Metropolis (26)**, Mitropóleos 45, Budget-Hotel und "Schwesterhotel" des Pella Inn in sehr günstiger Lage. Es gibt 21 kleine, aber saubere Zimmer mit Bad, AC, Wireless LAN, Balkon und Telefon. Fenster mit Doppelverglasung. Von den oberen Etagen herrlicher Blick auf die Akrópolis und die Mitrópolis. Ganz oben außerdem ein besonders großes Zimmer mit riesigem Balkon, Klimaanlage und TV. Safe und Gepäckaufbewahrung an der Rezeption. EZ 60 €, DZ 70 € (inkl. Frühstück), mit Bad auf dem Gang 50/5 €.. ✆/✆ 210-3217469, www.hotelmetropolis.gr.

* **Hotel Tempi (Tembi) (9)**, Aeólou 29, ✆ 210-3213175, alteingesessene Herberge für Rucksacktouristen, erstaunlich ruhige, dabei ganz zentrale Lage in einer Fußgängerzone, parallel zur Athinás und nur 2 Minuten von der Pláka. Das freundliche Ehepaar Katerína und Ioánnis vermietet 24 Zimmer in einem schmalen, turmförmigen Haus ohne Aufzug. Zimmer mit oder ohne Bad und/oder Balkon, alt und schon deutlich abgewohnt, aber relativ sauber. Küche mit Wasserkocher und Kühlschrank zur gemeinsamen Benutzung. Von der kleinen Dachterrasse Blick auf die Akrópolis und den Lykavittós. DZ mit Bad 45–64 €, ohne Bad 40–57 €. Mit diesem Buch 5 % Rabatt. ✆ 210-3254179, www.tempihotel.gr.

Student & Travellers Inn (55), Kidathinéon 16, 61 Betten (Zimmer mit ein bis sechs Betten) unterschiedlicher Qualität, aber sauber. Duschen und WC auf dem Gang. Durch die Lage im Herzen der Pláka entsprechend beliebt und oft ausgebucht, allerdings auch nachts recht laut. Morgens gibt es Frühstücksbuffet im Hof, außerdem kostenloser Internetzugang. Preis pro Bett 16 €, DZ oder 2-Bett-Zimmer 45 €.. ✆ 210-3244808, 📠 210-3210065, www.hihostels.com.

Pension John's Place (31), Patróou 5, Chef Kóstas vermietet 15 schlichte DZ – teilweise mit Balkon, funktional eingerichtet ohne viel Schnickschnack, aber sauber und mit Klimaanlage. Waschbecken in den Zimmern, Etagenbäder am Gang. Hohe Räume mit Stuckdecken, Dachgarten vorhanden. DZ 35–63 €. ✆ 210-3229719.

Übernachten in Thissío (siehe Karte S. 104/105)

Thissío ist ein gutes und etwas ruhigeres Ausweichquartier für die Pláka, und seine Lage ist keineswegs schlechter. Die meisten Sehenswürdigkeiten sind bequem zu Fuß erreichbar und auch die Metroanbindung ist vorhanden. Das Preisniveau ist vergleichbar. Hier Übernachtungsvorschläge:

** **Hotel Phedias (39)**, Apostólou Pávlou 39, vermietet werden 15 rustikal eingerichtete Zimmer mit Bad, Balkon, Klimaanlage und TV. Zimmer ab 80 €, Frühstück kostet extra. ✆ 210-3459511-12, 📠 210-3459082.

*** **Hotel Jason Inn (2)**, Agion Assomaton 12, in guter Fußnähe zur Metrostation von Thissíon gelegen, aber auch nahe Kerameikós, bzw. Monasteráki, Psirrí oder Akropolis. 57 Zimmer, etwas konservativ eingerichtet, aber sauber. EZ 50–75 €, DZ 58–90 € (inkl. Continental Frühstück). ✆ 210-3251106, 📠 210-3243132, www.douros-hotels.com.

Gemütlicher Bummel zwischen Cafés, Kultur und (Touristen-)Läden

Essen & Trinken in der Pláka (siehe Karte S. 104/105)

Mit das Schönste in Athen sind sicherlich die Tavernen in der Pláka. Sie vermitteln viel Stimmung, wenn auch nicht mehr alles unbedingt authentisch ist. Oft wiegt die Atmosphäre den nicht immer perfekten Service auf. Einige Lokale haben sich völlig den vermeintlichen touristischen Ansprüchen angepasst. Man sollte sie meiden und unseren Tipps folgen. Auch vor massiv überteuerten Preisen ist zu warnen, obwohl die Pláka natürlich ein generell höheres Preisniveau verzeichnet. Schon zur Mittagszeit ziehen die Straßenmusikanten durch das Viertel und musizieren vor den Tavernen. Flanier-Boulevard am Abend ist die Kidathinéon.

Ermion (32), Pandrósou 7–15, Stoá Charagkióni. Gemütliches Plätzchen in einem begrünten Innenhof. Tische auch im stilvoll eingerichteten und klimatisierten Innenraum. Wie in einer alten Tavérna dürfen die Gäste einen Blick auf die Auslagen und in die Küche werfen. Schwerpunkt der Fleischgerichte sind Lamm und Hühnchen nach Rezepten aus Großmutters Zeiten und mit hochwertigem Olivenöl zubereitet. Es stehen zehn tägl. wechselnde Hauptgerichte aus der typisch griechischen Küche zur Auswahl, z. B. Lamm im Tontopf, Lamm nach Winzerart, Lamm-Souvláki, Kaninchen-Stifádo,

Spagat zwischen Bratwurst und Moussaká – Restaurants in der Pláka

Fisch nach Tagesfang und gegrillter Hummer. Auch das breite Angebot an Nachspeisen kann sich sehen lassen, unser Tipp ist die Karamell-Creme. Weine aus vielen Regionen Griechenlands, teils offen vom Fass. Reservierungen unter ✆ 210-3246725.

Diogenes (59), Platía Lysikrátous 1. Sehr geschmackvoll gestalteter Innenraum mit ausgefallener Dekoration im gehobenen Ambiente. Die Griechische Küche ist Basis diverser Spezialitäten aus dem mediterranen Raum, z. B. Jakobsmuscheln mit Meeresfrüchten und Fisch mit Béchamelsauce gratiniert, Kabeljau-Kroketten, Auberginen mit Knoblauch und Mozzarella, Lamm aus dem Tontopf, Schweinefilet mit Peperoni und Hahn in Rotweinsauce. Leckere Vorspeisenplatte und selbst gemachtes Baklavá nordgriechischer Art (*Giannótiko*) mit Vanille-Eis. Gute Auswahl an Weinen aus ganz Elláda, der Hauswein kommt aus Pátra. Tägl. ab 12 Uhr. Im Winter wird zusätzlich noch die **Taverna Diogenes** gegenüber in der Séllev 3 mit ähnlichem Speisenangebot betrieben. Reservierungen unter ✆ 210-3224845.

Sholarhio (Ouzerie der Kouklis) (57), Ecke Tripodon 14/Epicharmou-Straße. Jeden Abend proppenvoll, es ist schwer, einen Platz zu bekommen. Viele Memorabilien (alte Schilder und Bilder) an den Wänden, man sitzt auf roh behauenen Stühlen bis hinaus auf die Straße. In der Regel tischt der Wirt einfach auf (man hat die Wahl zwischen zehn Gerichten), fragt höchstens nach der Zahl der Portionen. Alles lecker, die Menge absolut ausreichend, trotzdem besser vorher einen Fixpreis vereinbaren (derzeit pro Person ca. 15 €/Pers. inkl. 1 l Wein bzw. Ouzo oder vier alkoholische Getränke pro Tisch). Rechnen Sie auch zusammen, ob Sie nicht mit Einzelbestellungen nach Karte günstiger wegkommen. Leider scheint der Service mit dem zunehmenden Bekanntheitsgrad in touristischen Kreisen nachzulassen, das bestätigen uns auch mehrere Leser. Tägl. 11–2 Uhr. ✆ 210-3247605.

To Kafeneio (54), sehr unauffällig in der schmalen Stichstrasse Epiharmou 1 & Tripodon (gegenüber *Sholarhio*, s.o.). Frisch renovierte und mit viel Engagement der Betreiber geführte Taverne. Unter der Woche füllen sich die Tische erst am späteren Abend. Ausgefallene Speisen, faire Preise – und das abseits der Touristentrampelpfade. Empfehlung!

Giouvetsákia (45), Adrianoú 144. Seit 1957 hier ansässig. Die beiden Chefs Mános und Spýros sind bekannt für hausgemachte griechische Küche. Vorspeisen-Tipps sind gefüllte Paprika mit verschiedenen Käsesorten, überbackener Schafskäse mit Tomaten, kretische Würstchen nach Bauernart, frittierte oder gratinierte Auberginen. Hauptspeisenspezialitäten sind Giouvetsákia vom Kalb oder Lamm mit Reisnudeln, Giouvétsi mit Pasta und wechselnde Tagesgerichte, auch Fisch. Als Nachspeise sind Baklavá mit Eis, frisches Obst und Jogurt mit Honig zu empfehlen. Geöffnet ab 9.30 Uhr. Dann gibt es Omeletts, Spinat- und Käse-Pies, Früchte mit Honig, frisch gepresste Fruchtsäfte, Kaffee und Tee zum Frühstück. Reservierungen unter ✆ 210-3227033.

I Paliá Tavérna tou Psarrá (52), Ecke Erechthéos 16/Erotokrítou. Die bis 1898 zurückreichende Geschichte der „Old Tavérna of Psará's" steht in der Speisekarte geschrieben. Hier haben schon berühmte Persönlichkeiten getafelt: Mikis Theodorakis, Liz Taylor und Brigitte Bardot. Das Restaurant liegt sehr weit oben in der Pláka, neben der Kirche Ágios Ioánnis Theológos. Gemütlicher Innenraum im ersten Stock und Plätze auf mehreren Ebenen in der ruhigen Gasse, die hinauf zur Akrópolis führt. Spezialitäten sind die Mídia Saganáki (Miesmuscheln in Tomatensauce), Perikafetí (wildes Blattgemüse mit scharfen Paprika), frittierte Zucchini mit Tsatzíki, Meeresfrüchte mit Reis oder Spagetti, Lamm im Keramiktopf, gemischter Grillteller, Fisch nach Tagesfang und kretischer Salat. Zum sehr guten Hauswein vom Fass gibt es auch eine gemischte Käseplatte. Tägl. ab 11 Uhr. Im Winter mit offenem Kamin und tägl. Live-Musik. Reservierungen unter ✆ 210-3218733. Empfehlung!

Palió Tetrádio (44) & Jéros tou Moriá (46), Mnisikléous 26. Nur wenige Gehminuten vom Turm der Winde entfernt liegen diese traditionellen Tavernen in einer der lebhaftesten Gassen der Pláka, die zum Ringweg der Akrópolis führen. Auch viele Athener lieben es, die hausgemachten Spezialitäten zu genießen und gleichzeitig von der Terrasse mit ihren üppigen Bougainvillea aus das bunte Treiben zu beobachten. Die gastfreundlichen Brüder Kazáko führen das Palió Tetrádio seit den 70er-Jahren. Sie und die meisten Kellner sprechen etwas Deutsch, um die Gerichte erklären zu können. Neben dem Außenbereich steht der im rustikalen Stil eingerichtete Innenraum zur Verfügung (im Sommer mit Klimaanlage, im Winter mit Kamin).

Wer einen Abend mit griechischer Live-Musik und traditionellen Tänzen erleben möchte, ist im gegenüberliegenden Jéros tou Moriá genau richtig. Die bereits 1926 eröffnete Taverne steht unter demselben Management und wird von derselben Küche bedient wie das Palió Tetrádio, verfügt jedoch über eine Bühne mit Folkloreprogramm. Von der breit gefächerten Speisekarte sind besonders zu empfehlen: Dákos (kretischer Salat aus traditionellem Zwieback mit Tomaten, Gurken, Schafskäse und Oliven), Muscheln Saganáki (Miesmuscheln in Tomatensauce mit Paprika), gefüllte Kalmare und Stifádo (Rindfleisch mit kleinen Zwiebeln in einer Sauce aus Tomaten, Rotwein und Gewürznelken). Guter roter und weißer Hauswein vom Fass. Tägl. 11–2 Uhr, Reservierung unter ✆ 210-3211903.

Bairaktáris/Sigálas (13), Platía Monastiráki 2. „Doppeltavérna", im vorderen Teil Souvláki-Pinte, im hinteren Teil einfache Tavérna seit 1879. Einfache Gerichte der kleinen Küche: Gýros-Platten, Souvláki, Kefthédes, Hühnchen, Spagetti und diverse Salate. Deutsches Bier und griechischer Wein. Schnelle und freundliche Bedienung. Im Sommer fast immer Live-Musik, da die Straßenmusikanten mehrmals täglich hier vorbeiziehen. In der Taverne hängen Dutzende Fotos von Gästen, die z. T. aus der Athener Polit-Prominentenszene stammen: Melína Merkoúri, Kóstas Karamanlís und Dimítris Avramópoulos.

To Ipógio tis Plákas (53), Odós Kidathinéon 10. Der „Keller der Pláka" war früher ein Weinlager. Schon in den 50er-Jahren wurden die herrlich bunten Stadtansichten von Athen hier an die Wände gemalt. Plätze auch draußen auf der Straße. Griechische Küche mit Schwein, Rind und Hühnchen, frittiertem Fisch und vielen Mezédes zur Auswahl: gefüllte Auberginen, Oktopus, Oliven und Makallíaro.

Paleá Athéna (48), Níkis 46. Historisch aufgemachte Taverne, gemütlich und klein. Feine Küche, blütenweiße Tischdecken. Leider keine Sitzplätze im Freien. Spezialitäten sind insbesondere mit Reis gefüllte Fleischgerichte vom Rind und Schwein. Außerdem gute vegetarische Küche. Der freundliche Chef Vassílis bietet auch diverse Gerichte zum Mitnehmen an. So geschl.

Dia Távta (21), Adrianoú 37. Natursteinhaus mit hallenartigem Charakter, aber gemütlich.

Freundlicher, schneller Service. Spezialitäten sind mediterraner Salat, Skópelos-Tirópita, gegrillte Pilze, Kefthédes in Tomatensauce, Hühnchen mit Pilzen und Hahn mit Pasta.

Fidías (40), Níkis 30. Im gemütlichen Innenraum wurden Bilder mit griechischen Motiven an die Wände gemalt. Spezialitäten sind Fleischgerichte vom Lamm und Rind, frische Fische, Oktopus, Kalamari und Moussakás. Offene Weine aus ganz Griechenland.

Vizantinó (56), Kidathinéon 18. Wenige Plätze innen, die meisten jedoch draußen inmitten des Lebens auf der autofreien Gasse. Hier gehen die Griechen gerne zum Essen, wenngleich die Lokalität auf den ersten Blick eher touristisch wirkt. Die Ober sprechen alle englisch.

Furin Kazan (35), Apóllonos 2. Sushi und japanische Küche in einem einfachen, aber modern eingerichteten Ambiente. Es gibt vor allem Fischgerichte und man kann dem Koch bei seiner Arbeit zusehen. Bring-Service zum Hotel, ✆ 210-3229170, www.furin-kazan.com.

Essen & Trinken in Thissío (siehe Karte S. 104/105)

Die Tavernen in Thissío sind ebenfalls keine schlechte Wahl und oft ruhiger gelegen. Praktisch gilt dasselbe wie in der Pláka, und auch das Preisniveau liegt im Rahmen.

To Stéki tou Ilía (12), Thessaloníkis 7. Der beste Tipp für Paidákia in der Stadt. Ilías' gegrillte Lammkoteletts sind kaum noch zu überbieten. Auch die anderen Fleischgerichte vom Grill sind empfehlenswert. Dazu guter offener Wein vom Fass. Lockere Tavernen-Atmosphäre mit Plätzen im autofreien Straßenabschnitt vor der Kirche Ágios Athanásios, im Winter auch innen. Viele einheimische Gäste. Freundlicher, schneller Service, niedriges Preisniveau. ✆ 210-3422407.

Stoá Áttalou (15), Adrianoú 9. Ouzomezedopolío in einem großen hallenartigen Gebäude mit Wandteppichen, Musikinstrumenten und einigen Antiquitäten dekoriert. Griechische Küche mit selbst gemachten Dolmadákia, Lammspezialitäten, Pastítsio, Moussakás und vielen Grillgerichten vom Schwein. Im Winter Fr/Sa Live-Musik. Freundlicher junger Chef Konstantínos Grigoríndis.

Varoulko (1), Pireos 80 (heißt hier auch: Panagí Tsaldári), etwa 450 m von der Metro Thissío. Sicher eines der besten Fischrestaurants der Stadt, nicht nur weil Chef Lefteris Lazarou sich mit einem Michelin-Stern schmücken darf. Dabei verliert er nie den Kontakt zu den Gästen, setzt sich auch immer wieder zum Plausch mit an den Tisch. Großer Weinkeller mit griechischen und internationalen Tropfen. Täglich neu kreierte Nachspeisen. Mo–Sa 20.30–0.30 Uhr, So geschlossen. ✆ 210-5228400, www.varoulko.gr.

Vrachákia (47), Apostólou Pávlou 24. Der Chef Thémis stammt aus Kreta und kocht wie in seiner Heimat, vor allem Fleischgerichte vom Grill. Dazu zahlreiche frische Salate, Oktopus, Tirópita und Vorspeisen aus der kretischen Küche. Auch Käse und Öl stammen aus Kreta, und das Brot wird nach kretischer Art gebacken. Hauswein vom Fass.

Filístron (51), Apostólou Pávlou 23. Tavérna und Café mit wunderschöner Akrópolis-Aussichtsterrasse im Obergeschoss eines Eckhauses. Es gibt zwar vollständige Mahlzeiten, doch ist das Lokal bei Griechen eher beliebt, um sich am späteren Abend auf ein Glas Wein oder einen Cocktail unter freiem Himmel zu treffen. Griechische Pop-Musik.

Pil Poul & Jerome Serres (24), Apostólou Pávlou 51/Pouloupoulou. In einem herrschaftlichen neoklassizistischen Gebäude mit herrlichem Ambiente beheimatet. Die französische Küche mit griechischen Einflüssen des Chefkochs wurde mit einem Michelin-Stern ausgezeichnet. Allerdings: Qualität hat ihren Preis! Spektakulärer Ausblick auf die Akropolis von der Dachterrasse. Tägl. 20–0.30 Uhr. ✆ 210-3223665.

Essen & Trinken in Makrigiánni (siehe Karte S. 104/105)

Auch südlich des Akrópolis-Hügels profitieren die Tavernen davon, dass die Dionísou Areopagítou inzwischen eine Fußgängerzone ist. Man sitzt ruhig und gemütlich, oft mit herrlichem Blick auf den Akrópolis-Hügel.

Diónysos Zónars (61), Rovértou Gálli 43. Institution in Sachen Akrópolis-Blick. Die einmalig gelegene Aussichtsterrasse des Cafés ist ein guter Tipp, um am frühen Abend den Sonnenuntergang zu genießen. Geschmackvoll eingerichtetes Restaurant fürs gehobene Publikum. Praktisch die gesamte Athener High Society, viele Präsidenten und Ministerpräsidenten waren hier schon zu Gast. Griechische und internationale Küche der Oberklasse. Spezialitäten sind gemischte griechische Platten, Kombinationen verschiedener Fische, Lammfilet in Oreganosoße, Galaktoboúriko und eine spezielle Eiscreme des Hauses. Frühstück ab 8 Uhr.

Strofí (63), Ecke Rovértou Gálli 25/Propyléon. Gemütlich in hellen Farben eingerichtetes Lokal im ersten Stock. Offener Kamin im Winter, ganz oben idyllischer Dachgarten mit romantischem Akrópolis-Blick. Der freundliche Chef Vassílis empfiehlt Ziege mit Oregano, Lamm mit Artischocken in Zitronensauce, Rind mit Okra, Auberginen, Reis und Tomatensauce gefüllt. Außerdem Fischgerichte. Preise sind der Qualität angemessen.

Plakiótissa (62), Dionísou Areopagítou 7. Nettes Plätzchen unter Bäumen am Beginn der Fußgängerzone von der Amalías hinauf zur Akrópolis. Griechische Küche, Lamm aus dem Ofen, Souvláki, Moussakás, Gýros, aber auch Menüs für gehobene Ansprüche. Fr–So abends Live-Musik.

Für den kleinen Hunger zwischendurch – gíros pítta

Pláka und Thissío
Karte Seite 104/105

Fastfood (siehe Karte S. 104/105)

Souvláki-Läden finden sich praktisch in jedem Stadtviertel Athens, vor allem im Zentrum und nochmals verstärkt in der Pláka. Die beliebteste Souvláki-Ecke (mit durchaus brauchbarer Qualität) liegt am Ende der Mitropóleos-Straße, direkt am Monastiráki.

Sávvas (14), Pláka, Mitropóleos 86–88. Traditionelles Kebab-Haus am Monastiráki, geführt seit 1925 und nun in dritter Generation. Chef Ioánnis spricht gut deutsch. Ordentliche Auswahl an Vorspeisen und Salaten, Souvláki vom Kalb, Schwein und Hühnchen. Plätze auf der autofreien Straße. Tipp ist das Giaourtloú (Kebab mit Jogurt).

Thanásis (18), Pláka, Mitropóleos 69. Souvláki-Fabrik direkt am Monastiráki. Tische auf der für Autos und Zweiräder gesperrten Straße sowie im Innenraum. Praktisch immer voll, abends ziehen die Straßenmusiker vorbei und bringen ein Ständchen. Beliebt ist hier Kebab mit Hackfleischbällchen.

Itháki Barbeque (25), Pláka, Mitropóleos 46, gegenüber der Mitrópolis. Souvláki und Salate im Straßenverkauf, aber auch einige Sitzplätze innen. Guter Hauswein. Freundlicher Service.

Mirabelle Corner (42), Pláka, Ecke Níkis/Iperidou. Schnellimbiss. Toasts und Baguettes, deren Belag man selbst zusammenstellen kann.

Kafenía und Café-Bars (siehe Karte S. 104/105)

Pláka und Thissío sind das Eldorado für die Athener Café-Bar-Besitzer. Im Sommer sind die Plätze praktisch jeden Tag und zu jeder Zeit immer voll besetzt. Egal wo man sich befindet, eine Café-Bar ist nie weiter als drei Minuten entfernt. Achtung: Preis-Leistungs-Verhältnis lässt da und dort zu wünschen übrig.

Oraía Ellás (20), Pláka, Mitropóleos 59 und Pandrósou 36. Im Obergeschoss eines Hauses zwischen den beiden Straßen liegt das „schöne Griechenland". Mit Fotografien und Bildern geschmackvoll dekorierter Innenraum. Die Bilder zeigen historische Fotos, alte Volkstrachten und Motive aus den Befreiungskriegen. Nebenan werden im gleichen Raum Kunstdrucke, Handarbeiten, Keramik aus Skýros, Holzschnitzereien aus Épiros, Ikonen, Bilder und alte Möbelstücke verkauft. In dem über 100 Jahre alten Haus befindet sich im 2. Obergeschoss eine Galerie für moderne griechische Malerei, und das 3. Obergeschoss (Zugang nur auf Anfrage) bietet einen wunderschönen Blick auf die Akrópolis. Tägl. 9–19 Uhr, Fr–So im Winter Rebétiko-Musik live von 16–20 Uhr.

Terína (33), Pláka, Kapnikaréas 35. Plätze draußen am Rande der Platía Paleás Agorás und im modernen Innenraum. Große Bar und DJ, der ganz aufs Publikum abgestimmte internationale Musik spielt. Besonderer Gag: Abends wird die Farbe der Beleuchtung gewechselt, um eine romantische Atmosphäre zu erzeugen. Neben mehreren Frühstücksvariationen, Kaffee, Milchshakes, Fruchtsäften, Drinks und Cocktails gibt es auch Schokoladenkuchen mit Eis. Kleine Gerichte wie Épiros-Teigtaschen (mit Ziegenkäse gefüllt), Salate, Pasta und Risotto sowie einige Gerichte mit Fleisch. Leckere Desserts und hausgemachtes Eis. Viele Weine und Biersorten. Bei Cocktails kann man auch einen ganzen Shaker ordern und dann eine Runde für seine Paréa ausgeben.

Diogénes (60), Pláka, Platía Lysikrátous 1. Ab 8 Uhr morgens geöffnete Patisserie. Tische auf der Gasse unter Bäumen im ruhigeren Teil der Pláka und im klimatisierten Innenraum. Geboten werden kontinentales und amerikanisches Frühstück, Toasts, Croissants, Crêpes, Jogurt und Pikilíes. Verschiedene Kaffeesorten, Drinks, Cocktails, Obstsäfte, Milchshakes, Eis und Bier.

Dioskoúri (43), Pláka, Ecke Dioskoúron/Mitróou. Lauschiges Eckchen unterhalb der Akrópolis und gegenüber der antiken Agorá. Unter einem dichten Blätterdach treffen sich die Athener Studenten zum Plausch mit Blick auf die alten Monumente. Angenehm ruhiger Platz in der Mittagszeit.

Kapnikaréa (17), Pláka, Christopoúlou 2. Kleines Straßencafé in einer Seitengasse der Ermoú, nahe der Kapnikaréa-Kirche. Tische draußen auf der Gasse, weitgehend von Einheimischen besucht. Gelegentlich Live-Musik.

Metropol (27), Pláka, Platía Mitropóleos. Großes Freiluftcafé unter Ahornbäumen am ruhigen Platz vor der Kathedrale, etwas teurer.

Dimopratírion (16), Pláka, Mitropóleos 59. Kafeníon mit angenehm schattigen Plätzen unter Bäumen auf einer kleinen Platía an der Straße. Schneller Service, nebenan weitere Cafés.

Kafeníon 111 (11), Pláka, Ecke Ermoú/Agíou Filíppou. Schattiges und gemütliches Plätzchen unter wildem Wein direkt an der Ermoú. Tische draußen und im Innenraum.

Monastiráki (19), Pláka, Ecke Adrianoú/Agíou Filíppou. Nettes Straßencafé mit Blick auf Akrópolis und Attalos-Stoá. Unterm Sonnendach sitzt man am Rande des Flohmarkts und kann das Feilschen um die Ware beobachten. Auch bei Einheimischen beliebt.

Síkinos (58), Pláka, Farmáki 2. Café mit Plätzen im Innenraum und unter Akazienbäumen auf der belebten Odós Kidathinéon. Freundlicher Service. Die Frau des Chefs stammt von der Insel Síkinos.

Kafeníon Thissío, Thissío, Akamántos 2. Unter Bäumen und einem Sonnendach sitzt man inmitten der Athener Jugendszene, die die touristischen Cafés der Pláka weitgehend meidet.

Internet/Copy-Shops

Mehrere Internet-Cafés befinden sich in der Pláka und im Zentrum. Surfen kostet meist um die 3–4 € pro Stunde. Oft sind die Cafés bis spätabends geöffnet. Eine Auswahl:

Ivis, Pláka, Mitropóleos 3. Internet-Café. Rechner auf MS-Basis, Word, Excel, Corel, Photoshop, Scanner, Farbdrucker, CD-Brenner und Web-Kamera. ✆ 210-3243365, ℻ 210-3224205.

Pláka Internet World, Pláka, Pandrósou 29. ISDN-Verbindung ins Web, Spiele, Scanner, Farbdrucker und Web-Page-Design. Café mit Blick auf die Akrópolis. Geöffnet bis Mitternacht. ✆ 210-3316056, plakaworld@internet.gr.

SkyNet Center, Pláka, Ecke Apóllonas 10/Voúlis 30. Computer auf MS-Basis, Word, Excel, Powerpoint, Scanner, Farbdrucker auch für Spezialpapiere, CD-Brenner u. Spiele. Nebenbei werden auch noch Bücher, Karten und Geschenkartikel verkauft. Kein Café. 9.30–20.30 Uhr. ✆ 210-3227551, ℻ 210-9605228, www.skynet.gr.

Internet c@fé, Stadíou-Straße 5; Nähe Syntágma-Platz. Durchgehend geöffnet.

Fotoantígrafo, Pláka, Níkis 26. Copythek, Eingang rechts die Treppe runter.

Nachtleben & Kino

Das Nachtleben in der Pláka ist weitgehend auf die jungen ausländischen Besucher und weniger auf die griechische Jugend ausgerichtet. In den Diskos wird englischsprachige Pop-Musik gespielt.

Lava Bore, Pláka, Filellínon 25. Tanz-Klub mit moderner Disko-Musik. Immer die Top-Hits und die besten DJs der Stadt. Atmosphäre stets mit viel Fun.

Alexandrianí, Pláka, Lamárchou 3. Kellerlokal. Nur So–Di geöffnet.

Avisynía, Pláka, Platía Avisynías. Café mit Pop-Musik, mitunter griechische Live-Musik. Ansonsten Ouzerí. Sa+So abends geschl.

Alékos Metropólitan, Pláka, Mitropóleos 74. Pop- und Ethno-Musik.

Cine Paris, Pláka, Kidathinéon 22. Freiluftkino auf einem Hausdach mit Akrópolis-Blick im Zentrum der Pláka.

Thission, Apostólou Pavlóu 7, Open-air-Kino im alten Stil, das auch ohne große Renovierung beeindruckt. Lediglich die Stühle Marke „Wäscheseil" sind etwas unbequem. Viele alte griechische Schinken, aber auch modernere Streifen mit englischen Untertiteln.

Brettos („Vrettos"), Kidathinéon 41, eine der letzten familiengeführten Destillerien in Athen, in der hausgebrannte Marken verkauft werden. Stimmungsvolles Ambiente mit indirekt beleuchteten Flaschen in riesigen Regalen. Die Produkte in dekorativen Flaschen sind ein schönes Souvenir. Tägl. 10–2 Uhr.

Plus Soda, Thissío, Ermoú 161. Nachtclub mit riesiger Tanzfläche und einigen der besten europäischen DJs. Im Sommer geschlossen, weil die Party an den Strand verlegt wird.

www.gaygreece.gr
www.lesbian.gr

Oder doch lieber die?
Die Kopien nach antiken Vorlagen sind begehrte Souvenirs

Dóra-Strátou-Stiftung für griechische Tänze

Die begnadete Tänzerin Dóra Strátou widmete ihr ganzes Leben dem griechischen Volkstanz. Das von ihr gegründete Ensemble blieb auch nach ihrem Tod 1988 eine feste Größe in der Athener Kulturlandschaft. Im Juli und August tritt die Gruppe fast jeden Abend im Theater an Fuße des Philopáppous-Hügel auf. Am Sitz der Stiftung werden über 3000 Trachten aus allen Teilen des Landes ausgestellt. Außerdem gibt es dort eine Schmucksammlung und eine Fachbibliothek über Volkstänze. Während der Sommermonate finden auch Vorträge und Tanzkurse statt.

Sitz der Stiftung Odós Scholeiou 8.

Shopping

In der **Ermoú** dominieren Damen-Boutiquen und Lederwarengeschäfte, die meist sündhaft teure Markenartikel verkaufen. Faustregel: Je näher die Platía Sýntagma, desto höher die Preise und ggf. auch die Qualität. Durchschnittsgriechen kaufen auf der Ermoú nur modische und qualitativ hochwertige Schuhe. Nach den Ladenschlusszeiten kommen die Straßenhändler auf die Ermoú und verkaufen dort fragwürdige Billigware. Pelze und weitere Textilien-Läden findet man auch in der **Mitropóleos**. Fazit: Besser weiter entfernt vom Sýntagma einkaufen. Hier geht es „griechischer" zu. Die obere **Pandrósou** (ab Nr. 32) ist die touristische Haupteinkaufsmeile der Pláka: Juweliere, Modeschmuck, Ikonen, Holzschnitzereien, Klamotten, Parfüms, Vasen, Keramik, Statuen, Lederwaren, Taschen, Schuhe, Puppen, Naturschwämme usw. Zu den Haupteinkaufsstraßen der Pláka zählt auch die **Adrianoú**. Zwischen Nr. 69 und 77 bieten mehrere Schmuckhändler durchaus schöne Stücke der gehobenen Qualität an. In Athen gibt es etwa 500–600 Silberwerkstätten, die meisten jedoch nicht im Zentrum. In jeder größeren Straße und in jedem Stadtteil sind sie zu finden. Die Geschäfte für günstigere Kleidung und Schuhe liegen auf der **Aeólou**, wobei die Qualität hier nicht unbedingt geringer sein muss. Haushaltswaren und ausgesprochene Billigware erhält man in der **Athinás** südlich der Markthallen in Richtung Monastiráki. Südlich der Platía Mitropóleos und in der **Apóllonos** kommen Freunde sakraler Kunst auf ihre Kosten: In vielen Geschäften (vor allem von Nr. 20–29) werden Kirchenbedarf und Ikonen verkauft. Mehrere Läden für Kräuter und Gewürze sind in der **Evripídou** konzentriert, während sich in der **Dexíppou** viele Händler für Korbwaren finden.

Mesogaía, Níkis 52. Manólis Androulákis verkauft ausgesuchte Naturprodukte höchster Qualität: in dekorativen Flaschen abgefülltes Olivenöl aus Kalamáta und Kreta, lokale Weinspezialitäten kleiner Produzenten, in Sirup eingelegte Mandarinen- und Orangenschalen, Honig, Bio-Milch, Natursäfte, Schnäpse, Nudeln, getrocknete Kräuter, Oliven- und Honigseife. Oliven, Nüsse, Kekse und Gebäck gibt es grammweise. Sehr gutes Eis.

Príftis, Adrianoú 82. Oliven, Olivenöl (teils mit verschiedenen eingelegten Kräutern und in hübschen Zierflaschen abgefüllt), Olivenpaste, Olivenseife und jede Menge Kräuter, Gewürze und Gewürzmischungen.

In the old mosque, Pandrósou 93. Spirituosen in dekorativen Geschenkflaschen, Spezialitäten aus ganz Griechenland. Außerdem Nüsse, Käse und Oliven.

Paleobibliopolío Erató, Thissíou 9. Der Chef dieses Buchantiquariats Geórgios Papadátos spricht sehr gut deutsch. Er verkauft auch deutsche Titel und Kunstdrucke.

Kéntro Ellinikís Paradosiakís – Centre of Hellenic Tradition, siehe unter „Oraía Ellás" im Abschnitt *Kafenía & Café-Bars*.

Amorgós, Kódrou 3. Antiquitäten und Trödel. Réna und Kóstas Kaitatzí aus Amorgós verkaufen Originale und handgemachte Nachbauten alter Möbel und Truhen sowie Bilder, Ikonen, Porzellan, Nähereien, Stickereien und allerlei bunte Deckchen. Außerdem Haushaltsinventar wie Tische, Stühle,

Betten, Bänke, Lampen usw. aus Amorgós.

Pandóra, Adrianoú 70 und Pandrósou 19. Chef Anastásios Lazarídis verkauft exklusive Kunstgegenstände, vor allem Bilder und Keramik. Sehr hochwertige Replikate von antiken Vasen, die in der Originaltechnik hergestellt und dann handbemalt werden. Auch Schmuck und Teppiche.

The Athens Gallery, Pandrósou 14. Kunstgalerie. Moderne Bilder, Skulpturen, Silber- und Goldschmuck, Keramik. Kopien der schönsten Stücke aus den Athener Museen.

Periklís, Adrianoú 27–29. Kombolói, Ketten und anderer Modeschmuck aus vielen verschiedenen Materialien. Laden und Werkstatt direkt nebeneinander. Chef Antónios Kourétas verkauft auch Metallketten und Anhänger.

San Paolo, Voúlis 34. Größter Laden für Halbedelsteine in Athen, einer der größten Importeure Griechenlands. Steine in allen Größen und Farben vorhanden. Auch fertige Ketten, Anhänger usw. Preiswert. Mo–Sa 8–14 Uhr.

Terzákis, Voúlis 36. Bunte, geschliffene Halbedelsteine. Sehr gute Auswahl.

Dermátina Eídi, Adrianoú 88. Große Auswahl an Lederwaren, Schuhen, Taschen und Gürteln.

Follie-Follie, Ermoú 18 u. 35. Filialen der großen griechischen Schmuck- und Lederwarenkette.

Alexandrákis, Ermoú 27, Herrenhemden und Krawatten.

Fokás, Ermoú 11. Strandmode und Parfümerie.

Zoulobítis, Ermoú 23. Glas, Silberteller und allerlei dekorative Zierartikel für Haushalt und Wohnung.

Ikonenmaler Geórgios Lemonákis, Pandrósou 7–15, Stoá Charagkióni. Der junge Künstler hat die byzantinische Ikonenmalerei auf dem Heiligen Berg Áthos im Kloster Philotheo gelernt. Im Sommer kann man ihm in seinem Atelier bei der Arbeit zusehen, im Winter malt er meist Kirchenfresken.

Cathedral House, Platía Mitropóleos 6. Ikonen, Gold- und Silberschmuck, Reproduktionen aus dem Nationalmuseum, besonders schöne Marmor- und Bronzestücke.

Orpheus, Pandrósou 28 b. Byzantinische Ikonen mit 14–22 Karat Goldfarben, handgemalt auf verschiedene Holztafeln. Außerdem Oklad-Ikonen in allen griechisch-orthodoxen Stilrichtungen.

Griffin, Mitropóleos 8. Replikate byzantinischer Kunst: Ringe, Kerzenständer, Ikonen, Bücher, Tücher, Leuchten und Kleider.

Chatzirasiléo, Ermoú 45. Kirchenschmuck und Priesterbedarf für die orthodoxe Kirche. Weniger zum Einkaufen als vielmehr zum Anschauen ein Tipp.

Sofríno, Agías Filothéis 2 a. Russisch-orthodoxe Ikonen.

Flokáti, Rugs, Karpets, Mitropóleos 54. Teppiche in allen Größen und Farben. Besonders schön sind die kleinen Teppiche mit antiken und Seefahrt-Motiven. Auch Flokátis im Angebot.

Ikonenmaler Geórgios Lemonákis

Pláka und Thissío
Karte Seite 104/105

Sehenswertes

Große Mitrópolis: Die mächtige Kathedrale, Hauptkirche von Athen, liegt an einem belebten Platz an der Mitropóleos-Straße, auf halbem Weg zwischen Monastiráki und Sýntagma. Sie ist ein neobyzantinischer Neubau aus dem 19. Jh. Das Innere zeigt sich pompös, mit viel Goldbelag, Fresken, Ikonen und fast orientalisch anmutender Prachtentfaltung. Blickfang sind u. a. zwei reich verzierte Sarkophage einer Märtyrerin und eines Patriarchen von Konstantinopel. In die Mitrópolis kommen

„Lampenschirme, Telefonkarten, Zeitschriften von 1965, Bilderrahmen? Kaufen Sie, billig ...“

Athener Flohmarkt zwischen Pláka und Thissío

Entstanden ist dieser riesige Warenumschlagplatz nach dem großen Bevölkerungsaustausch von 1923, als Scharen von kleinasiatischen Griechen nach Athen strömten und sich hier billig mit Gebrauchtwaren und Einrichtungsgegenständen eindecken mussten. Inzwischen sind es hauptsächlich Souvenir- und Bekleidungsläden, die auf dem Flohmarkt Touristen aus aller Welt umwerben. Doch noch immer findet man auch urige Kram- und Krempelstände aller Art: Möbel und Antiquitäten, Münzen, Bücher und Briefmarken, Autozubehör und Werkzeug, Bouzoúkis und türkische Trommeln, uralte Schallplatten, Kupfer- und Messinggegenstände, Silber-Ikonen usw. Auch alteingesessene Athener werden hier noch fündig. Echte Schnäppchen finden sich allerdings nichts mehr; Handeln fällt zudem schwer, weil alle Verkäufer längst ausgebuffte Profis sind.

Der Flohmarkt ist im kleinen Rahmen zwischen der Ermoú und Adrianoú sowie auf den Plätzen Monastiráki und Thissíou täglich bis 20 Uhr geöffnet. Sonntags wird der Markt erweitert, und dann liegt sein Zentrum auf der wenig ansehnlichen Platía Avissinías. Der Eintritt ist frei.

die höchsten Staatsrepräsentanten an den Nationalfeiertagen, den hohen kirchlichen Festen und zu Begräbnisfeiern für bedeutende Persönlichkeiten. Früher fanden hier auch die Hochzeiten der Könige statt, und die Karfreitagsprozession zog von hier aus durch die Stadt. Die Kathedrale wird derzeit innen und außen renoviert und ist eingerüstet. Eine Besichtigung ist aber möglich.

Am Platz neben der Kathedrale laden einige (teure) Cafés zur Rast ein, in den umliegenden Gassen (hauptsächlich Filothéis und Apóllonos) haben sich Kirchenausstatter niedergelassen – Tür an Tür findet man hier Gold- und Silberkreuze, Weihrauchgefäße und Ikonen.

Kleine Mitrópolis: Mitropóleos-Straße. Die alte Mitrópolis aus dem 12. Jh. zählt zu den schönsten und ältesten Kirchen Athens. Der harmonische Kreuzkuppelbau neben der modernen Kathedrale ist gerade mal 11 m lang und 7,5 m breit. Beachtenswert sind die Außenwände mit byzantinischen Reliefs sowie antiken Bruchstücken aus pentelischem Marmor statt – wie ansonsten üblich – aus Ziegelsteinen. Deutlich zu erkennen sind Löwen- und Pantherdarstellungen sowie Wappen alter Adelsfamilien. Schon in der Antike stand hier ein Tempel, der den gebärenden Frauen geweiht war. Das Christentum übernahm mit dem Platz auch diesen Kult, und noch heute ist das Kirchlein dem Ágios Elefthérios geweiht, der für den Schutz der Frauen bei Geburten und Wehen zuständig ist.

Sinnbild der Beton-Gesellschaft: Agía-Dinámi-Kirche

Agía-Dinámi-Kirche: Ecke Mitropóleos/Pentélis-Straße, unter den Betonarkaden eines Hochhauses. Die „Heilige Kraft" ist eine kleine Kirche aus dem 16. Jh. mit einer Pforte aus antiken Spolien. Leider sind die Fresken an den Wänden kaum noch zu erkennen. Die Ikonostase ist neueren Datums, beinhaltet aber einige ältere Ikonen. Einen etwas skurrilen Anblick bietet die Konstruktion des Hochhauses (zunächst war hier das Erziehungsministerium untergebracht), das um die Kirche herum auf Pfeilern errichtet wurde.

Kapnikaréa-Kirche: Die kleine byzantinische Kirche aus dem 11. Jh. steht an prominenter Stelle inmitten der Ermoú-Straße und wäre unter König Otto fast den bajuwarischen Stadtplanern zum Opfer gefallen. Nur der Protest der Athener hat das heutige Wahrzeichen der Ermoú gerettet, die seit einigen Jahren Fußgängerzone ist. Im Innern der Kreuzkuppelkirche des Viersäulentyps finden sich noch stark rußgeschwärzte Freskenreste. Ihren Namen erhielt die Kirche durch ihren Stifter, den Tabaksteuereintreiber Kapnikáris. Die arabischen Buchstabenelemente an den Außenwänden dienen nur dekorativen Zwecken. Im 13. Jh. wurde die Kapelle Agía Varvára angebaut. Das kleine Kirchlein hat seine Bedeutung bis heute nicht verloren. Oft sieht man, wie Frauen nach ihrem Einkauf in der Ermoú voll beladen mit Taschen kurz die Kapnikaréa betreten, ein Gebet sprechen und dann ihren Weg fortsetzen. Der autofreie Platz mit dem kleinen Mäuerchen zum Sitzen dient Jugendlichen als beliebter Treffpunkt am Abend.

Sotíra tou Nikodímou-Kirche/Ágios Nikódimos/Rósiki Ekklisía: Ecke Filellínon-Straße/G.-Sourí-Straße. Einer Inschrift zufolge stand hier schon im 5. Jh. eine frühchristliche Kirche, die zwischen 1000 und 1025 zu einem Kreuzkuppelbau umgebaut wurde. Nach der Apostelkirche auf der Agorá wäre die Sotíra tou Nikodímou damit die zweitälteste Kirche Athens. Unter dem Joch der Türkenherrschaft wurde sie 1780 stark beschädigt. Im 19. Jh. kaufte Russland die Ruine, restaurierte sie und benannte sie nach dem russisch-orthodoxen Heiligen Nikódimos. Die Fresken im Innern stammen von einem Kirchenmaler aus Bayern. Neben dem Gebäude befin-

Kapnikaréa-Kirche, Kleinod im Einkaufstrubel

den sich frühchristliche Gräber und Bäderfragmente aus römischer Zeit. Im griechischen Sprachgebrauch wird das Gotteshaus heute üblicherweise als die *„Rósiki Ekklisía"* (Russische Kirche) bezeichnet und ist auch so in den meisten Stadtplänen eingetragen.

Ágios-Pávlos-Kirche (Anglikániki Ekklisía): Ecke Filellínon-Straße/Leofóros Amalías. Das aus dem Jahr 1838 stammende Gotteshaus nahe der viel befahrenen Amalías ist heute im Besitz der anglikanischen Kirche. Sie ist dem Heiligen Paul (*Ágios Pávlos*) geweiht, wird aber im modernen Sprachgebrauch üblicherweise als die *„Anglikániki Ekklisía"* (Anglikanische Kirche) bezeichnet. In den meisten Stadtplänen findet sich auch nur letzterer Name.

Agía-Ekateríni-Kirche: Odós Galanoú. Kleine Kirche aus dem 12. Jh. in einer Fußgängerzone nahe der Amalías.

Metamórphosi-Sotíros-Kirche (Sotíra tou Kottáki): Odós Kidathinéon. Ehemals im 13. Jh. als Kreuzkuppelkirche errichtet, wurde sie später zu einer dreischiffigen Basilika umgebaut. Beide Namen, *Metamórphosi Sotíros* und *Sotíra tou Kottáki*, sind gebräuchlich.

Metamórphosis-Sotíros-Kirche: Anafiótika, Theorías-Straße, oberhalb der Arethoúsa. Die *Sotiráki* genannte Kirche stammt aus dem frühen 15. Jh. (Zeit der Florentinerherrschaft) und besitzt eine überdurchschnittlich hohe Kuppel sowie eine in den Fels gegrabene Seitenkapelle. Einige Freskenfragmente sind noch zu erkennen, und der Altar ist ein frühchristliches Säulenkapitell.

Ágios-Ioánnis-Theológos-Kirche: Anafiótika, Ecke Erechthéos/Erotokrítou. Reizvolle Lage an einer kleinen, von Oleander gesäumten Platía schon ein Stück den Akrópolis-Hügel hinauf. Der Platz und die Treppenstufen werden heute von der empfehlenswerten *Paliá Tavérna tou Psarrá* eingenommen. Die Kreuzkuppelkirche stammt aus dem 12. Jh.

Ágios-Nikólaos-Rangavás-Kirche: Anafiótika, Pritaníou-Straße. Die später umgebaute Kreuzkuppelkirche aus dem 12. Jh. beinhaltet viele Spolien. An der Ostseite wurden größere Säulenfragmente eingearbeitet.

Klosterkirche Panágiou Táphou/Ágii Anárgiri: Anafiótika, Pritaníou-Straße. Das ehemalige Kloster *Panágiou Táphou* ist geistlich mit der Grabeskirche in Jerusalem verbunden, während seine Klosterkirche den *Ágii Anárgiri* – Kosmás und Damianós – geweiht ist. Die sehr aufwändig handgeschnitzte Ikonostase präsentiert sich prächtig vergoldet. Säulenkapitelle säumen den Kirchhof.

Panagía-Chrisokastriótissa-Kirche (Kímissi tis Theotókou): am Südende der Márkou-Avrilíou-Straße. Die *Chrisokastriótissa* („goldene Burgherrin") ist die Schutzpatronin der Frauen und Kinder in Gefahr. Angeblich, so erzählt die Legende, soll die Muttergottes-Ikone von der Akrópolis stammen und mehrfach zwischen Burg und Kirche hin- und hergewandert sein. Frauen und Kinder, die sich auf der Flucht vor den Türken von der Akrópolis stürzten, soll sie aufgefangen und gerettet haben.

Palast des Erzbischofs von Athen: In der Stichstraße Agíou Andréou, südlich des Mitropóleos-Platzes. Das Gebäude des amtierenden Erzbischofs von Athen und Griechenland, Ieronymos II. (seit 2008), kann nur von außen besichtigt werden.

Seine Seligkeit Christos Paraskevaidis, Erzbischof Christodoulos I.

Eine streitbare Persönlichkeit, das frühere Oberhaupt der griechisch-orthodoxen Kirche von Athen und Gesamtgriechenland. Er war bekannt als Freund des Sports, geschätzt als Brückenbauer zur orthodoxen Jugend und umstritten wegen seines Willens zur ökumenischen Zusammenarbeit der Kirchen. Höhepunkt seiner Amtszeit war das Treffen mit Papst Johannes Paul II. 2001 in Athen und der Gegenbesuch (2006) in Rom bei dessen Nachfolger Benedikt XVI. Als Vertreter der „einzig wahren Religion" hat er sich damit vor allem bei den erzkonservativen Mönchen auf dem Áthos keine Freunde gemacht.

Als Christodoulos am 28. Januar 2008 an den Folgen seiner Krebserkrankung starb, wurde er nach einer viertägigen Staatstrauer mit allen Ehren eines Staatsbegräbnisses unter dem Geleit Hunderttausender auf dem Ersten Athener Friedhof beigesetzt (siehe Foto S. 57).

Tzisdaráki-Moschee: Platía Monastiráki. Die ehemalige Moschee aus der Türkenzeit – 1759 erbaut – beherbergt heute die Keramikabteilung des Museums für griechische Volkskunst (siehe unten).

Fethiyé-Moschee: Ecke Odós Pános/Odós Pelopída. Der unmittelbar nach der türkischen Besetzung Athens errichtete Bau aus den Jahren 1456–58 ist die älteste Moschee der Stadt. Leider ist das Gebäude mit seinen fünf Kuppeln, vier Halbkuppeln und einer offenen Vorhalle nicht zu besichtigen.

Lysikrátous- und Diogénes-Monument: Ecke Lysikrátous-Straße/Sellev-Straße. Das 334 v. Chr. erbaute Lysikrátes-Denkmal mit korinthischen Säulen ist das einzige Choregen-Denkmal Athens. Die *Choregen* waren reiche Stadtbürger, die jeweils einen Chor für die alljährlichen Theaterwettbewerbe finanzierten. Eine Inschrift besagt, dass der von dem Choregen Lysikrátes geleitete Chor in einem solchen Wettstreit gesiegt hat. Daraufhin stiftete Lysikrátes auch den ehemaligen, 6,50 m hohen marmornen Rundtempel (2,80 m Durchmesser) im heutigen Ausgrabungsgelände. Bemerkenswert sind das nur 25 cm hohe Fries, das sich rund um den Turm zieht sowie das Dach mit einer Akanthusblüte. Außerdem soll an dieser Stelle Diogénes (in seiner Tonne) gewohnt und auch gelehrt haben. Das Denkmal Fanári Diogéni („Laterne des Diogénes“) erinnert an den Philosophen. Der Archäologische Zentralrat hat beschlossen, das bestehende Choregen-Denkmal in den nächsten Jahren zu restaurieren. Überdies soll versucht werden, die gefundenen Teile weiterer Choregen-Monumente zusammenzusetzen und in dem kleinen Areal wieder aufzubauen.

Museum für griechische Volkskunst: Kidathinéon-Straße 17. Die große Sammlung aus den wichtigsten Bereichen der griechischen Volkskunst setzt etwa mit dem Niedergang der Türkenherrschaft ein, als sich langsam wieder eine eigene Kultur entfalten konnte. Die Exponate zeigen eine bodenständige, weitgehend private Kunst mit lokalen Schwerpunkten aus dem 18.–20. Jh., darunter Haushaltsgeräte und traditionelle Trachten oder Figuren des Schattentheaters. Wer griechisch lesen kann, findet auch eine reiche Bibliothek zu volkskundlichen Themen. Das **Türkische Bad** (Kyrrístou-Straße 8) und die **Moschee** werden vom Volkskunst-Museum mitverwaltet.

Tägl. außer Mo 10–14 Uhr. Eintritt 2 €, erm. 1 €. ✆ 210-3213018.

Museum für volkstümliche griechische Musikinstrumente: Diogénous-Straße 1–3/ Platía Aéridon. Die mit etwa 1200 Instrumenten größte Sammlung ihrer Art in Griechenland ist das Lebenswerk von Fívos Anogianákis. Mehr als 50 Jahre lang hat er Exponate vom 18. Jh. bis heute aus allen Winkeln des Landes zusammengetragen.

Di, Do–So 10–14 Uhr, Mi 12–18 Uhr, Mo geschl. Eintritt frei. ✆ 210-3629513.

Zentrum für hellenische Tradition: Kéntro Ellinikís Parádosis, siehe unter „Oraía Ellás“ im Abschnitt *Kafenía & Café-Bars*.

Zentrum für Volkskunst und Brauchtum der Stadt Athen: Angelikís Chatzimicháli-Straße 6. Seit 1980 ist das Museum im ehemaligen Wohnhaus der bekannten Volkskundlerin Angelikí Chatzimicháli (1895–1965) untergebracht. Im ersten Stock sind Holzschnitzereien, Trachten, Gürtel, Schmuck und Taschen ausgestellt. Bemerkenswert ist der kleine Raum rechts des Eingangs, der als geweihte Kapelle mit Ikonen gestaltet wurde. In den Vitrinen des Kaminzimmers finden sich Keramiken und Bronzegefäße sowie an den Wänden Teller und wertvolle Stickereien. Besonders interessant sind die Keramikgefäße für die Aufbewahrung und Zubereitung von Speisen sowie die nachgebaute Küche mit vielen Haushaltsgeräten und -gefäßen links vom Eingang zum Saal. Der große Saal ist der Webtechnik und ihren Gerätschaften gewidmet. Traditionelle Webarbeiten wurden rundherum an die Wände gehängt.

Di–Fr 9–13 und 17–21 Uhr, Sa–So 9–13 Uhr, Mo geschl. Eintritt frei. ✆ 210-3243987.

Jüdisches Museum Griechenlands: Níkis-Straße 39. Offizieller Auftrag ist das Studium, die Konservierung und die Präsentation von Objekten und Dokumenten der seit 2300 Jahren in Griechenland lebenden Juden. Das Museum zeigt etwa 700 eindrucksvolle Alltags- und Kultgegenstände, die nach thematischen Gruppen gegliedert sind und englisch beschrieben bzw. von audiovisuellen Programmen begleitet werden. Gleich am Eingang wurde das Innere der Synagoge von Pátra nachgebaut.

Mo–Fr 9–14.30 Uhr, So 10–14 Uhr, Sa geschl. Eintritt 5 €, erm. 3 €. ✆ 210-3225582, www.jewishmuseum.gr.

Kanellópoulos-Museum: im Stadtteil Anafiótika, Ecke Theorías-/Pános-Straße. Die reichhaltige Privatsammlung von Pávlos und Alexandra Kanellópoulos ist in einem herrschaftlichen neoklassizistischen Palazzo am Fußweg hinauf zur Akrópolis untergebracht. Derzeit wegen Renovierung geschlossen.

Die ältesten Stücke (aus neolithischer Zeit) liegen in Vitrine 51 im **oberen Halbgeschoss**. Mehrere weibliche Statuetten sind hier besonders bedeutend. Vitrine 50 präsentiert die berühmten Idole der Kykladenkunst aus dem 3. Jt. v. Chr., als die Inseln ihre erste Blütezeit erlebten. Die minoische und die mykenische Kultur werden in den Vitrinen 49–53 dargestellt: Terrakotta, Bronze, Schmuck, Gefäße, Flaschen und Waffen. Während die geometrische Zeit die Vitrinen 45–48 umfasst, finden sich Exponate aus der Klassik und dem Hellenismus in den Schaukästen 54–55.

Im **1. Obergeschoss** zeigen die Vitrinen 56–61 Stücke aus archaischer Zeit: Vasen, Statuetten, Waffen und Bronzeschmuck. In die Zeit vom 5.–8. Jh. v. Chr. werden Vasen und Statuetten aus Böotien datiert, die die Vitrinen 63–68 und 90 im Hauptsaal füllen. Eine schwarzfigurige Schale und ein Kantharos auf den Basen 64 und 66 gelten als wertvollste Exponate aus dieser Zeit. In die Spätarchaik gehören Gefäße aus Áttika, Statuetten, Schmuck und Amphoren in den Schaukästen 70–78. Den gegen Ende des 6. Jh. aufkommenden rotfigurigen Stil kann man auf den Basen 80–81 bewundern. Wichtige Bronzestücke finden sich in den Vitrinen 93, 94 und 108, Schmuck und Siegel dagegen in Vitrine 98. Die griechisch-römische Zeit und die Spätantike beginnt in Vitrine 102. Darüber hinaus beinhaltet der Saal eine ansehnliche Münzsammlung.

Erdgeschoss: Hier geht es chronologisch mit der byzantinischen Zeit weiter. Naturgemäß dominieren Ikonen der verschiedenen Malschulen die Kunst dieser Zeit. Zu sehen gibt es aber auch Goldstickereien, Bronzeampeln, Schmuck, Kirchenutensilien, Gefäße, Siegel und Münzen.

Unteres Halbgeschoss: Auf dem Weg ins untere Halbgeschoss passiert man ägyptische Mumienporträts, die als Ausgangspunkt byzantinischer Ikonenmalerei gelten. Auch auf dieser Ebene dominieren Ikonen. Ausgestellt sind darüber hinaus Brotstempel, Schmuck, Medaillons, Schriften, Briefe und Bücher.

Untergeschoss: Hier werden vor allem neuere Ikonen präsentiert, außerdem kirchliche und profane Gegenstände: Becher, Stickereien, Schmuck, Siegel, Schlüssel und Teile von Trachten. Bedeutend ist die Sammlung aus Oliven- und Zypressenholz geschnitzter Kreuze aus dem 17. Jh.

Innenhof: Im Hof finden sich Skulpturen, Grabstelen und Reliefs des 4. Jh. v. Chr.; sie stammen weitgehend aus Áttika.

⌚ Das Museum soll nach der Renovierung voraussichtlich Mitte 2009 wieder geöffnet sein. ✆ 210-3212313.

Pláka und Thissío
Karte Seite 104/105

Kulturzentrum Melína Merkoúri: Thissío, Ecke Thessaloníkis-/Iraklídon-Straße 66. Das nach der bekannten Künstlerin und Kulturministerin Melína Merkoúri benannte Zentrum wird von der Stadt Athen unterhalten. Der größte Teil der Fläche steht für Wechselausstellungen und Seminare zur Verfügung. Im Obergeschoss kann man die Rekonstruktion eines Straßenbilds von Athen um 1920 bestaunen. Das Modell besteht aus einem Kafeníon, einem Schaufenster, Reklametafeln, Puppen in zeitgenössischer Kleidung und der Einrichtung einer typischen Stadtwohnung.

Das Kulturzentrum ist nicht zu verwechseln mit der **Melína Merkoúri Foundation**, die in der Pláka (Polygnótou-Straße) untergebracht ist. In dem kleinen Ausstellungsraum der Stiftung gibt es Bilder aus dem Leben der Melína Merkoúri und einige Informationen zu ihrer Person zu sehen. Hauptzweck ist allerdings, Geld zur Errichtung des neuen Akrópolis-Museums zu sammeln und den Druck auf das Britische Museum in London zu erhöhen, die Parthenon-Skulpturen an Griechenland zurückzugeben.

Kulturzentrum: Tägl. 9–13 Uhr, Di–Sa auch 17–21 Uhr, ✆ 210-3414465. Foundation: Di–So 10–14 Uhr, Mo geschl. ✆ 210-3315601. Eintritt jeweils frei.

Juwelen-Museum Ilías Lalaoúnis: Makrigiánni, Ecke Kalispéri-/Kariatídon-Straße 12. Das Museum befindet sich in einem sehr ansprechend renovierten und mit höchster Sicherheitsstufe geschützten Gebäude aus dem Anfang des 20. Jh. auf der Südseite der Akrópolis. Es ist das ehemalige Wohnhaus des berühmten griechischen Schmuckmachers Ilías Lalaoúnis, und der Meister hat alle Exponate selbst gefertigt. Seine Privatsammlung in diesem wohl einzigartigen Museum in Griechenland umfasst Tausende von Schmuckstücken. Die Ausstellung mit insgesamt 45 Einheiten vermittelt aber auch die Entwicklung des uralten Berufs und der Kunst der Schmuckherstellung von prähistorischer Zeit bis heute. Es finden sich Nachbildungen des Schatzes des Priámos, minoischer, mykenischer und keltischer Schmuck sowie zahlreiche moderne Kollektionen und wertvolle Einzelstücke.

Mo, Do, Fr, Sa 8.30–16.30 Uhr, Mi 9–21 Uhr, So 11–16 Uhr, Di geschl. Eintritt 4 € (Sa 9–11 Uhr und Mi ab 15 Uhr frei). ✆ 210-9221044, www.lalaounis-jewelrymuseum.gr.

Frissíras-Museum: Odós Monís Asteríou 3 u. 7. Das Museum wurde Ende 2000 in zwei benachbarten neoklassizistischen Gebäuden eröffnet. Es umfasst etwa 2000 Gemälde und Skulpturen sowie gut 1000 Zeichnungen von Künstlern aus dem In- und Ausland. Alle Werke stammen aus der Zeit zwischen 1920 und 1995. Während in Hausnummer 3 die permanente Ausstellung untergebracht ist, wird im Nr. 7 ein wechselndes Programm präsentiert. Die Sammlung soll noch erweitert werden.

Das Museum ist derzeit (Frühjahr 2009) für unbestimmte Zeit wegen Umbauarbeiten geschlossen. Aktuelle Informationen unter: www.frissirasmuseum.com.

Reste der Antike finden sich fast an jeder Straßenecke

Archäologische Sammlung der Metro-Station Akrópolis (Linie M2): Die Vitrinen vor den Entwertungsgeräten für die Fahrscheine zeigen Figuren aus dem Ostgiebel des Parthenons. Dargestellt ist die Geburt der Athená aus dem Kopf des Zeus. Hinter den Entwertern sind Originale und Kopien der Funde ausgestellt, die hier beim Metrobau entdeckt wurden. Dazu gehören Graburnen aus dem mittleren Helladikum bis in die protogeometrische Zeit (17.–9. Jh. v. Chr.), Alltagsgegenstände und Fußbodenmosaike aus byzantinischer Zeit sowie rot- und schwarzfigurige Tonamphoren. Im Korridor zu den Gleisen dokumentiert eine Fotografie eindrucksvoll die Funde der Ausgrabungen, und unten an den Bahnsteigen sind Teile des Parthenon-Frieses reproduziert.

Tägl. 5.30–24 Uhr, während der Betriebszeit der Metro. Eintritt frei.

Stávros Melissinós – der poetische Sandalenschuster von Athen

In ganz Griechenland gab es wohl keine berühmteren Sandalen als die von Stávros Melissinós. Die Beatles, Rudolf Nurejew, Jacqueline Onassis, Antony Quinn, Ursula Andress, Joseph Cotten und Gary Cooper haben sich bei ihm ihre Füße einkleiden lassen. Dass solche Weltstars sich in den kleinen Laden in der Pláka (Pandrósou-Str.) „verirrten", lag wohl weniger an den perfekt gearbeiteten Sandalen als vielmehr an der Nebentätigkeit des Schusters. Als begnadeter Poet hat Stávros in seinem Leben schon mehr als 30 Gedichtbände veröffentlicht. Geboren am 10. September 1929 in Athen, absolvierte er zuerst eine Ausbildung als Radiotechniker und ging dann zu einer Filmschule. Schon früh begann er mit dem Schreiben und publizierte 1954 seinen ersten Band mit dem Titel *„Mosaikón"*. Das bekannteste Werk – es ist unterdessen in der neunten mehrsprachigen Auflage erschienen – ist das Buch *„Melissinós Rubaiyát"* aus dem Jahre 1959. Aus seiner Feder stammen klassische Verse, Dramen und satirische Theaterstücke. Seit 2004 ist der Künstler als Schuhmacher in Ruhestand, das Geschäft ist nach Psirrí umgezogen und wird jetzt von seinem Sohn Pantelis geführt.

Psirrí
Karte Seite 104/105

Weitere Innenstadtviertel

Psirrí

Das Viertel bildet mit seinen zahlreichen Tavernen und Musik-Bars eines der Zentren des Athener Nachtlebens – insbesondere im Winter. Früher war es ein einfacher Handwerkerbezirk, vor allem der Schuhmacher, heute ist es eine Gegend für etwas betuchtere Leute. Was lange ein Geheimtipp unter den Ortsansässigen war, hat sich inzwischen jedoch längst in touristischen Kreisen herumgesprochen.

Von Monasteráki kommend würde man das Psirrí-Viertel hinter einem Ring aus leer stehenden und heruntergekommenen Häuserblöcken kaum vermuten. Glücklicherweise trägt der steigende Bekanntheitsgrad allmählich zu einer grundlegenden Restaurierung der alten Gemäuer bei. Der Aufstieg Psirrís als In-Viertel des Athener Nachtlebens begann Ende der 1990er-Jahre. In erster Linie jüngere Tavernen- und Kneipenwirte siedelten sich hier an, um dem touristischen Ambiente und den gnadenlos überhöhten Mieten der nahen Pláka aus dem Weg zu gehen. So entwickelte sich ein Zentrum für das Nachtleben der Einheimischen und insbesondere für die im Winter von den Inseln zurückkehrenden Athener. Dementsprechend zeigt Psirrí im Sommer und im Winter ein jeweils völlig anderes Gesicht. Viele Kneipenwirte schließen im April und betreiben bis zum Oktober eine Bar auf einer der Touristeninseln. Wer Psirrí richtig erleben will, muss daher im Winterhalbjahr kommen, die Stimmung mit Lichterketten und Fackeln ähnelt der eines mitteleuropäischen Weihnachtsmarktes. Aber keine Sorge: auch im Sommer ist hier genügend Rummel. Die Tische und Stühle der Cafés und Bars stehen bis auf die Straßen hinaus – Biergarten-Atmosphäre à la Athen!

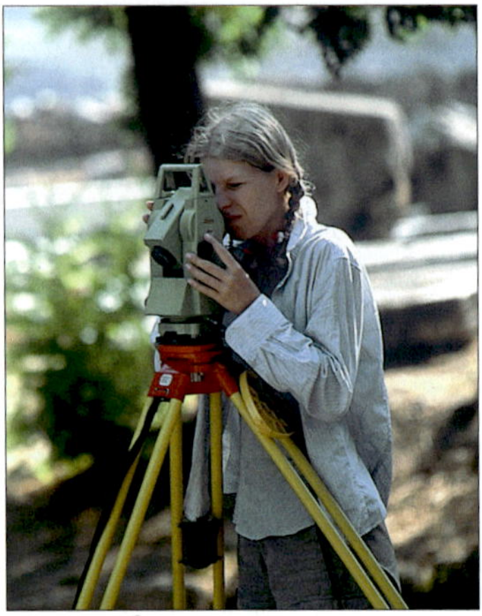

Archäologin beim Vermessen

Von Seiten der Stadt gab es die Auflage, die neuen Einrichtungen im alten Baustil zu errichten und harmonisch in die alte Bausubstanz einzubinden. Erlaubt ist Nightlife mit Tavernen und Musik-Bars in moderater Lautstärke. Diskos und Nachtclubs sind in Psirrí verboten. Die Qualität des Ambientes hat sich herumgesprochen, und der Stadtteil ist inzwischen ziemlich teuer geworden. Das Alter der Gäste in den Kneipen liegt meist zwischen 25 und 40 Jahren. Studenten findet man hier wegen dem hohen Preisniveau eher selten.

Zentrum ist die kleine Platía Iróon. Hier gibt es Cafés, Tavernen und Fastfood. Nach etwa 100 m in der Agíon-Anargíron-Straße trifft man auf das moderne Kneipenviertel. Vor allem in dieser und den von ihr abgehenden Straßen konzentrieren sich Tavernen, Musik-Bars und das Nachtleben. Einige der nach Psirrí gezogenen Künstler und Kleinunternehmer haben die verwahrlosten neoklassizistischen Gebäude mit viel Liebe zum Detail restauriert. So manches Haus im Stadtteil erstrahlt nun in neuem Glanz. Psirrí ist unterdessen Wohngebiet und Ausgehviertel in einem. Viele der Straßen sind für Autos zu eng, sodass Cafés oft die ganze Breite der Gassen einnehmen können.

Essen & Trinken (siehe Karte S. 104/105)

Gute und gehobene Tavernen nicht-touristischen Charakters bestimmen das Bild. Authentisch sind sie alle nicht, man hat jedoch mit unterschiedlichem Erfolg versucht, original griechische Atmosphäre oder einen eigenen Stil zu schaffen. Das Preisniveau ist durchweg gehobenes Mittelfeld bis teuer, dafür stimmt zumeist auch die Qualität.

Tavérna tou Psirrí (4), Aischýlou 12. Eine der ersten Tavernen in diesem Stadtteil. Hübsch dekorierter Innenraum mit alten Fotografien und Zeichnungen in einem sehr alten Haus.

Spezialitäten sind frischer Fisch, Fischsuppe, Fleisch in Tomaten- und Zitronensauce, Salate, Oktopus, Bohnen, Spinat-Teigtaschen und viele vegetarische Gerichte. Offener Wein vom Fass. Freundlicher Service. Boss Manólis Malatéstas öffnet ab mittags.

To Krasopoulío tou Kókkora (8), Ecke Aisótou 4/Karaiskáki. Die Traditionstaverne wurde 1890 gegründet, als es in Psirrí noch mehr Tavernen gab als in der Pláka. In dem „Laden, der Wein und Hahn verkauft" ist die Spezialität natürlich Hühnchen, es gibt aber auch Gerichte vom Schwein und Rind als gebratenes Filet oder in Weißwein gekocht. Interessanter Innenraum mit alten Fotos, Wanduhren und Schriftstücken an den Wänden. Jeden Abend nicht zu laute Live-Musik mit Gitarre und Bouzoúki. Juli und August geschlossen.

Zídoron (5), Táki 10. Café und Restaurant in einem. Tische auf der Gasse und im hell eingerichteten, gemütlichen Innenraum. Chef Geórgios lebte fünf Jahre in Berlin und spricht hervorragend deutsch. Er bietet internationale Küche, wechselt gelegentlich die Karte und auch den Koch. Oft wird etwas Neues ausprobiert, doch der Wein kommt immer aus Griechenland. Tägl. ab 11 Uhr, im Hochsommer erst ab 18 Uhr.

Náxos (7), Platía Christokopídou 1. Café und Mezedopolío. Chef Geórgios stammt hat das Lokal nach seiner Heimat Náxos benannt. Es gibt insbesondere Grillgerichte vom Huhn und Schwein, Fisch und Meeresfrüchte, Marídes und Gávros. Tipp ist der würzige Hartkäse von Náxos. Vormittags ab 7 Uhr Kaffee, warme Küche ab 12 Uhr.

Platía Iróon (6), Platía Iróon 1. Mezedopolío am zentralen Platz von Psirrí. Plätze im Innenraum und jenseits der Straße mitten auf der Platía. Es gibt eine gute Auswahl an kleinen Gerichten und gelegentlich Live-Musik.

Pentéli (3), Platía Iróon 9. Ähnelt auf den ersten Blick einem Café, es gibt aber vollständige Hauptgerichte. Plätze innen, vor dem Eingang und auf der Platía. Freundliche Bedienung.

Psirrí
Karte Seite 104/105

Mezedopolía sind wieder in

Das alte Griechenland hält auch in Athen wieder Einzug. Vor hundert Jahren gab es zum Essengehen praktisch nur Kafenía, Ouzeríen und sog. Mezedopolía. Dort bekam man kleine Teller oder Platten mit vielen verschiedenen Vorspeisen (Mezédes), manchmal diente als Unterlage nur ein Wachspapier. Von den Mezédes ist auch der Name dieser Lokalkategorie abgeleitet. Als Getränk war offener Wein vom Fass meist das einzig Verfügbare. Oft wurde dazu Live-Musik gespielt. Die Mezedopolía sind im Zuge des Aufstiegs von Psirrí als Stadtviertel des modernen Nachtlebens bei der Jugend wieder in Mode gekommen. Besonders Sonntagnachmittags sind die Lokale gut besucht, und häufig ist kein Platz mehr zu bekommen.

Cafés & Nachtleben

Ende des 19. Jh. war „The Rooster" die bekannteste Musik-Taverne in Psirrí; mehr als 50 Jahre war sie das Zentrum des Nachtlebens in diesem Viertel. Hier wurde die traditionelle Musik Athens geboren. Unvergessen ist der Tenor Níkos Moriátis (Künstlername „*Kourasános*"), der in Psirrí geboren wurde und die „Immerwährende Serenade" sang. Psirrís Nachtleben hat sich heute natürlich stark gewandelt. Allgemein herrscht hier ein gehobenes Preisniveau.

Émpros, Platía Ágion Anárgiron 4. Gemütlich-rustikale, mit viel dunklem Holz eingerichtete Musik-Bar. Ausschließlich griechische Musik, gute Drinks und ein witziger Barkeeper. Tägl. ab 20 Uhr.

Stil, Odós Ágion Anárgiron 12. Café-Bar mit zwei Tischen auf der Gasse, innen Kneipencharakter. Ab mittags geöffnet.

Paí Kairós, Táki 16. Die „lang vergangene Zeit" findet sich in einem gemütlich aufgemachten alten Steinhaus. Es gibt ein paar Kleinigkeiten zu essen, aber vor allem Tanz und Fun. Zumeist griechische Live-Musik, aber auch gelegentlich Latin, je nach Ge-

Chill out in stylischem Ambiente im Cubanita Havana Club

schmack der überwiegend jungen Gäste. Tägl. ab 20 Uhr bis open End, am Wochenende ab 14 Uhr, im August geschlossen.

Methystanes, Ecke Lepeniótou 26/Ogígou. Ouzerí mit griechischer Live-Musik. Mo geschlossen.

Oraía Pentéli, Ecke Aischílou/Aristofánous. Mezedopolía mit griechischer Live-Musik jede Nacht. Sa und So auch schon ab mittags geöffnet.

Monastiráki Center, Ecke Ágios Eleoúsis 3/Kakourgiodikíou. Latin-Bar im Kellergeschoss des Centers mit zwei Restaurants.

Bossa Nostra, Ecke Aristofánous 22/Platía Iróon. Musik-Bar, gelegentlich mit Live-Musik, aber auch Pop und Techno.

Cubanita Havana Club, Karaiskaki-Straße 28. Live-Musik und relaxte Atmosphäre in einer Mischung aus Saloon und Samba. Tägl. ab 21 Uhr, ✆ 210/3314605. Reservierung nötig.

Sehenswertes

Ágii-Anárgiri-Kirche: an der Platía Ágion Anárgiron. Die größte Kirche des Stadtviertels besitzt eine breite Marmor-Ikonostase mit vergoldeten Heiligenbildnissen. Sie ist außerdem reich mit weiteren Ikonen ausgestaltet. Prädikat sehenswert!

Asómatoi-Kirche: Ermoú-Straße, am Westende des Stadtteils Psirrí. Die kleine Kirche aus dem 12. Jh., etwas zurückversetzt von der Straße, zählt zu den schönsten und ältesten Kirchen Athens. Sie ist den Erzengeln geweiht. Im 18. Jh. diente das Gebäude als Apotheke.

Ágios-Ioánnis-stin-Kolónna-Kirche: Evripídou-Straße. Ebenfalls eine kleine, sehr alte Kirche aus dem 12. Jh.

Studienzentrum für traditionelle neuzeitliche Keramik: Sitz in der Melidóni-Straße 4–6, Ausstellung teils auch in der Ipídou 8 in der Pláka. Die Sammlung neuzeitlicher Keramik umfasst etwa 4500 Gefäße. Im Mittelpunkt des Studienzentrums steht jedoch die Erforschung der Gebrauchskeramik der jüngeren griechischen Vergangenheit. In der Pláka-Filiale (Ipídou 8) werden Gebrauchskeramik, kirchliche Keramik und Geräte zur Tonverarbeitung präsentiert. Das Hauptgebäude (Melidóni 4–6) beherbergt die ständige Ausstellung in drei Sälen sowie Bibliothek, Archiv und Schautafeln.

Mo, Do, Fr 9–15 Uhr, Mi 9–20 Uhr, Sa 10–15 Uhr, So 10–14 Uhr, Di geschl. Eintritt 6 €, erm. 3 €. ✆ 210-3318491-6.

Da fällt die Entscheidung schwer – Shopping in Kolonáki

Kolonáki

Das zentrumsnahe Nobelviertel der Athener Schickeria, Intellektuellen und Künstler ist gleichzeitig auch der Botschaftsbezirk mit vielen ausländischen Diplomaten und Beamten. Griechische Politiker und Journalisten gehören dementsprechend zu den Stammgästen in Kolonáki. Sehr hohes Preisniveau.

Kolonáki ist das bekannteste Viertel der Athener Schickeria. Wer über einen dicken Geldbeutel verfügt, lässt sich hier sehen. Natürlich im neuen Sportwagen oder einer Nobelkarosse deutscher Herkunft. Sündhaft teure Edel-Boutiquen und angesehene Galerien aller Kunstrichtungen verbreiten ein gewisses Weltstadt-Flair. Zur Kulturmeile gesellen sich die gehobenen Restaurants, die überwiegend italienische oder französische Küche bieten. Sie finden ihr Publikum auch unter den zahlreichen Diplomaten und Beamten der ausländischen Botschaften, die fast alle in Kolonáki liegen. Im Nobelviertel sind auch zwei der wichtigsten Museen der Stadt beheimatet: das *Benáki-Museum* mit vorbildlich präsentierten Exponaten der Vorgeschichte bis ins 19. Jh. und das *Kykladen-Museum* mit bedeutenden Fundstücken von den ägäischen Inseln. Hervorzuheben ist ferner das *Griechische Kriegsmuseum.*

Seit den 70er-Jahren galt Kolonáki als Bezirk des gehobenen Bürgertums, der Intellektuellen, Künstler und Botschafter. Unterdessen ist es längst zum teuersten Wohnviertel im näheren Innenstadtbereich geworden. Es reicht vom Nationalgarten bis zum Lykavittós. Das typische Kolonáki-Publikum sind keine Touristen. In den Großcafés trifft man viele junge Athener, Regierungsbeamte und auch Journalisten, immer auf der Suche nach den spektakulärsten Gerüchten aus der hohen Politik. Man (frau) gibt sich ganz unbescheiden und trägt deutlich sichtbar die übergroßen Papiertüten mit den großen Lettern der einschlägigen Läden spazieren oder erledigt wichtige Geschäfte in den schattigen Straßencafés per Handy.

Plausch auf der Café-Meile von Kolonáki

Die **Platía Kolonáki** heißt eigentlich Platía Filikís Eterías Kolonakioú. Der Name kommt von der unscheinbaren klassischen Säule im Südwesten des Platzes. Es ist ein eher unspektakulärer kleiner Platz, umgeben von Bänken, Brunnen und Bäumen. Im Umkreis gibt es zahlreiche Boutiquen internationaler Modedesigner sowie Dutzende vornehme Cafés und Kneipen, vor allem in den Straßenzügen, die sich Richtung Nordwesten ins Studentenviertel Exarchía hinüberziehen. Nordöstlich am Hang des Lykavittós befindet sich das ähnlich angelegte Viertel **Dexamení**. Es bietet ebenfalls einen kleinen Platz, die **Platía Dexamení**, hinter der der steile Anstieg auf den Lykavittós beginnt.

Verbindungen

Vom Stadtzentrum ist Kolonáki bequem **zu Fuß** zu erreichen.

Einige **Buslinien** fahren durch die Akadimías und die Vasilíssis Sophías.

Taxis findet man vor allem an der Platía Kolonáki und in der Odós Kanári.

Die nächstgelegenen **Metro**-Stationen sind „Sýntagma" auf den Linien M2 und M3 sowie „Evangelismós" auf der Linie M3.

Übernachten

Im wenig touristischen Kolonáki gibt es praktisch nur zwei Unterkunftsmöglichkeiten, da das Viertel eher für seine belebten Cafés und Restaurants bekannt ist.

***** **Hotel Saint George Lykavittós (6)**, Ecke Kleoménous-Str. 2/Platía Dexamenís, ohne Zweifel gehört das Haus zu den Athener Luxushotels mit bester Lage. Einerseits zentral, andererseits auch sehr ruhig am Hügel und am Rande von Kolonáki. Vermietet werden 167 Zimmer und Suiten in unterschiedlichem Renovierungszustand. Auf dem Dach gibt es nicht nur einen herrlichen Blick über die ganze Stadt, sondern auch einen Pool. Empfehlung! DZ 164–308 € (inkl. Frühstück). ✆ 210-7290711/19, ℻ 210-7290439, www.sglycabettus.gr.

**** **Hotel Periscope (8)**, Cháritos-Str. 22, wie Phoenix aus der Asche wurde aus dem ehemaligen Athenian Inn ein schickes Designhotel auf oberem Niveau. Minimalistisch aber mit vielen kleinen Details (Windlichter, Kerzen, Süßigkeiten). Eine Minute vom Kolonáki-Platz entfernt.In den 22 Zim-

mern ist AC, CD-/DVD-Spieler und Musiksystem, Minibar, Safe und Sat-TV und 24 Std. freier Internetzugang Standard. Sehr kompetente Rezeption, sehr freundlicher Service. Empfehlung! DZ Standard 167 €, Twin Superior 200 € (inkl. Frühstück). Dachterrassen-Suite mit Jacuzzi und Blick ab 208 €. ✆ 210-7238097, 📠 210-7242268, http://periscope.athenshotels.it.

Essen & Trinken

Essen gehen in Kolonáki bedeutet nicht nur eine hohe Rechnung, sondern weitgehend italienische und französische Kochkunst. Griechische Küche ist hier out.

Le Grand Balcon (5), im Hotel St. George Lycabettos, Kleomenous-Str. 2. Unter dem neuen schwedischen Chef Marc Enderborg eine mediterrane Gourmet-Küche und bei Kerzenschein ein Traumblick auf die Stadt. Preise 35–40 €. Tägl. abends außer So/Mo, ✆ 210-7290712 (Reservierung). Empfehlung!

La Pasteria (7), 18 Tsakálof. Gehobene italienische Küche. Sechs verschiedene Sorten Pasta, Pilze, Marinada, Seefische, Shrimps und Salate gehören zu den Spezialitäten. Plätze im harmonisch-dezent dekorierten Innenraum. Eine Wendeltreppe führt hinauf zur Empore. Italio-Pop und klassische Musik. Aufmerksames, junges Personal und schneller Service. Viele deutsche Gäste.

Freud Oriental (4), Xenokratous-Str. 21/ Ploutarchou. Japan-/Ethnic-Restaurant, Speisezimmer in einer neoklassizistischen Athener Villa, Einrichtung mit weichen Polsterwürfeln. Spezialitäten: Shrimps und Seegras-Sushi, Tempura-Ebi-Inside-out-Maki; alles frisch zubereitet. Preise 25–30 €. Abends tägl. außer So; Sa auch mittags. ✆ 210-7299595. Reservierung!

L'angelo di Milióni (11), Ecke Milióni/Iraklítou. Chef Grigóris Theodorákis bietet in seinem modernen Restaurant mediterrane Küche für anspruchsvolles Publikum. Einige ausgefallene Spezialitäten sind Wildpilze mit Trüffelöl, Entenbrust in Balsamico, Ziegenkäsesalat, Wildschweinfilet oder mariniertes Grillhühnchen mit sonnengetrockneten Tomaten. Weine aus Griechenland, Italien und Frankreich. Gehobene Preise.

Colonáki tops (12), Platía Kolonachíou 8. Das mittlere der drei Café-Restaurants an der Nordseite der Platía. Geboten wird griechische und internationale Küche: gefüllte Zucchini, Dolmadákia, Schweinefilet aus dem Ofen oder gegrillt, Moussakás, Stifádo, Fisch und vegetarische Gerichte. Täglich wechselnde Karte. Weine aus verschiedenen Regionen Griechenlands.

Valsamákis (16), Platía Kolonachíou 3. An der Nordwest-Ecke der Platía. Ein halbes Dutzend Tische unter einer Kolonnade, der Rest im schlauchartigen Innenraum. Es gibt „paradiesische" (so die an die Wand gepinselte Eigenwerbung) Hühnchengerichte vom Grill. Für Kolonáki-Verhältnisse durchaus preiswert.

Altamira (3), Tsakálof 36, internationale Küche nach indischen, asiatischen, mexikanischen und libanesischen Rezepten. Wer mag kann sich zur ethnischen Musik auch ein „Mix and match"-Essen bestellen und die verschiedenen Stilrichtungen durchprobieren. Und wer's ganz exotisch mag, der isst Krokodil. Dazu stehen erlesene Tropfen zur Auswahl. ✆ 210-3614695, www.altamira.com.gr

Café-Bars/Nachtleben (siehe Karte S. 129)

Vor allem in der engen und schattigen Odós Milióni konzentriert sich die Café-Meile von Kolonáki. Ein Straßencafé liegt neben dem anderen …

Ellinikón (14), Platía Kolonachíou. In diesem Café trifft sich die Highsociety der Athener Geschäftsleute und Künstler. Neugierige Journalisten sind auch nie sehr weit entfernt. Plätze innen und außen.

Jackson Hall (15), Milióni 4. Große, sehr angesagte Café-Bar im amerikanischen Stil für „trendy Athenians". Man sitzt in der engen Passage draußen oder ein paar Stufen hinunter im Kellerraum, wo in einem Restaurant ausgefallene Kleinigkeiten zum Essen angeboten werden. Trubel über mehrere Stockwerken, Disko im ersten Stock.

La Tasse (13), Milióni 8. Italienisch-elegantes Ambiente mit gediegener Musik und top gestylten Bedienungen. Tipp sind die Kuchen und Süßspeisen.

News Café (9), Tsakálof 14. Nomen est omen: Journalistentreff nahe des Regierungsviertels. Attraktion sind 13 Kaffeemühlen für die verschiedenen hier angebotenen Kaffeesorten. Plätze innen und außen.

Da Capo (10), Tsakálof 1 (Kolonaki-Platz). Sehen und gesehen werden: Café, in dem Politiker , Schauspieler und die Crème de la crème sich unter das Volk mischen. *Passanten beobachten* ist angesagt, wer hier nur herkommt, um seinen Kaffe zu schlürfen, ist ganz falsch. ✆ 210-3602497.

Mommy (1), Delfon 4. Umgestaltete Villa mit 60er-Jahre-Möbeln, die den Gästen eine private Atmosphäre vermitteln. Legere Atmosphäre, viele Studenten. Preise 25–30 €. Tägl. abends, ✆ 210-3619682. Empfehlung!

Ta Tria Gourounakia (2), Skoufa 73. Bar-Restaurant. Erdgeschoss als Speisezimmer, 1. Stock: Relaxen auf Sofas, im Keller ein Clubraum. Auf trendy Toiletten eigene DVD-Shows. Spezialität: Fruit Punch „Drei Schweine". Preise 25–30 €. Tägl. abends. ✆ 210-3604400. Empfehlung!

Shopping

Hohe Qualität und sündhaft teure Preise lautet hier die Devise. Insbesondere in den Boutiquen sind auch ausgefallene Stücke zu finden.

Rossi, Odós Patriárchou Ioakhím 5. Designer-Mode.

Zara, Odós Tsakálov 13. Immer die neueste Mode.

Mocassino, Odós Tsakálov 4. Schuhe.

Lalaoúnis, Voukourestíou 12. Juwelier.

Petra Nova, Voukourestíou 19. Juwelier.

Au Delicieux, Kanári 17. Delikatessen-Confiserie: Kuchen, Süßigkeiten und exklusive Spirituosen.

Wertvolle Ikonen: byzantinische Sammlung des Benáki-Museums

Kolonáki
Karte Seite 129

Sehenswertes

Benáki-Museum: Ecke Leofóros Vasilíssis Sophías/Koumbári-Straße 1. Das im Jahre 1931 von dem Mäzen Antónis Benákis (1873–1954) gegründete Museum ist in einem mächtigen neoklassizistischen Palast an der Leofóros Vasilíssis Sophías untergebracht. Mitte 2000 wurde die volkskundliche Sammlung, die von der Vorgeschichte bis ins 19. Jh. reicht, nach langjährigen Restaurierungsarbeiten neu eröffnet. Das sehenswerte Museum beherbergt etwa 450 Exponate, eine riesige Büchersammlung, große Archivbestände und das wahrscheinlich größte Fotoarchiv Griechenlands. Da die Ausstellungsfläche nicht für alle Gegenstände der Sammlung ausreicht, werden thematische Schwerpunkte in andere Museumsneubauten ausgelagert und zugänglich gemacht. Im Oberschoss befinden sich eine ansprechende Cafeteria und ein Saal für Vorträge.

Im **Erdgeschoss** werden in **Saal 1** die ältesten Stücke der Sammlung präsentiert: Werkzeuge, Waffen, Schmuck, Statuetten und Keramik aus der Altsteinzeit.

Saal 2 ist u. a. der Kykladenkultur gewidmet. Die weiblichen Idole und die Gefäße in *Vitrine 1* stammen aus dem mittleren 3. Jt. v. Chr. *Vitrine 2* zeigt Exponate aus Mykene, Kreta und Zypern, ebenfalls aus der mittleren und späten Bronzezeit sowie geometrische Keramik aus Makedonien. Wichtig ist hier eine weibliche, reitende Figur mit Kind aus Bronze (8. Jh. v. Chr.). Außerdem schwarzfigurige Keramik mit Motiven aus der Mythologie (6. Jh. v. Chr.) und Schmuck; goldene und silberne Becher aus dem Frühhelladikum, königlicher Goldschmuck aus Mykene und ein Trinkgefäß mit Fuß aus der Argolís.

In **Saal 3** ist die Sammlung aus archaischer Zeit untergebracht. Alabaster-Kunst, Gefäße und Schalen aus Áttika, Kórinthos und Böotien sowie Teile eines Koúros von Náxos. Weiter Gefäße, schwarzfigurige Keramik aber auch Statuetten, Bronzestücke, Münzen sowie Schmuck aus Gold und Silber.

Saal 4 zeigt in *Vitrine 1* rotfigurige Keramik aus Áttika, Statuetten aus Terrakotta, Helme aus Kórinthos und Masken aus Ton. In *Vitrine 2* finden sich ebenfalls attische Keramik aus dem 5. Jh. v. Chr. sowie Statuetten und ein offenes Trinkgefäß mit Relief. In der Mitte des Raums sind u. a. eine Marmorstatue und eine Hermés-Darstellung.

Mit **Saal 5** – eine Art Atrium im Museum – gelangen wir in die klassische Antike mit ihrer hohen Skulpturenkunst. Auffällig sind ein Kopf des Diónysos und ein Pferdekopf aus Marmor sowie ein großes Wassergefäß mit Delfin-Relief von Náxos.

Traditionelle Trachten

Schwerpunkt in **Saal 6** ist ein 1,20 m hohes Grabrelief mit Inschrift aus der Mitte des 4. Jh. v. Chr.

Saal 7 leitet in den Hellenismus und die römische Zeit über. Keramikfunde aus Áttika, beispielsweise aus Vravróna und Erétria. Skulpturen, Marmorporträts, Schmuck, Trinkgefäße und kleine Täfelchen. Aus der römischen Epoche: Grabbeigaben, Statuetten, Keramik und Schmuck. Daneben wird Goldkunst präsentiert, für deren hohen Entwicklungsstand die Zeit bekannt ist. Besonders bemerkenswert sind ein mit Edelsteinen besetztes Diadem, Ohrschmuck, ein Kranz und eine Halskette.

Skulpturen und Grabmonumente aus römischer Zeit dominieren **Saal 8**. In *Vitrine 1* findet sich goldener Schmuck auch aus anderen römischen Reichsteilen, beispielsweise aus Ägypten und Syrien.

Saal 9 ist den ersten christlichen Jahrhunderten gewidmet. Die *Vitrinen 1–3* zeigen Gebrauchsgegenstände, Schmuck, Silberbecher sowie koptische Seidengewänder und Leinenstoffe. Daneben ist ein Kapitell aus frühchristlicher Zeit und ein koptisches Kirchenbanner zu sehen. *Vitrine 4* präsentiert die ersten mit Wachs gemalten Vorläufer byzantinischer Ikonen.

In **Saal 10** prächtige Fragmente von Wandmalereien aus Kreta. Mosaikfragmente, Schmuck, Halbedelsteine und Pergament-Handschriften aus dem 11. Jh. finden sich in *Vitrine 1*. Highlight ist ein in Fragmenten erhaltenes Mosaik der Panagía aus dem 10. Jh., das aus Konstantinopel stammt. Daneben liegen zahlreiche Goldmünzen aus dem 7.–12. Jh.

Saal 11 führt in die Zeit der wertvollsten Exponate des Museums, die byzantinische Sammlung mit zahllosen Ikonen, Wandfresken und Goldstickereien. Besonders hervorzuheben sind die Ikonen in *Vitrine 4*: eine Abraham-Ikone aus dem 14. Jh., eine Panagía-Vrefokratoússa-Ikone, vier überdimensionierte Heiligenbildnisse aus dem 14. Jh. aus Nordgriechenland sowie Relief-Ikonen und eine Silberbulle.

In **Saal 12** fällt der Blick zuerst auf eine große Ikone der Heiligen Ánna aus dem 15. Jh. Vom selben Ikonenmaler werden hier weitere Werke präsentiert. Heiligenbildnisse aus dem 15. und 16. Jh. finden sich zudem an den Wänden, den Pfeilern und in den anderen Vitrinen des Saals. Besonders sehenswert ist die Panagía Galaktotrophoússa aus dem 15. Jh., mehrere Christós-Ikonen aus dem 16. Jh., eine Loukás- und eine Panagía-Ikone aus Kreta (Mitte des 16. Jh.) und die Darstellung der Panagía Odigítria von 1623.

Im **ersten Obergeschoss des neuen Museumsgebäudes** setzt sich der Rundgang mit **Saal 13** fort. Hier steht eine auf Holz gemalte Griechenlandkarte aus dem 18. Jh. im Vordergrund. *Vitrine 1* zeigt Volkskunst von den Kykladen, dem Dodekanes, von Kreta und Zypern: Alltagsgegenstände, Holzschnitzereien, Schmuck, Stickereien und Festkleidung. Besonders auffällig ist eine kretische Truhe aus dem späten 17. Jh. *Vitrine 2* enthält islamische Keramik aus Kleinasien und einige Holzexponate aus Rhodos. In *Vitrine 3* ist Schmuck von den ägäischen Inseln ausgestellt, wobei die wichtigsten Stücke von Pátmos und Sífnos stammen. Daneben kann man einen originalen Webstuhl aus dem frühen 19. Jh. besichtigen sowie einige Produkte dieser Handwerkskunst. In der Mitte des Raumes befindet sich eine der größten und schönsten Stickarbeiten Griechenlands: ein Brautbett-Himmel von der Insel Rhodos. Die *Vitrinen 5 und 6* enthalten Stickereien und Schmuck von den Kykladen.

Die Tür-Durchgänge zu **Saal 14** sind mit Marmor-Steinmetzarbeiten von Íos aus dem 18. Jh. geschmückt, die Wände mit Keramiken. *Vitrine 1* zeigt Trachten von Männern und Frauen sowie eine hübsche Stickerei von Skýros. Auch *Vitrine 2* beschäftigt sich mit Skýros und enthält Ausstattungsgegenstände aus einem typischen Haushalt. *Vitrine 3* präsentiert Goldschmuck von den griechischen Inseln, *Vitrine 4* Trachten, Stickereien und Truhen aus der Ost- und Nord-Ägäis.

Im kleinen **Saal 15** sind nur zwei Vitrinen mit ein wenig Keramik und zwei Frauentrachten zu sehen.

In **Saal 16** sind Exponate des kirchlichen und weltlichen Lebens der Griechen aus Konstantinopel und Kleinasien ausgestellt: Gold- und Silberschmuck, Ikonen, Aquarelle und Kupferstiche.

Die **Säle 17 bis 19** zeigen als einzigartige Komposition den Nachbau dreier Herrenhäuser des mittleren 18. Jh. aus Kozáni Herausragend sind der Steinkamin, Schnitzarbeiten, Teppiche und wertvolle Stickereien

Griechische Goldschmiedekunst

an den Wänden sowie die handgeschnitzte Holzdecke in Raum 17.

Nordgriechenland ist auch für seine hohe Kunst der Gold- und Silberschmiede bekannt. Ausgewählte Stücke findet man in den Vitrinen des **Saals 20**.

Der folgende **Saal 21** zeigt wieder Frauen- und Männertrachten aus Thessalien und dem Épiros, während **Saal 22** dem Peloponnes gewidmet ist. Ausgestellt sind hier ebenfalls Trachten, aber auch Lithographien, Aquarelle sowie Truhen.

Schriftstellerische Dokumente, Aquarelle, Kupferstiche und Ölmalereien von Griechenlandreisenden des 17. bis 19. Jh. versammelt **Saal 23**.

Als weiterer Regionalraum der griechischen Landschaften dient der **Saal 24** den Saronischen Inseln. Neben Bildern finden sich vor allem Holzgegenstände, Trachten und Schmuck von Hýdra und Spétses aber auch von der Insel Salamís.

Die **Säle 25 bis 28** umfassen weitgehend kirchliche Exponate aus verschiedenen Regionen Griechenlands, so z. B. einen Epitáphios, ein Weihwasser- und ein Taufbecken, ein Ziborium und ein Kirchenbanner in Saal 25, Ikonen, Kreuze und Stickereien in den Sälen 26 und 27 sowie Gold- und Silberarbeiten in Saal 28.

Im **ersten Obergeschoss des alten Palastes** setzt sich der Rundgang mit **Saal 29** fort. Er zeigt alte Musikinstrumente, Stickereien und Zeichnungen, volkskundliche Dokumente und Kirchenmusik in handschriftlichen Noten.

Während die Exponate des **Saals 30** der Seefahrt gewidmet sind, gehören die **Säle 31 und 32** dem bäuerlichen Landleben. Sehenswert sind ein Pflug, hölzerne Becher, Trinkhörner, Schnitzereien, Werkzeuge aller Art und einige Keramiken.

Die Exponate im **zweiten Obergeschoss** stammen aus der neueren Landesgeschichte. In den **Sälen 33 und 34** werden bedeutende Persönlichkeiten der Befreiungskriege gewürdigt, in Saal 33/*Vitrine 1* der Dichter Diónysios Solomós und der philhellenische Engländer Lord Byron. Von Solomós ist ein Siegel, von Lord Byron sind Schreibmaterialien und Pistolen ausgestellt. *Vitrine 2* präsentiert Gegenstände aus dem Besitz von Rígas Feréos, Státhis Papageórgis und Fótis Tzavéllas. Von Aléxandros Ypsilántis ist das Modell seines Grabmals zu sehen. *Vitrine 3* erinnert an die Freiheitskämpfe auf dem Peloponnes unter Theódoros Kolokotrónis und an den Aufruf des Bischofs Germanós von Pátra. Die Helden der Seeschlachten gegen die Osmanen werden in *Vitrine 4* geehrt: u. a. Konstantínos Kanáris, Andréas Miaoúlis und Manólis Tompázis. Die *Vitrinen* in Saal 34 zeigen Waffen, Siegel, Handschriften und weitere Stücke der Befreiungskämpfe sowie Aquarelle und Ölgemälde. Namentlich sind Petrobay Mavromichális, Márkos Bótsaris, Geórgios Karaiskákis und Ioánnis Kapodístrias hervorzuheben.

Vitrine 1 in **Saal 35** stellt Schmuck aus ganz Europa aus dem 15.–19. Jh. aus. König Otto und seiner Zeit sind die *Vitrinen 2 und 3* gewidmet. Trachten, Gold- und Silbermünzen sowie Patronentaschen sind darin versammelt. Möbel und Bilder runden die Komposition des Saals ab.

Im **Saal 36** endet der Rundgang mit dem politischen und künstlerischen Griechenland des 19. und 20. Jh. Gleich rechts am Eingang steht der Schreibtisch, an dem König Otto am 18. April 1844 die Verfassung des Königreichs Griechenland unterzeichnet hat. Selbst die Feder ist ein Original. *Vitrine 1* präsentiert Waffen, teils Beutestücke von den Türken, Gefäße und Schmuck aus Frankreich und England. In *Vitrine 2* lassen sich Trachten des griechischen Hofs aus der Epoche von König Geórgios I. und Königin Olga bewundern. *Vitrine 3* erinnert mit Fotos, Medaillen und Dokumenten an die Kämpfe in Makedonien. Schließlich wird der mehrfache liberale Ministerpräsident Elefthérios Venizélos mit der *Vitrine 4* geehrt. Die Exponate umfassen seine typische Kopfbedeckung, seine Brille und viele Fotografien. Hinter der Vitrine befindet sich eine Venizélos-Büste. *Vitrine 5* zeigt wichtige Bücher bedeutender Autoren, *Vitrine 6* stellt Handschriften von Odysséas Elýtis und Ioánnis Rítsos aus. In der Mitte des Saals kann man dann in *Vitrine 7* die Urkunden und Goldmedaillen der griechischen Nobelpreisträger Sephéris (1963) und Elýtis (1979) betrachten.

Ⓒ Mo, Mi, Fr, Sa 9–17 Uhr, Do 9–24 Uhr, So 9–15 Uhr, Di geschlossen. Eintritt 6 €, erm. 3 € (Do freier Eintritt), freier Eintritt für Studenten, Lehrer und Journalisten. ✆ 210-3671000, www.benaki.gr.

Weitere „Zweigstellen" sind:

Neues Benáki-Museum (Kulturzentrum Pireós/Andronikoú-Str. 178, ✆ 210-3453338), geöffnet Mi, Do, So 10–18 Uhr, Fr/Sa 10–22 Uhr, Mo u. Di geschlossen.

Benáki-Museum für Islamische Kunst (Agion Asomaton 22 & Dipilou, Kerameikós, ✆ 210-3225550), geöffnet Di, Do–So 9–15 Uhr, Mi 9–21 Uhr, Mo geschlossen.

Museum Goulandrís für kykladische und antike griechische Kunst: Neofýtou Doúka-Straße 4. Ein Teil des Privatmuseums ist in einem sehr schönen neoklassizistischen Gebäude, dem Mégaron Stathátou, nahe dem Leofóros Vasilíssis Sophías untergebracht. Die hervorragend, nach neuesten museumspädagogischen Richtlinien präsentierte und ausführlich dokumentierte Sammlung des verstorbenen Reeders Nikólas Goulandrís beherbergt auf etwa 2000 qm rund 350 Exponate kykladischer Kultur vom 3. Jt. v. Chr. bis in römische Zeit, zusätzlich hunderte neolithische, klassische und hellenistische Stücke aus ganz Griechenland. Im Mittelpunkt steht die eindrucksvolle Sammlung von *Kykladenidolen*. Tipp für Liebhaber dieser erstaunlich zeitgemäß wirkenden Kunst: Im angeschlossenen *Museums-*

Shop kann man originalgetreue Kopien der Idole erwerben. Zur leiblichen Stärkung gibt es ein *Bistro* im Kellergeschoss, wo auch pädagogische Lehrveranstaltungen zum Museum stattfinden.

Der Schwerpunkt des Museums ist gleich im **1. Stock** zu sehen: Die kykladische Sammlung ist mit etwa 350 Stücken die größte, bedeutendste und wertvollste Griechenlands. Sie umfasst die gesamte Periode der Kykladenkultur von 3200 bis 2000 v. Chr. Bedeutendste Exponate sind ein 1,40 m hohes sitzendes weibliches Marmoridol aus Amorgós, außerdem eine sitzende männliche Statuette, die mit einem Becher in der Hand einen Trinkspruch ausbringt sowie stark abstrakte Idole von Violinenspielern aus dem 3. Jt. v. Chr. Hinzu kommen Dutzende Idole von Musikanten (Flöte, Harfe), Jägern und Kriegern, außerdem sogar mehrfigurige Kompositionen.

Ebenfalls von den Kykladen stammen marmorne Farbpaletten und Pfannen aus Ton, die entweder tatsächlich zum Kochen oder aber als Kultgegenstand verwendet wurden. Wunderschön ist auch die einzigartige Taubenschale, in der auf zwei Leisten 16 winzige Tauben sitzen. Der Saal beherbergt auch den *Schatz von Kéros*, einer kleinen, heute unbewohnten Insel zwischen Náxos und Amorgós. Zu den Funden von dort gehören unzählige Bruchstücke von Idolen, Marmorschalen, Obsidian-Werkzeuge und Tonkannen.

Kykladenidole – zeitlos schön

Bekannt wurde die frühkykladische Kultur vor allem durch die Marmoridole, die auch immer wieder die Kunst des 20. Jh. beeinflusst haben. Dass ihnen jedoch ein völlig anderes kulturelles Gedankengut zugrunde liegt, zeigt sich schon an der Tatsache, dass viele der heute in „abstraktem Weiß" erstrahlenden Idole ehemals bemalt waren.

Zwar stammen die meisten Idolfunde aus Gräbern und stehen damit gewiss mit dem Totenkult in Verbindung, doch ihre Bedeutung ist bis heute ein Rätsel für die Wissenschaft. Waren es, ähnlich wie die ägyptischen Ushebtis, kleine Dienerfiguren, die für den Toten die im Jenseits anfallenden Arbeiten verrichten sollten, waren es Abbilder der großen Göttin oder eine Art Talisman, der den Dargestellten unter den besonderen Schutz der Götter stellte? Wir wissen es nicht, aber wir können annehmen, dass sie für die damaligen Menschen sehr wichtig waren, da ihre Herstellung doch erheblichen Zeitaufwand erforderte.

Auch in frühkykladischer Zeit entwickeln sich die abstrakten und figürlichen Idole unabhängig voneinander weiter. Die *Violinidole* werden noch weiter abstrahiert, die Einbuchtungen in der Körpermitte verschwinden, und es entstehen die *Spatenidole* mit einem rechteckigen Körper und langem Hals. Erst spät in dieser Periode gibt es auch wieder figürliche Idole, den *Plastíras-* und den *Loúros-Typ*. Die Plastíras-Idole überraschen durch ihre Detailfreudigkeit: Anatomische Einzelheiten wie Augen, Nase, Mund, Halsansatz, Brüste, Nabel und sogar Kniescheiben sind durch Bohrungen und Ritzungen angegeben. Meist handelt es sich dabei um weibliche Statuetten – offenbar rankt sich ihre Bedeutung um Fruchtbarkeitsrituale. Männliche Idole sind seltener und zeigen Posen von Jägern und Kriegern.

Die relativ schlanken weiblichen Figuren mit eingezogener Taille und eckiger Armpartie haben die Hände unter der Brust zusammengelegt. Viele von ihnen tragen eine kappenartige oder bienenkorbförmige Kopfbedeckung. Erstmals tauchen hier auch Männerfiguren auf. Der Loúros-Typ ist wesentlich abstrakter. Auf anatomische Details wird hier fast völlig verzichtet, und die Arme verkümmern zu kleinen Stummeln.

Kolonáki
Karte Seite 129

Der **2. Stock** ist der gesamten antiken griechischen Kunst und Kultur gewidmet. Neben den etwa 350 Exponaten vom 15. Jh. v. Chr. bis ins vierte nachchristliche Jahrhundert finden sich auch Erläuterungen zum Leben in der Antike, zu Religion und den Sitten. Zu den wichtigsten Stücken zählen goldene Scheiben aus dem 9. Jh. v. Chr. von Skýros, schwarzfigurige attische Amphoren und kleine Glasgefäße für ätherische Öle.

Im **3. Stock** finden wechselnde Ausstellungen, wissenschaftliche sowie kulturelle Vor+träge, Seminare und Tagungen statt.

Der **4. Stock** wird von der großen Privatsammlung von Karólos Polítis eingenommen. Ihre etwa 120 Exponate reichen vom 14. Jh. v. Chr. bis ins 6. Jh. n. Chr. Die wichtigsten Stücke sind korinthische Bronzehelme aus Olympía im 8. Jh. v. Chr., eine schwarzfigurige Hydria (6. Jh. v. Chr.), die Statuette eines Kithára-Spielers und geometrische Tonbehältnisse (8.–9. Jh. v. Chr.).

Die vor allem Kleinkunst umfassende Sammlung der Athener Akademie ist im neoklassizistischen Gebäude des **Mégaron Stathátou** untergebracht. Hier sind auch – vorübergehend – die wertvollsten Stücke ausgestellt, die beim Metrobau der Linien M2 und M3 gefunden wurden. Immerhin handelt es sich um mehr als 300 Exponate, die in die Zeit zwischen dem 17. Jh. v. Chr. bis zum 8. Jh. n. Chr. datiert werden. Sie stammen sowohl aus dem Privatleben der Athener als auch aus dem staatlichen und religiösen Bereich. Archäologen sehen eine Grabstele für das athenische Reiterheer aus dem 5. Jh. v. Chr. als wichtigstes Stück an.

Im **Saal 1** im Obergeschoss sind Reste von Opferbränden und Spielzeug ausgestellt.

Saal 1a zeigt Funde aus Werkstätten von Handwerkern.

In **Saal 2** beinhalten die Vitrinen Münzen, Schmuck und Goldringe.

Saal 3 zeigt das vollständig erhaltene Grab eines Hundes mit reichen Grabbeigaben.

Die **Säle 4 und 5** gehören menschlichen Begräbnissen, denn die Exponate stammen weitgehend vom Kerameikós. Zu sehen sind ein Kindergrab, Aschegefäße aus Bronze und Grabgefäße für ätherische Öle als Grabbeigabe. Eindrucksvoll ist auch ein Massengrab aus der Zeit der Peloponnesischen Kriege, als die Pest in der Stadt Athen mehr Tote als der Krieg gegen Spárta forderte.

⌚ Mo, Mi, Fr, Sa 10–17 Uhr, Do 10–20 Uhr, So 11–17 Uhr, Di geschlossen. Eintritt 7 € (bzw. Mo 3,50), erm. 3,50 €. Freier Eintritt unter 18 J., ✆ 210-7228321-3, www.cycladic-m.gr.

Byzantinisches und Christliches Museum: Leofóros Vasilíssis Sophías 22. Das in der Villa Ilíssia untergebrachte Museum liegt nahe der Metro-Station *Evangelismós*. Im mittelitalienischen Stil 1840 errichtet, zählt das Haus zu den schönsten Gebäuden der weiteren Innenstadt Athens. Früher stand es am Ufer des Flusses Ilissós, der aber umgeleitet wurde und nicht mehr zu sehen ist. Das Museum profitiert sehr von der tiefen Religiosität der Griechen, denn es wird mit Schenkungen reich bedacht und muss praktisch ständig vergrößert werden. Derzeit wird ein Erweiterungsbau errichtet. Zu sehen sind vor allem nachgebaute byzantinische Kirchen aus verschiedenen Epochen, dazu eine umfangreiche Kollektion sakraler Gegenstände und Ikonen. Bei Interesse organisiert das Museum pädagogische Programme zum Kennenlernen der byzantinischen Kultur.

Im **Innenhof** befinden sich u. a. das marmorne Baptisterium aus der Ágii-Apóstoli-Kirche der antiken Agorá und Teile eines byzantinischen Mosaiks.

Erdgeschoss: **Saal 1** zeigt typische Plastiken aus byzantinischer und nachbyzantinischer Zeit, aber auch frühchristliche Säulen, Sarkophage und Kapitelle.

In **Saal 2** wurde eine dreischiffige frühchristliche Basilika aus Originalen verschiedener Kirchen ganz Griechenlands nachgebaut. Weiterhin finden sich hier Skulpturen und Statuetten sowie Grabinschriften und Reliefs in den beiden kleinen Seitenräumen.

Skulpturen aus mittelbyzantinischer und Reliefs aus fränkischer Zeit sind in **Saal 3** ausgestellt. Wichtig sind insbesondere zwei Marmorabbilder der Muttergottes und eine Marmortafel, die drei Apostel zeigt.

Saal 4 wurde als byzantinische Kreuzkuppelkirche hergerichtet. Neben Reliefs und Säulen sind auch Marmorteile von der Akrópolis in die Sammlung integriert. Das

Adlerrelief mit der Schlange ist ein typisches Symbol byzantinischer Kirchen.

Saal 5 versammelt u. a. eine kleine handgeschnitzte Ikonostase aus Kefaloniá (17. Jh.) und zahlreiche Freskenreste vom Berg Áthos, aus Áttika und Délphi sowie ein Epitáphios.

Obergeschoss: Gleich im **Saal 1** findet sich ein Teil der riesigen Ikonensammlung des Museums. Das älteste Stück reicht bis ins 9. Jh. zurück, auch wenn diese Farbschicht später mehrfach übermalt wurde. Die Ikone stammt aus dem *Moní Evangelístria* bei Thíva. Weitere bedeutende Exponate sind eine Lázaros-Ikone aus dem 12. Jh., zwei Panagía-Vrefokratoússa-Darstellungen (eine gemalte Ikone aus Zypern und eine Mosaik-Ikone aus dem 14. Jh. aus Trígla), ein Ágios-Geórgios-Bildnis (13. Jh.) aus Kastoriá, eine Kreuzigungs-Darstellung (14. Jh.) aus der Christós-Elkoménos-Kirche von Monemvásia und eine Ágios-Michális-Ikone (14. Jh.).

In **Saal 2** lassen sich Teile von Kirchenfresken bewundern, u. a. aus der Kirche Ágios Geórgios (13. Jh.) von Oropós und von der Insel Náxos. Die Vitrinen präsentieren Gefäße aus Ton, Metall, Lampen, Kreuze und sakrale Kleinkunst. Bemerkenswert ist der Schaukasten mit dem 1951 entdeckten *Schatz von Mytiliní*: Goldmünzen, Schmuck und Silbergegenstände.

Die **Säle 3 und 4** präsentieren sakrale Gegenstände aus den ehemaligen kleinasiatischen Gebieten, die von Flüchtlingen nach 1922 mitgebracht wurden. Hervorzuheben sind Schmuckstücke mit Halbedelsteinen, Hochzeitskränze, Oklad-Stücke (Relief-Ikonen mit metallischem Überzug) und Reliquienschreine.

Byzantinische Kunst

⌚ Di–So 8–19.30 Uhr, Mo geschlossen. Eintritt 4 €, erm. 2 €, EU-Studenten frei.

Museum für die Geschichte der griechischen Tracht: Dimokrítou-Str. 7. Das von der Mädchenoberschule *Lýkion Ellinídon* verwaltete Museum befindet sich in einem zweistöckigen Haus aus dem Jahre 1920. Aufgrund der räumlichen Enge werden die etwa 250 Exponate in meist jährlich wechselnden Themenausstellungen (zu bestimmten Landschaften oder ethnischen Gruppen) im Erdgeschoss präsentiert. Die meisten Stücke sind lokale Trachten aus Athen und Áttika, aber auch Nordgriechenland und Kreta sind gut vertreten. Außerdem werden gelegentlich einige der 23 Trachtenpuppen aus Porzellan gezeigt, die einst Königin Olga gehört haben. Wer griechisch lesen kann, sollte einen Blick in die Bibliothek werfen. Es ist die größte Büchersammlung zu diesem Thema, und auch das Nationalarchiv für griechische Trachten ist dem Museum angeschlossen.

Di–So 9–14 Uhr, Mo geschlossen. Eintritt 2 €, erm. 1 €. ✆ 210-3611607.

Griechisches Kriegsmuseum: Ecke Leofóros Vasilíssis Sophías/Rizári-Str. 2. Das dem Verteidigungsministerium unterstellte Museum zeigt Exponate aus der griechischen Frühgeschichte bis zur Teilnahme am Korea-Krieg im Jahre 1952. Außen allerhand martialisches Kriegsgerät von Treibminen bis zum Bomber.

Di–Sa 9–14 Uhr, Mo geschlossen. Eintritt frei. ✆ 210-7252975-6.

Kolonáki Karte Seite 129

Archäologische Sammlung der Metro-Station Evangelismós (Linie M3): Blickfang der Station ist eine große Doppelvitrine. Besonders interessant in der rechten Vitrinenhälfte sind kleine Tonrohre aus der Wasserleitung des Peisístratos, mit denen im 6. Jh. v. Chr. Wasser vom Berg Ymittós in die Stadt Athen geleitet wurde. Außerdem sieht man Teile eines Töpferofens für Terrakottagefäße. In der linken Vitrinenseite ist ein Marmorgefäß zur Feuerbestattung ausgestellt, außerdem kleine Amphoren und weitere Kleinkeramik aus klassischer Zeit.

Tägl. während der Betriebszeit der Metro. Eintritt frei.

Lykavittós (Lykabettós)

Der markante, steile Hügel befindet sich etwas östlich vom Zentrum und bildet eine der grünen Lungen Athens. Im Stadtbild ist er leicht an der blendend weißen Gipfelkirche des Ágios Geórgios zu erkennen. Eine Zahnradbahn und eine Straße führen hinauf.

Vom Lykavittós – dem „Wolfshügel“ (auf Straßenschildern mitunter auch als Lykabettós bezeichnet), mit 278 m der höchste Punkt der Innenstadt – bietet sich eine überwältigende Aussicht auf das Athener Häusermeer, an klaren Tagen bis Piräus und dem Golf von Aégina. Natürlich ist der Blick auf die Akrópolis bestens und der Hügel ein guter Standort für Fotos von der Athener Burg. Ganz oben liegt die weiße **Kirche Ágios Geórgios** mit neueren, aber sehr schönen Fresken und einer reich ausgestatteten Ikonostase. Besonders am Wochenende kommen viele Athener hier herauf, um in den Cafés die Freizeit zu genießen und die Kirche zu besuchen. Weiter unten, am Ende der Zufahrtsstraße, treffen sich im Sommer Araber und Zigeuner, die hier unter freiem Himmel grillen, musizieren und tanzen.

Von der schönen Aussichtsplattform fällt der Blick auch auf das Lykavittós-Musiktheater mit seiner rostigen Stahlrohrkonstruktion und den bunten Kunst-

Weithin sichtbar – der Lykavittós-Hügel

stoffsitzen in der grünen Umgebung. Eine teils unterirdisch angelegte *Zahnradbahn* fährt täglich von 8.45 Uhr bis kurz nach Mitternacht zum Gipfel (Preis für die 150 m einfach 4,50 €). Ihre Talstation liegt am Ende einiger schweißtreibender Treppen an der Ploutárchou-Straße, vom Sýntagma-Platz über die breite Leofóros Vasilíssis Sofías leicht zu erreichen. Alternativ fährt auch der *Minibus* der *Linie 060* von der Vasiléos Iraklíou-Straße oder der Kanári-Straße hinauf (tägl. außer So). Hinunter kann man auch bequem in ca. 20 Min. zu Fuß gehen. Wer über die *Gennadíou-Straße* auf- oder absteigt, kommt am **Kloster Petráki** aus dem 18. Jh. vorbei, das in einem kleinen Garten auf der Ostseite der Straße liegt. Heute tagt die „Heilige Synode" hinter den dicken Klostermauern.

• *Essen* **I Prasiná Ténta**, Lófos Lykavittoú. „Das grüne Zelt" auf der halben Höhe zum Lykavittós ist eigentlich grün-weiß gestreift, man sitzt aber dennoch schattig und mit herrlichem Blick auf die Stadt und die Akrópolis. Es gibt kleine Gerichte, Kaffee und Drinks. Ruhiger Ort mit Flair, aber nicht ganz billig.

Abendstimmung auf dem Lykavittós

Zográfou

Zográfou ist ein wenig spektakuläres, aber relativ zentrumsnahes Wohnviertel. Es ist durchaus gemischt, doch überwiegt die jüngere Bevölkerung, auch viele Studenten leben hier. Historische Bausubstanz ist rar, moderne Betonklötze dominieren die Straßenzüge. Es gibt jedoch einige sehenswerte Museen in dem Viertel. Wer mit der Metro-Linie M3 nach Zográfou fährt, sollte an der Station *Mégaro Mousikís* aussteigen. Hier liegt der erholsame kleine **Eleftherías-Park** direkt an der Leofóros Vasilíssis Sofías. Mitten im Park erinnert eine Statue an den mehrmaligen griechischen Ministerpräsidenten Elefthérios Venizélos.

• *Nachtleben* **Mégaro Mousikís Athinón**, Ecke Vasilíssis Sofías/Kókkali. Die moderne Konzerthalle hat sich zu einer wichtigen Kultureinrichtung entwickelt. Veranstaltungen verschiedener Stilrichtungen. Viele ausländische Künstler haben hier schon Gastspiele gegeben, meist jedoch griechische Musik. ✆ 210-7282333. Aussteigen an der gleichnamigen Metro-Station der Linie M3.

Gounarópoulos-Museum: Gounaropoúlou-Str. 6. Geórgios Gounarópoulos (1889–1977) war ein Vertreter der poetischen Malerei und einer der wichtigsten zeitgenössischen Künstler dieser Stilrichtung. Das ihm gewidmete Museum ist in dem Haus untergebracht, in das er 1977 aus dem französischen Exil nach Athen zurückkehrte. Die Gestalten in seinen Bildern liegen alle zwischen Traum und Fantasie, von gegenständlicher Realität keine Spur. Bekannte Werke sind das 113 qm große Wandgemälde im Sitzungssaal des Athener Stadtrates und die Fresken in der Kirche Agía Triáda im Krankenhaus von Vólos. Im Museum sind auch einige persönliche Gegenstände aus dem Besitz des Künstlers ausgestellt.

1. Okt.–31. März tägl. 8.30–15 Uhr. Eintritt frei. ✆ 210-7777601.

Museum für Mineralogie der Universität: Panepistimioúpoli Zográfou (Geologisches Institut). Von den insgesamt etwa 100 Mineralien- und 150 Gesteinsarten der Sammlung sind ungefähr 2500 Mineralien und 400 Gesteine in dem seit 2000 neu eröffneten Museum ausgestellt. Im kleinen *ersten Saal* finden sich ausgesprochen hübsche Minerale aus Griechenland (beispielsweise aus den Gruben von Lávrio und auch Chalkidikí), aber auch aus anderen Teilen der Welt. Besonders bemerkenswert sind die Zirkone, Topase und Aquamarine aus dem Ural. Der *zweite Saal* ist wesentlich größer und zeigt eine nach wissenschaftlichen Gesichtspunkten aufgebaute Mineralien-, Gesteins- und Edelsteinsammlung. Die Edel- und Halbedelsteine sind teils geschliffen, teils auch völlig unbearbeitet. Bekannte griechische Ziersteine sind Schiefer aus Kaisarianí, Keratit aus Lávrio, Obsidian von Mílos und Granodiorit aus Xánthi. Eine Vitrine stellt auch Dokumente zu den beiden griechischen Vulkanen auf Santoríni und bei Méthana auf dem Peloponnes aus.

Allgemein Mo–Fr 9–13 Uhr, Sa/So geschlossen. Besuch nur nach Absprache möglich. Eintritt 1 €. ✆ 210-7274166.

Zoologisches Museum der Universität: Panepistimioúpoli Zográfou (Naturwissenschaftliches Institut). Das 1600 qm große Museum der Universität präsentiert Tierarten aller Gattungen und zählt zu den wichtigsten des Landes. Rechts des Eingangs sind die in Griechenland heimischen Vogelsorten gruppiert nach ihrem Lebensraum (Stadt, Land, Wald, Berge, Feuchtgebiete und Küste). Zwei Vitrinen zeigen Eier und Nester. Reptilien und Fische werden in der nächsten Abteilung vorgestellt. Sehenswert ist vor allem das 10 m lange Skelett eines Mittelmeerwals und der große Hai. In den Vitrinen links des Eingangs sind allerlei Weichtiere ausgestellt, außerdem Insekten von bunten Schmetterlingen bis zu schwarzen Käfern. Dahinter folgen ausgestopfte Wildtiere aus Griechenland und anderen Teilen der Welt.

Schneller Snack: Bananen

Mo–Fr 9–13.30 Uhr, Sa/So geschl. Eintritt 2 €, erm. 1 €. ✆ 210-7274727, www.biol.uoa.gr.

Paläontologisches Museum der Universität: Panepistimioúpoli Zográfou (Naturwissenschaftliches Institut). Das Universitätsmuseum in Zográfou ist das einzige paläontologische Museum Griechenlands. Ausgestellt werden versteinerte Tiere und Pflanzen aus dem ganzen Land. Rechts des Eingangs präsentieren die Vitrinen Funde aus dem Becken von Megalópoli auf dem Peloponnes: u. a. Knochen von Nashörnern, Flusspferden, Elefanten, Hirschen und Rindern. Auf der linken Seite ist eine Vitrine den Vorfahren des Menschen gewidmet. In der Mitte zeigen acht Vitrinen Fundstücke aus Pikérmi in Áttika, der sog. „Akrópolis der Paläontologie". Diese Tierknochen von Nashörnern, Giraffen, Hyänen, Affen und Wildkatzen sind etwa 5 Millionen Jahre alt. Auch relativ neue Funde, z. B. Bärenknochen aus Ioánnina, Zwergelefanten aus Tílos und ein Mastodon-Schädel aus Chíos, werden in dem Museum präsentiert.

Allgemein Mo–Fr 9–13 Uhr, Sa/So geschl., Besuch nur nach Absprache möglich. Eintritt 1 €. ✆ 210-7274166.

Boutique-Hund

Anthropologisches Museum der Universität: Goudí, Mikrás-Asías-Str. 75. Das anthropologische Museum wurde bereits 1886 gegründet und in der Zeit bis 1950 durch die erste Professur für Anthropologie an der Athener Universität entscheidend vergrößert. In den 90er-Jahren wurde die nun etwa 300 Exponate umfassende Ausstellung modernisiert. Schwerpunktmäßig gibt es paläanthropologische Stücke zu sehen, die nicht nur alle Kulturphasen der antiken Bevölkerung Griechenlands, sondern auch die Entwicklung der gesamten Menschheit umfassen. Eines der bedeutendsten Exponate ist ein neolithischer Schädel, der in Agiorítika in Arkádia auf dem Peloponnes gefunden wurde. Hinzu kommen zahlreiche, erst in jüngster Zeit entdeckte Objekte aus den Höhlen von Pírgos Dírou in der Méssa Máni, ebenfalls auf dem Peloponnes. In der prähistorischen Abteilung finden sich Rekonstruktionen von Körperteilen des Homo Heidelbergensis und des Neandertalers. Außerdem gibt es noch eine kleine ethnologische Sammlung.

Die Ausstellung ist teils als Dauer-, teils als Wechselausstellung konzipiert. Im Teil der Dauerausstellung sind die Vitrinen mit Schädeln, Knochen, Werkzeugen und Waffen chronologisch aufgebaut und beginnen vor 3,5 Milliarden Jahren. Interessant sind vor allem die anthropologischen Ausführungen über die Charakteristika der Menschen im östlichen Mittelmeer.

Mo–Fr 9–14 Uhr und 17–20 Uhr, Sa/So geschl. Eintritt frei. ✆ 210-7462358-60, http://anthropology-museum.med.uoa.gr.

Griechen unter sich: Straßenmarkt in Exarchía

Nördlich und westlich des Zentrums

Breite Straßenzüge, klassizistische Gebäude und graue Betonklötze bestimmen das Bild nördlich und westlich des Zentrums. Highlights sind das Archäologische Nationalmuseum an der Patissíon-Straße sowie das Studentenviertel Exárchia mit seinem alternativen Flair und Nachtleben.

Exárchia zählt zu den beliebtesten Ausgehvierteln Athens. Zwischen dem Lykavittós und der Patissíon-Straße erhob sich im November 1973 der studentische Protest gegen das griechische Obristenregime. Noch heute dominiert in *Anárchia* – wie das Viertel auch genannt wird – die alternative Studenten- und Anarchistenszene das Straßenbild. Allerdings gibt es mittlerweile hier nicht nur Underground-Läden, sondern auch gut eingerichtete Tavernen und ein lebendiges Nachtleben mit überwiegend griechischer Musik.

Zum absoluten Muss jeder Athen-Reise gehört neben der Pláka und der Akrópolis auch das *Archäologische Nationalmuseum*. Es ist das größte Museum Griechenlands und präsentiert die weltweit größte Sammlung der griechischen Antike. Wer alles im Detail sehen will, könnte problemlos eine Woche im Museum zubringen. Den Besuch auf mehrere Tage zu verteilen wäre sinnvoll, doch angesichts der gestiegenen Eintrittspreise sollte man sich besser einen Tag mit zahlreichen Pausen in den Museumscafés reservieren.

Nordwestlich der Platía Omónia liegt der Hauptbahnhof Athens etwa 20 Minuten zu Fuß entfernt. Von hier aus starten die Züge nach Nord- und Mittelgriechenland sowie auf den Peloponnes. Zwischen Omónia und dem Bahnhof haben sich entsprechend viele Hotels angesiedelt, die auf Kurzzeitgäste und Durchreisende eingestellt sind. Westlich der Bahnlinie beginnt das Stadtviertel *Kolonós*, südlich der Platía Karaiskáki liegt *Metaxourgío*. Ein wenig Erholung findet man im *Aréos*-Park zwischen der Patissíon und der Leofóros Aléxandras.

Nördlich des Aréos-Parks schließt sich *Kypséli* an, ein zentrumsnahes Wohnviertel mit überwiegend jüngerer, teils studentischer Bevölkerung, aber ohne touristische Sehenswürdigkeiten. Die außerhalb des Zentrums liegenden Stadtviertel *Filothéi*, *Psychikó* und *Chalándri* sind die Bezirke der reicheren Mittelschicht. Hier gibt es auch einige Villen, von denen jedoch hinter hohen Mauern praktisch nichts zu sehen ist. Entlang der Metro-Linie M1 liegen die wenig attraktiven Viertel *Galátsi*, *Néa Ionía*, *Néa Iráklio* und *Péfki*. Die gehobenen Wohnviertel der wirklich reichen Athener, *Maroússi*, *Kifissiá* (s. Kapitel ab S. 201) und *Ekáli*, bilden den nordöstlichen Stadtrand, bevor das *Pentéli*-Gebirge auf 1108 m ansteigt.

Die westlichen Stadtteile außerhalb des Zentrums sind fast reine Wohngebiete der mittleren und unteren Schichten. *Chalkidóna*, *Agía Anárgiri*, *Néa Filadélfia*, *Metamórphosi* und *Likóvrisi* befinden sich direkt an der Autobahn nach Chalkída, die Vororte *Peristéri*, *Liósia*, *Petroúpoli*, *Kamateró* und *Achanés* am Südhang des 1413 m hohen Óros Párnitha.

Zwischen Omónia und Attikí

Das Gebiet zwischen Omónia und Attikí ist durch graue Häuserreihen und breite, verkehrsreiche Straßen geprägt. Außer dem Archäologischen Nationalmuseum am Übergang zum Viertel Exárchia gibt es in diesem Bezirk weder nennenswerte Sehenswürdigkeiten noch größere Grünflecken. Bevor westlich das Viertel Kolonós beginnt, passiert man den Athener Hauptbahnhof, der das Zentrum des wenig entwickelten griechischen Schienennetzes bildet. Durch die Nähe zum Bahnhof und dem Stadtzentrum gibt es hier zahlreiche Hotels von der gehobenen Mittelklasse bis zu einfachen Studentenunterkünften. Schwerpunkte sind die Agíou-Konstantínou-Straße zwischen dem Omónia- und Karaiskáki-Platz sowie die parallel verlaufende Victor-Hugo-Straße zwei Blöcke weiter nördlich.

Übernachten (siehe Karte S. 146/147)

Zwischen den Bahnhöfen und dem Omónia-Platz liegen einige gute Mittelklassehotels, aber auch die Billigabsteigen der Stadt. Eine offizielle internationale Jugendherberge liegt, nur rund 15 Gehminuten vom Bahnhof entfernt, in der Victor-Hugo-Straße. Die Unterklassehotels sind oft alte und muffige Schuppen, gelegentlich sorgt jedoch eine freundliche Leitung für ein bisschen Atmosphäre. Rucksacktouristen und One-Night-Gäste stellen hier das Gros des Publikums. Nördlich des Omónia-Platzes liegt ein Rotlichtviertel, wo man sich auch in einigen nicht einschlägigen Billigstunterkünften einmieten kann. Wenngleich wir unsere Hotelempfehlungen diesbezüglich sehr akribisch recherchieren, ändert sich die wirtschaftliche Situation gerade bei den einfachen Unterkünften laufend (nicht zu laut wollen wir erwähnen, dass einigen Herrschaften die billigen Herbergen sogar ein Dorn im Auge sind). Sie sollten in jedem Fall die Zimmer besichtigen, bevor Sie einchecken. Unangenehme Nebenerscheinungen wie etwa Flöhe machen auch vor Nostalgie nicht Halt.

*** **Hotel Pythagorion (13)**, Agíou-Konstantínou-Str. 28, gehört zur Best-Western-Kette. Vermietet werden 56 renovierte Zimmer mit Bad, Balkon, Klimaanlage, doppelt verglasten Fenstern, Mini-Bar, Safe, Telefon, TV und Haartrockner. Bar und kleiner Konferenzraum im Hotel. DZ 65–100 €. ✆ 210-5242811-14, 📠 210-5245581, www.bestwestern.com.

*** **Hotel Oscar Inn (3)**, 43–45 Samou, Empfangshalle mit viel Marmor. Vermietet werden 77 rustikal eingerichtete Zimmer mit Bad, Balkon, Klimaanlage, Telefon, Radio und TV. Im Hotel stehen ein Restaurant, eine Bar und ein Konferenzraum zur Verfügung. EZ 83–90 €, DZ 95–105 € (inkl. Frühstück). ✆ 210-8813211-12, 📠 210-8820818, www.oscar.gr.

*** **Hotel Candia (6)**, Th.-Diligiáni-Str. 40 (Metrostation Metaxoughiou), großer funktioneller Kasten auf halbem Weg zwischen Omónia-Platz und Lárissa-Bahnhof. Alle 142 Zimmer mit Bad, Klimaanlage, Telefon und TV. Der Clou ist allerdings der Dachgarten mit Pool, Bar und freiem Blick auf Akrópolis und Lykavittós. EZ 50–75 €, DZ 63–110 € (inkl. Frühstück) – Internetbuchung ist günstiger. ✆ 210-5246112-16, 📠 210-5246117, www.candia-hotel.gr.

** **Hotel Cosmos (9)**, Psarón-Str. 16, großes Hotel mit 124 sehr schlichten, wenngleich geräumigen Zimmern mit Steinfußböden, TV, Bad und Telefon. 47 Zimmer mit Klimaanlage. Bäder mit 70er-Jahre-Charme, aber sauber, die Möbel sind auch schon älter. Nicht alle Zimmer haben Balkon. Freundlich geführte Rezeption. EZ 37 €, DZ 58–62 € (inkl. Frühstück). ✆ 210-5239201, 📠 210-5220125, www.travelguide.gr/athens/hotelcosmos.html.

*** **Hotel Ilion (14)**, Agíou Konstantínou 7, vermietet werden 104 mit Doppelglasfenstern isolierte Zimmer mit Bad, Klimaanlage, Mini-Bar, Telefon, TV und teilweise mit Balkon. Zimmer und Bäder nicht allzu groß, aber sauber und neuere Einrichtung. EZ 60–100 €, DZ mit Frühstück 73–120 €. ✆ 210-5237411-14, 210-5237415, 📠 210-5237411-14.

*** **Hotel Nana (2)**, Neofítou Metaxá 27–29, Chef Dimítris Kamboukos hat 47 Zimmer mit Bad, Balkon, Klimaanlage, Telefon, Radio und TV im Angebot. Einrichtung nicht mehr ganz taufrisch, aber sauber mit angenehmem Service. Freundlich geführte Rezeption. EZ 60–120 €, DZ 74–150 € (inkl. Frühstück). ✆ 210-8842211-14, 📠 210-8823220.

* **Hotel Hellas (12)**, Septemvríou-Str. 5, älteres Haus mit teilweise renovierten Zimmern, alle mit Bad, Klimaanlage und TV. Schlichte, funktionale Einrichtung. Bäder klein, aber sauber. Freundlich geführte Rezeption. EZ 40–55 €, DZ für 50–65 €. 3. ✆ 210-5224540 und 210-5228544.

Athens International Youth Hostel (11), Victor-Hugo-Str. 16, sechsstöckiger Bau mit Balkonen in zentraler Lage. Fußnähe zum Archäologischen Museum und Omónia-Platz. Supermärkte in naher Umgebung. Internationales Publikum aller Altersgruppen, freundliche Atmosphäre und gute Tipps von der Rezeption (24 Std.). Im Zuge der Olympischen Spiele sollte das ehemalige Hotel privatisiert werden, bisher nach wie vor dem internationalen Jugendherbergsverband angeschlossen. Anstelle der fälligen Gesamtrenovierung wurden nur die Zimmer gestrichen und mit AC ausgestattet. Freier Internetzugang, Leintücher ohne Aufpreis, Waschmaschine gegen Gebühr. Sehr freundliche Rezeptionisten, u. a. vormittags die deutschsprachige Brigitte. DZ 45–54 €, Bett im 3er-Zimmer 16–18 €, im 4er-Zimmer 14–17,50 €, im 6er-Zimmer 12–15 €. ✆ 210-5232540 und 210-5202549, 📠 210-5232540, www.athens-international.com.

Essen & Trinken/Cafés (siehe Karte S. 146/147)

Einfache Tavernen mit solider griechischer Küche prägen die Gegend. Im Angebot sind meist Fisch- und Fleischgerichte, gelegentlich auch Fastfood zum Mitnehmen.

Patcute (1), Ecke Kyriakoú/Aristotélous, direkt an der Platía Victorías. Der schöne Innenraum lässt einen die verkehrsreiche Umgebung vergessen, aber auch draußen sitzt man recht nett. Gegenüber auf dem Platz spielen abends die Kinder. Essen o.k.

Kávoula (7), Chíou 33. Die innen holzgetäfelte Tavérna von Tákis Goúnaris bietet ordentliche griechische Küche. Es gibt auch Plätze draußen auf der Straße. Spezialitäten sind Hühnchengerichte, Kalamari und Saganáki.

Filoxenía Eýboia (4), Krítis 28. Einfache Tavérna neben der Kirche Ágios Pávlos. Griechische Küche, insbesondere Fischgerichte: Garídes, Keravídes, Oktopus und Saganáki. Sitzplätze innen und gegenüber in der Fußgängerzone.

Geystikí Goniá (5), Psarón 48. Einfache Grillgerichte à la Souvláki, Gýros, Exochikó, Kontosoúvli, Kléftiko und Biftéki. Alles auch zum Mitnehmen. Tische auf der Straße und im modern eingerichteten Innenraum.

Skill (8), Chíou 39. Internet-Café, geführt von der freundlichen Holländerin Yvonne. Kaffee, Drinks und internationale Musik. Internet-Surfen kostet ca. 6 € pro Stunde.

Hauptbahnhof Athen

Etwa 15 Gehminuten nordwestlich der Platía Omónia gelegen erreicht man über die Agíou Konstantínou, Platía Karaiskáki und die Theódoros Diligiánni-Str. den fast provinziell anmutenden Hauptbahnhof der griechischen Hauptstadt mit zwei (!) Gleisen. Weil das Schmalspurnetz auf dem Peloponnes grundlegend saniert und auf Normalspur umgerüstet wird, wurde der ehemalige Peloponnes-Bahnhof stillgelegt. Eines der letzten Beispiele für industrielle Architektur – das alte Bahnhofsgebäude mit riesiger silberner Baldachin-Überdachung und historischen Fahrkartenschaltern mit Kristallleuchtern (seit 1985 unter Denkmalschutz) – wurde dabei schlicht dem Erdboden gleich gemacht.

Am „neuen" Hauptbahnhof – landläufig weiter Lárissa-Bahnhof genannt (und auch die benachbarte U-Bahn-Station trägt diesen Namen) – starten jetzt sowohl die Züge durch das westliche Áttika auf den Peloponnes, sowie nach Nord- und Mittelgriechenland. Wer zum Fährhafen Pátras oder weiter auf den Peloponnes möchte, kann von hier mit dem *Proastiakós* (S-Bahn) bis *Isthmós* (= Korínth – Busterminal für die meisten Überlandbusse auf dem Peloponnes) bzw. bis *Kiáto* und von dort mit dem normalen Zug weiter bis Pátras fahren.

Von diesem kleinen Bahnhof starten die Züge auf den Peloponnes

Auskünfte am Hauptbahnhof in Athen gibt es in griechischer und englischer Sprache, außen mehrere Kartentelefone (auch ein Café, ein weiteres im Wartebereich) und Gepäckaufbewahrung. International bekannte typische Bahnhofsszene, deshalb: Vorsicht mit Wertsachen!

Die grundlegende Streckensanierung soll das ramponierte Renommee des griechischen Schienennetzes aufpolieren. Allenfalls der vergleichsweise günstige Preis rechtfertigt bislang eine Fahrt mit der Bahn, ansonsten sollte man im Fernverkehr Überland- und Expressbusse vorziehen.

• Verbindungen Der Hauptbahnhof liegt an der Theódoros-Diligiánni-Str. (gut beschildert). Wer mit der Metro zu den Bahnhöfen will, muss auf der Linie M2 Richtung Ágios Antónios an der Station „Stathmós Laríssis" aussteigen (5.30–24 Uhr ca. alle 3–10 Min., Metrostation direkt gegenüber dem Hauptbahnhof). Die blauen Stadtbusse 057 fahren ab der El.-Venizelou-Str. im Zentrum (5.30–24 Uhr ca. alle 15 Min., Ticket 1 €, 90 Min. in allen öffentl. Verkehrsmitteln der Stadt gültig) zum Vorplatz auf dem Lárissa-Bahnhof. Bei Ankunft stehen am Bahnhof Taxis bereit. Wer mit Gepäck lieber zu Fuß ins Zentrum will, ist bis zum Omónia-Platz etwa 15 Min. unterwegs.

• Fahrplan und Zuginformationen www.ose.gr.

Übernachten (S. 143/144)
2 Hotel Nana
3 Hotel Oscar Inn
6 Hotel Candia
9 Hotel Cosmos
11 Jugendherberge
12 Hotel Hellas
13 Hotel Pythagorion
14 Hotel Illion

Essen & Trinken (S. 144)
1 Patcute
4 Filoxenía Eýboia
5 Geystikí Goniá
7 Kávoula
8 Internet-Café Skill
10 Archaíon Géfsis

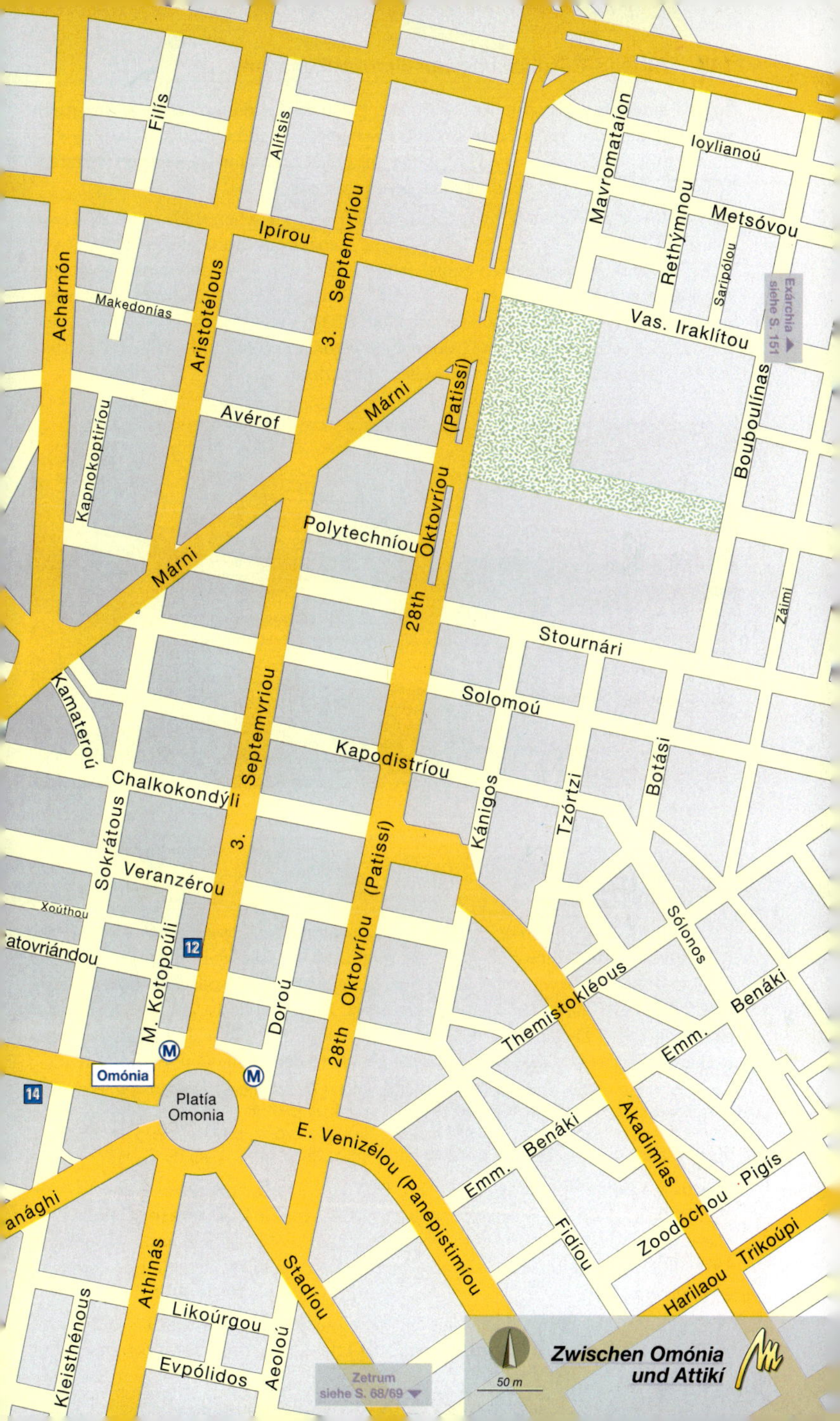

Filís
Alítsis
Mavromataíon
Ioylianoú
Metsóvou
Rethýmnou
Saripólou
Ipírou
3. Septemvríou
Acharnón
Aristotélous
Makedonías
Vas. Iraklítou
Exárchia siehe S. 151
Márni
(Patissí)
Kapnokoptiríou
Avérof
Bouboulínas
Oktovríou
Polytechníou
Márni
28th
Záimi
Stournári
Kamateroú
Solomoú
Kapodistríou
Chalkokondýli
Septemvríou
Botási
Kánigos
Tzórtzi
3.
Sokrátous
Veranzérou
(Patissí)
Xoúthou
Sólonos
atovriándou
M. Kotopoúli
Oktovríou
Themistokléous
Doroú
Benáki
Emm.
28th
Omónia
Platía Omonia
E. Venizélou (Panepistimíou
Akadimías
Benáki
Emm.
Pigís
anághi
Zoodóchou
Fidíou
Athinás
Stadíou
Trikoúpi
Harilaou
Kleisthénous
Likoúrgou
Aeoloú
Evpólidos
Zetrum siehe S. 68/69
50 m
Zwischen Omónia und Attikí

Ágios-Panteleímon-Kirche: Archanón-Str. 121. Von der reinen Gebäudedimension her gesehen ist die Ágios Panteleímon zwischen Attikí und Omónia die größte Kirche im Innenstadtbezirk. Die Umgebung der Odós Archanón ist dagegen wenig sehenswert und wird von Betonhochhäusern geprägt.

Nationaltheater: Agíou-Konstantínou-Str. 22. Das zwischen 1895 und 1901 von Heinrich Ziller errichtete neoklassizistische Gebäude ist mit reichen dekorativen Elementen und korinthischen Säulen ausgestattet. Einflüsse der Renaissance sind unverkennbar. Als Vorbild für die Fassade diente die antike Hadrians-Bibliothek am Monastiráki-Platz. Es war das offizielle Theater der griechischen Könige und wurde 1924 von „Königliches Theater" in „Nationaltheater" umbenannt. Unterdessen wurde das Gebäude innen und außen restauriert.

Platía Metaxourgío

Metaxourgío

Zwischen der breiten Pireós-Straße und der Leofóros Konstantinoupóleos (bzw. der Bahnlinie Richtung Piräus) liegt Metaxourgío. Es ist eines der ältesten Viertel der Stadt und zählte – bevor vor etwa 100 Jahren der Name Metaxourgío entstand – zum nach Süden angrenzenden Viertel Kerameikós. Metaxourgío ist ein Wohngebiet der einfachen Leute. Die Häuser sind meist gesichtslose und schon stark angegraute Betonklötze ohne Flair. Es gehört auch nicht gerade zu den saubersten Vierteln Athens.

• *Verbindungen* Vom Stadtzentrum aus ist Metaxourgío gut **zu Fuß** zu erreichen. Einige **Buslinien** fahren von der Akadimías durch Metaxourgío in die westlichen Stadtteile. **Taxis** findet man an der Platía Karaiskáki und der Platía Metaxourgío. Metaxourgío verfügt über eine eigene, gleichnamige **Metro**-Station auf der Linie M2.

Städtische Gemäldegalerie: Pireós-Str. 51/Platía Koumoundoúrou. Mehr als 2500 Werke umfasst die Bildersammlung der Stadt Athen. Sie ist in einem schönen neoklassizistischen Palast mit Arkadenbögen untergebracht. Das Gebäude stammt von 1874 und wurde unter der Schirmherrschaft Königin Olgas ursprünglich als Waisenhaus errichtet.

Die Sammlung beginnt um die Zeit der Befreiungskriege und reicht bis zur Gegenwart. Fast alle bedeutenden Künstler des 19. und 20. Jh. sind mit Werken vertreten.

Die Stilrichtungen führen von der Ionischen über die Münchner Schule bis hin zum griechischen Impressionismus, ein Raum ist den Zeitgenossen gewidmet. Neben Bildern unterschiedlicher Maltechniken sind auch bedeutende Stiche zu sehen, während die Skulpturensammlung dürftiger ausfällt.

Mo–Fr 9–13 und 17–21 Uhr, So 9–13 Uhr, Sa geschl. Eintritt frei. ✆ 210-3243023.

Archaíon Géfsis – die antike griechische Küche lebt!

Im *Archaíon Géfsis* unternimmt man eine faszinierende Reise in die antike griechische Küche. Es gibt Essen, Getränke und interessante Konversation in einer Art antikem griechischen „Symposium". Das 1998 eröffnete Restaurant liegt in einem stimmungsvollen und mehr als 100 Jahre alten Steingebäude in Metaxourgío, einem Teil des historischen Stadtviertels Kerameikós. Man sitzt in einem romantischen Innenhof mit Fackelbeleuchtung und dekorativen Elementen aus der Antike. Rustikale Tische und Stühle sorgen für einen weiteren archaischen Touch. Das Essen wird in Ton- und Steingut serviert. Wie es vor 2500 Jahren üblich war, wird nur mit Messer und Löffel gegessen. Einfallsreiche Zusammenstellungen stehen auf der Karte, z. B. geräucherter Aal mit Spargel und Oregano, Ziegenschenkel mit Knoblauch-Kichererbsenpüree, gebratene Leber mit Netz vom Lamm, Tintenfisch in Tinte, Lammrippen mit Grill-Zucchini oder gefülltes Spanferkel. Danach gibt es antike Desserts. Traditionelle Musik rundet den ungewöhnlichen Rahmen ab.

Die Eigner des *Archaíon Géfsis* wollen in ihrem Restaurant eine Philosophie des antiken Essens zelebrieren. Grundlage dafür sind reale Forschungen gelehrter Professoren und Archäologen. Gefunden wurde u. a. ein antikes Rezeptbuch. Das Thema ist dabei aber nicht nur, was die antiken Athener aßen, sondern wie sie das Essen in eine echte Freude verwandelten. Im Unterschied zu heute mussten sie allerdings nicht so viel arbeiten. Bei 20.000 Bürgern und 400.000 Sklaven blieb genügend Zeit, sich Philosophie, guter Nahrung und dem Wein zu widmen. Bekannt ist, dass ein hoher Anspruch an den Geschmack des Essens bestand und sicherlich auch der Gesundheitsaspekt nicht vernachlässigt wurde. Die Kombinationen sollen vorzüglich geschmeckt haben, obwohl einige heute selbstverständliche Nahrungsmittel in der Antike nicht zur Verfügung standen: Reis, Kartoffeln und Tomaten waren unbekannt, Kaffee oder Zucker mussten mit Bestandteilen aus Gerste ersetzt werden. Alternativen gab es aber offenbar genügend.

In einem speziell eingerichteten Raum wird ein ganz besonderes Abendessen für sieben Personen angeboten, das sog. *Seven-Recliner-Symposium*. Die Teilnehmer „liegen" in luxuriösen Lehnstühlen, werden in Talare sowie Sandalen gekleidet und tragen einen Efeu-Kranz auf dem Kopf (Schuhe und Gewänder dürfen später als Souvenir mitgenommen werden). Auch das Service-Personal ist ganz den antiken Sitten angepasst. Das Dinner startet mit aromatischem Honigwein, danach folgen zahlreiche Vorspeisen und Hauptgerichte mit aromatischen Kräutern, die auf speziellen Keramikplatten serviert werden. Am Ende werden klassische Desserts serviert. Zum Essen gehört auch eine besondere Konversation, die Diskussion, Witze, Spiele, Rätsel und andere mentale Stimulationen beinhaltet. Und natürlich fehlen weder Gitarren- noch Flötenspieler in der Runde. So lernt man perfekt die Geheimnisse der antiken Küche und des antiken Genusses beim Essen kennen.

Adresse Kodrátou 22 (s. Karte S. 146/147, **10**). Di–Sa 17–1 Uhr, So 12.30–17.30 Uhr, Mo geschl., Reservierung ratsam, ✆ 210-5239661, www.arxaion.gr. Aufgrund des großen Erfolges hat eine weitere Taverne im gleichen Stil eröffnet: Piräus, Epídavrou-Str. 10, Kastella, ✆ 210-4138617.

Exárchia

Hier dominiert die Alternativ-Szene. Grafitti an den Häuserreihen sind ebenso zu finden wie schicke, farbenfrohe Straßenzüge mit klassizistischen Gebäuden. Es gibt einige gute Tavernen und ein lebendiges Nachtleben.

Exárchia ist das bekannte Studentenwohnviertel zwischen dem Lykavittós und dem Archäologischen Nationalmuseum. Hier begann im November 1973 der studentische Protest gegen die Militärregierung, die schließlich 1974 gestürzt wurde. Zwar sind auch die Athener Studenten im Laufe der Jahre ruhiger geworden, doch dominiert in Exárchia noch immer die Anarchistenszene das Straßenbild. Die übrigen Athener nennen das Viertel daher gerne „Anárchia". Polizei und Behörden tolerieren das Viertel stillschweigend als „verbotene Stadt".

Exárchia ist aber auch eines der beliebtesten Ausgehviertel Athens. Das Zentrum, die *Platía Exarchíon*, liegt nur fünf Fußminuten vom Omónia-Platz entfernt. In den Straßen und rund um die Platía haben sich zahlreiche Cafés, Bistros, Tavernen, Jazzclubs und Rebétiko-Lokale angesiedelt. Besonders Studenten und Künstler sind hier anzutreffen, allerdings oft erst ab Mitternacht. Da sich alles nicht so fein herausgeputzt wie in der Pláka oder in Psirrí präsentiert, sieht man Touristen hier eher selten flanieren. Schwerpunkte sind neben der Platía die Emmanouíl-Benáki-Straße, die Themistokléus-, die Kallidromíou-, Aráchovas- und die Valtetsíou-Straße. Ruhiger geht es in der Fußgängerpassage von der Platía hinauf zur Kallidromíou zu. Dort findet man viele kleine, gemütliche Tavernen in lauschigen Gärten.

Kallidromíou - die „schöne Straße"

Massive Polizeiaktionen haben Ende der 90er-Jahre die damals in Exárchia ansässige Drogenszene aus den Straßen des Viertels vertrieben. Buchhandlungen, Musikaliengeschäfte, Kunstgewerbe und preiswerte Boutiquen für junge Mode findet man heute in der Sólonos, Mavromicháli, Sína und vor allem in der Ippokrátous-Straße. Ein weiteres Zentrum zum Einkaufen und Essen liegt rund um die Platía Kánigos sowie in den kleinen Fußgängerzonen zwischen der Themistokléus- und der Patissíon-Straße.

Verbindungen

Vom Stadtzentrum aus ist Exárchia bequem **zu Fuß** zu erreichen.

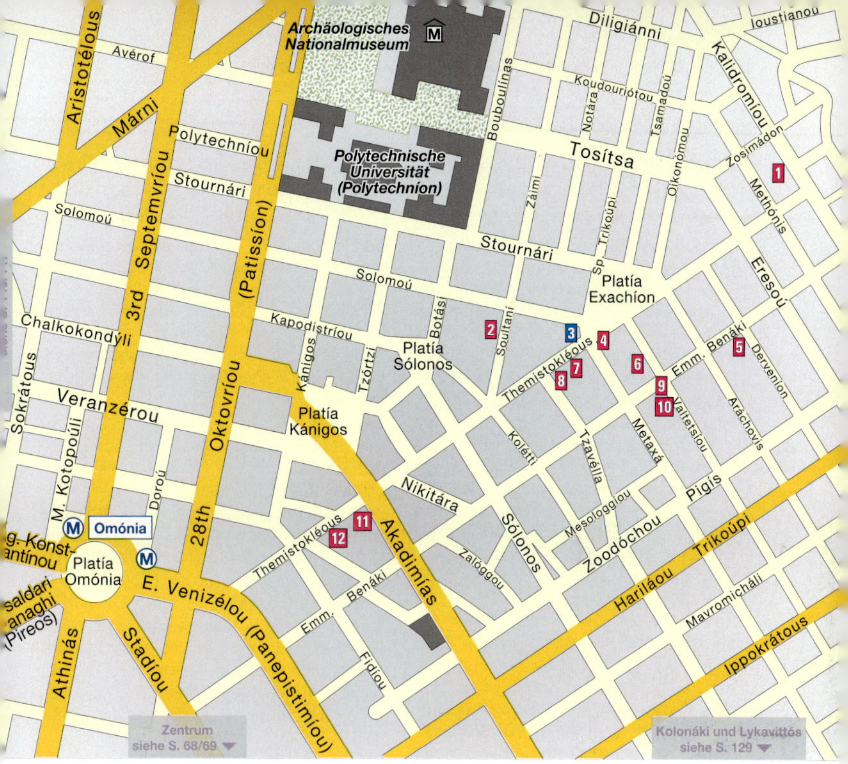

Übernachten (S. 151)

3 Hotel Exarchion

Essen & Trinken (S. 152/153)

1 Ama Lachei
2 Café Boémissa
4 Ginger Ale
5 Bárba Ioánnis
6 Rozalía
7 Binomagerémata
8 Café Rebétika Kávouras
9 Rififi
10 Café La Mentíra/Sálsa Bar
11 Pétrino
12 Aráchova

100 m

Exárchia

Mit der Akadimías liegt eine der größten **Busstationen** des Zentrums am Rande des Viertels Exárchia. Vor hier aus starten zahllose Linien. Busstopps außerdem in der Ippokrátous, in der Hariláou Trikoúpi und am Polytechníon.

Taxis findet man am Busbahnhof Akadimías und an der Platía Exarchíon.
Mit der **Metro** steigt man auf den Linien M1 und M2 am Omónia aus und erreicht Exárchia dann nach 5 Min. Fußweg durch die Themistokléous.

Übernachten

** **Hotel Exarchíon (3)**, Themistokléous 55, im einzigen Hotel dieses Viertels werden 60 schlichte Zimmer mit dunklen Holzmöbeln vermietet. Alle Zimmer mit Bad, Klimaanlage und TV. Uralte Kunststofffußböden, weiße Bäder schon älteren Datums, aber sauber. Frühstücksraum im 1. Stock, im Sommer Dachgarten. EZ 50 €, DZ 60 €, Frühstück kostet 5 €/Pers. extra. Internetbuchung ca. 5 € günstiger. ✆ 210-3800731, 📠 210-3803296, www.exarchion.com.

Essen & Trinken (siehe Karte S. 151)

In Exárchia finden sich durch das überwiegend studentische Publikum viele einfache Tavernen, in denen gutes und oft qualitativ hochwertiges Essen zu akzeptablen Preisen angeboten wird. Meist lockere und kommunikative Stimmung.

Bárba Ioánnis (5), Emmanouíl Benáki 94. Gemütliches altes Studentenlokal. Eigentlich nur eine Weinstube (Oinomagiríon), es gibt aber leckere bodenständige Hausmannskost, vor allem Fleischspezialitäten. Täglich wechselnde Gerichte, immer mind. 20 auf der Karte. Nachdem der Gründer Bárba Ioánnis 1990 starb (Foto hinter der Theke), hat der freundliche Dimítris den Laden übernommen. Urgriechisches Tavernen-Ambiente, bei Platzmangel wird zusammengerückt. Mit Hauswein wird nicht gegeizt. Preise 7–14 €. Kommunikativer und preiswerter Ort. Tägl. geöffnet, So nur bis 18 Uhr. Uneingeschränkte Empfehlung!

Binomagerémata (7), Themistokléous 66. Gemütliche Tavérna im einfachen Stil, innen alles in verschiedenen Gelbtönen bemalt. Angeboten werden in erster Linie Ofengerichte internationaler Couleur: griechisch, arabisch und indisch. Gäste sind vor allem das junge Publikum von der nahen Universität. Wer nur für ein Bier kommen will, ist auch willkommen. Im Winter sonntags Live-Musik.

Ama Lachei (1), Kallidromíou 69. Ziemlich weit oben am Stréfi-Hügel. Im großen Hof mit betörendem Jasminduft trifft sich die Athener Jugend zum fröhlichen und garantiert „touristenfreien" Essen, tolle Stimmung. U. a. erhältlich: Spetsofái, Loukániko und Moschári stámnas sowie Fisch. Leckere Spezialitäten aus der Kasserolle, z. B. Schnecken in Wein-Sauce. Preise im Rahmen.

Pétrino (11), Themistokléous 32. Mit Bildern, Schildern und Musikinstrumenten hübsch eingerichteter Natursteinbau. Eine Treppe führt zur Empore, wo weitere Tische stehen. Außerdem ein paar Plätze draußen in einer schmalen Seitengasse. Spezialitäten sind gegrilltes Hühnchen und Fisch. Freundliches Personal, das teilweise deutsch spricht.

Aráchova (12), Themistokléous 12. Gehobenes Souvláki-Lokal in einem hübschen, alten Steinbau mit viel Holzdeko. Die Bilder an den Wänden zeigen berühmte griechische Musiker und Sänger. Leckere Pítta, Gýros und Kalamákia. Bier und offener Wein. Tägl., außer So und Sa, nur bis 17 Uhr.

Rozalía (6), Valtetsíou 58. Weinüberrankter Innenhof mit Bäumen nahe der Platía Exarchíon. Bestellung der Vorspeisen durch Präsentation und Auswahl nach Gusto statt großer Worte. Hausmannskost und Hauswein. Die Spezialität heißt wie das Haus selbst: Rozalía (Schweinefilet in Weinsauce mit Reis), außerdem Hühnchen-Souvláki, Hahn in Weinsauce und Lammgerichte. Do, Fr, Sa Live-Musik im Obergeschoss; Preise 5–12 €. ✆ 210- 3821685. Empfehlung!

Rififi (9), Emmanouíl Benáki 69a/Valtetsíou. Modernes Restaurant mit griechischer Insel-Deko. Die traditionelle, leichte griechische Küche hat sich herumgesprochen und somit ist eine Reservierung auch an Wochentagen ratsam. Hauswein vom Fass, alles zu vernünftigen Preisen (12–18 €). ✆ 210-3300237.

Cafés & Nachtleben (siehe Karte S. 151)

Die Stimmung in den Cafés und das Nachtleben von Exárchia wird von den Studenten geprägt. Außerdem gibt es gute Adressen für griechische Musik.

La Mentíra/Sálsa Bar (10), Emmanouíl Benáki 78. Kaffee, Drinks und Bier aus Südamerika, dazu Latin-Music. Kleinigkeiten zu essen, Sandwiches und Eis. Gemischtes Publikum.

Boémissa (2), Solomoú 19. Rebétika Laiká. Der aktuelle In-Club für Rebétika-Musik in Exárchia. Im Winter (tägl. offen) ist meist kein Platz mehr zu bekommen, im Sommer nur 2-mal wöch. geöffnet. Oft treten bekannte Sänger auf. ✆ 210-38443836.

Rebétika Kávouras (8), Themistokléous 64. Rebétika-Musik live, tägl. ab 21 Uhr, So geschlossen. Der Souvláki-Laden nebenan gehört demselben Besitzer.

Dithýramvos, Ecke Katsóni 11/Ippokratoús. Von Mittwoch bis Samstag wird alte volkstümliche Rebétika-Musik live bis tief in die Nacht hinein gespielt. ✆ 210-6448115.

Ginger Ale (4), Themistokléous 74. Der Look

der 60er-Jahre wird in Exárchia gerne kopiert, hier ist aber alles original! Das neu eröffnete Café ist nicht zuletzt deshalb immer gut gefüllt. Geöffnet 10–ca. 2 Uhr. ✆ 210-3301246.

Ennéa Ógdoa, Leofóros Aléxandras 40. Rebétika-Musik live. ✆ 210-8821095.

Shopping

Neben den Einkaufsstraßen im Zentrum zwischen Sýntagma, Omónia und Monastiráki sowie in der Pláka zählt auch die **Patissíon-Straße** (auch Odós 28. Oktovríou) zu den Shoppingmeilen Athens. Dort erhält man nicht zu teure, aber qualitativ brauchbare Ware.

Kýma Paragogí, Kallidrómiou 59. Kleiner Laden für exklusive Weine zu akzeptablen Preisen. Von der Straße ein paar Stufen hinunter.

Psaltíri – Paradosiaká Mousiká Órgana, Emmanouíl Benáki 101. Hochwertige Nachbauten alter griechischer Volksmusikinstrumente: Bouzoúki, Lýra, Laoúto usw.

Taxi!

Aréos-Park: zwischen der Patissíon, der Leofóros Aléxandras und der Evelpídon-Straße. Die grüne Insel nördlich des Archäologischen Nationalmuseums bildet den Übergang der Stadtteile Exárchia/Neápoli und Kypséli. Der sehr weitläufige Park wurde 1934 angelegt, damals *Marsfeld* genannt. Im gesamten Areal finden sich zahlreiche Denkmäler und die beiden Kirchen *Taxiárchis* und *Ágios Charálambos*. Eine bronzene Reiterstatue von König Konstantínos I. steht gleich am Haupteingang am Egýptou-Platz.

Deutsches Kontakt- und Informationszentrum

Das Deutsche Kontakt- und Informationszentrum ist ein privater gemeinnütziger Verein, der den in Griechenland lebenden Deutschen, und da vor allem Frauen, als Anlaufstelle vorbehalten ist. Hier gibt es keinerlei touristische Informationen, sondern Auskünfte zu sozialen und vor allem frauenspezifischen Themen sowie dem Umgang mit griechischen Behörden. Außerdem wird zu Schule, Ausbildung, Beruf und Sozialversicherung beraten. Umweltschutz ist ebenfalls ein Thema. Hinzu kommen zahlreiche Veranstaltungen am Sitz des Vereins (ggf. Eintritt). Halbjährlich erscheint eine Mitgliederzeitung mit allen entsprechenden Hinweisen sowie einem Info-Markt, Reiseangeboten und Adressen deutschsprachiger Ärzte und Schulen.

Adresse Deutsches Kontakt- und Informationszentrum, Massalías 24, 10680 Athen, ✆/℡ 210-3612288, www.dkiz.gr. Vorsitzende des Vereins ist derzeit Vera Dimópoulos-Vosíkis.

Besuchermagnet Nr. 2: Archäologisches Nationalmuseum

Archäologisches Nationalmuseum

Das größte Museum Griechenlands ist ein unbedingtes Muss für jeden archäologisch Interessierten. Es wurde nach 20-jähriger Bauzeit 1888 fertig gestellt, zuletzt zwischen 2002 und 2004 grundrenoviert und umfasst die weltweit größte Sammlung der griechischen Antike. Seine heutige Gestalt bekam der Bau mit einer Erweiterung schon 1939. Nach dem Zweiten Weltkrieg wurden die Exponate von dem Direktorenehepaar Chrístos und Semní Karoúzos neu gruppiert. Diese Anordnung besteht noch heute, lediglich ergänzt durch später gefundene Stücke. Semní Karoúzou hat 1979 einen Katalog herausgegeben, der noch immer als bester (vollständiger) Museumsführer gilt. Da man für eine ausgiebige Museumsbesichtigung theoretisch fast eine Woche benötigen würde, haben wir im Folgenden nur einige herausragende Stücke aus verschiedenen Kulturepochen der Antike herausgepickt und für einen mehrstündigen Rundgang beschrieben.

• *Mykenische Sammlung* **Saal 3** zeigt mykenische Funde aus dem mittleren Griechenland, Áttika sowie von den Inseln der Ägäis.

Interessanter ist **Saal 4**, der ein Modell der Akrópolis von Mykene und einige Grabstelen präsentiert. Außerdem sind in diesem zentralen Raum die sensationellen Funde aus den Königsgräbern ausgestellt, die Schliemann in Mykene entdeckt hat. Dazu zählen vor allem die goldenen Masken aus dem 16. Jh. v. Chr. in den Vitrinen 3, 4 und 27, der goldene Brustschmuck, Bronzedolche mit goldenen Einlagen am Griff sowie weiterer Schmuck aus Gold und Silber. Hinzu kommen der berühmte Goldbecher des Néstor (Vitrine 18), zahllose goldbestückte Waffen, Helme, Siegelsteine, Goldringe, Statuetten und Elfenbeinfiguren aus den Kammergräbern. In Vitrine 9 sind einige Tontäfelchen mit der Linear-B-Schrift ausgestellt, die im Néstor-Palast bei Pýlos gefunden wurden. Sehenswert sind auch die Goldbleche der Totenhemden in Vitrine 28 sowie die Reste von Wandmalereien (Kopien) aus der Akrópolis von Mykene und der Wehrburg von Tíryns. Hinzu kommen bedeutende Keramikstücke aus mykenischer Zeit, dich sich auf zahlreiche Vitrinen des Saals verteilen.

• *Prähistorische Sammlung* Die chronologisch älteste Epoche des Museums findet sich in **Saal 5**. Menschliche Spuren lassen sich auf dem Gebiet des heutigen Griechenlands bis in die neolithische Zeit (6800–3200 v. Chr.) nachweisen. Ausgestellt sind hier auch Stücke bis zur Bronzezeit (2000–1600 v. Chr.), beispielsweise Werkzeuge, Waffen, Tonamphoren, Statuetten, Marmoridole und Schmuck.

• *Kykladensammlung* Die kykladische Sammlung mit Exponaten aus dem 3. Jt. v. Chr. konzentriert sich auf **Saal 6**. Vitrine 1 stellt Material zur Erläuterung des besonderen Charakters der kykladischen Kunst und ihrer Marmoridole aus. Die Kykladenidole gelten als Anfang der europäischen Bildhauerkunst. Das größte bisher gefundene Exponat, ein 1,52 m hohes weibliches Marmoridol von der Insel Amorgós, steht direkt links neben der Vitrine. Die nächste Vitrine zeigt die berühmten Musikerfiguren von der Insel Kéros: ein Flötenspieler und der sitzende Harfenspieler. Beide sind aus pariotischem Marmor gefertigt und wurden in einem Grab entdeckt. In den übrigen Vitrinen findet man prächtige Idole in allen Größen und aus verschiedenen Entwicklungsstufen der Kykladenkultur. Teils wurden Farbreste an ihnen nachgewiesen, was auf eine Bemalung schließen lässt. Weitere charakteristische Fundstücke aus kykladischer Zeit sind pfannenförmige Geräte, deren Zweck noch nicht eindeutig geklärt werden konnte (Vitrinen 56–58). Einige von ihnen tragen Einritzungen als Verzierung. Zu den sehenswerten Stücken des Saals zählen auch Überreste der Wandmalereien von Mílos, Funde von Sýros sowie die von etwa 1600 v. Chr. stammende Kanne mit den auf die Ausgießmündung gemalten Augen.

• *Skulpturensammlung* Die bis zu den Anfängen griechischer Bildhauerkunst im 7. Jh. v. Chr. zurückreichende Skulpturensammlung des Athener Nationalmuseums zählt zu den wichtigsten der Welt.

In **Saal 7** ragen die Amphora von Dipylon von ca. 760 v. Chr., Steinplatten aus Mykene und sitzende Statuen aus Délos von etwa 650 v. Chr. heraus.

Im **Saal 8** steht der überlebensgroße Koúros von Soúnion, eines der schönsten Beispiele dieser charakteristischen griechischen Jünglingsgestalten. Die von ca. 610 v. Chr. stammende archaische Plastik ist die älteste in diesem Stil und wurde beim Poseidón-Tempel von Soúnion ausgegraben.

Der berühmte Koúros von Mílos mit dem sanften Lächeln findet sich genauso in **Saal 9** wie eine der schönsten griechischen Mädchenstatuen.

In den **Sälen 10** und **11** werden Grabstelen, Statuen und weitere besonders schöne Koúroi gezeigt.

Wichtigstes Exponat von **Saal 12** ist ein Relief mit einem tanzenden Krieger aus dem 6. Jh. v. Chr.

Die künstlerische Weiterentwicklung der Kouroi wird in **Saal 13** deutlich: Der *Koúros Kroisos* ist eine weitere herrliche Statue, die um 520 v. Chr. aus pariotischem Marmor geformt wurde. Einzigartig ist die Harmonie der Formen – von vorn ein Bild der Kraft, von hinten vollendete Grazie der Bewegung.

Mit **Saal 14** beginnt der Übergang in die Zeit nach den Perserkriegen: Grabstelen, ein Statuenkopf der Afrodíti von Mílos und das bei Soúnion ausgegrabene Relief eines Athleten dominieren den Raum.

Ein Highlight des Museums ist natürlich die 2 m hohe Bronzestatue des Poseidón von etwa 460 v. Chr. in **Saal 15**. Sie wurde von Fischern beim Kap Artemíssion auf Évia aus dem Meer gezogen.

Saal 16 gehört fast vollständig antiken Grabreliefs, während **Saal 17** Fragmente aus dem Héra-Tempel von Árgos sammelt.

Saal 18 ist wieder Grabreliefs gewidmet, von denen einige vom Kerameikós stammen.

Kopien griechischer Statuen aus römischer Zeit finden sich in den **Sälen 19** und **20**.

Ein weiterer Höhepunkt der Skulpturensammlung ist das Bronzepferd mit dem kleinen Reiter in **Saal 21**, das ebenfalls beim Kap Artemíssion auf Évia aus dem Meer gefischt wurde.

Saal 22 versammelt Skulpturen vom Tempel des Asklipiós in Epídavros.

Mit den **Sälen 23** und **24** endet die große Sammlung von Grabstelen mit Exponaten aus dem 4. Jh. v. Chr.

Reliefs sind vom 5.–3. Jh. v. Chr. auch zu Urkunden- und Weihezwecken eingesetzt worden. Solche Exponate in teils hervorragend erhaltener Qualität zeigen die **Säle 25** bis **27**.

Mit dem **Saal 28** erfolgt der Übergang in die spätklassische Zeit. Zwei berühmte Jünglingsstatuen aus Marathónas und Antikýthira sind die wichtigsten Exponate des Raums.

Die **Säle 29** und **30** stellen Bildhauerarbeiten aus dem Hellenismus aus, z. B. die Themis-Statue aus Ramnús in Áttika und den Poseidón von Mílos.

In die Zeit der römischen Herrschaft über Griechenland fallen die Ausstellungsstücke in den **Sälen 31** bis **33**. Vor allem Skulpturenfragmente, Porträtstatuen und Köpfe finden sich in den drei Räumen.

• *Kleinbronzen-Sammlung* **Saal 36** präsentiert mit dem kleinen Reiter aus Dodóna aus dem 6. Jh. v. Chr. und Peplophóros vom Pindos-Gebirge aus dem 5. Jh. v. Chr. zwei weitere Höhepunkte des Museums. Die Vitrinen enthalten Bronzebleche, Votivbeile, Gefäße, Waffenteile, Helmbleche, medizinische Gerätschaften, Grabstelen, bronzeverzierte Wagenteile, Schmuck sowie Statuetten aus Metall und Terrakotta.

In **Saal 37** gibt es ein paar Hinweise zur Technik der Bronzeverarbeitung, außerdem Kessel, Schmuck, Kannen, Helme, Wagenteile und weitere Statuetten.

Die **Säle 38** und **39** versammeln Bronzefunde aus dem Heiligtum der Athená auf der Akrópolis der Hauptstadt sowie aus dem Zeus-Tempel von Olympía.

War es tatsächlich Agamemnon? – Einer der legendären Goldfunde Heinrich Schliemanns

• *Ägyptische Sammlung* Die ägyptische Sammlung mit etwa 300 Exponaten von vordynastischer Zeit (5000 v. Chr.) bis zum Niedergang der römischen Besatzung (395 n. Chr.) nimmt auf europäischer Museumsebene den vierten Rang ein.

Saal 40 präsentiert eine Statue mit Löwenkopf und weiblichem Körper, mehrere andere Statuen, Papyri und Gefäße aus Alabaster. Am anderen Ende des Saals sind eine Mumie und drei Sarkophage ausgestellt, außerdem Grabstelen und prächtiger Schmuck. Mehrere Vitrinen zeigen weitere Sarkophage, Mumien und Statuen.

In **Saal 41** sind Exponate aus vordynastischer Zeit zu besichtigen: Waffen, Schmuck, Terrakotta, Elfenbein, Steingefäße, Grabstelen, Pharaonenstatuetten, Skarabäen und eine Nilpferdstatue aus Granit.

• *Sammlung Stathatos* Die dem Staat 1957 von Eléni Stathatos gestiftete Sammlung von insgesamt 971 Exponaten ist im **Saal 42** untergebracht. Sie umfasst Stücke vom 5. Jt. v. Chr. bis zum Ende der Türkenherrschaft. Die ersten Vitrinen zeigen minoische und frühkykladische Steingefäße, Schmuck und Siegelsteine aus dem 14. Jh. v. Chr. Aus geometrischer und archaischer Zeit stammen Ohrschmuck und Bronzestatuetten. Bedeutend aufgrund seiner Seltenheit ist ein rotfiguriges Gefäß aus klassischer Zeit (Vitrine 19). Vitrine 23 präsentiert den Schatz aus Demetrías. In die hellenistische Zeit fällt der Schatz von Karpeníssi sowie ein hübsches Goldband mit Bergkristall. Aus römischer Epoche enthält die Sammlung mehrere Reliefs sowie wertvollen Schmuck. Vitrine 34 zeigt zwei Schatzfunde aus Chíos und Thessaloníki mit Schmuck aus byzantinischer Zeit. Mehrere Ikonen und Silbergefäße illustrieren die Jahre der türkischen Besatzung.

• *Keramik- und Kleinkunst-Sammlung* Im Obergeschoss des Museums befindet sich die Sammlung von Vasen und Kleinkunst-Gegenständen, die zu den größten der Welt zählt. Nach dem Erdbeben von 1999 war die Ausstellung zeitweilig geschlossen, ist nun aber wieder zugänglich. In chronologischer Reihenfolge werden alle griechischen Stile vom 11. bis zum 4. Jh. v. Chr. präsentiert.

Saal 48 gehört der minoisch-kykladischen Kultur von der Insel Santoríni (Thíra). Im einzigen Saal mit Klimaanlage sind einige der weltberühmten, erst Anfang der 1970er-Jahre entdeckten Wandmalereien unter-

Der „Artemision Jockey"

gebracht. Ein Vulkanausbruch hatte um 1500 v. Chr. die Stadt Akrotíri zugeschüttet – die Fresken blieben so beinahe vier Jahrtausende lang unter einer bis zu 60 m dicken Erd- und Ascheschicht verborgen. Ihre Entdeckung bedeutete eine archäologische Sensation. Zu den Höhepunkten des Saals gehören insbesondere das Antilopenfresko, die boxenden Knaben und die Frühlingslandschaft. Weitere Wandmalereien sind seit März 2000 im Prähistorischen Museum in Fira auf Santoríni ausgestellt. Neben den Fresken sind auch die Terrakottakannen und -gefäße sowie der Gipsabdruck eines Bettgestells aus Akrotíri von größerer Bedeutung.

Die Vitrinen der **Säle 49** und **50** zeigen Vasen aus geometrischer Epoche aus Áttika und anderen Gebieten Griechenlands. Ihre Bemalung folgt protokorinthischem oder orientalisierendem Stil.

Saal 51 präsentiert schwarzfigurige Vasen aus dem 7. Jh. v. Chr. aus Áttika und von den ägäischen Inseln, während in **Saal 52** ähnliche Exponate aus dem 6. Jh. v. Chr. ausgestellt werden.

Ebenfalls schwarzfigurige Vasen, allerdings nur aus Áttika, versammelt der **Saal 53**.

Schwarzfigurige und rotfigurige Vasen aus dem 6. Jh. v. Chr. finden sich in **Saal 54**.

Der folgende **Saal 55** zeigt rotfigurige Keramik aus dem 5. Jh. v. Chr.

Der Rundgang endet schließlich in **Saal 56** mit rotfigurigen Vasen aus dem 5. u. 4. Jh. v. Chr.

• *Adresse* Patissíon-Str. 44, vom Omónia-Platz zu erreichen mit den Bussen Nr. 224 und 226.

Ⓣ Di–Sa 8–19.30 Uhr, Mo 13–19.30 Uhr, Eintritt 7 €, erm. 3 €. Freier Eintritt unter 19 J. und für EU-Studenten. ✆ 210-8217724, http://odysseus.culture.gr.

Epigraphisches Museum: im selben Gebäude wie das Archäologische Nationalmuseum, aber separater Eingang in der Tosítsa-Straße 1. Die etwa 14.000 Inschriften umfassende Sammlung gilt als die größte der Welt. Ausgestellt ist nur ein kleiner Teil: überwiegend Funde aus Áttika, dem übrigen Griechenland und von der kleinasiatischen Küste.

Im **Hof** und in der **Eingangshalle** finden sich Stücke aus ganz Griechenland zwischen dem 8. Jh. v. Chr. und der frühchristlichen Epoche. Die meisten Inschriften sind in Säulen oder Grabstelen gemeißelt, aber auch Ziegel wurden beschriftet. Geschrieben wurde in Griechisch, Lateinisch und Hebräisch. Als bedeutend gelten eine Tafel für mathematische Berechnungen, die auf Salamís gefunden wurde, sowie mehrere Reliefs mit Inschriften.

In **Saal 1** sind drei große Steuerverzeichnisse für die Mitglieder des Attischen Seebunds aus dem Jahr 454 v. Chr. ausgestellt. Wichtig ist auch ein Stelenfragment von 438 v. Chr., das die Kosten für eine Gold- und Elfenbeinstatue auf der Akrópolis festhält.

Nun schließt sich **Saal 11** an. Dort wird die älteste Inschrift des Museums präsentiert, eine Steininschrift aus dem 8. Jh. v. Chr. von der Akrópolis. Außerdem finden sich hier und in den **weiteren Sälen** Inschriften von Dekreten, Abrechnungen, Steuerlisten, Votivlisten und Listen über gefallene Soldaten.

Wieder zurück über die Eingangshalle gelangt man in den wichtigen **Saal 9**. Hier werden zahlreiche Votivlisten, teils in Fragmenten, aus archaischer Zeit und eine Liste von Asklepión aus dem 3. Jh. v. Chr. gezeigt. Zu den wichtigsten Exponaten zählen das Heilige Gesetz für die Akrópolis von 485 v. Chr., ein Beschluss der Athener Bürger für die Ansiedlung auf Salamís von 500 v. Chr., eine Stele mit technischen Angaben für einen Bau in Piräus, der Votivaltar des Peisístratos sowie die Entscheidung des Themistoklís, im Jahre 480 v. Chr. Athen vor den anrückenden persischen Truppen zu räumen.

Ⓛ Di–So 8.30–15 Uhr, Mo geschl. Eintritt frei. ✆ 210-8217637.

Museum für Naturwissenschaft und Technik: Sólonos-Str. 104. Das naturwissenschaftlich-technische Museum gehört zur Universität Athen und ist in einem denkmalgeschützten neoklassizistischen Gebäude von 1887 untergebracht, das mit wichtigen historischen Ereignissen verbunden ist. Von 1919 bis 1922 wurde hier eine Großfunkstation betrieben, die den Kontakt zu den griechischen Truppen in Kleinasien hielt. Außerdem sendete man von hier aus illegal Radioprogramme in der Zeit der deutschen Besatzung während des Zweiten Weltkrieges. Die etwa 7000 Exponate umfassende Sammlung zeigt wissenschaftliche Instrumente bis zurück ins 17. Jh. Teile davon stammen aus Deutschland und sind im Rahmen der Kriegsreparationen nach Griechenland gelangt. Zu sehen gibt es u. a. Rechenmaschinen, Druckerpressen, Zentrifugen, Geräte zur Wärmeerzeugung, Retorten, Projektionsapparate, akustische Geräte und Maschinen zur Stromerzeugung.

Nur nach tel. Vereinbarung. Eintritt frei. ✆ 210-3610136.

Kulturzentrum der Stadt Athen: Akadimías 50. 1836 wurde das neoklassizistische Gebäude, in dem sich heute das Kulturzentrum befindet, als Krankenhaus errichtet. Die Stadt stellt hier vier Säle zur Verfügung, in denen Wechselausstellungen, Vorträge und Seminare zu den Bereichen Kunst, Geschichte und Umweltschutz stattfinden. In einem kleinen Vorraum gibt es Informationen zu Athen, seiner Geschichte und seinen Monumenten. Am Eingang der Odós Sólonos befindet sich ein Café.

Tägl. 9–13 Uhr, Di–Sa auch 17–20 Uhr. Eintritt nur für Veranstaltungen.

Theatermuseum: 50 Akadimías. Im Erdgeschoss des Kulturzentrums der Stadt Athen hat das Theatermuseum seine Heimat gefunden. Es wurde 1938 von der Gesellschaft der griechischen Theaterautoren gegründet und sammelt Requisiten und Dokumente der wichtigsten griechischen Theaterproduktionen des 19. und 20. Jh. Im (nicht zugänglichen) Archiv werden Tonband- und Filmaufnahmen aufbewahrt. Außerdem verfügt die Gesellschaft über eine reiche Bibliothek, die im Nachbargebäude der Universität (Akadimías 48) untergebracht ist.

Saal A: Besonders interessant sind hier die Nachbauten der Garderoben berühmter griechischer Schauspieler. Sie enthalten Schminktische, Schminkutensilien, Fotos und Perücken. Die neuesten Garderoben stammen von Melína Merkoúri und María Kállas. Im Raum befinden sich auch weitere Fotografien sowie Vitrinen mit Requisiten und persönlichen Gegenständen der Schauspieler.

Saal B: Der zweite Saal besteht aus zwei Teilsälen und widmet sich dem antiken griechischen Theater. Auch hier dominieren Fotografien, Kostüme und Bühnenmodelle die Ausstellung. Hervorzuheben ist eine Vitrine mit Masken, Handschriften, Fotos und weiteren Requisiten der Theaterfestspiele von Délphi.

Saal C: Dieser Saal präsentiert berühmte Bühnenbilder aus den bedeutendsten Aufführungen des griechischen Theaters. Hinzu kommen Entwürfe und Kostüme in den Vitrinen. Gleichzeitig sind hier auch Erinnerungen an das griechische Musiktheater ausgestellt. Fotografien, Kostüme und Handschriften erinnern an die wichtigsten Opern- und Operettensänger sowie Revuedarsteller.

Mo–Fr 9–14 Uhr, Sa/So geschl. Eintritt frei. 210-3629430.

Westliche Vororte

Die westlichen Vororte Athens liegen teils in der Ebene und teils an den Hängen des Párnitha-Gebirges oder des Óros Aigáleo. Herausragende Sehenswürdigkeit im Westens Athens ist das Kloster Daphní. Der Besuch des nach schweren Erdbebenschäden im Spätsommer 1999 umfangreich restaurierten Klosters (z. Zt. nur von außen zu besichtigen) ist ein unbedingtes Muss, wenn man Athen und sein Umland „gesehen“ haben will. Eisenbahnfans kommen im Depot- und Freilichtmuseum im Vorort Peristéri auf ihre Kosten. Und schließlich liegt der zentrumsnahe Campingplatz im Westen Athens am Übergang zwischen den Vororten Peristéri und Chaidári, direkt an der Ausfallstrasse in Richtung Peloponnes.

• *Übernachten* **Camping Athens**, Peristéri, Leofóros Athinón 198–200, nahe der Schnellstraße nach Kórinthos, der Platz liegt etwa 7 km westlich vom Zentrum entfernt an der Straße Richtung Korinth. Sehr laute Lage, direkt an der viel befahrenen Schnellstraße. Leicht abfallendes Gelände. Stellplätze mit Gras- oder Sandboden. Schatten durch kleine und größere Bäume vorhanden. Es gibt eine Bar, ein Restaurant, einen Mini-Markt und einen kleinen Waschsalon. Sanitäre Anlagen nicht mehr neu, aber gut gepflegt und in ausreichender Anzahl vorhanden, außerdem Einrichtungen für Rollstuhlfahrer. Ganzjährig geöffnet. Verbindung vom Zentrum mit den Buslinien A15 und B15 (Haltestelle am Metaxourgíou-Platz). Person 8 € (Kind 4 €), Auto 4 €, Motorrad 3 €, Zelt 5–6 €, Wohnwagen 6 €, Wohnmobil 8 €, Strom 4 €. 210-5814114, 210-5820353, www.campingathens.com.gr.

Eisenbahnmuseum: Sepólia, Ecke Siókou 4/Liossíon-Str. 301. In einem alten Depotgebäude wurde das erste Eisenbahnmuseum Griechenlands eingerichtet. Zu sehen gibt es Lokomotiven und Waggons aus dem 19. und 20. Jh. Das älteste Ausstellungsstück ist die Dampflokomotive „Tíryns“, die 1884 gebaut wurde und auf der Peloponnes-Route fuhr. Ebenfalls vom Pelopónnisos stammt ein kompletter Zug der Zahnradbahn von Diakoftó hinauf nach Kalávryta. Mit dieser Schmalspurbahn kann man übrigens noch heute fahren. Sehenswert ist auch ein königlicher Holzwaggon von 1888. Geórgios I. fuhr darin regelmäßig von Athen nach Piräus. Das luxuriöseste Stück ist allerdings ein Wagen der Kaiserin Eugénie von Frankreich. Er enthält Arabesken und eine handgeschnitzte Holzdecke. Außer der großen Depothalle gibt es vier Säle, in denen kleinere Exponate, Modelle, Bahnarbeiter-Uniformen, Dokumente und Fotografien zur Geschichte der Eisenbahn in Griechenland präsentiert werden.

Di–Fr 9–13 Uhr, Sa/So 10–13 Uhr, Mo geschl. Eintritt frei. 210-4903163.

Kloster Daphní

In herrlicher Lage in einem kleinen Wäldchen befindet sich eines der schönsten und wichtigsten byzantinischen Klöster Athens. Die Goldmosaike in der Klosterkirche sind künstlerisch einzigartig in Griechenland. Nach umfangreichen

Reparaturarbeiten ist der Klosterhof inzwischen wieder zugänglich, die Restaurierung des Klosters soll in Kürze abgeschlossen werden.

Das kunsthistorisch und architektonisch sehr bedeutende Kloster Daphní liegt 11 km westlich der Innenstadt an der antiken Heiligen Straße von Athen nach Elefsína. Heute heißt die Straße Leofóros Athinón und ist der Autobahnzubringer in Richtung Peloponnes. Moní Daphní ist das größte und wichtigste byzantinische Kloster in der näheren Umgebung Athens.

Archäologischen Funden zufolge soll an der Stelle – am Fuße des Óros Aigáleo – schon in der Antike ein dem Apóllon Daphnios geweihtes Heiligtum gestanden haben. Im Jahre 395 n. Chr. wurde es zerstört. Im 5. oder 6. Jh. wurde die Ruine dann zu einer frühchristlichen Kirche umgebaut, von der ebenfalls noch einzelne Architekturglieder erhalten sind. Schließlich hat man auf den Überresten dieses Gebäudes im 11. Jh. die der Kímissi Theotókou geweihte **Kirche** des heutigen Klosters errichtet. Es handelt sich um einen achteckigen Bau im typischen, spätantiken Stil alternierender Stein- und Ziegelschichten. Allerdings ruht die Kuppel nicht – wie ansonsten bei kreuzförmigen Grundrissen üblich – auf vier Säulen, sondern auf Wandpfeilern. Dies lässt den Mittelraum größer erscheinen. Neben der Architektur gelten die 76 wunderschönen byzantinischen **Mosaike** als besonderer Kunstschatz. Erhalten sind sie vor allem in der Kuppel, dem Gewölbe und den oberen Wandzonen. Experten datieren die Mosaike ins späte 11. Jh. und bescheinigen ihnen herausragende Qualität. Wahrscheinlich stammten die Künstler direkt aus Konstantinopel. Sie schufen Werke, die byzantinische mit klassischen Elementen verbanden. Hervorzuheben sind der Pantokrátor in der Kuppel, die Panagía mit den Taxiárchen in der Apsis und alt- sowie neutestamentarische Szenen in den Gewölben. Im Narthex stellen die Mosaike das Leben Marías dar.

Nördlich der Kirche sind noch die Fundamente des ehemaligen **Refektoriums** erhalten, das ebenfalls aus dem 11. Jh. stammt. Fränkische Herrscher unter Herzog Otto de la Roche haben im 13. Jh. Teile der Narthex-Architektur durch Zisterzienser-Mönche verändern lassen. In der Krypta wurde eine Gruft für die fränkischen Fürsten der Familie de la Roche eingerichtet. Ihre Sarkophage sind heute im **Klosterhof** ausgestellt. Der jüngste gehört Guido II., der am 6. Oktober 1308 bestattet wurde. Während der türkischen Besatzung gelangte das Kloster im 16. Jh. wieder in den Besitz der orthodoxen Kirche. In den Freiheitskriegen diente es als Unterschlupf und Waffenlager. Im frühen 19. Jh. funktionierten Franzosen das Moní Dáphní zu einer Kaserne um, die dann unter König Otto 1838–1839 von bayerischen Truppen genutzt wurde. Der Verwendung als Psychiatrie von 1883 bis 1885 und als Schafsgehege 1887 kamen die hohen Umgrenzungsmauern zugute. Schließlich entdeckte 1889 der griechische Staat das Kloster wieder, überführte es in Staatsbesitz und begann mit umfangreichen Restaurierungsarbeiten. Seither werden hier auch keine Messen mehr gehalten. 1955–1957 und 1961 wurden ebenfalls Teile des Gebäudes renoviert. Im Jahr 1990 setzte die UNESCO das Kloster auf die Liste der Weltkulturerbe.

Lage/Verbindungen Ecke Leofóros Athinón/Ierá Odós. Stadtbus Nr. A 16 ab der Platía Eleftherías. ✆ 210-5811558.

Es gibt derzeit (Stand Frühjahr 2009) noch keinen offiziellen Termin für die Wiedereröffnung des Klosters. Änderungen erfahren Sie u. a. auf unserer Homepage unter www.michael-mueller-verlag.de oder in Athen unter ✆ 210-5811558.

Blick vom Philopáppou-Hügel

Südlich und östlich des Zentrums

Weitere Sehenswürdigkeiten aus der Antike und die Nationalgalerie lenken das Interesse der Besucher südlich und östlich des Zentrums auf sich. In den Gassen der Viertel Koukáki und Mets lässt es sich wunderschön entlang alter klassizistischer Häuser schlendern. Von den entsprechenden Metro-Stationen ist alles bequem zu Fuß erreichbar. Der beste Athen-Rundblick bietet sich vom Philopáppou-Hügel unweit der Akrópolis.

Südlich der Akrópolis endet das vornehmlich touristisch interessante Athen mit dem *Philopáppou-Hügel*. Die meisten Besucher der Stadt zieht es dann gen Osten, wo jenseits der Leofóros Amalías weitere Sehenswürdigkeiten aus der Antike auf dem Programm stehen. Der markante *Hadrians-Bogen*, der einst größte griechische *Tempel des Olympischen Zeus* und das neu aufgebaute antike *Olympiastadion* sind einen Abstecher in das attraktive Viertel *Mets* allemal wert. Weiter nach Osten und Südosten schließt sich der Stadtteil *Pangráti* an. Hier wohnt die typische Athener Mittelschicht. Zu den wichtigsten Sehenswürdigkeiten gehören die vier großen *Plätze* des Viertels und die *Nationalgalerie*, das Aléxandrou-Soútzou-Museum.

Zwei der belebtesten Straßen der Stadt führen von Süden und Osten auf die Platía Sýntagma zu: die Leofóros Vasilíssis Amalías und die Leofóros Vasilíssis Sofías. Hinzu kommen die fast Autobahnbreite erreichende Leofóros Andréa Singroú und die Leofóros Vouliagménis, die beide von der Küste bis ins Zentrum führen. Im Stadtteil Pangráti sind es vor allem die Leofóros Vasiléos Konstantínou und die Ymittóu-Straße, die den Verkehr Richtung Osten fließen lassen.

Koukáki und Áno Petrálona

Südlich der Akrópolis und des Philopáppou-Hügels ist die touristische Meile Athens zu Ende. Fremde Besucher verirren sich so gut wie nie in die am Hang gelegenen Straßen und Gassen des Viertels *Koukáki*. Rund um die Platía Koukakíou liegen Tavernen und Cafés, die den Athenern vorbehalten bleiben. Weiter den Hang hinauf in der Philopáppou-Straße gibt es einige schön restaurierte Häuser im neoklassizistischen Stil zu bewundern. Seit einigen Jahren haben die Athener Yuppies das höher gelegene Koukáki für sich entdeckt. Ab der Platía Philopáppou zieht sich das Viertel *Áno Petrálona* nach Westen und Nordwesten um den Hügel herum. Es ist ein altes Arbeiterviertel mit eher weniger sehenswerter Bausubstanz aus dem Ende des 19. Jh. oder vom Beginn des 20. Jh.

An der Arakýnthou-Straße liegen das Theater der Volkstanzgruppe *Dóra Strátou* und das Philopáppou-Theater in zwei Nischen am Fuße des Hügels. Von mehreren Stellen der um den Hügel herumführenden Straße führen kleine Wege oder Trampelpfade hinauf auf den Philopáppou. Der nördliche und etwas kleinere Hügel wird *Pnyx* oder auch *Pníka* genannt. Zwischen den Hügeln befindet sich die *Kirche Ágios Dimítrios Loumbardiáris* in einer kleinen Senke. Wer den Pnyx nach Norden verlässt, stößt auf das *Observatorium* (*Asterioskopeion*) auf dem Nymphenhügel, bevor er das Viertel Thissío erreicht. Das interessante Gebäude stammt von 1846, kann aber nicht besichtigt werden.

Das Viertel Koukáki wird im Süden durch die Kalliróis und die Leofóros Andréa Singroú begrenzt. Vor allem in der Singroú konzentrieren sich die Athener Autosalons und die Autovermietungen für die Touristen. Praktisch alle Marken sind hier zu buchen. Außerdem liegen in dieser bis zur Küste führenden Allee einige gute Oberklassehotels sowie beliebte Bouzoúki- und Rebétiko-Lokale.

Übernachten

Direkt in den Wohnvierteln Koukáki und Áno Petrálona gibt es keine Hotels. Sie befinden sich vor allem auf der breiten *Leofóros Andréa Singroú*. Dort allerdings sollte man mindestens in der gehobenen Mittelklasse absteigen, denn ohne schalldichte Fenster ist an dieser Straße an Schlaf nicht zu denken.

***** **Hotel Athenaeum Inter-Continental**, Singroú Avenue 89–93, die bekannte nordamerikanische Hotelkette betreibt dieses Luxushotel mit knapp 560 Zimmern. Alle erdenklichen Annehmlichkeiten sind natürlich vorhanden, schalldichte Fenster in allen Zimmern und Suiten selbstverständlich. Bäder in Marmor, von einigen Zimmern auch Akrópolis-Blick. Freundliche Lobby mit viel Marmor, an den Wänden Originalkunstwerke bekannter Maler. Restaurant auf dem Dachgarten mit Blick auf die Burg. Fitness-Center, Friseur und diverse Shops im Hotel. Garage vorhanden. EZ ab 145 €, DZ 210–294 €, ☎ 210-9206500, 📠 210-9206505, www.ichotelsgroup.com.

***** **Hotel Metropolitan**, Néa Smírni, Singroú Ave 385, Großhotel der Luxusklasse mit 375 eleganten Zimmern und Suiten. Eigentümer ist eine griechische Reederei. Die Ausstattung ist der Klasse angemessen, marmorne Bäder mit Haartrockner, Klimaanlage, Telefon mit Mailbox in jedem Zimmer, Sat-TV, Mini-Bar, PC-Modem-Anschluss, Fax und Safe. Ein Café (Atrium) und eine Bar (Regatta) sowie zwei Restaurants im Hotel: Le Trocadero und La Veranda in verschiedenen Stilen mit griechischer und europäischer Küche sowie Blick auf den Saronischen Golf. Zimmerpreise starten im Internet ab 100–242 €, Suiten ca. 545 €. ☎ 210-9471000, 📠 210-9471010, www.chandris.gr.

**** **Hotel Athens Gate**, Singroú Ave 10 (Stadtteil Makrigianni), 99 gut renovierte Zimmer mit Bad, Balkon, Klimaanlage, doppelt verglasten Fenstern, Mini-Bar, Safe, Telefon, TV und Haartrockner. Restaurant,

Bar und kleiner Konferenzraum im Hotel, außerdem Wäscherei-Service. Dachgarten und Terrasse im 7. Stock mit herrlichem Akrópolis-Blick. DZ 150–190 €, Suite ab 380 € (inkl.Frühstück). ☏ 210-9238302-3, 📠 210-9237493, www.athensgate.gr.

Essen & Trinken

In den weniger touristisch geprägten Stadtteilen wird naturgemäß eher griechisch gekocht. Die Einrichtung der Tavernen ist meist karg und nicht immer einladend, aber die Essensqualität durchaus gut.

Bajazzo, Ecke Anapáfseos 14/Tyrtéous-Straße, südwestlich unterhalb der Akrópolis. Der erste Michelin-Stern für Griechenland! Der Deutsche Klaus Feuerbach zelebriert in einer klassizistischen Villa mit hübschem Innenhof fantasievolle mediterrane Küche, dazu gibt es griechische und französische Spitzenweine. Gehobenes Preisniveau, aber keinerlei steife Atmosphäre und extrem aufmerksamer Service. Mo–Sa ab 20 Uhr, So geschl., Reservierung angebracht, ☏ 210-9213012.

Sokrátes Prison, Mitséon-Str. 20. Südlich der Akrópolis und den kurzen Fußweg durchaus wert (ca. 10 Min.). Sitzplätze an einer ruhigen Seitengasse, interessante und wohlschmeckende Gerichte. Etwas höhere Preise. So geschl.

Nachtleben

In der breiten Leofóros Andréa Singroú liegen einige bei den jungen Athenern beliebte Bouzoúki- und Rebétiko-Lokale.

Reportáz, Ecke Leofóros Singroú/Odós Diákou. Rebétiko-Musik in netter Atmosphäre. Journalisten- und Künstlertreff, auch studentisches Publikum.

Diogénis Palace, Néa Smírni, Leofóros Singroú 259. Gute Musik, oft Live-Auftritte aus der Rebétiko- und Bouzoúkia-Szene bekannter Sänger.

Grabmal des Philopáppos

Philopáppou-Hügel: der 147 m hohe „Musenhügel" südwestlich der Akrópolis. Unzählige kleine Wege oder Trampelpfade führen durch duftenden Kiefernwald und durch teils verwildertes Gelände hinauf auf den Philopáppou. Von oben bietet sich ein herrlicher Blick auf die Akrópolis. Wer im Süden den Aufstieg beginnt und sich stets rechts hält, gelangt zum **Grabmal des Philopáppos** (*Mnimeíon Philopáppou*). Das Reliefmonument erinnert an einen in römischen Diensten tätigen syrischen Prinzen, der sich um 110 n. Chr. um die Stadt Athen verdient gemacht hatte. Zuvor befand sich hier – bis zur Zerstörung durch Sulla 86 n. Chr. – ein makedonisches Kastell aus dem Jahre 294 v. Chr. Am südwestlichen Fuß des Hügels liegt das Theater der Volkstanzgruppe *Dóra Strátou* (*Théatro Dóras Strátou*) in einer Nische und etwas weiter nördlich das *Philopáppou-Theater* (*Théatro Philopáppou*) hinter der **Agía-Sotíra-Kirche**. Im nordöstlichen Hang befinden sich einige natürliche Höhlen, von denen behauptet wird, eine davon sei das „Gefängnis des Sokrates" gewesen, wo er nach seiner Verurteilung zum Tod den Schierlingsbecher getrunken haben soll. Zwar kann dies historisch nicht belegt werden, doch gilt es archäologisch als gesichert, dass die Höhlen im 5. Jh. v. Chr. noch bewohnt waren.

Gefängnis des Sokrates

Verbindungen Vom Stadtzentrum aus mit dem Trolley Nr. 22 oder mit der Metro bis zur Station *Akrópolis* (weiter den Dionysíou-Areopagítou-Boulevard zu Fuß aufwärts).

Pnyx: der nördlich des Philopáppou liegende Hügel (110 m). Hier tagte in der Antike schon ab dem 5. Jh. v. Chr. die Athener Volksversammlung (*Ekklesía*). 6000 freie Bürger der Stadt, die dafür eine Aufwandsentschädigung erhielten, debattierten hier und stimmten über die Geschicke der Stadt ab. Nach der Überlieferung fand auf der Pnyx auch das sog. Scherbengericht statt (*Ostrakismós*). Mit Tonscherben als Stimmzettel wurde über das Schicksal unliebsamer Bürger oder Politiker entschieden. Wer die Mehrheit der Stimmen auf sich vereinte, wurde für zehn Jahre in die Verbannung geschickt. Erhalten geblieben ist die in den Fels geschlagene Tribüne für politische Reden und eine 12 m breite Treppe. Sie stammen aus der Zeit des Lykoúrgos (390–324 v. Chr.), der damals Hallen mit monumentalen Pfeilern auf den Pnyx bauen ließ. Die große Terrasse mit dem schönen Rundblick ist etwa 70 m lang und 120 m breit.

Nicht weit von der Tribüne entfernt sieht man ein kleines Fundament. Es gehörte zu der damals revolutionären Erfindung der *Sonnenuhr*. Mit dieser Sonnenuhr gelang es ihrem Erfinder Meton schon im mittleren 5. Jh. v. Chr., die kalendarische Dauer eines Jahres auf 365 und 5/19 Tage zu bestimmen. Dabei „verrechnete" er sich lediglich um eine halbe Stunde.

Der beste Zugang erfolgt über die kleine Seitenstraße, die rechts neben der Ág.-Dimítrios-Kapelle bergauf führt, oder zwischen altem und neuem Observatorium auf der Akamandos-Straße bergauf. Öffnungszeiten des Pnyx-Geländes: Mo 12–19 Uhr, Di–So 8–19 Uhr (im Sommer) bzw. Di–So 8.30–15 Uhr. Mo geschl. (im Winter).

Ágios-Dimítrios-Loumbardiáris-Kirche: im nördlichen Bereich zwischen den Hügeln Philopáppou und Pnyx. Auf den Ruinen einer byzantinischen Kirche wurde im 20. Jh. ein neues Gotteshaus – nicht ohne architektonische Fantasie – errichtet. Ágios Dimítrios Loumbardiáris ist heute als Hochzeits- und Taufkirche sehr beliebt.

Vom Zentrum bequem zu Fuß zu erreichen: Zeustempel und Kallimármaro-Stadion

Stadtteil Mets

Dieses ehemalige Künstlerviertel befindet sich in attraktiver Wohnlage. Zwischen den üblichen Polikatichíes, den mehrstöckigen Betonhäusern, kann man noch einige traditionelle Stadtvillen entdecken. Steile Treppen und Gassen führen hinauf zum Arditós-Hügel. Highlights sind das Areal um den Zeus-Tempel, das antike Panathenäische Stadion und der Zentralfriedhof Athens.

Das vor dem Ersten Weltkrieg Géfiria (= Brücke) genannte Viertel beginnt mit der Ardítou-Straße südöstlich des Zeus-Tempels. Damals floss der *Ilissós* noch offen durch das Viertel, heute ist außer der größeren Pfütze an der Ostseite des Tempelbezirks nichts mehr von dem für das antike Athen wichtigen Fluss zu sehen. Er wird weitgehend unterirdisch an der Kallirói̇s-Straße weitergeleitet. Mets avancierte in den unmittelbaren Nachkriegsjahren zu einem Künstlerviertel, das bis in die 70er-Jahre hinein immer mehr verkam. Heute zählt es durch die zentrumsnahe Lage selbstverständlich wieder zu den exklusiveren Wohnbezirken. Leider musste ein Großteil der alten neoklassizistischen Bausubstanz neueren Gebäuden weichen, doch wurde meist ansprechend und mit Sinn für modernen Stil gebaut.

Im Nordosten ist das Viertel mit der Fußgängerzone Nikifórou-Theotóki-Straße bereits zu Ende. Dahinter steigt der leicht bewaldete *Arditós*-Hügel an. Auf der anderen Seite liegt das Panathenäische Stadion, erbaut aus reinem Marmor. An einer kleinen Platía an der Iródou-Attikoú-Straße, gegenüber dem Olympiastadion, findet man das *Reiterdenkmal* des Generals Geórgios Karaiskákis von 1827. Seine Inschrift besagt: „Jetzt sterbe ich, und ihr seid es, die nun das Land verteidigen müssen." Die größte Fläche im südlichen Mets nimmt der wichtigste Athener *Friedhof*, der *Próto Nekrotafío* (Erster Friedhof) ein. Hier sind – außer den Mitgliedern der Königsfamilien – alle wichtigen Persönlichkeiten Athens bestattet.

• *Verbindungen* Vom Stadtzentrum aus ist Mets bequem **zu Fuß** zu erreichen. **Taxis** findet man vor allem am Friedhofseingang. Die nächstgelegenen **Metro**-Stationen sind „Akrópolis" und „Singroú-Fix" (Linie M2).

• *Essen* Eine gute Auswahl an **Tavernen** finden Sie in der Márkou-Moussoúrou-Straße.

Myrtía, Odós Márkou Moussoúrou 35. Zur Junta-Zeit war das Lokal einer der beliebtesten Treffpunkte der griechischen Generalität. Heute gehört es zu den sehr teuren Oberklasse-Restaurants mit Plätzen im ummauerten Garten und Geigenmusik im Sommer.

Hadrians-Bogen: an der Leofóros Amalías. Der Triumphbogen aus pentelischem Marmor am Übergang von der Leofóros Andréa Singroú in die Leofóros Amalías wurde in den Jahren 131 und 132 zu Ehren des römischen Kaisers Hadrian errichtet. Die Inschrift besagt, dass sich die „Alte Stadt des Théseus" hier befindet, und jenseits auf der Ostseite heißt es: „Hier befindet sich des Hadrians und nicht Theseus' Stadt." Seit den Grabungen in den späten 1950er- und frühen 1960er-Jahren weiß man allerdings, dass dies nicht so ganz der historischen Wahrheit entspricht. Am Fluss Ilissós, der seinerzeit mit der Ardítou-Straße überbaut wurde, fand man Überreste aus prähistorischer und griechisch-klassischer Zeit.

Hadrians-Bogen

Das gesamte, heute eingezäunte Gelände hinter dem 18 m hohen Bogen war in römischer Zeit mit zahlreichen Heiligtümern bebaut. Teils sind noch vereinzelte Steinblöcke davon erhalten, doch sind sie kaum ohne Archäologiestudium zu deuten. Der Hadrians-Bogen gilt auch als Eingangstor zum Viertel Mets. Er ist frei zugänglich.

Tempel des Olympischen Zeus: an der Leofóros Amalías, Eingang von der Leofóros Vasilíssis Olgas. Die Säulen des größten griechischen Tempelbaus ragen mitten aus dem Verkehrsgewühl des Zentrums heraus. Rund um den Tempelbezirk des Zeus verlaufen einige Hauptstraßen der Stadt. Für die antiken Griechen war die Stelle ein heiliger Ort, wo man dem mythischen Deukalion Opfer brachte. Pausanías berichtet, dass jedes Jahr „Brot aus Weizenmehl und Honig" in eine Erdspalte geworfen wurden. Wahrscheinlich handelte es sich dabei um das Bett des Flusses Ilissós an der Ostseite des Tempels. Der in der Antike heilige Fluss entspringt auf dem Berg Ymittós und fließt (heute weitgehend unterirdisch) in den Saronischen Golf.

Die Anfänge des Tempelbaus reichen bis in das 6. Jh. v. Chr. zurück, doch der erste Anlauf von Peisístratos blieb unvollendet. Auch ein weiterer Versuch der Fertigstellung scheiterte um 170 v. Chr. Sulla ließ dann in den Jahren 87 und 86 v. Chr. einige der imposanten 17 m hohen und fast 2 m breiten Säulen nach Rom bringen, wo sie heute noch auf dem Kapitol liegen. Dem Athen-Liebhaber Kaiser Hadrian blieb es vorbehalten, den Tempel des Olympischen Zeus im Jahre 131 fertig zu stellen. Zusammen mit seinem eigenen Standbild stiftete er eine Zeus-Statue aus Gold und Elfenbein, die in der Cella aufgestellt wurde.

Athen in den Kriegswirren 1943 – Míkis Theodorákis berichtet

Den meisten Urlaubern ist Míkis Theodorákis nicht zuletzt wegen seiner berühmten Filmmusik zu Aléxis Sórbas bekannt, zahllose weitere CDs des Musikers und Dirigenten füllen ganze Regale in griechischen Musikläden. Dass er 1967 als Gründer der Patriotischen Front gegen die Junta verhaftet und nicht zuletzt für seine Liedtexte gefoltert und in einem griechischen Konzentrationslager beinahe gestorben wäre, ist dagegen weitgehend unbekannt. Was er schon viele Jahre zuvor in den Kriegswirren in Athen um 1943 erlebte, als die deutsche Wehrmacht gerade von englischen Einheiten zurückgedrängt worden war, beschreibt der heute weit über achtzigjährige Theodorákis in seiner Autobiografie der Jahre 1925–1949:

„Als wir das Polizeirevier in Nea Smirni eingenommen hatten, beschlossen wir in der Grundorganisation, die Singroualle zu sprengen. Ich selbst ging zu Anestis, und die ganze Nacht legten wir unter Einsatz unseres Lebens mit den anderen Spezialisten Sprengstoff, denn ständig patrouillierten Engländer auf den Straßen. Als wir am Morgen zurückkehrten, sagte uns der Sekretär: „Ich war bei der Parteileitung unseres Viertels, wo man mir erklärte, dass wir die Engländer nicht angreifen und sie in ihrer Bewegungsfreiheit nicht einschränken dürfen. Geh und entferne das Dynamit!" Jeder von uns hatte solche Geschichten erlebt, und zusammengenommen stellten sie uns vor brennende Fragen. Warum greift die reguläre ELAS nicht in den Kampf ein, sondern wartet und schaut zu, wie sie uns das Fell über die Ohren ziehen? Warum benutzen wir keine schweren Waffen im Kampf? Die Engländer greifen uns an mit Panzern, Flugzeugen, Panzerwagen, Marinegeschützen, mit erfahrenen Soldaten, und wir antworten mit Jagdgewehren und mit 15-jährigen Kindern. „Mit ein wenig Hilfe würden wir Athen nicht verlieren", hieß es. Als würde es jemand darauf ankommen lassen, dass wir Athen und all unsere Kräfte verlieren sollten. So auch jetzt, da wir diskutierten, im Bewusstsein, dass sie uns kaltblütig opfern wollten. Daher fasste unsere „Volksversammlung" den Beschluss zu „streiken". Für uns bedeutete diese Entscheidung so etwas wie eine Revolution innerhalb der Revolution. Denn unser Ziel war, sowohl unsere Kräfte zu schonen als auch Athen um jeden Preis zu halten. Doch dafür brauchten wir eine neue Taktik. Zuerst einmal beschlossen wir, uns auf die Höhen zurückzuziehen und sie zu befestigen. Ein ELAS-Kämpfer war aber anderer Meinung, rannte weg und schrie, dass er es melden würde. Die anderen wollten ihn erschießen, aber wir hinderten sie daran. Nach 15 Minuten erklangen mein und Triandafilos' Name über ein Megaphon. Wir sollten uns in der Kommandantur melden. Wir begriffen. Man hatte uns verurteilt, und wir sollten zu unserer eigenen Hinrichtung antreten.

Die Durchsage war noch nicht verklungen, als der Angriff begann. Ich versteckte mich zusammen mit Triandafilos, so gut es ging, hinter der Mauer. Er drehte sich zu mir um und sprach mit vor Staunen aufgerissenen Augen: „Stell dir vor, Genosse, dass sie uns hinrichten, die Unsrigen!" Genau als er „Unsrigen" sagte, traf eine Kugel seine Schläfe, und alles färbte sich rot. Die Augen behielten ihren fragenden Blick, und ich glaube, dass sie noch heute durch die Zeit reisen, ohne eine Antwort bekommen zu haben."

Míkis Theodorákis, *Die Wege des Erzengels*, Insel-Verlag, 1995

Schon im Jahre 255 begann die Demontage des Tempels, als man einen Teil der Steine für den Bau der Stadtmauer verwendete. Auch im Mittelalter wurde reichlich Marmor aus dem Tempelbezirk des Zeus entnommen. 1754 zerlegten dann die Türken eine Säule, um aus den Bruchstücken die Moschee an der Platía Monastiráki zu errichten. Bis in die 1960er-Jahre hinein diente der große freie Platz des Öfteren zur Veranstaltung von Volksfesten. Vom einstigen Schmuck des Tempels oder seinen Kultstatuen ist nichts mehr erhalten geblieben, und die ehemals 104 korinthischen Säulen mit wunderschönen Kapitellen sind auf heute nur noch 15 Exemplare reduziert. Immerhin vermitteln sie noch halbwegs einen Eindruck von der ursprünglichen Größe des Tempels.

Tempel des Olympischen Zeus

Ausgrabungsgelände und Museum haben im Sommer (1.4.–30.9.) tägl. 8–19.30 Uhr geöffnet, im Winter (1.10.–31.3.) tägl. 8–15 Uhr. Eintritt 2 €, erm. 1 €. Kombiticket: 12 €, erm. 6 €. ✆ 210-9226330.

Agía-Fotiní-Ilissoú-Kirche: Ardítou-Straße. Östlich des Zeus-Tempels führt ein kleiner Weg zur Kapelle Agía Fotiní Ilissoú, die in einer Senke unterhalb der Hauptstraße liegt. Die Namensheilige ist für Augenkrankheiten zuständig. Eine unvermutete Oase der Ruhe zwischen einigen der Hauptverkehrsadern der Stadt. Früher befand sich hier an dieser Stelle ein Nymphen-Heiligtum. Heute kann man sich auf den Bänken am Brunnen im Hof ein wenig erholen.

Olympiastadion (Panathenaiko Stadio): Ardítou-Straße. Das antike Olympiastadion wurde im 4. Jh. v. Chr. unter der Regierungszeit des Lykoúrgos in die Ostflanke des Arditós-Hügels eingebettet. Bereits nach 335 v. Chr. fanden an dieser Stelle sportliche Wettkämpfe statt. In klassischer Zeit gab es nur eine einfache Laufbahn, und die Zuschauer saßen – wie im klassischen Stadion von Olympía – auf dem Hang des Hügels. Zwischen 139 und 144 n. Chr. wurden schließlich 47 Sitzreihen aus weißem, pentelischem Marmor errichtet, auf denen bereits damals bis zu 50.000 Menschen Platz gefunden haben dürften. In der griechischen Antike wurde im Stadion der klassische Fünfkampf mit Laufen, Weitspringen, Ringen sowie Diskus- und Speerwerfen ausgetragen. Die Länge der Laufbahn betrug 204 m, die Breite 33,36 m. An Anfang und Ende der Bahn waren jeweils zwei Hermen (Säulen) platziert, die der Läufer beim Wettkampf über ein **Stadion** (178 m) erreichen musste oder beim Doppelstadionlauf entsprechend als Wendemarke umrundete. Die Römer liebten dagegen brachialere Wettkämpfe und ließen hier Gladiatoren und Kampftiere aufmarschieren.

1870 ließ der deutsche Architekt Ernst Ziller das damals völlig versandete Gelände freilegen und vermessen. Der heutige, etwa 70.000 Zuschauer (!) fassende Bau stammt von 1896 und wurde der antiken Sportstätte soweit als möglich nachempfunden. Anlass waren die ersten Olympischen Spiele der Neuzeit, die 1896 in Athen stattfanden. Erbaut wurde das neue Panathenäische („für alle Athener") Stadion an exakt derselben Stelle, an der sich sein antiker Vorgänger befand. Lange Zeit wurde darum gerungen, wie die endgültige Architektur des Stadions aussehen solle. Schließlich entschieden sich die Verantwortlichen für die teure Version, das *Kallimarmaro* („schöner Marmor"), wie das Stadion noch heute bei den meisten Athenern heißt. Einen Großteil des nötigen Geldes für den Bau steuerte der wohlhabende Auslandsgrieche **Geórgios Averoff** bei. Averoffs Standbild ist noch heute an der rechten Seite vor dem Stadioneingang zu sehen (sein pompöses Grabmal befindet sich auf dem Ersten Athener Friedhof).

Gedenktafeln am Eingang verzeichnen die Austragungsorte aller Olympischen Spiele und listen (in griechischer Schrift) die Medaillengewinner der Griechen seit der Antike auf.

In der modernen Anlage finden heute Musikkonzerte, Basketballspiele oder Ehrungen für erfolgreiche griechische Olympioniken (oder etwa die griechische Fußball-Nationalmannschaft als Europameister 2004) statt. Seit beim Umbau für die Olympischen Spiele 2004 in den Katakomben versteckter Sprengstoff gefunden wurde, ist die Anlage – wenn überhaupt – nur mit Erlaubnis eines sehr unkooperativen Wächters zu betreten. Er ist jedoch sofort zur Stelle, wenn man z. B. mit professioneller Kamera „zu viel" fotografiert.

Próto Nekrotafío (Erster Athener Zentralfriedhof): Ein vielleicht ungewöhnlicher, wenngleich beeindruckender und einzigartiger Platz ist der *Próto Nekrotafío*, Athens Erster Friedhof. Wenige Schritte oberhalb des Panathenäischen Stadions entfaltet sich das gewaltige Areal fast wie eine eigene Stadt. Riesige, tempelartige Gedenkstätten und Familiengruften erinnern an angesehene Bürger Athens aus Politik, Wissenschaft, Kultur, Religion und Sport. Vorbei an Blumengeschäften und Steinmetzen erreicht man den Eingang des als Park angelegten Friedhofs. Bekanntester Deutscher ist sicherlich der Archäologe Heinrich Schliemann. Sein Grab und das seiner Frau Sophia – wohl das pompöseste des gesamten Friedhofs – ist mit einem Relief geschmückt, das Szenen aus dem trojanischen Krieg zeigt. Die einem dorischen Tempel gleich mit Säulen und Friesen verzierte Grabstätte liegt links oberhalb dem Eingang. Nicht weit entfernt wurde

Prunk und Pomp (manchmal) erst nach dem Tod: der Erste Athener Zentralfriedhof

Adolf Furtwängler bestattet, dessen Grab die Sphinx von Aégina ziert. Gleich am Eingang trifft man auf die Marmorplatten der höchsten Kircheneminenzen des Landes, z. B. auf das Grab des jüngst verstorbenen Erzbischofs Christodoulos, auf die Mausoleen von Emmanouíl Benáki und Theódoros Kolokotrónis. Am Hauptweg (links) kann man das vergleichsweise schlichte Grab der Schauspielerin, Sängerin und Politikerin Melina Mercoúri sehen. Gleich gegenüber die Gräber des 1996 verstorbenen griechischen Ministerpräsidenten und langjährigen Vorsitzenden der sozialistischen Partei Griechenlands (PASOK) Andréas Papandréou und seines Vaters Geórgios Papandréou. Ein besonders glühender Verehrer des damaligen Olympia-Förderers und Mäzens *Geórgios Averoff* sorgte während der Olympischen Spiele 2004 dafür, dass dessen stattliches Grabmal mit der aktuellen Zeitung und den Olympia-Nachrichten versehen war. Hinter diesen prächtigen Grabstätten befinden sich viele Familiengräber mit imposanten, künstlerisch wertvollen Denkmälern. Eher unauffällig mit einer einfachen Steinplatte ist das Grab des Diktators Ioánnis Metaxás bedeckt.

Der Friedhof befindet sich an der Stadtviertelgrenze zwischen Mets und Pangráti. Die parkähnliche und angenehm schattige Anlage hat ihren Eingang an der Tribonianou-Straße, leicht zu erkennen an den riesigen Torbögen mit den schmiedeeisernen Engelsmotiven.

Stadtteil Pangráti

Pangráti wird geprägt von seinen Plätzen, Einkaufsstraßen und einem Park. Man findet eine gute Auswahl an Tavernen. Dabei ist das Viertel kein klassisches Touristenziel, sondern bietet gute Möglichkeiten, das normale Athener Stadtleben zu studieren. Wichtigstes Museum ist die Nationalgalerie.

Pangráti ist ein Wohnviertel der Mittelschicht. Gleichförmige Betonblocks, teils alt, teils neu, wechseln sich ab mit (oft abbruchreifen) Häusern aus der vorletzten Jahrhundertwende. Neben der langen Einkaufsstraße Eftichídou-Straße – mit Supermärkten und vielen Läden für Haushaltswaren und Bekleidung zu durchaus realistischen Preisen – ist auch die Ymittóu-Straße mit Einkaufszonen, Tavernen und einigen Kinos besuchenswert. Weiter im Westen findet man in der Eratosthénous einige neoklassizistische Häuser im Stil von Mets, bevor Pangráti an der Leofóros Vasiléos Konstantínou endet. Dort steht auch die nicht unumstrittene *Truman-Statue* auf der Platía Truman. Sie wurde 1965 von liberal-konservativen Greco-Amerikanern aufgestellt, die damit das Engagement der USA im griechischen Bürgerkrieg würdigten.

Das Zentrum Pangrátis liegt zwischen vier Plätzen: Die wenig sehenswerte *Platía Pangratíou* im Nordosten ist ein überdimensionierter Parkplatz mit zwei Grünflecken. Mehrere kleine Läden und ein Restaurant der bekanntesten US-amerikanischen Fastfood-Kette zieren seine Ränder. Über die Spírou-Merkoúri-Straße gelangt man auf die *Platía Profítis Ilías* mit der gleichnamigen großen Kirche, viel Parkraum und einer kleinen Grünanlage. Zwei Cafés, eine Tavérna und eine Souvláki-Bude rahmen das unspektakuläre Ambiente ein. Angenehmer ist die *Platía Varnáva*, die über die Melissoú-Straße in wenigen Minuten zu erreichen ist. Der Platz ist hübsch mit Brunnen und Büschen begrünt, aber leider nicht sehr gepflegt. Rundherum befinden sich einige Geschäfte, Cafés, Tavernen und ein gutes *Zacharoplastíon* (Konditorei) an der Westflanke. Kinder spielen meist Fußball, während die Älteren auf den Bänken sitzen und palavern. Bevor sich der Rundgang über die Eftichídou-Straße schließt, kommt man über die Próklou auf die *Platía Plastíra*. Auf ihrer Hochterrasse an der Nordseite liegen Cafés und Tavernen, ansonsten

Athener Stilleben

viele kleine Läden. Mitten über den Platz mit einem schmalen Grünstreifen führt die belebte Eftichídou-Straße. Insgesamt gibt es hier also wenig idyllisches Ambiente, dafür aber die Athen-typische Szenerie eines nicht-touristischen Stadtteils.

Verbindungen

Nach Pangráti fahren die **Trolleys** der Linien 2 und 11. **Taxis** findet man vor allem an den Plätzen und in den Einkaufsstraßen sowie an den großen Hotels des Viertels. Die Pangráti nächstgelegene **Metro**-Station ist „Evangelismós" (Linie M3).

Übernachten

***** **Hotel Divani Caravel**, Leofóros Vasiléos Alexándrou 2, Business-Hotel mit 471 Zimmern und Suiten nicht weit vom Zentrum. Freundliche große Empfangshalle mit viel Marmor. Zimmer sehr geschmackvoll und mit allem erdenklichen Luxus eingerichtet: Klimaanlage, Lärmschutzverglasung, Safe, PC-Modem-Anschluss und Sat-TV sind selbstverständlich. Zimmerservice rund um die Uhr. Dachgarten mit Pool und Bar, Fitnessräume sowie Indoor-Pool für den Winter. Ideale Umgebung für exklusive Meetings, mehrere Konferenzräume vorhanden. Großes Frühstücksbuffet. Rund um die Uhr sind jeweils verschiedene Hoteleinrichtungen geöffnet wie z. B, das Restaurant Amalía, das Bar-Restaurant Millenium und das Café Constantinople. DZ 220–350 €, Suite ca. 900 €, Presidential Suite 3238 €. ✆ 210-7207000, 📠 210-7236683, www.divanis.com.

Essen & Trinken/Cafés

Pyrofáni, Platía Varnáva 8. Nette kleine Ouzerí mit einem offenen Grill mitten im Innenraum. Dekoriert mit allerlei bunt zusammengestellten Requisiten aus der Schifffahrt. Demgemäß sind frische Fische die Spezialität: Barben, Gávros, Kalamari, Oktopus. Der Wirt hat als Erkennungszeichen eine Bootsflanke an die Außenwand angebracht.

Ex Anatolís, Platía Plastíra 9. Hochterrasse unter einem Sonnendach mit Blick auf die Platía, Plätze auch innen. Es gibt ordentliche Fleischgerichte und verschiedene Döner-Variationen, wie sie von den kleinasiatischen Griechen nach Athen gebracht wurden (Adana, Iskenter, Tsephar). Außerdem gute Auswahl an warmen und kalten Vorspeisen sowie Salaten. Offener Wein, freundlicher Service. Mo–Fr ab 20 Uhr, Sa/So ab 12 Uhr.

Penelópi & Mnistíres, Platía Profítis Ilías. Oúzo-Mezedopolíon. Im Backsteinstil verzierter Innenraum mit rustikaler Einrichtung. Auf der Karte finden sich hauptsächlich Fleischgerichte. Gelegentlich Live-Musik.

Espresso Ellás, Platía Plastíra 8. Musik-Café auf einer Hochterrasse an der Platía. Modern gestalteter Innenraum mit Bar, einem Sofa und bequemen Sesseln. Kleinigkeiten zu essen, Drinks, Cocktails, Bier und Wein. Über der Theke laufen Musikvideos in vier Fernsehern. Die DJs verstehen sich auf Ellinádika, Pop und Rock. Mi griechischer Live-Rock und Do Live-Bouzoúki-Musik. Freundliches, junges Team, gemischtes Publikum.

Proedrío, Iofóntos 25. Gemütlich eingerichtetes Café-Restaurant auf zwei Ebenen. Nobel eingedeckte Tische, internationale Küche.

Norma, Antínoros 42. Tavernà Italiana, auf die Hotelklientel des Divani Caravel ausgerichtet. Ausgefallene italienische Küche, Pasta, Nudeln, Teigwaren und komplette Menüs. Dazu Weine aus Italien. Plätze innen und außen.

Sioux Onokío Regional Café, Vryáxidos 9. Western-Atmosphäre im indianischen „Wind"-Café mitten in Athen. Buntes Sammelsurium indianischer Requisiten an den Wänden. Country- und Western-Musik.

Café blabla, Platía Profítis Ilías. Café für das durchaus gehobene Publikum von Pangráti. Plätze unterm Sonnendach oder innen.

Shopping

Jeden Freitag bis 14 Uhr **Straßenmarkt** in der Odós Archimidous, vier Querstraßen westlich der Platía Plastíra. Verkauft werden Lebensmittel, Frischwaren und Haushaltsartikel.

Nationalgalerie/Aléxandros-Soútzou-Museum: Ecke Michalakopoúlou-Str. 1/Vasiléos Konstantínou-Str. 50. Die Athener Nationalgalerie wurde im Jahre 1900 gegründet, als 117 Bilder von der Technischen Universität übernommen wurden. Später kamen 107 Gemälde hinzu, die der Jurist Aléxandros Soútzos dem Staat, mit der Auflage ein Museum für Malerei einzurichten, vermachte. 1976 zog die Nationalgalerie in das heutige Gebäude ein. Durch weitere Schenkungen wurde der Platz schnell knapp, und es erfolgte ein Anbau, der Ende 2000 eröffnet wurde. Nach wie vor sind die Raumverhältnisse allerdings eher beengt. Die Ausstellung ist weniger kunsthistorisch ausgerichtet als vielmehr in die Epochen der neueren Nationalgeschichte gegliedert.

Ganzjährig tägl. 9–15 Uhr, So 10–14 Uhr, Di geschl. Eintritt 6,50 €, erm. 3 €. ✆ 210-7235857, 📠 210-7224889, www.nationalgallery.gr.

Museum für Post und Philatelie: Ecke Platía Panathinaikoú 5/Fokianoú 2. Das dem griechischen Postministerium unterstellte Museum präsentiert die philatelistische Geschichte Griechenlands und beschäftigt sich auch mit dem antiken Postwesen. Es liegt in einem ehemaligen Wohnhaus in der Nähe des Panathenäischen Stadions. Das Museum verfügt über den Postamtstatus und hat einen eigenen Stempel (mit dem Hermés-Kopf) zur Entwertung von aktuellen Briefmarken und Aufgabe von Briefen für den normalen Postverkehr.

Mo–Fr 9–14 Uhr, Sa/So geschl. Eintritt frei. ✆ 210-7519066.

Ágios Nikólaos-Kirche: Ymittóu-Straße. Die moderne, aber durchaus sehenswerte Kirche Ágios Nikólaos befindet sich an der Platía Agíou Nikoláou am Ostrand Pangrátis.

Stadtteil Kaisarianí

Etwa 14 km östlich des Sýntagma-Platzes endet die Wohnbebauung Athens am Fuße des Berges Ymittós. Dieser Vorort heißt Kaisarianí. In der Gemeinde selbst gibt es nicht viel zu sehen, die Besucher kommen vielmehr wegen des weithin bekannten Klosters Kaisarianí (derzeit noch geschlossen), eines der schönsten Kurzausflugsziele vom Zentrum Athens. In der grünen Umgebung des Klosters finden sich an den Hängen des Ymittós wunderschöne Picknickplätze. Wer deftige Küche in Biergartenatmosphäre vorzieht, dem sei das „deutsche" Spezialitätenlokal *Ritterburg* empfohlen.

- *Verbindungen* Vom Zentrum, Haltestelle Odós Akadimías, fährt **Bus** Nr. 224 alle 15 Min. nach Kaisarianí. Fahrzeit ca. 20–30 Min.
- *Essen* **Ritterburg**, Ecke 2. Maíos-Str. 12/Ethnikís Antistáseos. Deutsches Spezialitätenlokal, seit 2000 hier in Kaisarianí. Chef Hachlás Argýris lebte lange in Schweinfurt und spricht perfekt Deutsch. Es gibt viele verschiedene Sorten Schnitzel, Bauernbratwurst, Grillhaxen, Kartoffelsalat, Majo-Salate, Rotkohl, Sauerkraut und hausgemachte Spätzle. Selbstverständlich viele deutsche Biere und Glühwein im Winter. Schlichter, freundlich eingerichteter Innenraum und ein kleiner Biergarten auf der Straße gegenüber. Sehr günstige Preise. Reservierung ratsam. ✆ 210-722 2235.

Losverkäufer der staatlichen Lotterie

Moní Kaisarianí

Dieses einzigartige Kloster aus dem 11. Jh. zählt zu den beliebtesten Ausflugsziele der Athener. Es befindet sich in romantischer Lage inmitten von Wäldern aus Zypressen, Pinien und Platanen am Hang des Berges Ymittós. Beim Erdbeben von 1999 mit Epizentrum in der Nähe von Athen wurde das Kloster stark in Mitleidenschaft gezogen und ist derzeit noch geschlossen.

Das Mönchskloster Kaisarianí ist ein nationales Kulturgut und eines der bedeutendsten byzantinischen Bauwerke Áttikas. Die ordentlich gepflegte Klosteranlage mit Kirche, Wirtschaftsgebäuden, Refektorium und einem Bad liegt auf 340 m Höhe am Westhang des Ymittós-Gebirges. Moní Kaisarianí wurde im 11. Jh. an der Stelle eines bis heute unbekannten Heiligtums aus der Antike errichtet. Die Überreste dieser Stätte liegen im Klosterhof verstreut oder sind teilweise in den Gebäuden verbaut worden. Am Eingang finden sich Erklärungstafeln in englischer Sprache.

Die *Klosterkirche* ist ein Kreuzkuppelbau mit vier Säulen, die von einem in der Nähe gelegenen antiken *Tempel der Aphrodíti* stammen. Im vorderen Bereich sind Teile

Klosterkirche und Klostergarten Kaisariní

einer frühchristlichen Kirche erhalten. Der Vorraum (Narthex) und die *Seitenkapelle Ágios Antónios* wurden unter türkischer Herrschaft an die Kirche angebaut. Der gesamte Bau besteht aus den typischen alternierenden Stein- und Ziegelschichten der Spätantike. Aus verschiedenen Epochen stammen auch die Fresken im Innern der Kirche. Die ältesten Malereien datieren ins 14. Jh. und sind auf der äußeren Südwand der Kirche zu sehen. Sämtliche weiteren Fresken stammen aus dem frühen 18. Jh. und zeigen neutestamentliche Szenen, die nach dem kretischen Ikonenstil des 16. Jh. gemalt wurden. Eine Inschrift über dem Eingang nennt die Namen der Kirchenmaler. Der Bekannteste ist Ioánnis Ypatos, der den Narthex im Jahre 1682 bemalt hat.

Ebenfalls auf den Originalbau des 11. Jh. geht das *byzantinische Bad* zurück. Es ist das älteste erhaltene Klosterbad in Griechenland, aber leider nicht zu besichtigen. Man muss sich mit einem Blick durch den Absperrzaun begnügen. Erhalten sind drei nebeneinander liegende Räume für Bäder in heißem, lauwarmem und kaltem Wasser, das aus der Quelle Kýllou Péra vom Ymittós gespeist wurde. Ein Widderkopf aus pentelischem Marmor ist als Quellöffnung erhalten. Später wurden die Räume als Standort für eine Olivenpresse verwendet, die heute noch zu sehen ist.

Das *Refektorium* mit Spitzbogengewölbe und die Küche des Klosters liegen genau gegenüber der Kirche. Auf der Südseite der Anlage befindet sich der *Zellen*trakt mit dem *Turm* der Venizélos-Familie aus dem 17. Jh. Früher waren hier auch eine Backstube und eine Mühle untergebracht. Ebenfalls sehenswert ist der teils gepflasterte *Innenhof* mit gepflegten Beeten und Dutzenden von Blumenkübeln sowie eine *Säule* mit ionischem Kapitell vor dem Eingang zur Kirche. Leider sind die *Wandelgänge* nicht zugänglich. Die Klosteranlage befindet sich heute in Staatsbesitz und wird vom Kulturministerium verwaltet. Nur am Karfreitag und am 21. November werden noch orthodoxe Messen abgehalten.

Gegenüber vom Eingang des Klosters führt ein anfangs betonierter, dann geschotterter Weg ca. 300 m nach Westen zum *Mönchsfriedhof* (*Kimitírio*) und zu einer *frühchristlichen Basilika*. Von dieser Kirche aus dem 5.–6. Jh. sind nur noch die Grundmauern und einige antike Spolien erhalten. Das rechte tonnengewölbte Seitenschiff ist noch gut erhalten. Es handelt sich um die nachträglich angebaute *katholische Kirche* des Heiligen Márkos Frangomonastírio. Nebenan befinden sich Teile der *byzantinischen Kirche Taxiárchis*. Von hier aus bietet sich ein herrlicher Blick auf Athen und seine südöstlichen Vororte.

• *Verbindungen* Keine öffentliche Busverbindung direkt bis zum Eingang.

⓪ Wegen der umfangreichen Renovierungsarbeiten nach den Erdbebenschäden ist die Klosteranlage noch geschlossen. Ein Mönch teilte uns auf telefonische Anfrage mit, dass mit einer Wiedereröffnung bis Mitte/Ende 2009 gerechnet wird. Aktuelle Informationen unter ✆ 210-5811558.

Kloster Asteríou: etwa 4 km bergauf vom Kloster Kaisarianí. Das kleine byzantinische Kloster Asteríou („Sternkloster") liegt etwa auf halber Höhe zum Ymittós-Gipfel. Die Kreuzkuppelkirche stammt wie in Kaisarianí ebenfalls aus dem 11. Jh. und steht auf vier Säulen mit Kapitellen. Aus dem 16. Jh. sind Fresken fragmentarisch erhalten. Sehenswert ist das Muttergottesbild im Refektorium aus dem 17. Jh. In den 1960er-Jahren wurden weite Teile der Anlage restauriert. Zum Kloster Asteríou gelangt man, indem man die asphaltierte Straße am Kloster Kaisarianí vorbei weiter bergauf in Richtung Ymittós-Gipfel fährt.

Kloster Ágios Ioánnis Kynigós: am Ostrand des Vororts Agía Paraskeví, etwa 8 km nördlich von Paianía. Das sehenswerte kleine Kloster mit einer Kreuzkuppelkirche im byzantinischen Stil aus dem 12. Jh. befindet sich am nördlichen Hang des Óros Ymittós. Von den übermalten Fresken aus dem 16. Jh. ist allerdings leider nicht mehr viel zu sehen.

Alte Fresken in der Klosterkirche von Moní Kaisarianí

Vom Zentrum zur Küste: Távros – Kallithéa – Moscháto – Néa Smírni

Zwischen dem historischen Zentrum und den Küstenvororten liegen mehrere Wohngebiete, die im Kern im späten 19. Jh. entstanden und dann im 20. Jh. mit der Stadt Athen nahtlos zusammengewachsen sind. Die Bausubstanz ist zumeist älteren Datums, die neueren Betonhäuser sind grau, anonym und gesichtslos. Hie und da gibt es ein paar Grünflecken oder ein Sportstadion.

Der Versuch einer gewissen Stadtplanung ist unverkennbar: In Távros, Kallithéa, Moscháto und Néa Smírni sind die Straßenzüge überwiegend in größeren oder kleineren Rechtecken angelegt. Néa Smírni gilt als ein zentrumsnahes Wohnviertel junger Leute. Das Viertel ist nach der Vertreibung der Griechen aus der kleinasiatischen Stadt Smírni entstanden, die heute Izmir heißt. Damals kamen Tausende Vertriebene nach Athen und fanden hier eine neue Heimat. Die anderen Viertel sind gemischte Wohngebiete.

Am einfachsten erreicht man die Viertel mit der alten Metro-Linie 1. Sie hält auf der Strecke zwischen Omónia und Piräus an den Stationen Távros, Kallithéa und Moscháto. Nach Néa Smírni fahren seitlich vom Busbahnhof in der Akadimías-Straße die Stadtbusse Nr. 136 und 137, von Piräus der Stadtbus Nr. 130.

Griechisches Kulturzentrum (Hellenic Kosmos): Távros, Pireós-Str. 254. Das Griechische Kulturzentrum gehört zur Stiftung für Auslandsgriechen. Es dokumentiert das griechische Kulturerbe und würdigt seine Bedeutung für die Entwicklung des abendländischen Europa. Das Gebäude ist eine im modernen Stil umgebaute Industriehalle von 1940 mit heute insgesamt 35.000 m^2 Ausstellungsfläche. Museumspädagogisch wurde alles für das elektronische Zeitalter ausgestattet und zielt vor allem auf Schulklassen ab, die hier einen „Lehrpfad" beschreiten: Es gibt ein Internetcafé und zahllose elektronische Publikationen auf CD-Rom. Für Besucher werden Computerworkshops organisiert, und man bietet Support zur Programmierung von Internetseiten an. Im Erdgeschoss sind Räume eingerichtet, in denen man mit Hilfe einer 3-D-Brille in virtuelle Bilderwelten der Vergangenheit eintauchen kann. Der „Arche" genannte Raum führt durch die glanzvolle antike Stadt Milet, und auf dem „Magischen Bildschirm" ist die Mode in byzantinischer Zeit zu sehen. In den weiteren Räumen des Erd- und Obergeschosses sind langfristige Wechselausstellungen untergebracht. Eine von ihnen beschäftigt sich mit der Entwicklung von „4000 Jahre griechischer Kleidung" mit dem Schwerpunkt auf den Volkstrachten, eine weitere hat die „historischen Nationalfeiertage" zum Thema.

Auf den Internetseiten des Kulturzentrums können (in griechischer und englischer Sprache) Programme zu kulturellen Themen heruntergeladen werden.

🕐 Im Sommer (1.6.–30.9.): Mo, Di, Do, Fr 9–16 Uhr, Mi 9–21 Uhr, So 10–15 Uhr, Sa geschl.; im Winter (1.10.–31.5.): Mo, Di, Do 9–14 Uhr, Mi u. Fr 9–21 Uhr; Sa 11–16 Uhr, So 10–16 Uhr. Die Höhe des Eintritts (6–11 €/erm. 4–7 €) richtet sich nach dem, was man sehen oder besuchen will (z. B. Ausstellungen, Workshops etc.). ✆ 210-25400000 und 210-4835300.

• *Anfahrt* Bus 049 (Piräus-Omonia) bis zur Haltestelle Viohalco/Ifantiria.

• *Internet* Programme unter www.fhw.gr und www.hellenic-cosmos.gr.

Internationales Museum für Meeresforschung Moschákis: Moscháto, Píndou-Str. 14. Das private Museum ist die Gründung eines Offiziers der griechischen Küstenwache. Kapitänleutnant Panagiótis Moschákis macht die Sammlung interessierten Besuchern seit 1970 im Obergeschoss seines Wohnhauses zugänglich. Zu sehen gibt es zahlreiche paläontologische Exponate: versteinerte Fische, Schildkröten, Seeigel, Seesterne, Schwämme, Korallen und weitere Meerespflanzen aus Griechenland. Die weitaus meisten Stücke sind jedoch Muscheln aller Größen und Farben, die aber nicht nur aus griechischen Gewässern stammen, sondern auch aus dem Atlantik, Pazifik und dem Indischen Ozean.

Besichtigung nur nach tel. Vereinbarung. Eintritt frei. ✆ 210-9412393.

Historisches und Volkskundliches Museum der Schwarzmeergriechen: Néa Smírni, Agnóston-Martýron-Str. 73. Das 1998 eröffnete Museum befindet sich im Haus des „Komitees der Schwarzmeergriechen". Dort versucht man, das geistige Leben und den materiellen Reichtum dieser Volksgruppe zu bewahren und zu erforschen. Die chronologisch in historischen Einheiten aufgebaute Ausstellung beginnt gleich rechts vom Eingang. Dort hängt eine große Karte, die das Siedlungsgebiet der Schwarzmeergriechen umfasst. Die ältesten Exponate stammen aus der Antike. Einer der Schwerpunkte liegt in der byzantinischen Epoche. In türkischer Zeit profitierten die Schwarzmeergriechen von ihrer geografischen Lage an einer wichtigen Handelsroute und von der Ausbeutung kleinasiatischer Erzgruben. Aus dem 19. Jh. ragt der naturgetreue Nachbau eines traditionellen Bauernhauses hervor. Mehrere Frauentrachten, ein Brautkleid und zwei Männertrachten stammen ebenfalls aus dieser Zeit. Der zunehmenden Verstädterung im 20. Jh. wird durch eine nachgebaute Stadtwohnung Rechnung getragen. Trachten aus dem 20. Jh. zeigen schon deutlich den Einfluss westlicher Kultur auf die Schwarzmeergriechen. In diesem Raum wird auch auf die politischen Ereignisse im vorigen Jahrhundert hingewiesen, die letztlich zur Vertreibung der Schwarzmeergriechen führten. Am Ende des Rundgangs folgen Informationen über die spärlichen Versuche einer Neuansiedlung im alten Gebiet des Volksstammes und über die alten Schwarzmeertraditionen, wie sie im heutigen Griechenland noch gepflegt werden. Beeindruckend sind viele Ikonen und die Bullen der Patriarchen von Konstantinopel, die an die Metropoliten und Klöster am Schwarzen Meer gerichtet waren.

Mo–Fr 10–16 Uhr, Sa/So nach Vereinbarung. Eintritt frei.

Sammlung Nachbyzantinischer Ikonen: Néa Smírni, Platía Chrysóstomos Smírnis. Schon allein das Museumsgebäude (*Héstia Néa Smírnis*) ist sehenswert. Es wurde 1975 im neoklassizistischen Stil mit acht Säulen und einer breiten Eingangshalle errichtet. Dort malte auch der Künstler Tákis Parlavántzas ein 40 m langes Fresko an die Wand, das sich mit der griechisch-kleinasiatischen Kultur beschäftigt. Die ehemals private Sammlung des Arztes Geórgios Tsakýroglou umfasst etwas mehr als 400 nachbyzantinische Ikonen aus dem 14. bis 19. Jh. Die ältesten Exponate sind Panagía-Ikonen aus dem späten 14. Jh. Insgesamt ist die Ausstellung eher thematisch als historisch geordnet. Zu erkennen sind besonders schöne Stücke aus der kretischen Malschule des 16. und 17. Jh. Neben Ikonen findet man auch einige Ölgemälde, Zeichnungen, Skizzen und Skulpturen aus dem späten 19. und beginnenden 20. Jh. Hinzu kommen eine Hand voll Keramiken, Münzen und Schmuck aus der Antike.

Do u. So 11–13 Uhr, Mo–Mi, Fr/Sa geschl. Eintritt frei.

„Ein Schiff wird kommen..." – Jachthafen Passalimáni von Piräus

Piräus (Piraeás)

In Piräus liegt der wichtigste Hafen Griechenlands. Rund um den Haupthafen ist der Ort wenig ansehnlich, doch in den anderen Stadtteilen gibt es reizvolle Plätze zu entdecken: zwei große Naturhäfen im Süden, einige antike Überreste, neoklassizistische Gebäude und mehrere Museen.

Das etwa 500.000 Einwohner zählende Piräus ist mit der Stadt Athen und ihren Vororten längst nahtlos zusammengewachsen, wenngleich Piräus verwaltungstechnisch eine eigene Stadt darstellt. Aber nicht erst heute, sondern schon in der Antike bildeten Athen und Piräus eine organische Einheit. Der große Zentralhafen im Westen und die beiden runden kleinen Naturhäfen im Süden waren durch die berühmten drei *Langen Mauern* seit 431 v. Chr. mit Athen verbunden. Auf dem Gebiet von Piräus wurden Lagerräume, Arsenale, Militärdepots und Werften eingerichtet. Der Stadtstaat erlebte im 4. und 5. Jh. v. Chr. eine beispiellose Blütezeit. Heute ist der *Hafen Kantharós* („Piraeus Central Port") zum Haupthafen Griechenlands und zu einem der größten Häfen des Mittelmeers avanciert. Fast alle Inselfähren und Schnellboote starten hier. Vom Zentrum Athens ist Piräus schnell und bequem mit der Metro zu erreichen, vom Flughafen verkehrt ein Expressbus.

„Ein Schiff wird kommen ...", schmachtete die Sängerin und Schauspielerin Melína Mercoúri die Atmosphäre des Riesenhafens an. Die Schiffe kamen tatsächlich, Piräus entwickelte sich schnell zum Zentrum der griechischen Handelsmarine – und bedient alle Klischees einer echten Hafenstadt im besten Sinne: Es gibt ein schummriges Rotlichtviertel, hart anpackende Männerhände und eine erfolgreiche Fußballmannschaft, die „Roten" von *Olympiacos Piräus*. Der legendäre Fußballclub wurde 1925 von „echten" Hafenarbeitern gegründet. Dem romantisch-verklärten Image zahlreicher Seemannslieder kann Piräus deswegen aber längst nicht überall gerecht werden. Zwar wurden im Vorfeld der Olympischen Spiele 2004 zahlreiche bautechnische Neuerungen andiskutiert, gereicht hat es letztlich aber nur für überdimensionale Transparente und ein Flaggenmeer, mit denen die Hafenpromenade für Besucher aus aller Welt salonfähig getrimmt wurde. Nachhaltig verändert hat sich das Gesamtbild dadurch allerdings kaum. Gesichtslose Bürogebäude mit Hunderten von Aircondition-Boxen an der Fassaden, triste Verwaltungsgebäude und Zentralen etlicher Reedereien bestimmen weiterhin das Bild. Trubel und Staus können sich mit denen im Zentrum Athens getrost messen.

Bei Ankunft und Abfahrt der Schiffe strömen Menschenmassen über den *Aktí Tzelépi*, und Rucksacktouristen aus aller Welt stürmen zur Metro-Station. Ein wunderschönes Erlebnis ist die Ausfahrt aus dem Hafenbereich auf einer der großen Autofähren: Man passiert zahllose Frachter, Öltanker und auch Kriegsschiffe, die noch kilometerweit vor der Küste vor Anker liegen.

Eingerahmt von großen Hochhäusern mit Werbetafeln ist auch die *Platía Koraí*, das Stadtzentrum von Piräus. Sie liegt an der breiten Leofóros Vasiléos Georgíou A., wo die Iróon-Polytechníou-Straße nach Süden hin abzweigt. Vor und neben dem großen Rathaus reiht sich ein Café ans andere. Auf der gegenüberliegenden Seite der Leofóros Vasiléos Georgíou A. befindet sich ein kleinerer Platz mit etwas Grün, die *Platía Dimotikoú Theátrou*. Das markante Gebäude an der Nordwestseite ist das *Städtische Theater* (Dimotikó Théatro), in dem auch die Pinakothek der Stadt Piräus und die Gemäldegalerie Pános Aravantinós untergebracht sind.

Archäologische Funde zeigten, dass Piräus schon in minoischer Zeit besiedelt war. Damals befand sich oben auf dem Hügel des heutigen Viertels *Kastélla* ein Heiligtum der Göttin Ártemis, wo nun die *Profítis-Ilías-Kirche* steht.

Veranstaltungen in Piräus

Im Dimotikó Théatro Veákio (Veákio-Theater), fast am höchsten Punkt des Kastélla-Hügels, wird in jedem Sommer das **Veákio-Festival** veranstaltet. Dabei treten Volkstanz- und Musikgruppen in dem im griechischen Stil von Epídavros errichteten Theater auf.

Alle zwei Jahre findet auf dem Messegelände neben dem Zollamt im Juni eine einwöchige Ausstellung über Schifffahrtsbedarf statt. Nächster Termin für diese **Fachmesse Posidoniá** ist 7.–11. Juni 2010. Jeweils parallel zur Posidoniá wird die **Nautische Woche** veranstaltet. Austragungsort ist das Stadío Irínis & Filías (Friedens- und Freundschaftsstadion) im benachbarten Vorort Néo Fáliro. Dieses Stadion fasst mehr als 15.000 Zuschauer und dient auch für Sportveranstaltungen sowie Konzerte.

Nach dem Niedergang Athens wurde Piräus 86 v. Chr. unter dem römischen Herrscher Sulla praktisch dem Erdboden gleichgemacht. Bis 1834 war der im Mittelalter Pórto Leóne genannte Ort dann ein unbedeutendes Dorf mit 60 (!) Einwohnern. Erst mit dem Wiederaufbau Athens unter König Otto wurde auch Piräus wiederbesiedelt und mit rechteckigen Straßenzügen neu angelegt. Die Zuwanderer kamen zunächst aus Chíos, Hýdra, Kreta und vom Peloponnes, später gesellten sich Flüchtlinge aus Kleinasien hinzu. Das Viertel, in dem die Rebétiko-Subkultur entstand, ist unterdessen allerdings weitgehend abgerissen. Ebenso die dunklen „Haschischbuden" der 60er-Jahre und das reeperbahnähnliche Vergnügungsviertel Troúmba. Sehenswerte ältere Bausubstanz sind vor allem die teils renovierten neoklassizistischen Seemannshäuser im Hügel-Viertel *Kastélla*. Wer in Piräus baden will, sollte die Strände unterhalb des Viertels *Freatída* und den Strand *Votsalákia* besuchen.

Piräus Karte Seite 180/181

Nikomidias
Hilis
Platonos
Meg. Alexandrou
Adrianou
Mitropóntou
Kosti Palamá
25th Martiou
Spartis
Andrea
Miaouli
Sokratous
Sokratous
Pontou
Aristotelous
N. Hatzopoulou
Misailídou Amaliádos
Dimitsánas
Kapetanidou
Analipseos
Agh.
Panteleimonos
Ethnikis Antistátheos
Riga Feraiou
Eleftheriou
Astypaleas
K. Palama
Taxiarchon
N. Kazantzaki
Theotokopoúlou
Vasiliadou
Grigóris Labráki
Kalokerinou
Ipapantis
Spartis
Goura
Vitolion
Thessaloníkis
Doganis
Psaron
Salaminos
Dervenakion
Agiou Dimitriou
Anapafseos
M. Botsari
Kalokairiánou
Drapetsónas
Spártis
Makrigiánni
Agh. Fanouriou
Kanári
Mesolongiou
1
Egaleo
Etolikou
Artemisiou
Mavromichali
Asklipiou
Dragatsaniou
Kastoros
Poli
Palamidiou
Akti Kondili
Hauptbf. Piräus
Metr
stati
M
Akti Kalilimasioti
Navarinou
E6
E7
Flughafen-
Express
2
3
5
6
7
9
Ticket-
büros
BUS
8
TAXI
Kykladenfähren
E9
Hafen
Kantharós
(Kentrikó Limáni)
Akti Miaouli
Akti Pos
Filonos
Notara
Kolokotroni
Char. Trikou
Akti Miaoúli
Chatzikiriakou
Ikonomou
Ath. Miaoúli
Xanthou
Damalá
Efklias
Tombazi
Hatzikiriakou Ave.
Iasonos
Efplias
Sachtouri
Kantharo
Afentouli
Evergeton
Salaminomachon
L. Porfira
Dim. Ralli
Sofokleous
G. Theotoki
Zaimi
Flesa
Kanari
Neosikon
Freat
Lekk
Zaimi
Ant. Theochari
Klisovis
Krevata
Sp. Lambrou
Serfiotou
Frangiadon
Evrimedóntos
M. Hatzikiriakou
Alikarnasou
Iraklidon
Agias Marinas
Filikis Etairias
87
Kotziadon
Papanikoli
St. Skouloudi
Akti Themistokleous
Agias Paraskevis
Ath. Moutsopoulou
St. Dragoumi
Patriárchou Ioakim
Kalypsos
Ivis
Kazanoba
Karpathou
Akti Themistokleous

Essen & Trinken (S.184/185)

1 Hard Rock Café
4 Old Bakers
6 Volıótiko 1911
7 Tsáki
8 Hetion
12 Ta 9 Adélfia
13 Café Ágira
14 Captain John's
15 Zéfiros
17 Café Istioploikós
18 Chatzís
19 Café Zéas Marínas
20 La Tradizione
21 Tsan Sin
22 Ilías
23 Internet: Zéas Net
24 Kolymbitírio Marínas Zéas

Übernachten (S.183)

2 Hotel Ionion
3 Hotel Delfíni
5 Hotel Ikaros
9 Hotel Elektra
10 Hotel Triton
11 Hotel Anemóni
13 Hotel Acropole
16 Hotel Cavo D'oro

Piräus

Seit Mitte des 19. Jh. hat die Industrialisierung Piräus erfasst. Heute ist die gesamte Küstenlinie zwischen dem Hafen Kantharós und der Stadt Elefsína eines der größten Industriegebiete Griechenlands. An den hohen Schornsteinen, den Raffinerien und nicht zuletzt dem Geruch in der Luft ist zu erkennen, dass viele Betriebe der petrochemischen Industrie angehören. Fast der ganze verbleibende Rest sind große und kleine Werften, die wie überall in Europa derzeit in einer Krise stecken. So ist die Stadt vor allem ein Wohngebiet der Arbeiter und unteren Mittelschicht geworden. Den Reedereien – von denen Piräus fast 600 zählt – geht es etwas besser, denn der Hafen ist Heimat einer der größten Handelsflotten der Welt.

Verbindungen

Die einfachste und preiswerteste Möglichkeit, vom Zentrum nach Piräus zu kommen, ist mit der **Metro** der alten Linie 1. Ihre Endstation liegt unweit des Hafens am Aktí Kallimasióti. Richtung Inselfähren und Zentrum von Piräus verlässt man den Metro-Bahnhof nach links und gelangt über die südlich verlaufenden Aktí Kallimasióti und Aktí Posidónos zunächst zum Haupthafen. Ins Stadtzentrum weiter geradeaus über die Leofóros Vasiléos Georgíou A.

In Piräus gibt es auch einen **Bahnhof,** er liegt am Aktí Kallimasióti zwischen der Agíou Dionísou und der Kononós (rechts der Metrostation). Von hier besteht Anbindung zum Peloponnes und – mit Umstieg am zentralen Athener Lárissa (Haupt-) Bahnhof – nach Nord-/Mittelgriechenland.

Mit dem Rucksack zum Hafen Piräus

Vom **Flughafen** Elefthérios Venizélos fährt der **Expressbus X 96**, rund um die Uhr etwa alle 20 Min. Fahrzeit hier je nach Tageszeit und Verkehrslage zwischen 1 Std. 15 Min. und bis zu 2,5 Std. Haltestelle: direkt am Hauptausgang des Flughafens (rechts). Fahrpreis 3,20 € (Stand: Frühjahr 2009).

Der große **Busbahnhof** von Piräus liegt hinter der Metrostation im Block zwischen den Straßen Kononós, Fokíonos, Alipédou und Retsína. Stadtbus Nr. 040 fährt zum Sýntagma-Platz, Nr. 049 zum Omónia. Nach Elefsína fahren die Stadtbusse Nr. 845 und Nr. 871.

Die größten Standplätze für **Taxis** findet man am Aktí Tzelépi (Haupthafen). Weitere am Hauptbahnhof, an der Metrostation, dem Busbahnhof und im Zentrum, beispielsweise an der Platía Koraí.

Die meisten **Inselfähren** bzw. Flying Dolphins in Richtung Kykladen, Dodekanes, Saronische Inseln, Kreta u. a. starten vom großen Haupthafen. Am Gate 8 befindet sich die Mole für die **Fähren zur Insel Ägina** (siehe S. 189).

Etwa 200 m links von der Metrostation liegen die **Ticketbüros** für die Inselfähren (Karaiskaki-Platz, frei stehendes Gebäude an den Kais), in der Hauptsaison meist Tag und Nacht geöffnet. Tickets gibt es auch in diversen Reisebüros (z. B. sehr kompetent: *Filtour*, gegenüber dem Gate 8 links neben den Cafés).

Adressen

• *Informationen* E.O.T-Büro am Aktí Moutsopoúlou, an der Westseite des Hafens Zéa Marína. Das Personal ist wenig hilfsbereit und spricht praktisch kein Englisch. Zum Mitnehmen liegt eine kleine, englischsprachige Piräus-Broschüre aus.

• *Kinos* **Sineak** und **Chailaif**, an der Platía Koraí. **Anesis**, Ecke Dístomou/Androútsou.

• *Post* hafennächstes Postamt in der Aristídou 29. Weitere: Ecke Tsamadoú/Fílonos, in der St. Dragoumi, am Aktí Miaoúli gegenüber der Kirche Ágios Nikólaos und am Aktí Moutsopoúlou an der Westseite des Hafens Zéa Marína.

• *Parkplätze und Parkhäuser* gebührenpflichtige Garage an der Platía Karaiskáki, Einfahrt vom Aktí Posidónos.

• *Touristenpolizei* Passenger Terminal, ✆ 210-4290664-5 und 210-4122501. Telefonischer 24-Std.-Service unter ✆ 171, es wird Englisch gesprochen, in der Regel hilfsbereit.

Übernachten (siehe Karte S. 180/181)

Rund um den Haupthafen gibt es einige Hotels, von gutem Standard bis zum Prädikat „abbruchreif" ist alles vertreten. Bessere Hotels liegen Richtung Zentrum. Rucksacktouristen schlafen im Sommer in Scharen auf dem Platz vor den Ticketbüros (Aktí Tzelépi/Platía Karaiskáki) und in der Grünanlage gegenüber der Kirche Agía Triáda (Platía Themistokléous). Davon ist unbedingt abzuraten – Polizeikontrollen und extrem viel Diebstahl!

*** **Hotel Cavo D'oro (16)**, Vasiléos Pávlou 19–21, Kastélla, 74 Zimmer im Stil der 70er-Jahre. Alle Zimmer mit Bad, Balkon, Klimaanlage, Telefon und TV. Zum Hotel gehören eine Tavérna, eine Bar, ein Pool und ein Konferenzraum, oben Dachgarten mit Aussicht. Zimmer 120–140 €. ✆ 210-4113744-5, ℻ 210-4122210.

*** **Hotel Triton (10)**, Tsamadoú 8, relativ modernes Haus mit 56 gepflegten, schlichten Zimmern. Alle mit Bad, AC, Telefon, TV und Heizung im Winter, teilweise auch mit Meeresblick-Balkonen. Einrichtung mit dunklen Holzmöbeln, kleine Lounge und netter Frühstücksraum. Sophía arbeitet an der Rezeption und spricht gut Deutsch. EZ ab 80 €, DZ ca. 100 € im Hochsommer; Frühstück 15 € extra. In der Nebensaison gibt es Rabatte. ✆ 210-4173457-8, ℻ 210-4177 888, www.htriton.gr.

** **Hotel Ionion (2)**, Kapodistríou-Str. 10, hübsche und gepflegte Zimmer mit gefliesten Fußböden und heller, schlichter Einrichtung. Alle 19 Zimmer mit Bad, Balkon, Klimaanlage, Telefon, TV und Zentralheizung im Winter. Saubere Bäder (schmal geschnitten) mit abgemauerten Duschen und Holzdecken. Snack-Bar im Hotel, Frühstück ab 5 Uhr, freundlich geführte Rezeption. EZ 65 €, DZ 95 €, Frühstück 7 € extra. ✆ 210-4110820, ℻ 210-4110 613, www.ionionhotel.com.

** **Hotel Anemóni (11)**, Evripídou 65–67, Mittelklassehotel mit 50 Zimmern im Zentrum von Piräus, trotzdem relativ ruhig. Alle Zimmer mit Bad, Klimaanlage, Telefon, Radio, TV, Haartrockner und Zentralheizung im Winter. Room-Service rund um die Uhr, kostenfreier Privatparkplatz unweit vom Hotel. Bar u. Frühstücksraum, freundlich geführte Rezeption. DZ 80 €–100 € inkl. Frühstück; 25% Rabatt bei Buchung über Internet. ✆ 210-4111768, ℻ 210-4111743, www.anemoni.gr.

** **Hotel Acropole (13)**, Dim. Goúnari 7, vermietet werden 22 Zimmer. Moderne dunkle Holzmöbel und weiß gekachelte Böden oder Teppich. Kleine, aber saubere Bäder, z.T. mit Jacuzzi. Alle Zimmer mit Klimaanlage, Telefon, TV und PC-Modem-Anschluss. Kostenfreier Safe an der Rezeption und Gepäckaufbewahrung. Leser klagten über z.T. mangelhafte Reinigung der Zimmer. DZ ab 70 €. ✆ 210-4173313, ℻ 210-4170525, www.acropole-hotel.gr.

** **Hotel Delfíni (3)**, Leochárous 7, durchaus passable, mit dunklen Holzmöbeln eingerichtete Zimmer, in pink und Blautönen gestrichen. Alle mit Balkon, Telefon und TV, teilweise auch mit Klimaanlage und Kühlschrank. Kleine, saubere und weiß gekachelte Bäder. Heizung im Winter. EZ ab 45 €, DZ 60 €, 3er-Zimmer 70 € inkl. Frühstück. ✆ 210-4123512, ℻ 210-4173510, www.hotel-delfini.com.

Hotel Elektra (9), Navarínou 12, gut geführtes Hotel mit 19 geräumigen und sauberen Zimmern. Alle mit heller Kiefernholzeinrichtung, Balkon, Klimaanlage, Telefon, TV und Heizung im Winter. Wände in frischem Kykladenblau gestrichen, renovierte Bäder. DZ ab 60 €, am besten ein Zimmer nach hinten nehmen. Kein Frühstück. ✆ 210-4177057.

** **Hotel Ikaros (5)**, Leochárous-Str. 18, vermietet werden 17 schlichte Zimmer, nicht besonders groß und nicht besonders gepflegt. Nur für Notfälle. EZ und DZ ab 56 €. ✆ 210-4129305-6, ℻ 210-4177024.

Karte Seite 180/181

Essen & Trinken/Cafés/Nachtleben/Internet (s. Karte S. 180/181)

In der Nähe des Haupthafens dominieren naturgemäß Fastfood-Buden, wobei deren Qualität oft gar nicht schlecht ist. Bessere Tavernen befinden sich Richtung Zentrum oder Kastélla sowie an den beiden anderen Häfen Zéa Marína (Stadtteil Freatída) und am Mikrolímano. Hier im fast kreisrunden Jachthafen von Piräus liegt eine Taverne neben der anderen, insgesamt mehr als 20. Sie gelten als die besten Fischlokale Athens, sind aber reichlich teuer. Wesentlich günstigere und zweifellos ebenso gute Fischrestaurants findet man im etwas abseits gelegenen Vorort Keratsíni (siehe im Anschluss an das Piräus-Kapitel).

Old Bakers (4), Navarínou 19. Früher eine Bäckerei, heute eine Tavérna im freundlich-rustikalen Stil. Angeboten werden 30 verschiedene Gerichte und tägl. wechselnde Spezialitäten. An der Warmhaltetheke kann man sich die Hauptgerichte aussuchen, die dann sofort serviert werden. Angenehme Preise.

Ta 9 Adélfia (12), Sotíros-Str. 48. Die „neun Brüder" der Dálta-Familie bieten griechische Küche mit überwiegend Fleischgerichten. Breite Auswahl an Lammgerichten, *melitsánes jemistés*, im Tontopf gekochtes Rindfleisch, mit Zwiebeln gefülltes Rindfleisch, diverse Spagettigerichte und viele Vorspeisen.

Voliótiko 1911 (6), Dim. Goúnari 9. Plätze auf zwei Ebenen, Treppen führen hinauf. Zu den Spezialitäten des Hauses zählen Fischgerichte, Moussakás, Pastítsio, diverse Salate und Fleisch aus der Grillküche. Nach dem Essen empfiehlt sich ein Tsípourro (Tresterschnaps nach Art des Hauses). Jeden Samstagabend Bouzoúki-Musik live.

Tsáki (7), Dim. Goúnari 7. Neben dem Hotel Acropole, nächster Eingang in Richtung Stadt. Einfache Souvláki-Pinte vom freundlichen Chef Ioánnis geführt. Ein paar Tische innen und vor dem Lokal auf der Straße. Es gibt Fisch, Salate und Pítta.

Captain John's (14), Kastélla, Aktí Alexándrou Koumoundoúrou 16. Man sitzt auf einer Terrasse direkt am Meer. Es gibt praktisch alle am Markt erhältlichen Fischsorten, Spezialitäten sind Lobster, Krebse, Oktopus. Muscheln und Tintenfisch aus der Kasserolle. Auch ein paar Fleischgerichte und gute Salate sind zu haben. Zum Kochen wird Olivenöl aus Kalamáta benutzt. Eigener Hauswein. Freundlicher, schneller Service und nicht zu teuer.

Zéfiros (15), Kastélla, Aktí Alexándrou Koumoundoúrou 48. Beliebte Tavérna mit in 2002 neu gestaltetem Innenraum, Parkettboden und hübsch dezent dekoriert. Tische auch auf der Hochterrasse direkt am Meer. Klassische Fischtaverne für das Sonntagsessen griechischer Familien. Empfehlenswert sind Dorádo, Seebrasse, Lobster, Flusskrebse und Shrimps-Saganáki mit Féta. Breite Weinkarte. Teuer.

Chatzís (18), Freatída, Char. Trikoúpi 60. Der hervorragend deutsch sprechende Evángelos serviert bodenständige griechische Grillküche, aber auch Steaks, Pizza und Spaghetti. Kleine Auswahl an Fisch und Meeresfrüchten. Einfach gehaltener Innenraum und ein paar Tische auf der Straße.

Kolymbitírio Marínas Zéas (24), Freatída, Aktí Themistokléous 25. Schnellrestaurant auf einer Hochterrasse mit Pool in der Mitte. Schöner Blick auf den Hafen. Breite Auswahl an griechischer Grillküche, Salate, Fisch, Saganáki, Pizzen, Spagetti und süßen Nachspeisen.

La Tradizione (20), Freatída, Aktí Themistokléous 10. Italiko Pizza-Ristorante. Gehobenes Ambiente im hübsch dekorierten Innenraum. Breite Auswahl quer durch die italienische Küche.

Tsan Sin (21), Freatída, Aktí Themistokléous 10. China-Restaurant, zu erkennen an den bunten Säulen mit den Drachenköpfen. Beliebt bei Segel- und Motorbootcrews.

Ilías (22), Freatída, Aktí Themistokléous 28. Gyropoleío an der Platía Freatídas. Beliebter Fastfood-Laden.

Café Ágira (13), Kastélla, Mínoos 22. Im ersten Stock des Captain John's führt Sohn Chrístos ein nettes Café. Schöner Platz, um vom Balkon über die Tavernen hinweg auf den Hafen Mikrolímano zu blicken. Spezielle Kaffee-Kreationen, kühle Drinks, Bier, Cocktails, Sandwiches und Snacks. Internationale Musik.

Café Istioploikós (17), Kastélla, Aktí Mikrolímano, am Westende der Bucht. Teures Yuppie-Café in schöner Lage mit herrlichem Blick auf Hafen, Bucht und die gesamte Küste Richtung Süden. Im Sommer tägl. bis 4 Uhr nachts geöffnet.

Café Zéas Marínas (19), Freatída, Zéa Marína, im Hauptgebäude der Hafenverwaltung. Ruhiges Plätzchen unter Sonnenschirmen am Kai. Vor allem von den vor Anker liegenden Crews der Segelschiffe besucht.

Hetion (8), Aktí Tzelépi 2. Zentraler Punkt des Hafens und Hauptwartestation für die Inselfähren. Der Terminal für die Abfahrten auf die Kykladen und die ostägäischen Inseln liegt direkt nebenan. Das vom dem freundlichen Juniorchef Dimítrios geführte Hetion dient als Restaurant, Cafeteria, Ticket-Büro und Gepäckaufbewahrung in einem. Außerdem gibt es einen Internet-Raum, Duschen mit Ganzkörper-Warmluft-Trockenanlage (!) und eine Wäscherei. Hotelzimmer und Mietfahrzeuge können vermittelt werden.

Hard Rock Café (1), Ecke Aitolikoú 28/ Papastrátou. Musik aus den 50er- und 60er-Jahren in einem Ambiente, das an die Atmosphäre aus dieser Zeit erinnert. Gute Drinks, spät in der Nacht wird auch getanzt.

Ta 4 Adelfia, Koumoudourou-Str. 12 (Aktí Mikrolímano), schickes Meeresfrüchte-Restaurant zu Beginn der Flaniermeile. Gutes Preis-Leistungsverhältnis. Sehr freundlicher Service.

Taverne Paranga, Koumoudourou-Str. 34. Kaum zu glauben: die einzige Fleischtaverne im Hafenbereich von Aktí Mikrolímano. Rustikal dekoriert mit alten Fensterläden an den Wänden; Holzbänke mit gefüllten Jutesäcken tragen zur Gemütlichkeit bei. Sehr aufmerksame Betreiber, faire Preisgestaltung. Empfehlung!

• *Internet-Café* **Zéas Net (23)**, Freatída, Mitróou 2. Internet-Café und Copythek (Scanner, CD-Brenner, Drucker und Fax vorhanden) nahe am Hafen, freundlicher junger Besitzer. Surfen für ca. 3,50 € pro Std. Tägl. 9.30–23 Uhr. ✆ 210-4529265, www.zeasnet.gr.

Straßengrill einer Tavérna

Karte Seite 180/181

Piräus

Shopping

Jeden Sonntagvormittag findet bis etwa 14 Uhr ein Flohmarkt an der Dragatsaníou-Straße und Mavromicháli-Straße nördlich des Peloponnes-Bahnhofs statt. Angeboten werden allerlei Trödel, aber auch elektrische und elektronische Geräte, Haushaltsgegenstände und Kleidung.

Ta Mikrá Teixoil, Ecke Pílis 2/Skilítsi. Holztruhen und Butterfässer. Eine Wand des Ladens ist Bestandteil der „Langen Mauern" aus dem 5. Jh. v. Chr.

Pasári, Navarínou. Täglicher Markt für Fleisch, Fisch, Obst, Gemüse, Käse, Nüsse und Gebäck.

Sehenswertes

Agía-Triáda-Kirche: Leofóros Vasiléos Georgíou A. Die markante dreischiffige Kirche an der Hafenfront bietet ein ruhiges Plätzchen in der Hektik der Uferstraße. Beeindruckend sind vor allem die Wandmalereien, die fast alle griechisch-orthodoxen Kirchenheiligen darstellen. Die Fresken sind neueren Datums und füllen die Kirche innen komplett aus. Gegen diese Pracht wirkt die Ikonostase (aus Beton) eher schlicht, wenngleich sie sich über die gesamte Breite der Kirche hinzieht.

Archäologisches Museum Piräus: Charilláou Trikoúpi-Straße 31. Das Archäologische Museum ist in einem älteren Gebäude aus den 1960er-Jahren untergebracht. Die ältesten Exponate stammen aus mykenischer Zeit. Sehenswert in diesem Museum ist das älteste Grabmonument Griechenlands, das seit der Renovierung des Museums 1998 in einem eigenen Saal besichtigt werden kann. Außerdem gibt es eine reiche Sammlung attischer schwarz- und rotfiguriger Keramik zu sehen. Folgt man dem chronologisch aufgebauten Rundgang nach aufsteigender Saalnummerierung, beginnt der Besuch im Obergeschoss.

In **Saal 3** ist der lebensgroße Apóllon von Piräus in Bronze zu bewundern. Die bedeutende Statue wurde 1959 entdeckt und stammt aus dem frühen 5. Jh. v. Chr. Sofern die Datierung richtig ist, wäre der Apóllon von Piräus der älteste bisher gefundene griechische Koúros, der im Bronzeguss hergestellt wurde.

Auch im nächsten Raum, **Saal 4**, finden sich drei Koúroi aus der Grabung von 1959. Sie stammen aus dem 4. Jh. v. Chr. und stellen Ártemis und Athene dar.

Saal 8 ist der größte Raum des Museums und dem 7 m hohen Grabmonument des Nikerátos gewidmet. Es wurde im Jahre 1968 bei Erdarbeiten in Kallithéa entdeckt. Die Archäologen datieren den Fund auf etwa 325 v. Chr., also kurz vor dem Verbot des überdimensionierten Grabschmucks durch Demétrios von Phaléron im Jahre 310 v. Chr. Das Monument umfasst einen Sockel mit Fries, darüber drei reliefgeschmückte Stufen, auf die ein kleiner Tempel mit zwei ionischen Säulen gebaut wurde. Im Tempel befinden sich die (heute kopflosen) Statuen des Nikerátos und seines Sohnes. Bedeutend ist auch die 3,50 m hohe Grabstele des Pánchares mit einem besonderen Dekor. Im gleichen Raum sind weitere Grabstelen aufgestellt. Die von einer hoch entwickelten Kunst zeugenden Reliefs zeigen Familien, Frauen und Kinder.

Ⓘ Di–So 8.30–15 Uhr, Mo geschl. Eintritt 3 €, erm. 2 €. ✆ 210-4521598 und 210-4518388.

Skulpturensammlung Geórgios Kastriótis/Städtische Galerie: Platía Koraís 1/ Iróon Polytechníou 91. Im Jahre 1995 hat die Witwe des Bildhauers Geórgios Kastriótis der Stadt Piräus 80 Skulpturen ihres Mannes geschenkt. Die Arbeiten werden derzeit im Erdgeschoss des Rathauses präsentiert. Eine Besonderheit der Skulpturen ist das Material, das sich Kastriótis aus Sand, Zement und farbigem Metalloxyd eigens herstellen ließ. So erscheinen die Werke in den Farben von Eisen, Bronze oder bloßem Stein. Eines der schönsten Stücke ist die Büste von Sophía Schliemann, der Frau Heinrich Schliemanns. In der Darstellung trägt sie den berühmten Schmuck aus dem Schatz des Príamos von Troja.

Ⓘ Mo 17–21 Uhr, Di–Fr 8–14 Uhr, Sa/So geschlossen. Eintritt frei. ✆ 210-4194585.

Nautisches Nationalmuseum Griechenlands: Freatída, Aktí Themistokléous. Das nach dem Ende des Bürgerkriegs 1949 gegründete Museum befindet sich im Stadtteil Freatída direkt unterhalb der gleichnamigen Platía am Hafen Zéa Marína. Ausgestellt werden etwa 2000 Exponate, die mit der griechischen Schifffahrt oder den von Griechen geführten Seeschlachten zusammenhängen. Im Museum befindet sich außerdem die größte nautische Bibliothek Griechenlands mit mehr als 10.000 Büchern und Zeitschriften. Im Museumsshop können neuere Bücher und Karten zu nautischen Themen erworben werden.

Im **Außenbereich** sind Geschütze, Kanonen, Minen und Anker aus neuerer Zeit aufgestellt. Interessant ist insbesondere der obere Teil eines U-Bootes.

Ⓘ Di–Fr 9–14 Uhr, Sa 9–13.30 Uhr, So/Mo geschl. Eintritt 1,50 €, erm. 1 € (EU-Studenten und unter 19 J. frei). ✆ 210-4516264.

Mit Athen längst nahtlos verwachsen – die Hafenstadt Piräus

Stadttheater: Iróon-Polytechníou-Straße. Das 1884 erbaute Stadttheater (*Dimotikó Théatro*) mit 800 Sitzplätzen ist ein markantes neoklassizistisches Gebäude an der Nordwestseite der gleichnamigen Platía in der Innenstadt. Einst war es das Zentrum des künstlerisch aufstrebenden Piräus, heute findet kein Spielbetrieb mehr statt. Das Gebäude samt Inventar ist hoffnungslos veraltet und müsste dringend saniert werden. Angeblich soll das Theater eine hervorragende Akustik besitzen. Heute dient es teilweise als Pinakothek der Stadt Piräus und Gemäldegalerie bzw. Theatermuseum *Pános Aravantinós*. Zudem sind einige Cafés und Boutiquen ins Erdgeschoss eingezogen.

Karaiskáki-Stadion: Karaolí-Dimitríou-Straße. Das nach Geórgios Karaiskáki benannte moderne Sportstadion ist die neue Heimat des Fußballvereins *Olympiacos Piräus*. Der 1925 gegründete Klub ist der Dauermeister in der griechischen Liga und hat auch schon auf internationaler Ebene große Erfolge errungen (nicht zuletzt ein 6:1 gegen Bayer Leverkusen in der Champions League 2002). Bei den ersten Olympischen Spielen 1896 fanden auf diesem Gelände die Radrennen statt, später beherbergte das Areal die Trabrennbahn der Stadt Athen.

Gleich gegenüber liegt in exponierter Lage direkt am Meer die **Peace & Friendship Hall**, jenes architektonische Schmuckstück mit geschwungenem Dach, in dem schon längst Sportgeschichte geschrieben wurde. Zahlreiche Welt- und Europameisterschaften fanden hier statt, gewöhnlich wird hier hochklassiges Volleyball und Basketball gespielt. Für die Sommerspiele 2004 wurde die Halle noch einmal komplett renoviert.

Entlang des Küstenabschnitts östlich der Peace & Friendship Hall wurden weitere Sportpavillons errichtet, die während der Olympischen Spiele für die Vorrundenwettkämpfe u. a. im Boxen, Handball und Taekwondo verwendet wurden. Spekta-

Karte Seite 180/181

kulärer ist das **Beachvolleyball-Stadion** mit seinen überdachten Tribünen und einem Fassungsvermögen von bis zu 10.000 Zuschauern.

Verbindungen Vom Hafen und vom Zentrum Athens mit der Metro-Linie 1, an der Haltestelle Néo Fáliro aussteigen. Die Tram fährt ab Stadtmitte Omónia oder Monastiráki-Platz Richtung Piräus, Ausstieg Faliron. Fahrzeit rund 20 Min.

Hafen Kantharós/Kentrikó Limáni: der große, tief in die Küstenlinie nach Südwesten eingeschnittene Handelshafen. Schon in antiker Zeit lag hier der Haupthafen für Personen- und Gütertransport sowie für das Militär. Heute haben hier die großen Fährschiffe und High-Speed-Boote der Linien auf die Kykladen, zum Dodekanes, nach Kreta und auf die Saronischen Inseln ihren Anlegepunkt. Aber auch Ausflugsboote und Kreuzfahrtschiffe nutzen den Südteil des mit etwa 1,1 km^3 größten Hafens von Piräus. Im Zweiten Weltkrieg wurde der Hafen durch alliierte Bombardements am 11. Januar 1944 sowie während des deutschen Rückzugs am 12. Oktober 1944 schwer beschädigt (im Gegensatz zu Athen war Piräus nicht als „kulturell schützenswert" eingestuft) und musste nach Kriegsende praktisch neu aufgebaut werden. Leider werden keine Hafenrundfahrten angeboten. Das Gelände ist allerdings weitgehend frei zugänglich, sodass man zu Fuß den gesamten Hafen ablaufen kann.

Bald Wolkenkratzer in Piräus? Der chinesische Hafenbetreiber COSCO Pacific hat 2008 eine Ausschreibung der Regierung für den Betrieb zweier Containeranlagen im Hafen von Piräus gewonnen – ab Oktober 2009 für die nächsten 35 Jahre. Dem Vertragspaket über 4,3 Milliarden Euro sollen dann bald weiter 620 Mio. Euro für Investitionen folgen. Sicher kein schlechtes Facelifting für die Hafenfront. Nicht sonderlich erfreut zeigten sich dagegen die Hafenarbeiter, die nach Vertragsabschluss erst einmal streikten.

Zentrum des Hafenlebens sind die **Platía Karaiskáki** und ihre Umgebung. In dem großen frei stehenden Gebäudekomplex findet man ein Ticketbüro neben dem anderen. In der Saison sind die Verkaufsstellen bis spätabends geöffnet. Die täglichen Abfahrten sind auf großen Tafeln nachzulesen. Meist stehen vor den Büros auch Anwerber, die versuchen, mit markigen Sprüchen wie „Naxosparosmykonosiossantorini ..." Kunden anzulocken. In der Antike befanden sich die athenischen Kornspeicher (*Makrá Stoá*) an der Stelle der heutigen Platía Karaiskáki.

Verbindungen Die Metrostation Piräus liegt direkt am Hafen Kantharós.

Hafen Mikrolímano (Turkolímano): kleiner, fast kreisrunder und nach Südosten offener Jacht- und Fischerboothafen, in der Antike und in der Türkenzeit weitgehend als Kriegshafen genutzt. Bis zur Zypern-Invasion von 1974 nannte man den Hafen auch *Turkolímano* (türkischer Hafen). Rund um den optisch schönsten Hafen von Piräus gruppieren sich die besten Fischlokale der Stadt. Allerdings sind sie teuer, bisweilen sehr teuer. Wie im Hafen Zea sind auch hier im seichten Uferwasser noch die spärlichen Überreste antiker Schiffshäuser zu erkennen. Einst standen zwei größere Leuchttürme auf den Enden der Molen.

Verbindungen Von der Metrostation Piräus fährt der Oberleitungsbus Nr. 20 zum Hafen Mikrolímano.

Hafen Zéa Marína/Pasalimáni: großer, nach Süden offener Jachthafen. In der Antike war der fast runde Zéa Marína der wichtigste Kriegshafen Athens. Überreste antiker Schiffshäuser sind noch im Wasser im Westen und Osten der Bucht zu erkennen. Später in türkischer Zeit nannte man den Hafen *Pasalimáni* (Hafen des Paschas). Heute können hier knapp 400 Jachten vor Anker liegen. Wer die überhöhten Preise in den Fischrestaurants von Mikrolímano nicht zahlen möchte, findet hier genauso gute und preiswertere Alternativen. Rund um den Hafen gibt es zahlreiche Tavernen und Cafés. Außerdem befinden sich hier Geschäfte für Schiffs- und Anglerbedarf. Im Westen schließt sich das inoffizielle Viertel **Piraikí** an. Dieser Hafenabschnitt bietet ebenfalls Cafés und Tavernen mit bestem Blick aufs Meer und die *Langen Mauern*, die hier noch in Fragmenten erhalten sind.

Verbindungen Von der Metrostation Piräus fahren der Oberleitungsbus Nr. 20 sowie die Busse Nr. 040 und 904 zum Hafen Zéa Marína.

Keratsíni

Keratsíni ist der westlichste der Athener Vororte. Seine gesamte Küstenlinie ist von der petrochemischen Industrie und vielen Werften geprägt. Tipp für gute und preiswerte Fischtavernen.

Im Ortsteil *Charavgí*, auch *Garidákia* genannt, liegen mit die besten und sicherlich günstigsten Fischtavernen von Athen. Hier gehen die Einheimischen zum Fischessen. Die große Entfernung von den touristischen Standardwegen und vom Zentrum des Hafens in Piräus hält die Preise niedrig. Jeden Morgen kehren die Fischerboote mit ihrem Fang zu dem kleinen Hafen *Limanáki* zurück, und es gibt frische Ware aus dem Saronischen Golf. Eine *Psarotavérna* liegt gleich am Hafen *Limanáki* (hinter dem großen Elektrizitätswerk), die anderen konzentrieren sich auf die Digení-Akríta-Straße im höher gelegenen Teil des Ortes.

• *Verbindungen* Nicht leicht zu finden, daher empfehlen wir die Fahrt mit einem **Taxi** (etwa 2 €) vom Hafen Piräus aus. Alternativ kann man auch mit den **Bussen** der Linien Nr. 832 und 833 vom Hafen Piräus aus fahren. Der (nicht beschriftete) Ausstieg heißt „DEH-Elektrikís" und ist an der Nähe des großen, rot-weißen Schornsteins des E-Werks zu erkennen.

• *Essen & Trinken* **To Limanáki o Geórgios**, Limanáki Keratsíni. Schlichte Hochterrasse direkt am kleinen Hafen für die Fischerboote. Das Ambiente mit Blick auf den Handelshafen und das große E-Werk ist zwar wenig romantisch, aber das wiegt die Frische und Qualität des Fischs allemal auf. Spezialitäten sind Dorádo, Sargós, Shrimps, Tintenfisch aus der Kasserolle, gebratener oder gekochter Oktopus, Oktopuskefthédes, Krebse, Muschelsalat und frittierte Muscheln.

Thalassiná Poseidónas, Digení Akríta 31. Die empfehlenswerte Psarotavérna des etwas Deutsch sprechenden Ioánnis liegt an der Platía Charavgís. Es gibt ein breites Angebot an Fischgerichten, je nach Tagesfang. Der Chef grillt auf der Straße vor der Taverne höchstpersönlich Garnelen, Oktopus, Kalamari und große Fische. Im Winter Plätze im schlichten Innenraum. Urige Atmosphäre.

Kritikós, Digení Akríta 36. Kykladenblaues Ambiente an der Platía Charavgís im Westteil des Ortes. Tische draußen unterm Zeltdach und im mit alten Bildern schlicht dekorierten Innenraum. Gute und preisgünstige Fischgerichte.

Insel Ägina (Égina)

Ein beliebtes Wochenendziel der Athener. Mit dem Schiff raus aus der Großstadt, sich die Meeresbrise um die Nase wehen lassen. Die Insel in Form eines Dreiecks liegt schließlich quasi vor der Haustüre. Aus diesem Grund findet sie auch einen Platz in diesem Buch, denn eigentlich gehört Ägina zu den Saronischen Inseln. Ein Abstecher nach Ägina lohnt sich schon allein wegen des hübschen Hafens und des herrlich gelegenen und gut erhaltenen Aphaía-Tempels.

Ägina liegt nur einen Katzensprung von Piräus entfernt – mit der Fähre etwas weniger als eine Stunde. Diese Nähe macht sich vor allem in Ägina-Stadt bemerkbar, wo es in den schmalen Gassen bisweilen recht betriebsam zugeht. Dennoch: Ägina hat viel Charme, man spürt das bereits bei der Ankunft am Hafen. Schon von Weitem ist die dominierende Ortskirche zu sehen, am Kai warten Pferdedroschken auf Kundschaft und gemütliche Cafés und Tavernen am Kai laden zu Kaffee, Eis oder leckeren Fischgerichten. Trotz des geschäftigen Treibens auf den Straßen präsentieren sich die Tavernen sehr einladend. Nicht selten setzt sich der Wirt noch mit an den Tisch, während auf dem Grill die frischen Fische und Kraken zubereitet werden. Ägina ist freilich auch als die „Pistazien-Insel" bekannt, die Nüsse werden im August überall auf der Insel geerntet.

Ägina im Überblick

Größe: mit 85 km² die größte der Saronischen Inseln.

Bevölkerung: etwa 13.500 Menschen (im Sommer mehr als das Doppelte), davon 8000 in Ägina-Stadt.

Straßen: ausgezeichnetes Verkehrsnetz. Viele Straßen sind zwar eng, aber zu allen wichtigen Orten asphaltiert.

Auto- und Zweiradverleih: in Ägina-Stadt, Agía Marína, Souvála und Pérdika. Ägina ist hervorragend für Mountainbike-Touren geeignet. Bequem zu fahren die Küstenrouten, einige Schweißperlen fließen bei Ungeübten auf der Strecke von Ägina-Stadt–Paleá Chóra/Afaía–Agía Marína.

Anfahrt: Vom Haupthafen in Piräus fahren mindestens stündlich (im Sommer fast halbstündlich) *Fähren* und *Flying Dolphins* nach Ägina. Die Preise für Personen liegen zwischen 6 und 10 € einfach, Fahrzeuge kosten etwa 16 € einfach.

Busverbindungen: Die wichtigsten Orte werden häufig angefahren. Die Busse fahren an der Hafenstraße ab (Richtung Kolóna-Hügel, Ethnegersías-Platz), dort hängen auch die genauen Abfahrtszeiten aus. Auskünfte unter ✆ 22970/22787.

Übernachten: überdurchschnittlich teuer. Zimmer sind vor allem im Juli/August und an den Wochenenden rar. Die meisten Hotelbetten finden Sie in Ägina-Stadt und Agía Marína (größter Strand der Insel).

Sehenswertes

Ägina-Stadt: ein gelungenes Ensemble aus alten und modernen Fassaden, entlang der Hafenmole zahlreiche Straßencafés mit Blick auf die Fischerboote der Einheimischen und die chromblitzenden Jachten reicher Athener. Ägina-Stadt im flachen Westteil ist der Hauptort der Insel, und sein Hafen wird von allen Fähren angelaufen. Von hier verkehren auch die Busse, die Ägina-Stadt mit allen wichtigen Orten auf der Insel verbinden.

Kloster Ágios Nektaríos: benannt nach dem Gründer des Klosters, der 1961 heilig gesprochen wurde – der jüngste Heilige der griechisch-orthodoxen Kirche. Eine gewaltige moderne Rundkirche mit hoch aufragendem Turm, die einen farbenfrohen Kontrast zum gegenüberliegenden felsigen Hügel von *Palió Chóra* bildet. Der Namenstag des Heiligen ist der 9. November, an dem sich eine lange Prozession auf die Kirche zu bewegt. In einem Raum der Kirche sind einige persönliche Dinge des Heiligen ausgestellt.

Palió Chóra: In westlicher Richtung befinden sich im Inselinneren die Überreste des ehemaligen Hauptortes. Aus Angst vor Piratenüberfällen siedelten sich die Bewohner weit abseits der Küste an. Der gesamte Berghang ist übersät mit Häuser- und Kirchenruinen, die durch ein Netz von überwucherten Gassen miteinander verbunden sind. Insgesamt soll es hier ursprünglich 365 Kirchen gegeben haben, von denen heute immerhin noch etwa 30 erhalten sind. Seit etwa 1800 ist Palió Chóra eine Geisterstadt.

Aphaía-Tempel: Das um 480 v. Chr. erbaute Heiligtum, das der kretisch-minoischen Göttin *Aphaía* geweiht war, ist heute eines der Hauptausflugsziele auf der Insel. Der Tempel im Nordosten Äginas hat seine fast 2500-jährige Geschichte gut überstanden. Zwar sind einige der Säulen aus Sandstein vom Wetter stark „angefressen", für Freunde schöner Tempel und Fotofreaks ist Aphaía jedoch ein Muss! Ein Besuch lohnt sich

Wallfahrtsort Kloster Ágios Nektários

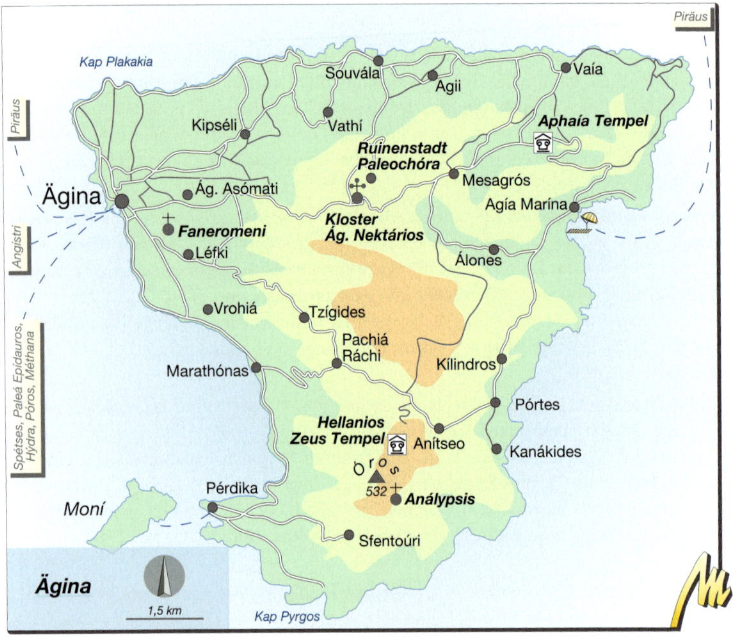

schon allein wegen seiner exponierten Lage mit traumhaftem Blick auf Hügel und Täler sowie den Saronischen Golf und hinüber zum Festland.

⌚ **Ausgrabungsgelände und Museum** haben tägl. 8–19 Uhr geöffnet, im Winter (1.11.–31.03.) 8.30–17 Uhr. Eintritt 4 €, Kinder/ Jugendliche unter 18 J. und EU-Studenten (mit ISIC) frei, sonstige Studenten und über 65-Jährige 2 €. ✆ 22970/2398. Die Inselbusse halten hier. Um die zahlreichen Touristenbusse zu vermeiden und des schönen Lichts wegen ist ein morgendlicher Besuch empfehlenswert!

Das Wahrzeichen der Insel: der Aphaía-Tempel

Badevergnügen bis Sonnenuntergang, hier bei Vouliagméni

Südliche Küstenvororte

Paleó Fáliro – Álimos (Kalamáki) – Ellinikó – Glyfáda – Voúla – Vouliagméni

Südlich von Piraeás zieht sich die Apóllon-Küste bis zum Kap Soúnio(n). Auf den ersten 25 km befindet man sich immer noch in den Vororten Athens. Lange Zeit war die Wasserqualität katastrophal, doch mehrere neue Kläranlagen haben seit Mitte der 90er-Jahre das Wasser wieder sauberer und mancherorts auch badetauglich gemacht. In der Regel gilt: je südlicher, desto besser. Größtes Problem ist heute jedoch der Autoverkehr. An den Wochenenden ist es praktisch unmöglich, ohne kilometerlange Staus an der Küste auf der Leofóros Posidónos voranzukommen.

Das heute etwa 65.000 Einwohner zählende **Paleó Fáliro** liegt etwa 7 km vom Zentrum Athens entfernt südlich der Landzunge von Piraeás. In antiker Zeit befand sich an diesem Küstenabschnitt der erste Hafen der Athener Flotte. Die Bucht ist nicht sehr tief, und vor dem Bau der Küstenstraße (*Leofóros Posidónos*) gab es hier einen herrlich breiten Sandstrand. Seit Beginn der Industrialisierung gegen Ende des 19. Jh. hat die Wasserqualität aber stark gelitten.

Das Flussbett des *Réma Pikrodáfnis* bildet den Übergang zum üblicherweise **Kalamáki** genannten Vorort **Álimos**. Hier wurde um 460 v. Chr. der erste antike Geschichtsschreiber Thukydides geboren. Aus seiner Feder ist uns die Geschichte der Peloponnesischen Kriege (431–404 v. Chr.) erhalten geblieben.

Südlich von Álimos schließt sich der Vorort **Ellinikó** an. Früher nannte man ihn *Ágios Kosmás*, nach der gleichnamigen *Kirche* am Ende einer markanten Landzunge. Die Kirche aus dem 19. Jh. kann besichtigt werden. Im Gebiet von Ellinikó fand man 1930 Ruinen von Häusern und Nekropolen aus früh- und späthelladischer Zeit. Die ältesten Funde reichen zurück bis in die mykenische Epoche. Langjährigen Griechenlandreisenden ist der alte *Flughafen Ellinikó* zwischen der Leofóros Vouliagménis und der Leofóros Posidónos sicherlich noch bekannt. Für die Olympischen Spiele 2004 wurde das Gelände des ehemaligen Airports umgebaut zum **Helliniko Olympic Centre**.

Schräg gegenüber liegt das riesige olympische **Windsurf- und Segelzentrum** von Ágios Kosmás mit weitläufiger Marina und allen Annehmlichkeiten für Sportler wie Zuschauer. Während die Marina in Zukunft der Öffentlichkeit zugänglich gemacht werden soll, ist die Bestimmung des Helliniko Olympic Centre noch ungeklärt. Angedacht sind der Umbau zu einem Konzert-Center, Volksfest- und Vergnügungspark, Sportareal oder – im ungünstigsten Falle – der Abriss.

Seit der Entdeckung von Heilquellen im Jahre 1920 hat sich **Glyfáda** zu einem beliebten Seebad entwickelt. Der heute etwa 80.500 Einwohner zählende Küstenvorort südlich von Ellinikó liegt knapp 17 km vom Zentrum Athens entfernt. Schon in der Antike gab es hier eine Siedlung, die *Aexoní* genannt wurde. Ihre Bedeutung lag vor allem in einem Démeter-Heiligtum, wo alljährliche Fruchtbarkeitsriten begangen wurden. Die ältesten archäologischen Funde auf dem Gebiet von Glyfáda sind *Kuppelgräber* aus dem Neolithikum (2300–1500 v. Chr.). Am nordöstlichen Stadtrand in Richtung Ymittós-Gebirge wurden die spärlichen Überreste des *antiken Theaters* von Aexoní auf dem Grundstück der Villa *Kannelópoulos* gefunden. Nicht weit von der heutigen Leofóros Posidónos liegen im nördlichen Stadtgebiet Ruinen einer *frühchristlichen Basilika*.

Mit dem Vorort **Voúla** wird das Hinterland der Küste deutlich grüner und die Bebauung mit größeren, nobleren, fast schon villenartigen Einzelhäusern zeigt eine gehobene Wohngegend an.

Der südlichste Küstenvorort Athens heißt **Vouliagméni**. Zu Anfang des 20. Jh. entdeckte Heilquellen und die hübsche Lage mit zerklüfteten Buchten rund um eine grüne Halbinsel haben den Kurort sehr beliebt gemacht. Die Grundstückspreise im etwa 25 km entfernten Vouliagméni liegen heute durchaus auf dem Niveau der Athener Innenstadt. Die heilenden salz- und schwefelhaltigen Quellen entspringen im *Límni Vouliagménis*, dem an der Küstenstraße Leofóros Posidónos gelegenen Binnensee mit seinem ganzjährig etwa 20 °C warmem Wasser. Regelmäßige Kurbäder lindern Schmerzen bei Knochen- und Gelenkkrankheiten wie Arthritis oder Rheuma (siehe Kasten). Außerdem bieten die wunderschöne Lage und die steil ins Wasser abfallenden Kalkfelsen einen herrlichen Anblick.

Südlich von Vouliagméni haben Archäologen auf der auch *Asprókavos* genannten Landzunge *Zostíras* die Fundamente eines *Apóllon-Heiligtums* ausgegraben. Sie gehören zu einem Tempel aus dem 6. Jh. v. Chr. Außerdem gibt es kaum noch erkennbare Überreste von Priester- und Pilgerhäusern. Wahrscheinlich stammt der Name für die Küstenlinie von Piräus bis zum Kap Soúnio, die Apóllon-Küste (*Aktí Apóllona*), von dem Apóllon-Tempel bei Vouliagméni.

Verbindungen

Mit den **Stadtbussen** gibt es zahlreiche Verbindungen von Athen und Piräus in die Küstenvororte. Nr. 101: Piraeás–Álimos–Ellinikó, Nr. 114, 115, 116: Glyfáda–Vouliagméni, Nr. 126: Akadimía–Paleó Fáliro, Nr. 155: Omónia–Ellinikó, Nr. A1: Piraeás–Glyfáda, Nr. A2: Akadimía–Voúla, Nr. A3: Akadimía–Glyfáda–Vouliagméni, Nr. E1: Piraeás–Voúla und Nr. E2: Akadimía–Voúla (Stand: Frühjahr 2009).

Heilbad von Glyfáda

Die öffentlichen Strandbäder der EOT und der Mineralwassersee von Vouliagméni

In Álimos, Voúla und Vouliagméni hat die EOT Strandbäder eingerichtet, für die Eintritt (3–6 €) zu berappen ist. Diese abgesperrten Strandgebiete werden gut gepflegt und im Sommer täglich gereinigt. Es gibt dort Restaurants, Fastfood-Buden und Strandbars. Hinzu kommen Sporteinrichtungen wie Volleyball-, Basketball- und Tennisplätze sowie ein Kinderspielplatz. Am Wasser werden Ruder- und Tretboote, aber leider keine Surfbretter vermietet. Das beliebteste Strandbad ist das *Oceánis* in Vouliagméni. Kalium: 0,2013 g, Natrium: 5,1635 g, Ammonium: 0,00010 g ... und ein wenig Radioaktivität – der natürliche Mineralwassersee in einer riesigen Naturgrotte bei Vouliagméni ist im Gegensatz zu den Meeres-Strandbädern eher ruhig. Ein Grund ist, dass schnelle Schwimmbewegungen oder gar lautes Lachen in der künstlich hochstilisierten Atmosphäre nicht gerne gesehen sind. Überwiegend ältere Leute schwimmen hier gemütlich ihre Bahnen und genießen die heilende Wirkung gegen Hautkrankheiten, Kopfschmerzen, Arthritis etc.

⌚ Tägl. 7–20 Uhr, letzter Badeeinlass 19.30 Uhr (Cafés bis 2 Uhr nachts geöffnet). Eintritt 6 €. ✆ 210-8962237 und 8962239. Parkplatz auf dem Gelände und links oberhalb der Zufahrt.

Vom Zentrum (Syntágma-Platz) fährt („bummelt") die **Trambahn** zur Küste, gute Anbindung vor allem zu den Badestränden von Kalamáki, vorbei am Helliniko Olympic Centre bis hinunter nach Vouliagméni.

Standplätze für **Taxis** findet man praktisch überall an der Leofóros Posidónos, außerdem an den beliebten Stränden und den Strandbädern.

Südliche Küstenvororte

Adressen

• *Kinos* **Sinérama**, Paleó Fáliro, Agías-Kyriakís-Str.; **Fáliro 1 & 2**, Paleó Fáliro, Agía-Triádos-Str.; **Achilleion**, Álimos, Leofóros Posidónos 38; **Afrodíti**, Ellinikó, Póntou-Str.; **Glyfáda**, Glyfáda, Zéppou-Str. 18; **Río**, Glyfáda, Zéppou-Str. 25; **Athinaíon Sinepólis**, Glyfáda, Zisimopoúlou-Str.; **Ánna Dop**, Glyfáda, Ecke Platía Esperídon/Giannitsopoúlou-Str.; **Aígli**, Glyfáda, Kýprou-Str.; **Violétta**, Voúla, Ecke Leofóros Vasiléos Pávlou/Posidónos-Str.; **Planítis**, Voúla, Leofóros Vasiléos Pávlou 94; **Aktí**, Vouliagméni, Ecke Aiólou-Str./Thiséos-Str.

• *Post* **Paleó Fáliro**: Syntagmatárchou-Zisimopoúlou-Str. und Leofóros Posidónos 40; **Álimos**: Dodekanisou-Str. und Kanári-Str.; **Ellinikó**: Ecke Tripóleos-Str./Rodopóleos; **Glyfáda**: Karagiórga-Sáki-Str.; **Voúla**: N.-Plastíra-Str.

• *Shopping* Bekannt sind die exklusiven Einkaufszentren im Zentrum von **Glyfáda**.

• *Sport* **Golfplatz Glyfáda**, einer der vier Golfplätze Griechenlands. Die 18-Loch-Anlage mit Klubhaus und Restaurant liegt an der Konstantínos-Karamanlí-Straße im Norden von Glyfáda. ✆ 210-8946820, 📠 210-8943721. **Surfbretter** werden an den Stränden von Glyfáda, Voúla und Vouliagméni vermietet. Eine **Surf- und Wasserskischule** findet sich am Strandbad Astéras, das zum Astir Palace Hotel in Vouliagméni gehört.

• *Touristenpolizei* **Glyfáda**, Dousmáni-Str. 22, ✆ 210-8982596 und 210-8942252, 📠 210-8940252. Telefonischer 24-Std.-Service unter ✆ 171, es wird englisch gesprochen, in der Regel hilfsbereit.

Übernachten

Die Hotels in den Küstenvororten liegen meist nicht weit vom Meer entfernt, oft direkt an der großen Leofóros Posidónos. Sie gehören weitgehend gehobeneren Kategorien an, was man an den Preisen von durchschnittlich ca. 100 € fürs DZ ablesen kann. Auch ältere, oft neu renovierte Hotels machen da keine Ausnahme. Positiv sind die Nähe zum Wasser und die touristische Infrastruktur. Mit den Stadtbussen kann man bequem in 40–60 Minuten ins Zentrum Athens fahren.

**** **Hotel Coral**, Paleó Fáliro, Leofóros Posidónos 35, vermietet werden 88 modern eingerichtete Zimmer mit Meeresblick-Balkonen (gegen Aufpreis), Bad, Klimaanlage, doppelt verglasten Fenstern, Mini-Bar, Telefon, PC-Modem-Anschluss, TV und Haartrockner. Restaurant, Bar, Konferenzraum, Fitnesscenter und Whirlpool auf dem Dachgarten im Hotel. Highspeed-WLAN-Internet in jedem Zimmer und in den öffentlichen Räumen. EZ 98–140 €, DZ 110–180 €. ✆ 210-9816441, 📠 210-983120, www.coralhotel.gr.

** **Glyfada Hotel**, Glyfáda, Leofóros Posidónos 40, der perfekt deutsch sprechende Manager Fótis Iordanídis vermietet 48 Zimmer und Suiten wenige Meter vom Strand entfernt. Hochwertige Einrichtung mit weißen Holzmöbeln, geschmackvoll dekoriert und alle Zimmer mit Balkon, Klimaanlage, Mini-Bar, Telefon und Sat-TV. Die Suiten sind deutlich größer und bieten noch einen zusätzlichen Aufenthaltsraum. Großer Pool im Garten, Frühstücksbuffet und Restaurant. DZ 110–165 €. ✆ 210-8941137, 📠 210-8942454.

**** **Hotel Oasis**, Glyfáda, Leofóros Posidónos 27, große Apartment-Anlage mit 72 Einheiten, davon 34 Suiten: Schlaf- und Wohnzimmer, Küche, Bad, Balkon mit Meeresblick, Klimaanlage, Telefon, Radio und TV. Kongressraum im Hotel, Snack-Bar am Pool, Kinderpool vorhanden, Parkplätze vor dem Haus. Apartment für 2 Personen 100–150 €, Suiten (2 Pers.) 150–200 € inkl. Frühstück. ✆ 210-8941662, 📠 210-8941724, www.oasishotel.gr.

**** **Strand Hotel Plaza**, Vouliagméni, Litoús 14, unweit des Strandes. Zimmer mit Teppichen und dunklen Holzmöbeln geschmackvoll eingerichtet, alle mit Balkon, Klimaanlage, Mini-Bar, WiFi-Highspeed, TV und Telefon. Geräumige Bäder. 24-Std.-Zimmerservice, viele der Angestellten sprechen deutsch. Herrliche Dachgartenbar „Vista Lounge" mit wunderschönem Blick über die Bucht von Vouliagméni. Frühstücksterrasse im 1. Stock. 10 Min. zum Bus nach Soúnio, 2 Min. zum Bus nach Glyfáda. Ganzjährig geöffnet. EZ 95–190 €, DZ 115–210 € (inkl. Buffet-Frühstück). ✆ 210-9670196, 📠 210-9670139, www.plaza-vouliagmeni.com.

**** **Hotel Amarilia**, Kavoúri, Agíou Nikoláou 13,um einen Innenhof mit Pool und viel Marmor werden 100 Zimmer mit Bad, Balkon, Klimaanlage, Mini-Bar, Telefon, TV und mit Teppichboden vermietet. Neuere, gepflegte und helle Einrichtung. Einfache und nicht sehr große Bäder. DZ 140–200 € (inkl. Frühstück). ✆ 210-8990391, 📠 210-8955790, www.amarilia.gr.

***** **Astir Palace**, Apollonos-Str. 40, Hotelkomplex der Superlative mit Hubschrauber-Landeplatz, der die halbe Landspitze von Vouliagméni gegenüber dem mondänen Jachthafen einnimmt. Der Komplex besteht aus den drei eigenständigen Fünf-Sterne-Hotelanlagen The Westin Astir Palace Beach Resort, Arion (Bungalows) Resort & Spa und Astir Palace Beach (Eröffnung 2010). Alle Zimmer sind exquisit eingerichtet (mit Internet, Designermöbeln etc.), sehr

Sehen-und-gesehen-werden, auch am Strand von Vouliagméni

geräumig und bieten einen Traumblick auf die Bucht von Vouliagméni. Breites Angebot an Restaurants und Bars, die über den ganzen Bezirk verstreut liegen. Jedes Hotel bietet darüber hinaus Konferenzräume auf dem neuesten Stand der Technik. Auf der Zufahrt zum Hotel liegen rechts auf einem Rasengrundstück die Reste eines Tempels, der dem Apollo Zoster geweiht war, auf der Anhöhe nur wenige Meter weiter sind die spärlichen Reste des Priesterhauses zu besichtigen (Eintritt frei). EZ ab 160 €, DZ 180–850 €, Suiten 680–6000 €. ✆ 210-8902000, ℻ 210-8962582, www.astir-palace.com.

Camping Voúla, Voúla, Alkionidon-Str. 2, der in Besitz der Griechischen Zentrale für Fremdenverkehr (E.O.T.) befindliche Platz liegt direkt am Meer am nördlichen Ortsrand. Weitgehend ebenes Gelände mit Sand- und Grasuntergrund. Sanitäre Anlagen o.k. Begrünung bietet durchaus Schatten, insgesamt Raum für mehr als 200 Zelte. Zum Platz gehört außerdem ein Pool samt Rutsche. Auf dem Campingareal gibt es auch eine Taverne, eine Bar und einen kleinen Supermarkt. Ganzjährig geöffnet. Preise pro Tag: Person 6 €, Auto 3,50 €, Motorrad 2,50 €, Zelt 4–6 €, Wohnwagen ca. 7 €, Wohnmobil ca. 7 €, Stromanschluss 3 €. ✆ 210-8952712210, ℻ 210-8951641.

Essen & Trinken

Bei den Restaurants und Tavernen liegt der Schwerpunkt auf gehobenem Niveau. Durchweg gute Qualität zum üblichen Preisniveau der Stadt. Durch die Lage am Meer bieten viele Wirte ansprechendes Ägäis-Ambiente. Im Sommer sonntags generell überfüllt, da halb Athen dann an die Küsten fährt. Ein besonderer Tipp ist das *I Pítes tis Kaldéras* im Zentrum von Paleó Fáliro.

Flísvos Théatro, Paleó Fáliro, Leofóros Posidónos 33. Das historische Haus am Meer gehörte einst zu König Ottos Landgütern. Heute kaum vorstellbar, aber hier ging der aus Bayern stammende Monarch auf Vogeljagd. Der Teil direkt am Meer (eine überdachte Terrasse) ist ein Café, in dem es international ausgerichtete Snacks gibt. Weiter hinten (wo nobel eingedeckt ist) liegt das Restaurant. Hier gibt es vor allem Fischgerichte der gehobenen Kategorie. An zahlungskräftigeres Publikum richtig sich auch der geschmackvoll eingerichtete Innenraum. Sehenswert ist schon allein das Alkoholika-Rondell hinter der Bar. Herrlicher Blick aufs Meer und nach Piraeás. Reservierung anzuraten: ✆ 210-9814245.

Kaldéra – Géfsis tou Aegaéou, Paleó Fáliro, Leofóros Posidónos 54. Im blau-weißen Ambiente fühlt man sich sofort wie auf einer ägäischen Insel, und der authentische Kykladenstil wirkt gar nicht kitschig. Spezialität sind natürlich alle Varianten von Fisch: Tsipoúra, Monkfish, Red Mullet, Goldbrasse, Scampi, Hummer, Langusten usw. Jede Fischsorte wird individuell nach Art einer bestimmten Insel zubereitet, z. B. Oktopus auf Rhodos-Art oder Schwertfisch nach kretischem Rezept. Inselspezialitäten wie Santoríni-Fáva sind auch zu haben. Plätze draußen und drinnen, Reservierung anzuraten: ✆ 210-9829647.

Kaldéra – I Pítes tis Kaldéras, Paleó Fáliro, Ecke Akritón 9/Irakléous-Amfithéa. Locker aufgemachter, großer Innenraum mit viel Holz und Korbstühlen. Santoríni-Fotos an den Wänden bestimmen das freundliche Ambiente. Hier gibt es zwar nur Píta, der Gag liegt aber in den Zutaten: Fisch und Meeresfrüchte statt Fleisch. Teigtaschen mit Salat, Tomaten und geräuchertem Lachs, Kabeljau, Schwertfisch, Garídes, Bakaliáro oder Hummer. Super-Idee! Es gibt aber auch Pítes mit Schweinefleisch, Huhn, Pute oder Hackfleisch.

Edem, Paleó Fáliro, Leofóros Posidónos 74. Café-Bar und Psarotavérna direkt am Strand. Gemütlicher Innenraum und schattige Plätze direkt am Meer. Einfaches Ambiente, aber saubere und gute Küche. Besonders an Wochenenden von den Einheimischen sehr geschätzt. Fischgerichte je nach Tagesfang, nicht zu teuer. Das Café ist von Familien immer gut besucht: Eltern genießen einen Frappé, während die Kinder am Strand spielen.

To Páli Poté, Glyfáda, Grigoríou Lampráki 75. Hübsch eingerichteter Innenraum mit alten Fotografien an den Wänden, ein Feigenbaum wächst im Restaurant. Traditionelle Gerichte der etwas fantasievolleren mediterranen Grillküche: Paste aus pikantem Féta, Salat aus gegrillten Auberginen, mit Hähnchen gefüllte Blätterteigtaschen, Käsepaste mit Garnelen und griechischer Kartoffelsalat. Weinkarte mit großer Auswahl. Gelegentlich Live-Musik.

Pétrino, Glyfáda, Kýprou 60. Eines der schönsten Gartenlokale in Athen und Umgebung. Grüne Oase mit Palmen, Blumen und großen Bougainvilléa. Kleiner Pool mit einer Natursteinwand zwischen den Tischen. Innenraum mit Kamin für den Winter. Liebevoll und mit viel Fantasie zubereitete Gerichte. Spezialitäten sind Lammkeule in Weinblättern, Kartoffeln aus dem Ofen, Zucchini- und Tomatokefthédes, Tirópita nach Skópelos-Art und Käsekroketten.

Ex Anatolís, Glyfáda, Ecke Lazarýki 63/Pandóras. Man sitzt auf einer schattigen und begrünten Hochterrasse rund ums Haus, etwas abseits vom Strandtrubel. Einfaches Essen ohne viel Schnickschnack. Ordentliche Fleischgerichte und verschiedene Döner-Variationen, warme und kalte Vorspeisen sowie Salate. Offener Wein. Tipp sind die leckeren, in Sirup eingelegten Süßigkeiten, die in Gläsern auf der Theke präsentiert werden.

Siroccos, Glyfáda, Diadóchou Pávlou. Plätze im klimatisierten Innenraum oder auf der Terrasse direkt am Strand. Es gibt die typischen Gerichte der griechischen Grillküche, viele Vorspeisen, gute Salate und Käse. Kein Fisch. Netter Platz direkt am Meer.

Bierhaus Bayern, Glyfáda, Christ. Nezer 19. Deutsche Biergarten-Oase in einem dicht begrünten Vorgarten mit Bougainvilléa, Vogelgezwitscher und großen Sonnenschirmen. In der Mitte gibt es eine Bar. Innenraum rustikal eingerichtet. Deutsche Küche: Bratwurst, Sauerkraut, Kartoffelsalat, Rotkohl und verschiedene Biersorten, auch aus eigener Gasthausbrauerei. Di Ruhetag, Sa und So ab Mittags geöffnet. ✆ 210-8944439.

Erotimatikón, Voúla, Leofóros Vass. Pávlou 99. Gehobene Mittelmeerküche mit griechischem Schwerpunkt. Spezialitäten sind Hähnchen mit Madeirasauce, Käse und Champignons im Ofen gegart, gemischte Fleischpfanne mit Oregano und Féta, Hummerpaste, Rindfleisch in Rotweinsauce und Schokoladen-Soufflé. Tische innen und außen im mit Palmen und Blumen begrünten Vorgarten auf mehreren Ebenen. Interessante Deko mit altem Eselkarren und Ziehbrunnen, Backsteinbögen im byzantinischen Stil, Wasser plätschert in kleinen Brunnen.

Itháki, Vouliagméni, Apóllonos-Str. 28. Restaurant der gehobenen Klasse auf mehreren Ebenen oberhalb des Strands vom Astir-Hotel. Bester Blick aufs Meer und die üppig grüne Halbinsel. Nach einem Aperitif an der Bar gibt es leckere Vorspeisen: Meeresfrüchteplatten, Muscheln, Langustinen, Kaviar, Fischsuppe und verschiedene Salate mit raffinierten Dressings. Spezialität bei den Hauptspeisen sind große gebackene Fische in Salzkruste. Außerdem Fleischgerichte vom Lamm, Huhn, Schwein, Rind und der Ente. Als Dessert ist heißer Schokoladenkuchen gefüllt mit flüssiger Schokolade und einem Schokoladen-Sorbet zu empfehlen. Beachtenswert ist auch die mind. 10 m lange Weinflaschenkollektion und die nach Regionen geordnete Weinkarte. Tägl. ab 12.30 Uhr geöffnet.

Traditionell essen wie die Hirten von Vári: Gástra, Kokorétsi und Kontosoúvli

Die Tavernen von Vári sind weithin bekannt für ihre hervorragenden Lamm- und Ziegengerichte aller Art. Probieren Sie beispielsweise das *Kokorétsi* (mit Innereien gefüllte Därme), die am Spieß gegrillt werden; es ist nirgendwo in Athen besser zu bekommen. Kleine Schweine- oder Lammfleischstückchen am Drehspieß werden *Kontosoúvli* genannt. Lamm auf traditionelle Grillart benötigt mindestens 2 Std. auf dem Holzkohlengrill, um gar zu werden. *Gástra* ist eine Spezialität der Gegend: Kleine Fleischstückchen vom Lamm oder der Ziege werden zusammen mit Kartoffeln, Zitronenscheiben und Öl in einen flachen Aluminiumtopf mit großem Durchmesser gegeben. Darüber muss noch Alufolie gelegt werden, damit das Fleisch beim Garen nicht austrocknet. Nun wird der Aluminiumtopf über glühende Holzkohle gestellt und gleichzeitig von oben ein Behälter mit der Glut auf den Topf aufgesetzt. Mit Ober- und Unterhitze muss das Gástra nun mindestens 1,5 Std. garen.

Spezialität „Gástra"

Um 1900 gab es in dieser Gegend von Athen – damals noch unbebautes Weideland – etwa 50 Hirtenfamilien, die hier bis etwa 1960 Ziegen und Schafe hielten. Sie wanderten ursprünglich aus den armen Dörfern ins Umland von Athen ein, trugen aber weiterhin die traditionellen Trachten ihrer Heimat. Die verkleideten Männer, die heute bei den Tavernen als *Kamáki* an der Straße stehen, tragen die alten Trachten der Hirten (*Vláchika*). Die Gegend nannte man im 19. Jh. *Skíno*, nach einem kleinen Busch, aus dessen Holz einst die einfachen Ställe gebaut wurden.

- *Verbindungen* Die **Stadtbusse** der Linien Nr. 149 und 170 fahren vom Küstenvorort Glyfáda nach Vári.
- *Essen & Trinken* Die Tavernen liegen nicht weit entfernt von der Küste an der Straße Richtung Flughafen (Leofóros Váris, Abzweigung von der Küstenstraße in Voúla). Dort findet man zahlreiche einfache Fleisch-Tavernen mit lockerem Umgang und angenehmen Preisen. Draußen an der Straße stehen als Hirten verkleidete Männer als Blickfang.

Voskopoúla, Leofóros Váris 41. Spezialität der „Hirtin" sind natürlich Lamm- und Ziegengerichte aller Art. Der freundliche Besitzer Geórgios Goúlas serviert leckere Lammkoteletts, Ziegenbraten, Hammel am Spieß und Kokorétsi. Tische auf einer Terrasse direkt an der Straße, einfaches und freundliches Ambiente.

Vláchika-Ágrafa, Leofóros Váris 35. Schattige Plätze unterm Zeltdach auf einer Hochterrasse direkt an der Straße. Freundlicher Service, netter Boss.

I Stáni B, Leofóros Váris 27. Hallenartiger, schlichter Innenraum mit zwei Kaminen und antikisierten Wandmalereien. Draußen sitzt man auf einer Hochterrasse mit viel Holz direkt an der Straße. Die Fleischgerichte werden mit selbst gemachtem Senf (aus Senfmehl, Eigelb und Olivenöl) zubereitet und dann auf traditionelle Art gegrillt. Gute Jogurt-Desserts.

La Boheme, Vouliagméni, Litoús 14, gehört zum Plaza-Hotel. Italienisch-mediterrane Küche, die schon eine Auszeichnung bekommen hat. Pizzen und Brot werden im Steinofen gebacken. Spezialitäten sind Lachstaschen, Scampi mit Fenchel, Meeresfrüchte-Risotto, Schweinemedaillons in Käsesauce, Hähnchen mit Scampi in Artischockensauce, diverse Fischgerichte und natürlich hausgemachte Pasta und Pizzen. Die süße Pizza mit Bananen und Schokoladensauce ist ein guter Dessert-Tipp. Hochwertige Weine aus Griechenland u. Italien. Tägl. ab 19.30 Uhr geöffnet.

Panórama, Vouliagméni, Ilíou 4. Schöne Strandtaverne auf einer Hochterrasse direkt am Meer mit Blick auf Voúla. Einfache griechische Küche und gute Vorspeisen: Auberginensalat, rote Bete, Saubohnen in roter Sauce, Skordalia, Oktopus, frittierte Kalamári und gute Fischgerichte.

Zafíri, Vouliagméni, Ilíou 19. Tische zu beiden Seiten der Ilíou-Straße, im Sommer auf der schattigen Terrasse am Strand. Es gibt Grillgerichte, Fischspezialitäten, viele Vorspeisen und eine ordentliche Weinauswahl.

Cafés & Nachtleben

Die Vororte Glyfáda, Voúla und Vouliagméni gelten als Zone der Nobeldiskos. Touristen sind hier kaum zu finden. Die Klubs sind den Athener Reichen und Schönen vorbehalten. Selten vor 23 Uhr geöffnet, dann aber die ganze Nacht hindurch, bis die Sonne wieder aufgeht. Generell sehr hohes Preisniveau.

Akrotíri, Ellinikó, Ágios Kosmás. Restaurant & Club. Edle Einrichtung ohne überflüssige Details, schlichte Eleganz mit viel Holz. Auf der Terrasse drei Bars mit Pool. Es dominieren beige und weiße Farbtöne im hellen italienischen Designermobiliar. Romantische Plätze mit Kerzenlicht am Meer bis Mitternacht, danach internationale Disko-Musik bis zum Morgengrauen. Spezialitäten im Restaurant sind Tunfischtartar, Salat mit mariniertem Lachs, Ente mit Erdbeeren und Balsámico, Gänsebrustfilet, Fisch und Gerichte aus der italienischen und französischen Küche. Ausgefallene Desserts wie Erdbeersuppe mit Rotwein und Vanilleeis. Hochwertige Weine, teils auch aus Öko-Anbau. Der Club-Bereich ist ab 23 Uhr geöffnet, dort gibt es dann Champagner, Cocktails und allerlei Spirituosen. Ganzjährig geöffnet (Außenbereich nur von Mai bis Oktober). Teuer.

Lasíthi, Vouliagméni, Ecke Ilíou/Ouranoú Kavoúri. Ein schmaler Pfad mit bunten Oleanderbüschen führt zu dem modernen Café auf einer Terrasse am Strand mit wunderbarem Meeresblick. Es gibt Kaffee, kühle Drinks und Cocktails ganz nach dem Geschmack des überwiegend jüngeren griechischen Publikums. An den Wochenenden im Sommer immer proppenvoll. Moderne internationale Pop-Musik.

Destijl Eirinikós, Voúla, Leofóros Posidónos 4. Musik-Klub. Gute Mischung alter und neuer Hits, oft auch griechische Musik bis spät in die Nacht hinein.

Neraída, Álimos, Leofóros Posidónos 3. Griechische Musik. Hier treten vor allem die Sänger Leftéris Pantazís, Lámbis Livierátos und Christína Anagnostopoúlou auf.

Posidónio, Ellinikó, Leofóros Posidónos 18. Griechische Musik von Ioánnis Ploútarchos.

Romeo, Glyfáda, Leofóros Ellinikoú 1. Live-Auftritte von Sängern mit griechischer Musik.

Gemäldegalerie Pierídis: Glyfáda, Leofóros Posidónos 29. In der 1980 von dem zypriotischen Kunstsammler Dimítrios Pierídis errichteten Galerie wird zeitgenössische griechische Kunst präsentiert. Insgesamt verfügt die Einrichtung über etwa 1000 Exponate, vor allem Gemälde, aber auch Skulpturen und Plastiken. Die Ausstellung befindet sich im Erdgeschoss des modernen Landhauses. Zum Anwesen gehört auch ein Pool vor dem Haus und ein 3500 m² großes Gartengrundstück. Die wichtigsten mit Gemälden vertretenen Künstler sind Kóstas Tsóklis, Dimítrios Mytarás, Panagiótis Tétsis und Alékos Fasianós.

Mo–Fr 9–14 Uhr und 18–20.30 Uhr, Sa/So 10–14 Uhr. Eintritt frei.

Nördliche Vororte

Im Norden von Athen liegen die berühmten Nobelvororte Kifissiá und Ekáli mit zahlreichen Luxusvillen und Herrschaftshäusern, Grünflächen und Parks. Schöne Sonnenuntergänge kann man am Berg Pentéli erleben. Im großen Olympiazentrum (OAKA) von Maroússi wurden die meisten Disziplinen der Olympischen Sommerspiele 2004 ausgetragen sowie Eröffnung und Abschluss gefeiert.

Bekanntester Vorort im Norden Athens ist *Kifissiá*. Die grüne Umgebung lohnt einen Ausflug, um bei abgemilderter Sommerhitze einen schönen Tag in Ruhe zu verbringen. Das wasserreiche Gebiet bietet viele erholsame Gärten, Parks und Grünflächen. Nordöstlich des Vororts steigt der *Berg Pentéli* auf 1108 m an. Einige Straßen führen hinauf, wobei am leichtesten die Zufahrten von Chalándri und Kifissiá zu finden sind. Vom Gipfel des Pentéli sind die schönsten Sonnenuntergänge Athens zu bewundern. Leider zerstören Waldbrände immer wieder den Baumbestand des Berges, teilweise werden die Schäden jedoch wieder aufgeforstet. Der Vorort *Maroússi* rückte im August 2004 ins Zentrum der Weltöffentlichkeit, als hier zahlreiche Leichtathletik-Disziplinen der Olympischen Sommerspiele ausgetragen wurden. Ansonsten steht die Gemeinde im Schatten des bekannteren Kifissiá.

• *Parken* Neben der Metrostation von Chalándri/Halándri gibt es 280 bewachte Open-Air-Parkplätze (Mo–Sa 6–1 Uhr).

• *Essen* **Ellinikón**, Chalándri, Agía Paraskevís 124. Weit abseits ausgetretener Touristenpfade liegt das Mezedopolio und Estiatório Ellinikón im nordwestlichen Vorort Chalándri. Vom Zentrum aus fährt man am besten mit der Metro-Linie M3 bis zur Endhaltestelle Ethnikí Ámyna und dann noch etwa 5 Min. weiter mit einem Taxi. Großer, gemütlicher Innenraum mit Holzbänken und schlichter Dekoration. Eine charakteristische Stadttaverne, wie sie die Athener mögen. Es gibt zahlreiche Vorspeisen, u.a. einen besonderen Salat des Hauses. Neben den typischen Fleischgerichten der griechischen Küche werden auch hervorragende Fischspezialitäten angeboten wie Hummer, Lachs, mehrere Brassensorten und Kalamári auf verschiedene Arten. Leckere Desserts, teils hauseigene Kreationen. Eigene Weinkarte mit griechischen und ausländischen Weinen. Freundlicher, zuvorkommender Service, griechische Musik und Preise im normalen Rahmen. An den Wochenenden ist eine Vorbestellung anzuraten unter ✆ 210-6823394.

Kifissiá

In den grünen Alleen von Kifissiá steht eine herrschaftliche Villa neben der anderen. Exklusive Boutiquen, schicke Cafés und Restaurants nehmen das Zentrum ein. Zahlreiche Grünflächen, Parks und das Goulandrís-Museum lohnen einen Tagesausflug in die Sommerfrische der Athener. In Kifissiá ist es im Sommer immer ein paar Grad kühler als im Stadtzentrum.

Kifissiá ist der bekannteste Athener Nobelvorort mit etwa 50.000 Einwohnern. Die zahllosen Luxusvillen zeigen, dass hier gut situierte Leute wohnen: Politiker, Reeder und Industrielle. Schon in der Antike war dieser etwa 14 km nördlich der Innenstadt liegende Vorort äußerst beliebt. Herodes Attikus besaß hier ein großes Landgut, und auch der Komödiendichter Menándros zog das schon damals Kifissiá genannte Gebiet dem klassischen Zentrum vor. Kifissiá liegt sehr reizvoll am Fuße des Pentéli-Gebirges. Pinien, Platanen sowie Ölbäume säumen die Alleen und verwandeln das Viertel in einen grünen Gartenvorort. Das nötige Wasser stammt aus dem kleinen

Kephisós-Fluss, der am Pentelikón entspringt, durch Athen fließt und in Piräus ins Meer mündet. Die Quellen des Bergs gaben dem Stadtteil seinen Namen: „Wassernymphe“. Archäologische Funde beweisen, dass die Gegend bereits in vorgriechischer Zeit besiedelt war. Schon in klassischer Zeit gehörte Kifissiá zum Stadtbezirk Athen.

Mitte des 19. Jh. entdeckte das Athener Großbürgertum diesen nördlichen Vorort als Wohnviertel für sich. In Kifissiá und im benachbarten Ekáli war schon damals die Luft besser als in der Innenstadt, und auch ein Blick auf das Durchschnittsklima zeigt, dass es hier draußen im Sommer immer ein paar Grad kühler ist als im Zentrum. Fast die gesamte Elite des Athener Geldadels zog nach Norden und errichtete hier feudale Wohnhäuser. Die meisten dieser herrlichen alten Villen sind durch hohe Zäune und dichtes Grün abgeschottet, doch ist da und dort ein Blick auf die Häuser möglich. Eindrucksvolle Villen liegen an der Tatoí-Straße (z. B. Nr. 29, 31 oder 33), Benáki-Straße (13, 25, 42) Levídou-Straße (13, 19), Kolokotróni-Straße (7) und in der Pesmazóglou-Straße (25).

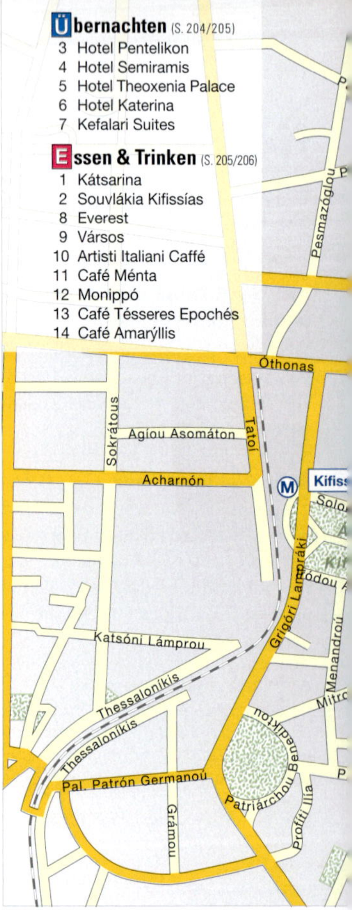

Das Zentrum Kifissiás dominieren seit den 80er-Jahren exklusive Boutiquen, schicke Cafés, Bars und Restaurants mit internationalem Schwerpunkt. Nur solche Einrichtungen können die hohen Mieten refinanzieren. Als Anfang der 80er-Jahre die Sozialisten die Regierungsmacht übernahmen, zogen auch die Neureichen in den Norden und der Charakter des alten Aristokraten-Vororts änderte sich ein wenig. Die geschlossene Gesellschaft der adligen Cliquen wurde aufgebrochen – dies ist auch im Straßenbild erkennbar, da sich zu den Boutiquen nun auch Shopping-Center gesellten. Haupteinkaufsstraßen sind heute die *Kassavéti-*, *Levídou-* und *Kolokotróni-*Straße sowie das Zentrum an der *Platía Platánou.*

Kifissiá ist mit der Metro-Linie M1 (Endstation) leicht zu erreichen. Schon vor hundert Jahren fuhr eine Eisenbahn vom Zentrum nach Norden in die Sommerfrische der reichen Athener. Heute kommen ganze Familien, um sich in den schattigen Alleen und den Parks zu erholen. Die Kolokotróni-Straße führt zum *Park Kefalári* (*Álsos Kefalaríou*) mit der Kirche *Metamórphosi Sotíros* und einem kleinen, künstlichen See, in den Liebespaare Münzen hineinwerfen, um sich etwas zu wünschen. Zwischen der Metrostation und der Platía Platánou liegt der *Stadtpark* (*Álsos Kifissiás),* in dem jedes Jahr rund um den 1. Mai ein großer Blumenmarkt stattfindet. Südlich des Zentrums liegt der größte Park des Vororts direkt an der Leofóros Kifissiás. Der *Álsos Ktímatos Singroú* war Privatbesitz und wurde von An-

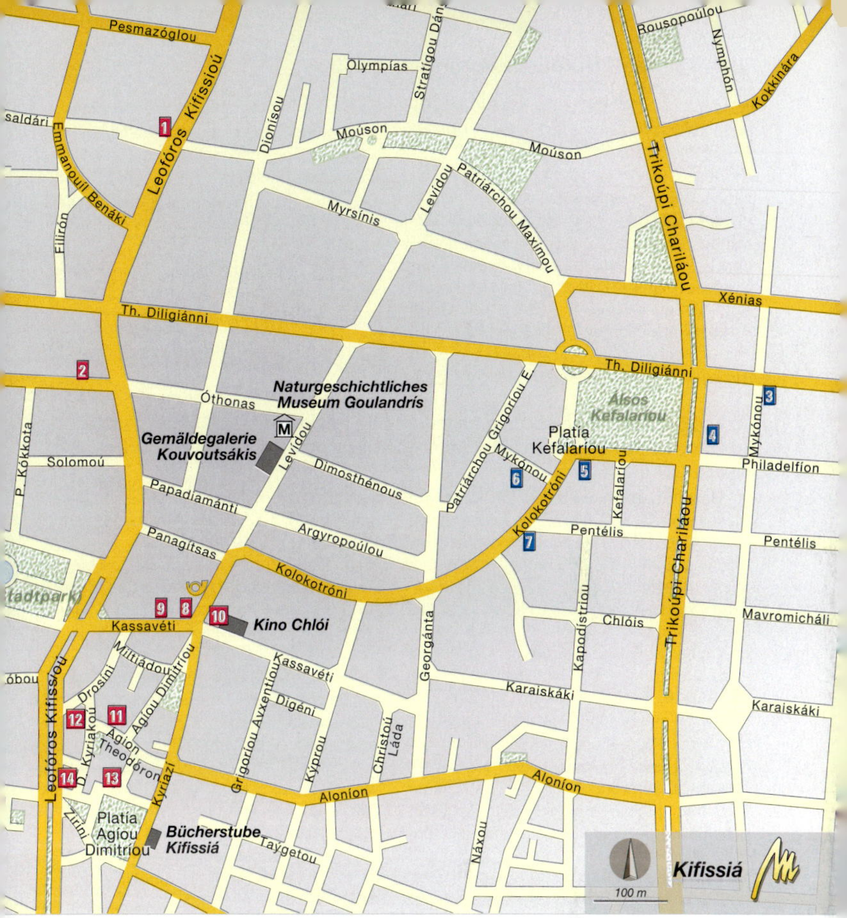

dréas Singroú an den Staat vererbt – mit der Auflage, die Fläche als Park zu erhalten. Die eher verwilderte Grünfläche ist allerdings nicht übermäßig gepflegt.

Verbindungen

Die einfachste und preiswerteste Möglichkeit, vom Zentrum nach Kifissiá zu kommen, ist mit der **Metro** der alten Linie 1. Ihre Endstation liegt unweit des Zentrums von Kifissiá. Man verlässt die Metrostation und gelangt über die nach Osten führende Adrianoú-Straße vorbei an der großen Grünanlage (*Álsos Kifissiás*) auf die Platía Platánou. Auf der anderen Seite der breiten Leofóros Kifissiás befindet man sich auf der Kassavéti-Straße bereits im Zentrum des Vororts.

Taxis findet man in Kifissiá am Platánou-Platz, der Kyriazí-Straße, der Levídou-Straße und in der Nähe der Hotels an der Platía Kefalaríou.

Adressen

• *Bücher & Karten* **CoLibri – Bücherstube Kifissiá**, Kyriazí 14–16. Deutsche Buchhandlung. Der freundliche junge Ben Schmidt verkauft Reiseliteratur, Wanderkarten, Belletristik, Sachbücher und Kinderbücher. Alle in Deutschland lieferbaren Titel können bestellt werden. ✆ 210-8087652, 📠 210-8085069, buchhandel@gmx.net. Mo–Fr 9–14 Uhr, Sa 10–15 Uhr, Di, Do, Fr 17–20 Uhr.

• *Kinos* **Chlói**, Kassavéti 11. Sommerkino hinter dem Café Artisti Italiani. Auch in dieses Gebäude sollte eine Boutique einziehen, doch dem kam glücklicherweise der Denkmalschutz zuvor. Nun bleibt der ausgesprochen hübsche Innenhof ein Sommerkino mit Bar für die Pausen. Urige Atmosphäre. Gezeigt werden meist US-Spielfilme mit griechischen Untertiteln.

Bonboniera, Ecke Papadiamánti/Levídou. Weiteres Sommerkino, hat aber nicht den Charme von Chlói.

• *Post* etwas zurückversetzt von der Levídou. Eingang zwischen den Hausnummern 3 und 5.

• *Parken* gebührenpflichtige Tiefgarage vor dem Postamt in der Levídou, Einfahrt zwischen den Hausnummern 3 und 5.

Übernachten (siehe Karte S. 202/203)

Im Nobelvorort liegen auch vornehmlich edle Hotels, zwei von ihnen gehören der Luxusklasse an. In der Nähe der Autobahn Richtung Lamía gibt es auch zwei Campingplätze.

**** **Hotel Theoxenia Palace (5)**, Kifissiá, 2 Filadelfeos & Kolokotroni, ausgesprochen stilvoll und komfortabel eingerichtete Zimmer und Suiten mit eleganter Ausstattung. Ebenso luxuriöse Bäder mit viel Marmor. Schon beim Betreten des Hotels lässt die Lounge erahnen, was den Gast hier erwartet. Modernes Frühstückszimmer, Sauna, Fitnesseinrichtungen, Konferenzraum und Pool. DZ ab 250 €, Suite 600–1400 €. ✆ 210-6233622-6, 📠 210-6231675, www.theoxeniapalace.com.

***** **Hotel Pentelikon (3)**, in diesem Luxushotel in einem neoklassizistischen Gebäude von 1923 werden 44 Zimmer und Suiten vermietet, jede Einheit hat ihren eigenen Stil. Alle mit Balkon, Klimaanlage, Telefon, PC-Modem-Anschluss, Mini-Bar, Radio und Sat-TV. Bäder mit viel Marmor und Haartrockner. Frühstück gibt es im Restaurant La Terrasse, tagsüber Kaffee in der Hotelbar und abends steht den Gästen das Restaurant Vardís mit französisch-mediterraner Küche zur Verfügung. EZ 270–830 €, DZ 289–980 €, Suiten 1100–2500 €. Kifissiá, Diligiánni 66, ✆ 210-6230650-7, 📠 210-8010314, www.hotelpentelikon.gr.

** **Hotel Katerína (6)**, (Kefalari) Kifissiá, Mykonou 3, Hotel der Best Western-Kette, 47 Zimmer und Suiten mit Bad, Balkon, Klimaanlage, Mini-Bar, Telefon, Radio, Sat-TV, PC-Modem-Anschluss. Modern eingerichtete Zimmer mit dunklen Holzmöbeln. Freundlich geführte Rezeption, kleiner Konferenzraum. EZ 125–150 €, DZ 140–200 € und Doppelsuite 185–280 €. ✆ 210-8018495, 📠 210-8015218, www.hotelcaterina.com.

Kefalari Suites (7), Kifissiá, Kolokotronis & Pentelis-Str. 1, Reines Suiten-Hotel in einem klassizistischen Stadthaus, 12 „Themen-Zimmer" dekoriert nach dem jeweiligen Namen, z. B. Jaipur, Afrika oder Saddle Room. Jede Suite besteht aus zwei Räumen, Schlafzimmer mit Queensize-Bett und Aufenthaltsraum mit kl. Küche und Minibar. Am Dach eine Terrasse mit Jacuzzi für die Hotelgäste. Preise Mo–Fr ca. 210–260 €, am Wochenende ca. 190–220 €. ✆ 210-6233333, 📠 210-6233330, www.kefalarisuites.gr.

**** **Semiramis (4)**, Charilaou-Trikoupi-Str. 48, 14562 Kefalari (Kifissia), eine gelungene Verschmelzung von Kultur, Kunst und Design. Das von Besitzer Dakis Joannouos in Auftrag von Designer Karim Rashid ausgestaltete Luxus-Hotel ist von der Fassade bis in den letzten Winkel jedes Zimmers ein Gesamtkunstwerk. Lichtdurchflutete Plexiglaswände, runde Formen, eine umfangreiche Gemäldekollektion und eine individuelle Zimmergestaltung mit kühnen Farben, Zeichen und Formen schmeicheln dem Auge. 52 Zimmer, vom Standardzimmer mit Musikanlage, Sat-TV, Minibar, Kaffeeset, Internet und Balkon (wir empfehlen Blick auf den Innenhof mit Swimmingpool!) bis hin zur Penthouse-Suite mit privatem Zugang zum Pool. Restaurant, Café und Bar inmitten orangefarbener Wände, Bögen und Lichteffekte. Empfehlung! EZ 165–210 €, DZ ab 185 €, Pool Bungalow 260–315 € , Suite 350–620 € (jeweils inkl. Frühstücksbuffet). ✆ 210-6284400, 📠 210-6284499, www.semiramisathens.com.

• *Camping* **Néa Kifissiá**, Kifissiá, Potamoú & Dimitsanas-Straße, Ausfahrt Aharnes, ca. 1 km nördlich des Ortes; beschildert, am nord westlichen Stadtrand im Viertel Néa Kifissiá. Leicht geneigtes Gelände mit vielen Bäumen. Geschotterte Wege, Stellplätze mit Gras- und Sanduntergrund. Schatten durch Pappeln, Kiefern oder Schilfmattendächer.

Sanitäre Anlagen sauber und in ausreichender Anzahl. Außerdem 10 x 20 m großer Pool. Auf dem Platz gibt es ein Café-Restaurant mit griechischer Küche. Ganzjährig geöffnet. Preise pro Tag: Person 6 €, Auto 4 €, Motorrad 3 €, Zelt ab 4,50 €, Wohnwagen ca. 6 €, Wohnmobil 7,50 €, Stromanschluss 3 €. ✆/℻ 210-8075579, www.camping-neakifissia.gr.

Dionissotis, an der Autobahnausfahrt Varibóbi am nordwestlichen Stadtrand im Viertel Néa Kifissiá. Relativ ebenes Gelände mit Schatten. Sanitäre Anlagen o.k. Auf dem Gelände befinden sich ein Pool, ein kleiner Kinderspielplatz, eine Bar und ein Restaurant mit griechischer Küche. Ganzjährig geöffnet. Preise pro Tag: Erw. 6 €, Auto 4 €, Zelt ab 4 €, Wohnmobil 7,50 €. Mit öffentlichen Verkehrsmitteln: ab dem Bahnhof Kifisiá mit Bus 560, an der Haltestelle 503 aussteigen, ✆ 210-8001496, ℻ 210-8001512, www.campingdionissotis.gr.

Essen & Trinken/Cafés (siehe Karte S. 202/203)

Nobel: die Läden in Kifissiá

Im Zentrum ist die kulinarische Auswahl groß. Schicke Cafés reihen sich aneinander. Die Restaurants bieten griechische und internationale Küche gehobenen Standards. Es gibt auch eine Niederlassung einer Fastfood-Kette. Allgemein gehobenes Preisniveau.

Monippó (12), Drosíni 12. Das Mezedopolíon („Pferdefuhrwerk") bietet ausgefallene griechische Spezialitäten wie gefülltes Schweinefilet mit Paprika und Käse von Lamm-Bauchfleisch umwickelt, kleine Stücke pikantes Filet mit Pilzsauce, Entenbrust, Muschel-Saganáki mit Féta und weitere täglich wechselnde Gerichte. Innenraum hübsch mit alten Pfannen und Töpfen dekoriert. Griechische Musik.

Kátsarina (1), Ecke Kifissías/Panagí Tsaldári. Einfache Tavérna im Hof neben der Hauptstraße. Rustikales Ambiente mit Plätzen innen oder draußen unter Bäumen. Preiswerte Souvláki und andere griechische Grillgerichte. Offener Wein vom Fass.

Souvlákia Kifissías (2), Óthonas 99. Sehr beliebte Souvláki-Tavérna an der Ecke zur Leofóros Kifissías. Man sitzt im funktional und ohne viel Schnickschnack eingerichteten Innenraum. Píta und Souvláki in allen Variationen, zahlreiche Salate, Bier und offener Wein vom Fass. Freundliche Bedienung.

Everest (8), Ecke Kassavéti/Levídou. Filiale der griechischen Fastfood-Kette und die einzige günstige Möglichkeit im Zentrum Kifissiás. Nicht die schlechteste Wahl und schattige Plätze unter Ahornbäumen.

Vársos (9), Kassavéti 5. Eine Institution in Kifissiá. Altes traditionsreiches Zacharoplastíon und Kaffeehaus: Hier gibt es Kuchen, Kekse, Torten, Schokolade, Eiscreme, Süßigkeiten aller Art, süße Brötchen, Honig und Marmelade. Einige Plätze an der Kassavéti, hinter den Auslagen großer Innenraum mit alten roten Kunstledersesseln im charmanten Stil der 70er-Jahre und Platz für 200 Gäste. Tagsüber treffen sich hier vor allem ältere Semester zum Zeitung lesen und Diskutieren. Weitere Sitzplätze außen an der windgeschützten Platía hinter dem Gebäude.

Café Ménta (11), Ágion Theodóron 10. Gepflegtes Ambiente mit weißen Sesseln innen und Plätzen im Innenhof. Guter Kaffee und einfallsreiche Cocktails. Internationale Rockmusik, einmal pro Woche live. Freundlicher Eigentümer.

Café Amarýllis (14), Kyriakoú 15. Schon allein ein Blick auf die große alte Espresso-Maschine italienischer Herkunft auf der Theke ist einen Besuch wert. Die freundliche Chefin Dímitra serviert auch sehr guten Cappuccino, Kaffee und Tee in verschiedenen Variationen, Süßigkeiten und Kuchen. Täglich wechselnde Kleinigkeiten zu essen. Internationale Musik.

Café Tésseres Epochés (13), Platía Agíou Dimitríou 13. Das „Vier Jahreszeiten" liegt in einem alten Stadthaus mit Säuleneingängen hinter der Kirche Ágios Dimítrios. Insofern ruhiges Plätzchen abseits vom Trubel. Plätze im gepflegten Innenraum, dezente Musik, guter Kaffee.

Artisti Italiani Caffé (10), Ecke Kassavéti/Levídou. Auf der kleinen Platía flaniert die High-society von Kifissiá. Draußen nur eine Hand voll Tische, der Rest innen. Sündhaft teuer. Nebenan eine Top-Modeboutique unter demselben Management. Shopping-Gastronomie als Idee, die offenbar ankommt.

„Óchi" in Kifissiá

Kifissiá war 1940 Schauplatz eines wichtigen historischen Ereignisses der Nationalgeschichte. 1939 blieb Griechenland vom Zweiten Weltkrieg zunächst verschont. Erst als Mussolini am 10. Juni 1940 den Alliierten den Krieg erklärte, änderte sich die Lage für Griechenland. Das 1939 in Albanien eingefallene faschistische Italien plante im Zuge der „Mare-nostro"-Politik, nun auch Griechenland zu besetzen. Einen deutlichen Hinweis darauf gab ein Zwischenfall im Hafen von Tínos: Italienische Torpedos versenkten das griechische Kriegsschiff *Élli*, als die Griechen gerade *Panagía* feierten (15. Aug.). Im Okt. 1940 informierte Mussolini dann Hitler über seine Pläne, nach Griechenland einzumarschieren. Hitler wollte zu diesem Zeitpunkt keine weitere Front im Süden, aber der Duce eröffnete dennoch den Griechenland-Feldzug mit einem Ultimatum an den griechischen Diktator *Ioánnis Metaxás*: Rom forderte am 28. Okt. 1940 die kampflose Überlassung strategisch wichtiger Punkte an die italienische Armee in Griechenland. Um 3 Uhr morgens übergab der italienische Diplomat Grazzi das Schreiben Mussolinis an Metaxás in dessen Haus in der Kefallinías-Straße in Kifissiá. Bekanntlich antwortete Metaxás mit einem *„óchi"* (Nein), weshalb der 28. Oktober heute als *óchi*-Tag ein nationaler Gedenktag ist. Mussolini erklärte Griechenland daraufhin den Krieg.

Sehenswertes

Römische Grabkammer: im Álsos Kifissiás. Vier römische Sarkophage aus dem 2. Jh. n. Chr. sind die einzigen antiken Relikte in Kifissiá. Die Sarkophage mit Reliefdarstellungen wurden in einer Grabkammer gefunden, die dem Herodes Attikus und seiner Familie zugeschrieben wird.

Naturgeschichtliches Museum Goulandrís: Levídou-Str. 13. Das Museum liegt in einer Straße mit prächtigen Villen unweit des Zentrums von Kifissiá. Es wurde 1964 von Ángelos Goulandrís zur Förderung der naturwissenschaftlichen Forschung gegründet. Die eindrucksvolle Ausstellung ist nach thematischen Fachgebieten aufgebaut. Für Wissenschaftler steht eine große Bibliothek mit Büchern und Fachzeitschriften zur Verfügung. Laien finden interessante Souvenirs wie Gesteine und Schmuck im Museumsshop.

Die große **geologische Abteilung** im Parterre beginnt mit einem dreidimensionalen Modell, das die Erdschichten und die geologischen Verwerfungen der Erdkruste zeigt. Mit Hilfe zahlreicher paläografischer Karten lassen sich die geologischen Veränderungen des Mittelmeerraumes in den letzten 75 Millionen Jahren nachvollziehen. Ausgestellt sind selbstverständlich Mineralien und Gesteine von den interessantesten Fundorten Griechenlands. Hinzu kommen von Menschen be-

arbeitete Gesteine wie Basalt, Obsidian und Marmor.
Im **paläontologischen Saal** informieren Schautafeln über die Entwicklung des Lebens, insbesondere der Säugetiere und des Menschen. Man findet zudem eine weitgehend chronologisch aufgebaute Ausstellung von versteinerten Tieren und Pflanzen. Das älteste Exponat ist etwa 2,7 Millionen Jahre alt und stammt aus Südafrika.
Der Saal zu den **Pflanzen** beschäftigt sich mit Zellbiologie, Anatomie, Morphologie und Assimilation der Pflanzen. Im Herbarium des Museums sind über 200.000 Pflanzen aus dem östlichen Mittelmeerraum gesammelt.
Im den **Insekten** gewidmeten Saal werden die in Griechenland einheimischen Arten sowie einige allgemeine herausragende Insektenfamilien vorgestellt.
Es folgt der Saal für die **Unterwasserwelt**, naturgemäß ein wichtiges Thema in Griechenland. Die Sammlung umfasst Süß- und Salzwasserexponate: Muscheln, Korallen, Seeigel, Seesterne, Schnecken und Schalentiere.
Der große Raum für **Vögel** beinhaltet eine mehr als 20 m lange Vitrine. Dort sind ausgestopfte Exemplare der in Griechenland heimischen Arten von Greif- über Sing- bis zu Wasservögeln sowie einige Arten aus Afrika und Amerika zu bewundern.
Die Sammlung der **Säugetiere** präsentiert Exponate von allen Kontinenten: Koalas, Löwen, Tiger, Schwarzbären und natürlich zahllose europäische Arten. Im selben Saal wird auch ein nachgebildeter Dinosaurier gezeigt. Für Griechenland wichtig sind die auf Zákynthos, an der peloponnesischen Westküste und auf Kreta bekannten Meeresschildkröten *caretta-caretta* und die im Meeresnationalpark Nördliche Sporaden lebenden Mittelmeerrobben *monachus-monachus*. Beide Tierarten sind heute vom Aussterben bedroht.

Mo–Sa 9–14.30 Uhr, So 10–14.30 Uhr. Eintritt 5 € erm. 3 €. 210-8015870. www.gnhm.gr.

Gemäldegalerie Kouvoutsákis: Levídou-Str. 11. In einem ehemaligen Geschäftshaus im neoklassizistischen Baustil sind auf gut 2000 m² Fläche etwa 1000 Werke der neueren gegenständlichen Malerei und diverse Plastiken griechischer Künstler aus dem 19. und 20. Jh. ausgestellt. Die Säle sind museumspädagogisch nach neuesten Erkenntnissen eingerichtet und lassen den Besuch zu einem Erlebnis werden. Die bedeutendsten Bilder finden sich im großen Saal in der Mitte. Hier werden auch einige Plastiken aus Glas und Kunststoff präsentiert. Im ersten Stock kann man anschließend gemütlich einen Kaffee schlürfen, Ausstellungskataloge anschauen oder Reproduktionen im Museumsshop erwerben.
Di–Fr 9–14 Uhr und 18–20 Uhr, Sa/So 10–15 Uhr, Mo geschl. Eintritt frei.

Skironisches Zentrum – Park zeitgenössischer Skulpturen: Néa Kifissiá, Lýra-Str. 73 G. Das Open-Air-Museum verfügt über eine 11.000 qm große Grünfläche, die vor allem mit Olivenbäumen bepflanzt wurde. Eingeweiht wurde der Park bereits 1985. Seither kommen immer wieder neue Skulpturen hinzu, die bei internationalen Symposien griechischer und ausländischer Künstler im Skironischen Museum *Polychronopoúlou* geschaffen werden. In den Gebäuden des Zentrums finden sich weitere Exponate. Hier werden auch thematische Wechselausstellungen organisiert, meist mit jüngeren Künstlern der Avantgarde. Für interessierte Gruppen können auch pädagogische Programme durchgeführt werden.
Di–Sa 10–17 Uhr, So/Mo geschl. Eintritt frei.

Maroússi

Dieser gehobene Athener Wohnvorort ist 2004 kurzzeitig aus dem Schatten Kifissiás herausgetreten. Bekannt geworden ist er durch den großen Sportpark, wo auch die meisten Disziplinen der Olympischen Sommerspiele 2004 ausgetragen wurden.

Maroússi ist ein gemischtes Viertel der mittleren und unteren Bürgerschichten. Es zählt zwar innerhalb Athens zu den gehobeneren Wohnvierteln, bietet aber nicht das Flair von Kifissiá. Der Luxus, die Ruhe und vor allem das Grün fehlen im Vergleich zu dem weithin bekannten Nobelvorort. Früher galt Maroússi als Dorf der Töpferwerkstätten, heute ist davon nichts mehr zu finden. Das alte Zentrum Maroússis liegt in der Gegend rund um die Metrostation der Linie 1, in den letzten Jahren hat sich etwas differenziert und über mehrere Straßen erstreckt.

„Athens drittes architektonisches Ensemble von Weltrang" – nach Panepistimíou und Akrópolis (Calatrava)

Aufgehängte Bogendächer, die das Olympiastadion teilweise überdecken, das Velodrom, das Tennisstadion und die Eingänge, die zum Sportzentrum führen: Calatravas' Planung verlangte, dass „alles einem Bogen gleich geformt sein soll, so wie ein Athlet seinen Speer wirft oder wie die Kurve eines Weitspringers". Der Spanier griff noch zu anderen bedeutungsschwangeren Formulierungen, die in Hellas traditionell gut ankommen, um sein 12-Millionen-Salär zu legitimieren. Darüber hinaus sollte eine *Agora* und eine *Wandelhalle*, mit den gleichen Strukturelementen versehen, die Wettkampfstätten auf dem Gelände verbinden. Die *Wand der Nationen*, eine 340 m lange und 13 m hohe Stahlkonstruktion mit den eingravierten Flaggen aller Nationen, und schließlich die olympische *Fackel*, eine Hebevorrichtung im Stadion, die von überall zu sehen sein sollte, stellten die zentrale Achse im Stadion dar. Wer erinnert sich nicht an die Bilder der riesenhaften Bogenträger, die mit Seilwinden im Schneckentempo (ein Fingernagel breit pro Stunde) auf die Betonschüssel zugezogen wurden. Ganz Athen schwitzte vor den Fernsehgeräten mit, vor allem danach, als die Fertigstellung der getönten Dachlamellen auf sich warten ließ. Die Baustellen wurden zur Verschlusssache erklärt, die Öffentlichkeit mit positiven Nachrichten überschwemmt, englische Reporter beim heimlichen Eindringen auf der Baustelle festgenommen. Dann war schließlich doch alles fertig und die Eröffnungsfanfaren schmetterten, die Flamme wurde vom späteren griechischen Silbermedaillengewinner Níkos Kaklamanákis spektakulär entzündet. Dass die Flaggen auf der Wand der Nationen schließlich nur mittels Großprojektoren angestrahlt wurden und der Motor, der das Ungetüm in Wellenform bewegte, schon nach wenigen Tagen den Geist aufgab, merkte kaum jemand. 230 Millionen Euro ließ sich Athen den neuen „multifunktionalen Stadtraum" kosten. Angesichts des Defizits durch diese Ausgaben geht das Schwitzen also weiter und den Griechen bleibt die Hoffnung, dass sie in Zukunft hier weitere Sportveranstaltungen von internationalem Rang abhalten dürfen.

Eine der wichtigsten Einrichtungen Maroússis ist das Olympische Sportzentrum (*Olympiakó Athlitikó Kéntro Athinón/OAKA*) der Stadt Athen zwischen der Kýmis-Straße, der Olympioníkou-Louí-Spýrou-Straße und der Leofóros Kifissiás im Südwesten des Viertels. Wer hier ziemlich genau ein Jahr vor den Olympischen Sommerspielen 2004 entlangspazierte, glaubte seinen Augen nicht zu trauen. Bis auf die Betonschüssel des alten Olympiastadions, die ehrwürdige Holzbahn des Radstadions, die Basketballhalle und die ebenfalls überdachte Schwimmhalle wurde das gesamte Gelände dem Erdboden gleichgemacht. Dann begann ein Wettlauf gegen die Zeit, denn für die Spiele sollte das gesamte Areal nach dem Gesamtkonzept des spanischen Star-Architekten Santiago Calatrava bebaut werden.

Gleich daneben wurde das riesige Indoor-Shopping Centre **„The Mall"** mit imposanter Glasdachkonstruktion eröffnet, um das Areal auch abseits von Sportveranstaltungen zu „bevölkern". Auf 90.000 m² werden 200 Shops, 25 Restaurants und 15 Kinos geboten.

Mo–Fr 9–21 Uhr, Sa 9–20 Uhr. Metro 3, Station Neratziotissa. www.themallathens.gr.

Handschrift des Star-Architekten Santiago Calatrava: die „Wandelhalle" im Olympiazentrum

Naturgeschichtliches Museum Maroússi: Panagí-Tsaldári-Str. 24–26. Das in einem modernen Gebäude eingerichtete Museum wurde 1998 eröffnet. Die Museumsleitung ist dem Umweltschutzgedanken sehr verbunden und führt zahlreiche Veranstaltungen zu ökologischen Themen durch. Zu sehen gibt es eindrucksvolle Exponate aus der Tier- und Pflanzenwelt. Im Erdgeschoss kann man kleinere Säuge- und Nagetiere, aber auch arktische Bären, ein europäisches Wisent und die unterdessen seltenen Wildziegen von den Inseln des Meeresnationalparks Nördliche Sporaden betrachten. Im Obergeschoss lassen sich Pflanzen, Muscheln, Reptilien (Leguane, Chamäleons, Schildkröten) und vor allem Vögel wie Perlhühner, Raubvögel, Schwäne, Pelikane, Flamingos, Pinguine oder Pfauen bewundern.

Mo–Fr 8.30–13 Uhr und 17–20 Uhr, Sa/So geschl. Eintritt frei.

Schattenspiel-Museum Spatháris: Ecke Leofóros Vasilíssis Sofías/Odós Dimitríou Rálli. Das Museum an der Platía Kastaliá wurde in einem neoklassizistischen Gebäude untergebracht, in dem der berühmte Evgénios Spatháris 1942 seine Karriere als Schattenspieler begonnen hatte. Es gilt als das einzige, speziell der Schattenspielkunst gewidmete Museum Griechenlands und soll mithelfen, diese fast schon in Vergessenheit geratene Tradition am Leben zu erhalten. Zu sehen gibt es die umfangreichen Figurensammlungen von Evgénios Spatháris und seinem Vater Sotíris. Hinzu kommen Bühnenbilder, Plakate und Bücher zum Thema sowie Videos von einigen Aufführungen des Künstlers. Für Kinder werden noch heute Schattentheaterstücke aufgeführt.

Mo–Fr 9–14 Uhr, Mi 9–14 und 18–20 Uhr, Sa/So geschl. Eintritt frei. www.karagiozismuseum.gr.

Achanaí

In dem kleinen, besuchenswerten Ort Achanaí westlich der Autobahn Athen–Lamía am Fuße des Párnitha-Gebirges gibt es Überreste einer antiken Stadtbefestigung mit mittelalterlichen Ruinen zu sehen. Außerdem befindet sich in der Nähe des Friedhofs im Viertel Likótripa ein mykenisches Kuppelgrab. Das Ende des 19. Jh. vom Deutschen Archäologischen Institut ausgegrabene Menídi-Grab ist ein etwa 8 m hoher Thólos. Sein Eingangskorridor (*drómos*) misst stattliche 26 m.

Áttika

Vor dem Museum von Elefsína

Áttika

Westliches Áttika

Das westliche Áttika ist weniger wegen guter Strände als vielmehr aufgrund seiner antiken Stätten interessant. Eine Ausnahme machen da nur die hübschen Küstenorte am Alkionidischen Golf. Hier ist die Wasserqualität einwandfrei und das Gebiet ist zumindest in der Nebensaison ausgesprochen ruhig. Im Landesinnern befinden sich die eindrucksvollen Überreste der antiken Wehrburg Elevtheraí auf einem Felsen hoch über der heutigen Landstraße nach Thíva. Entlang der Küste des Megarischen Golfs liegen dagegen viele Industrieansiedlungen und wenig interessante neue Wohnstädte. Einen Besuch wert sind aber vor allem die Kultheiligtümer der Göttinnen Dímitra und Persephóne in Elefsína und das Museum in Mégara.

Die Küste von Elefsína bis Kinéta

Entlang der Küste von Elefsína nach Kinéta und weiter auf den Peloponnes führen eine gebührenpflichtige Autobahn, die alte Landstraße und die Bahnlinie. Je näher an Athen, desto mehr dominieren Industrieansiedlungen, die wenig ansehnlich sind und den Megarischen Golf erheblich verschmutzen. Zwischen Athen und Mégara sollte man auf ein Bad im Meer verzichten, ab Kinéta wird die Küste in Richtung Peloponnes dann deutlich sauberer.

Antikes Elefsína/Eleusis

Das Kultheiligtum der Göttinnen Dímitra und Persephóne, zu deren Ehren jährliche Mysterienfeiern stattfanden, ist noch gut erhalten und gehört zu den archäologischen Highlights der Region.

Von der idyllischen Umgebung, die Elefsína in der Antike gehabt haben muss, ist heute nicht mehr viel übrig: Türme von Ölraffinerien, Industriebetriebe, Lagerhallen, Zementwerke und Schiffswerften bestimmen das Landschaftsbild. Elefsína zählt etwa 26.000 Einwohner und ist eines der wenigen modernen Industriezentren Griechenlands. Sehenswert ist also nur das Ausgrabungsgelände des antiken Eleusis, das aufgrund seiner jährlich zu Herbstanfang stattfindenden Mysterienfeiern bekannt wurde. Archäologische Funde beweisen eine Besiedelung des Gebiets bereits in frühhelladischer Zeit. Später errichteten die Mykener hier einen Palast.

Die eigentliche Bedeutung des antiken Eleusis stammt aus dem Mythos um die Göttin Dímitra. Als sie auf der Suche nach ihrer durch Zeus geraubten Tochter Persephóne war, kam sie auch zu König Keleós von Eleusis, der sie sehr gastfreundlich aufnahm.

In Erinnerung daran wurden hier ein Dímitra-Heiligtum errichtet und die Mysterienfeiern begründet. Eleusis nahm daher auch weniger eine politische Entwicklung, sondern entfaltete sich vielmehr als Heilige Stätte der Göttin Dímitra, des weiblichen Fruchtbarkeitskults, des Wachstums des Getreides und des Ackerbaus im Allgemeinen. Jährlich zu Herbstanfang zogen Bauern aus ganz Áttika mit ihren Gerätschaften zum Heiligtum nach Eleusis.

Neben den Olympischen Spielen waren die Mysterienfeiern das wichtigste gesamtgriechische Ereignis der Antike, das dem Ort bis ins 4. Jh. n. Chr. Berühmtheit verschaffte. Teilnehmen durfte jeder, selbst Sklaven war der Zutritt erlaubt, doch mussten alle Beteiligten ein Schweigegelübde über den Inhalt der Mysterien ablegen. Der lange Zug der Pilger erreichte den geweihten Ort auf der *Iera Odos*, der **Heiligen Straße** von Athen nach Eleusis, und gelangte so auf den Vorhof im **Heiligen Bezirk**.

Tägl. 8–19.30 Uhr (1.11.–31.3. nur 8.30–15 Uhr). Eintritt 4 €, erm. 2 € (unter 19 J. und EU-Studenten frei). 210-5546019.

Rundgang

Vorplatz der Propýläen: Hier endete die von Athen kommende Heilige Straße (*Ierá Odós*). Bemerkenswert ist vor allem der *Kallíchoros*-Brunnen aus dem 6. Jh. v. Chr., an dem für die Göttin Dímitra getanzt wurde. Auf dem Vorplatz wurde im 2. Jh. n. Chr. außerdem ein Tempel für Ártemis und Poseidón errichtet. Heute sind davon allerdings nur noch ein paar Sockelreste erhalten.

Große Propýläen: Der große Eingangsbereich zum Heiligtum wurde von Kaiser Antonius Pius im 2. Jh. n. Chr. im dorischen Stil und nach dem Vorbild der Athener Akrópolis erbaut. Von dem Gebäude sind noch Türrahmen, Inschriften und Säulenreste zu besichtigen.

Kleine Propýläen: Sie wurden etwa 55 v. Chr. direkt am Eingang zum Tempelbezirk errichtet und ersetzten ein altes Tor aus dem 6. Jh. v. Chr. Mauern dieses Bauwerkes sind noch zahlreich vorhanden.

Wohnviertel: Nördlich der Kleinen Propýläen liegt das antike Wohnviertel der Stätte. Priester und Tempeldiener besaßen hier ihre Behausungen.

Reste des Dímitra-Persephóne-Tempels

Plutoneion: Das Heiligtum des Unterwelt- und Totengottes Hades wird nach seinem zweiten Namen Plutoneion genannt. Zentrum waren die beiden Höhleneingänge, vor denen man heute noch die Überreste der Terrassen sehen kann.

Dímitra-Persephóne-Tempel: An einer in den Fels hineingeschlagenen Terrasse sind die Relikte des Tempels der Dímitra und Persephóne erhalten. Wahrscheinlich existierten hier auch zwei Standbilder der Göttinnen. Nebenan befindet sich die der María geweihte Kapelle *Panagítsa* aus nachbyzantinischer Zeit.

Telesteríon: Kultisches Zentrum der Stätte ist das Weihehaus auf der gehobenen Felsterrasse etwa in der Mitte des Ausgrabungsgeländes. Die erhaltenen Ruinen stammen aus der mykenischen bis zur römischen Epoche. Immer wieder wurden Erweiterungen vorgenommen, und nach der Zerstörung der Anlage durch die Perser (480 v. Chr.) musste das gesamte Weihehaus neu gebaut werden. Auch später wurden der Grundriss und die Aufbauten mehrfach durch verschiedene Herrscher Athens verändert und erweitert. In der römischen Kaiserzeit wurde der Kult ebenfalls fortgeführt, und mehrere Kaiser fügten Bauten hinzu.

• *Zufahrt* Sehr schlecht beschildert. Im Zentrum von Elefsína biegt man von der Hauptstraße (Polytechníou-Straße) in Richtung Hafen ab. Das Gelände liegt links an einem Hügel und ist an der Kirche mit dem Uhrturm zu erkennen. Der Eingang befindet sich an einer Einbahnstraße auf der dem Hafen gegenüberliegenden Seite.

Archäologisches Museum: auf dem Ausgrabungsgelände. Das Museum des antiken Eleusis wurde schon im 19. Jh. erbaut, später dann mehrfach erweitert. Seine ältesten Exponate reichen bis etwa 1500 v. Chr. zurück. Die wichtigsten Stücke der insgesamt sechs Säle stammen aus dem 4. und 5. Jh. v. Chr., als die Pilgerfahrten zu den Eleusinischen Mysterien stattfanden. Die Ausstellungsstücke stehen entweder mit diesen Riten in direkter Verbindung oder sind Weihegeschenke der Pilger. Besonders erwähnenswert sind die Opfergefäße und -altäre. Zu den Highlights des Museums gehören die „fliehende Kore" aus archaischer Epoche, eine große kopflose Dímitra-Statue von etwa 420 v. Chr. und eine frühattische Amphora aus dem 7. Jh. v. Chr. Hinzu kommen zahlreiche Vasen aus mittelhelladischer bis zur frühchristlichen Zeit, Kleinkeramik, Metallgegenstände, Inschriften, Reliefs und Tontafeln.

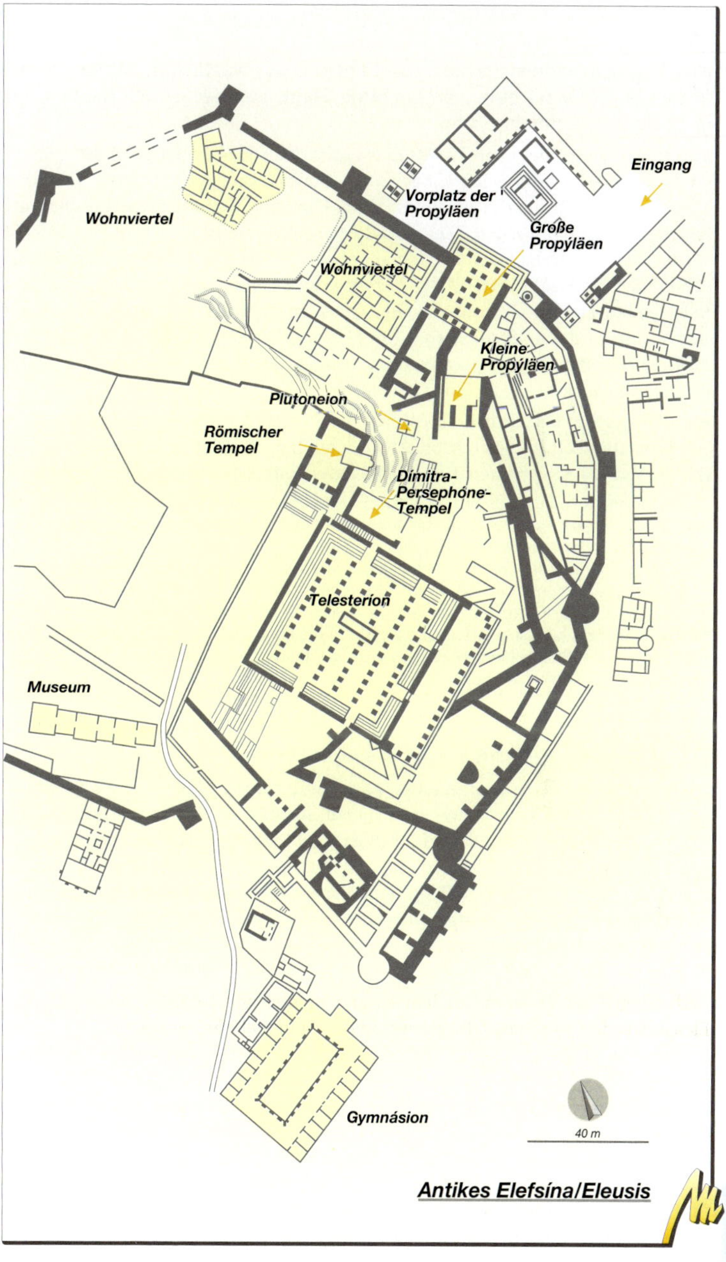

Antikes Elefsína/Eleusis

Mégara

Hier liegt das landwirtschaftliche Zentrum des westlichen Áttikas. In der Antike war Mégara eine sehr wichtige Stadt, von der jedoch heute kaum noch Überreste erhalten sind.

Mégara ist heute ein knapp 28.000 Einwohner zählendes Zentrum an der Schnellstraße Athen–Korinth. Seine Umgebung – Megarís genannt – ist eine fruchtbare Landwirtschaftsebene, in der Oliven, Wein, Obst und Gemüse angebaut und auch Nutztiere gehalten werden. Mégara erlebte seine erste Blütezeit im 7. und 8. Jh. v. Chr., später erfolgte der Niedergang während der Peloponnesischen Kriege. Sehenswert im Stadtinnern ist der *Brunnen des Theagénes*, der um 620 v. Chr. aus Kalksteinblöcken errichtet wurde, von denen noch einige Mauern erhalten sind. Vom Zentrum des antiken Mégara (im Gebiet der heutigen *Platía Vassiléos Konstantínou* am Bahnhof) ist dagegen fast nichts mehr übrig geblieben. Rund um die Platía befindet sich nun die Einkaufsmeile der Stadt.

Archäologisches Museum: G.-Menidiáti-Str. 22 (von der Autobahn ausgeschildert). Seit Frühjahr 2000 ist die archäologische Sammlung von Fundstücken aus der Umgebung von Mégara im alten, frisch renovierten Rathaus der Stadt untergebracht.

Im derzeit noch nicht zugänglichen **Innenhof** sollen größere Funde wie Statuenteile und Säulentrommeln aufgestellt werden. In der **Vorhalle** sind zwei Grabstelen ausgestellt, außerdem zwei Landkarten zu den Fundstellen rund um Mégara. Während in **Saal A** fast ausschließlich Weihereliefs zu sehen sind, zeigt **Saal B** Grabreliefs und Inschriften, größtenteils Namenslisten von Kunstmäzenen oder im Krieg gefallenen Soldaten. Zwei weitere Säle befinden sich im Obergeschoss. **Saal C** präsentiert Vitrinen mit Grabbeigaben, Statuetten sowie schwarz- und rotfigurige Vasen von der hellenistischen bis in die römische Epoche. In **Saal D** sind Funde aus einem Heiligtum bei Alepochóri zu sehen: Münzen, Gewichte, Lampen und Spiegel.

⌚ Ganzjährig Di–So 8.30–15 Uhr, Mo geschl. Eintritt 2 €, erm. 1 €. ✆ 22960-22426.

Edle Tropfen aus Áttika – das Weingut Évharis

Das Weingut Évharis liegt inmitten seiner Weinberge und in einer der schönsten und eindrucksvollsten Landschaften Áttikas. Es umfasst etwa 40 ha Grundbesitz im Gemeindegebiet Pefkeneas, 14 km nördlich von Mégara. Das Plateau mit Höhen zwischen 380 und 400 m Höhe ist ein Ausläufer des Geránia-Gebirges, das dem Wein seine Gebietsbezeichnung gibt. Nördlich und südlich wird es von sanften Bergrücken eingerahmt. Auf diesen Anhöhen wurde bereits in der Antike Weinbau betrieben. Nach einer Reblausplage im Jahre 1965 reduzierten sich die Anbauflächen erheblich, da die geringen Erträge nicht der neuen EG-Vorschrift von 10 t/ha entsprachen. Von der einstigen Qualität des Anbaugebietes zeugen nur noch die Ruinen von 2500 kleinen Kelterhäusern, *Patitíri* genannt, die in dieser Dichte einmalig in Griechenland sind.

Vor 5 ½ Millionen Jahren gab es hier ein riesiges Süßwasserbecken, umgeben von Vulkanen. So entstanden die kalk- und sandhaltigen Böden der Region. Hinzu kommt eine stetige leichte Brise, die ein besonderes Mikroklima erzeugt. Die gepflegten Weinberge, in denen ein „naturnaher" Anbau betrieben wird, sind mit edlen einheimischen und ausländischen Rebsorten bepflanzt. Bei den Weißweinen liegt der Schwerpunkt auf den griechischen Klassikern, dem *Asýrtiko, Athíri* und *Rhodítis*. Für den Cuvée werden auch etwas Chardonnay und Sauvignon blanc angebaut. Die Rotweine basieren auf der *Agiorgítiko*-Traube von Neméa und den französischen Rebsorten Syrah, Merlot, Cabernet Sauvignon und ein wenig Grenache. Das Weingut erzeugt vor allem zwei eigene Produktlinien unter den Namen „*Ktíma Évharis*“ und „*Évharis Estate*“, mit denen es bereits internationale Qualitätspreise gewonnen hat. Vor einigen Jahren wurde die leichte Tafelweinlinie „*Ilarós*“ lanciert, die sowohl einen Rot- als auch einen Weißwein umfasst.

Das Weingut *Évharis* wurde 1986 von der Architektin und Regionalplanerin Eva- Maria Böhme, die aus einem Weinbaugebiet in Deutschland stammt, und Harry Antoníou, einem bekannten Unternehmer der griechischen Touristikbranche, gegründet. Gelegentlich führen sie die Gäste persönlich durch die Anlage. Das Weingut besitzt eine moderne Kellerei. Einige der besonders hochwertigen Weine reifen in französischen Barrique-Fässern. Der Kellerei ist ein großer multifunktionaler Raum für 250–300 Personen angeschlossen. Wenn er nicht zur Traubenanlieferung dient, kann er für Weinseminare oder -verkostungen, Meetings oder einfach zum Feiern gemietet werden. Für Taufen oder Hochzeiten steht die kleine Kirche des Weinguts zur Verfügung. Als kulturelles Programm lassen sich zudem in der Halle einige Exponate moderner griechischer Kunst der letzten 30 Jahre aus der Privatsammlung der Eigentümer besichtigen. Vor einigen Jahren wurde auch eine bekannte griechische Fernsehserie teils im Weingut gedreht.

Als Hommage an die Tradition des Weinbaugebietes gibt es zwei öffentliche Festtage im Weingut: am 1. Mai den Tag der „Glückskränze“ und am ersten Wochenende im September ein Fest zur Weinlese. Jeder ist hier willkommen. Zu griechischer Volksmusik wird getanzt und getrunken und dem Weingott Diónysos gehuldigt. Auch eine Volkstanzgruppe in ihren prächtigen Kostümen ist dabei. Wer tiefer in die traditionelle Weinproduktion eintauchen will, kann Trauben mit den Füßen austreten helfen und darf den gewonnenen Most mitnehmen.

⌚ Mo–Fr 9–17 Uhr, Sa 9–14 Uhr, So nach telefonischer Anmeldung. Man spricht griechisch, deutsch, englisch und französisch. ✆ 22960-90346 (Weingut), ✆ 210-924 6930 (Büro Athen), www.evharis.gr.

• *Anfahrt* Man verlässt die Autobahn Athen–Korinth bei Mégara und folgt der Straße nach Alepochóri zum Kólpos Alkionídes. Etwa auf halber Strecke biegt man links ab in das Gebiet von Pefkeneas und folgt den Hinweisschildern zum Weingut (ca. 54 km ab Athen).

Kinéta: Keine besonders interessante Stadt, aber beliebter Küstenstreifen für Badeausflüge von Athen aus. Hier finden sich die beiden einzigen Campingplätze zwischen Athen und dem Peloponnes.

Camping Glaros, Kineta, Zufahrt von der Landstraße Athen–Korinth, an der Küste. Größeres, etwas abschüssiges Gelände von insgesamt ca. 15. 000 m² Sand- und Schotterboden. Schattige Stellplätze durch viele große Kiefern. Waschhäuser schon älter, aber sauber. Rund um die Uhr warmes Wasser. Tischtennisplatte, kleiner Supermarkt und Bar auf dem Platz vorhanden. Mai–Sept. geöffnet, viele griechische Dauercamper. Preise je nach Saison pro Tag: Person 6 €, Zelt 4–5 €, Auto 3,50 €, Motorrad 2,50 €, Wohnwagen 5 € und Wohnmobil 7 €. ✆ 22960-62805, ✆ 210-62005, www.camping-glaros.gr.

Kineta Coast 1, Kinéta, Zufahrt von der Landstraße Athen–Korinth, an der Küste. Zum Strand hin abschüssiges Gelände mit Sand- und Grasuntergrund. Kiefern spenden Schatten auf den Stellplätzen. Waschhäuser sauber, Waschmaschinen vorhanden. Gemeinschaftsküche, außerdem Mini-Markt, Restaurant und Bar auf dem Platz. Ganzjährig geöffnet, ebenfalls viele griechische Dauercamper. Preise je nach Saison pro Tag: Person 6 €, Zelt ab 4 €, Leihzelt 5 €, Auto 3,50 €, Motorrad 3 €, Wohnwagen 5 € und Wohnmobil 7 €. ✆ 22960-62570.

Óros Gerània: Auf das 1369 m hohe Grenzgebirge zur Peloponnes-Region führt von Mégara aus eine zunächst asphaltierte, später geschotterte Straße hinauf.

Kólpos Alkionídes

Das westliche Áttika hat einen Zugang zum Kólpos Alkionídes, der östlichen Bucht des Korinthischen Golfs. Dort liegen mehrere hübsche Küstenorte und einfache Strandsiedlungen. In der Nebensaison ist das gesamte Gebiet ausgesprochen ruhig, lediglich an den Wochenenden strömen Athener oder die Bewohner der Küstenstädte zwischen Elefsína und Kinéta hierher. Es gibt zahlreiche Tavernen, die Übernachtungsmöglichkeiten sind nicht so üppig. Größter und interessantester Ort mit einer wichtigen archäologischen Stätte ist Pórto Germenó.

Pórto Germenó/Aigóstena

Pórto Germenó ist ein romantischer und außerhalb der Saison sehr ruhig gebliebener Hafen- und Badeort. Sehenswert ist das Kástro Aigóstena, die hervorragend erhaltenen Ruinen einer megarischen Küstenfestung.

An der Küste einer romantischen Bucht liegt der kleine Hafenort Pórto Germenó. Nach dem Willen der Stadtverwaltung nennt er sich nun wieder *Aigóstena*, wie schon in antiker Zeit. Rechts und links der Bucht steigen die Abhänge der Gebirgszüge des Óros Patéras (1132 m, im Süden) und des Óros Kitherónas (1409 m, im Norden) mehr oder minder steil an. Der Sage nach ist Herkules in diesem Ort aufgewachsen, und Ödipus wurde als Kind hier ausgesetzt. Der Hafen des Städtchens liegt im Nordteil der Bucht. Gut ein halbes Dutzend Fischtavernen – fast alle im gleichen Stil – gruppieren sich rund um die *Paralía*. Im Zentrum gibt es zudem einige Cafés und Supermärkte. Unbestrittenes Highlight des Ortes ist das frei zugängliche Kástro Aigóstena.

• *Übernachten* ** **Hotel Egosthenion**, Pórto Germenó, im oberen Ortsbereich (ausgeschildert), vermietet werden 80 Zimmer mit weiß gekachelten Bädern, hellem Mobiliar, Balkonen mit schönem Meeres- oder Bergblick sowie Klimaanlage. Ausstattung teils schon älter, aber gut gepflegt. Restaurant, Cafeteria und Bar im Haus. Für sportlich Aktive existieren ein Tennis-, ein Basketball- und ein Volleyballfeld. Außerdem gibt es einen großen Pool, und durch das 32.000 m² große Grundstück mit vielen Pinien und

Bucht von Pórto Germenó

Olivenbäumen führt eine Jogging- Strecke. Entfernung zum Meer 500 m. DZ ca. 60–65 € inkl. Frühstück. ✆ 22630-41226-7, 📠 22630-41631, gttours@otenet.gr.

Studios Eleni, Pórto Germenó, an der Paralía, Eléni vermietet vier schöne und saubere Studios mit kleiner Küche und hellen Holzmöbeln. Ausstattung mit Klimaanlage und Ventilator. Einfache, aber saubere Bäder. Wunderschöne Balkone mit herrlichem Blick aufs Meer. DZ ab 45 €. ✆ 22630-41084.

• *Essen* **Psaropoúla**, im Ortszentrum an der Paralía. Überdachte Terrasse mit herrlichem Blick auf die Bucht. Die alteingesessene Familie Katsanéa bietet freundlichen Service und eine breite Auswahl an Fischgerichten, auch Oktopus und Kalamari.

Marabou, an der Paralía im Südteil der Bucht. Plätze auf einer mit Zeltplane überdachten Terrasse am Meer. Geschmackvoll gestaltet und schöner Blick aufs Wasser. Zahlreiche Fischspezialitäten, je nach Tagesfang. Gehobene Preise.

Stélios, im Ortszentrum an der Paralía. Beliebtestes Lokal für das schnelle Essen: Gýros, Souvláki, Kontosoúvli, Kokorétsi, Saganáki sowie verschiedene Pizzen und Nudelgerichte. Abends immer gut besucht.

Steps Club, an der Paralía im Südteil der Bucht. Lustig und bunt aufgemachter Open-Air-Club, tagsüber Café. Tische auf mehreren Ebenen direkt am Meer. Pop-Musik beschallt bis spät in die Nacht die ganze Bucht. Internetzugang vorhanden.

Kástro Aigóstena: Die noch heute hervorragend erhaltenen Ruinen der megarischen Küstenfestung stammen aus dem 4. Jh. v. Chr. und liegen auf einer kleinen Anhöhe nicht weit von der Küste mitten im Ort. Das gut 600 x 200 m große Kástro Aigóstena zählt zu den am besten erhaltenen Wehrburgen in ganz Griechenland. Eindrucksvoll ist vor allem die zum Landesinnern ausgerichtete östliche Mauer mit vier Wehrtürmen. Von diesen Türmen ist wiederum der südlichste im besten Zustand: Er ist bis zu 15 m hoch und geht auf das 4. Jh. v. Chr. zurück. Im 6. Jh. wurde im Innern des Burgareals eine große frühchristliche Kirche mit fünf Schiffen erbaut, von der noch Spuren in einem später auf ihren Fundamenten errichteten byzantinischen Kirchenbau aus dem 12. Jh. erhalten sind. Früher befand sich im Kástro auch ein alter Leuchtturm, der den Schiffen ihren Weg nach Délphi wies.

Mauer der Ruinen von Aigóstena

Das Kastell ist jederzeit frei zugänglich und von der Hafenpromenade aus in 15 Min. zu Fuß zu erreichen.

Psátha: Man kann Psátha eigentlich kaum als Ort bezeichnen, es handelt sich eher um einen lang gezogenen, schattenlosen Kiesstreifen, nicht sehr breit, aber sauber. Griechen aus Mégara kommen über Mittag oder an den Wochenenden gerne hierher, um zu essen und zu baden. Keine Übernachtungsmöglichkeiten.

• *Essen* **To Limanáki**, am Nordende der Bucht. Herrlich ruhige Lage mit bestem Blick aufs Meer. Chef Evangélios serviert auf einer überdachten Terrasse am Strand. Gute Gerichte aus der Grillküche mit Schwerpunkt auf Fisch, Kalamari und Oktopus, außerdem gute Auswahl an Vorspeisen.

Thanásis, im Zentrum der Bucht, etwas nach hinten versetzt. Sitzplätze unter einem Zeltdach, 50 m vom Strand entfernt. Nicht nur eine Fisch-Taverne, wer lediglich einen Kaffee trinken oder Mezés essen will, ist auch gerne gesehen. Preise im Rahmen.

Alepochóri: Es handelt sich um eine größere Strandsiedlung mit einem knappen Dutzend Tavernen. Rechts und links vom Zentrum liegen Kies- und Sandstrände. Hübsch ist auch der kleine Fischerboothafen mit Leuchtturm. Im Ort gibt es außerdem eine Apotheke und einen Supermarkt für den täglichen Touristenbedarf.

• *Übernachten* **Camping Poseidon**, zwischen Alepochóri und Aigiroúses, größeres, gepflegtes, aber leicht abfallendes Gelände mit Gras- und Sandboden etwa 100 m oberhalb des Strandes. Schattige Stellplätze durch viele große Kiefern, Maulbeerbäume, Pappeln und Platanen. Waschhäuser sauber. Rund um die Uhr warmes Wasser, Waschmaschinen vorhanden. Auf dem Platz befindet sich ein kleines Restaurant, in dem es gehobenes Fastfood gibt. Juni–Okt. geöffnet, viele griechische Dauercamper. Preise je nach Saison pro Tag: Person 6 €, Zelt 4–5 €, Auto 5 €, Motorrad 3 €, Wohnwagen 5 € und Wohnmobil 7 €. ✆ 22960-51489, ✆ 210-9330154.

• *Essen* **Paralía**, Psarotavérna am kleinen Hafen. Kykladenblaues Ambiente unterm Sonnendach, einfach und schlicht, die Tische stehen teilweise sogar im Sand des Strands. Freundliche Atmosphäre, gute und reichliche Portionen, Preise im Rahmen.

Kalánisa, zentrale Lage, Ecke Hafen/Straßenabzweigung nach Mégara. Sitzplätze unterm Sonnendach und am Hafenkai. Größte und beliebteste Tavérna im Ort. Mittags gibt es meist Kleinigkeiten, abends sind Hauptgerichte gefragt. Guter offener Weißwein, griechische Musik.

Landesinneres

Zu den sehenswerten Stätten im Landesinnern des nordwestlichen Áttikas gelangt man am einfachsten auf der von Elefsína nach Thíva (Theben) über zahlreiche Hügel und Passhöhen führenden Landstraße E 962. Die Abzweigung ist von der Küstenautobahn und auch von der neuen *Attikí Odós* ausgeschildert.

Óros Patéras: Der 1132 m hohe und zerklüftete Gebirgszug des Patéras liegt zwischen der Landstraße E 962 und dem Alkionidischen Golf. An seiner Südostflanke befindet sich das Kloster Agía Triáda, ansonsten ist der Berg nur für erfahrene Wanderer interessant, die Einsamkeit schätzen.

Inói: Vom antiken attischen Grenzdorf *Oinóe* sind nur noch geringe Überreste vorhanden. Zu sehen sind ein Ruinenfeld mit Fundamenten und Teile eines Wachturms aus spätantiker Zeit.

• *Anfahrt* Die Ruinen sind von der Landstraße aus beschildert. Man verlässt die E 962 nach Osten und sieht nach einer scharfen Rechtskurve nach ca. 2,5 km links einige Mauerfundamente. Das Gelände ist frei zugänglich.

Elevtheraí: Die eindrucksvollen Überreste der antiken Stadt *Eleutherai* befinden sich auf einem Felsen hoch über der heutigen Landstraße. Bereits aus archaischer Zeit stammen die ältesten Teile der Festung. In klassischer Zeit, ca. 421 v. Chr., haben die Spartaner diese Anlage zerstört. Zur Kontrolle der Grenze zu Böotien hat Athen Elevtheraí im 4. Jh. v. Chr. dann zu einer Festungsstadt ausgebaut, in der auch dem Diónysos-Kult gehuldigt wurde. Heute sind acht Wehrtürme und fast 4 m hohe Festungsmauern der Nordbastion aus regelmäßig geformten großen Quadern gut erhalten. Die Festung verfügte einst über zwei große Pforten und nahm mit einer Fläche von etwa 300 x 100 m fast die gesamte Hügelkuppe ein. Im Südosten des Geländes wurden zwei frühchristliche Basiliken freigelegt, die ins 5. und 6. Jh. datieren.

• *Anfahrt* Die Ruinen sind von der Landstraße aus schon von Weitem auf einem Grat im Osten zu sehen und zudem gut beschildert. Ein kleiner Parkplatz (mit Bar und Taverne) befindet sich auf der gegenüberliegenden Straßenseite. Mit einem Zweirad oder Jeep kann man noch etwa 200 m weiter die steile Straße hinauffahren und dann auf einer kleinen Lichtung parken. Von dort ist das Ruinenfeld in einem fünfminütigen Aufstieg an einem Ziegenpferch vorbei problemlos zu erreichen, vom Parkplatz an der Straße in etwa 15 Min. Das Gelände ist frei zugänglich.

Erithrés: Von der antiken Grenzstadt zu Böotien ist praktisch nichts mehr erhalten. Bedeutend ist die 5 km westlich (heute auf böotischen Gebiet) liegende Stadt **Plataiaí** (von Erithrés aus beschildert). Hier fand 479 v. Chr. die entscheidende Schlacht zwischen Griechen und Persern statt. Nach dem griechischen Sieg kam es lange Zeit zu keinen weiteren Persereinfällen im europäischen Kernland. Die Ruinen liegen heute auf einem weit verstreuten Feld links der Straße Richtung Thíva.

Heraion: Der dorische Kleintempel der Hera befindet sich nordwestlich der inneren Stadtbefestigung. Er wurde 426 v. Chr. von den Thebanern errichtet und beherbergte die Statue der Hera (ein Werk von Praxiteles).

Das **Katagogion** im Nordosten des Heraions diente als Herberge für Besucher. Es war rechteckig angelegt mit zahlreichen Zimmern auf zwei Stockwerken und einem Hof in der Mitte. In römischer Zeit wurde es als *Agora* verwendet. Nur noch ein Eckstück und eine Längsseite des Gebäudes sind erhalten geblieben.

Altar des Zeus Eleutherios: Rechteckiger Anbau an den Altar nach dem griechischen Sieg von Plataea. Damit wurde Zeus Eleutherios für sein Geschenk der Freiheit verehrt.

Das **Polyandrion** nahe dem Altar war ein Massengrab für die Opfer in der Schlacht gegen die Perser. Einige hundert menschliche Überreste ohne Grabbeigaben wurden hier entdeckt.

Im Hafen von Salamína/Stadt

Insel Salamís (Salamína)

Die größte Insel des Saronischen Golfs, unmittelbar vor der Bucht von Elefsína, war der Schauplatz einer wichtigen antiken Schlacht zwischen Griechen und Persern.

Rund um die Hauptstadt und entlang der Ostküste gleicht die Insel Salamína der gegenüberliegenden Küste: Industrieansiedlungen bestimmen das Bild. Aber die Insel mit ihren heute knapp 39.000 Einwohnern hat in der Südhälfte auch einige kleine Badebuchten zu bieten. Schöne Natur, bedeutende archäologische Stätten, wichtige Museen oder auffallend gute Tavernen besitzt Salamína allerdings nicht. Insofern lohnt der Besuch der Insel nur bedingt. Allenfalls das besondere Inselfeeling und der Schauplatz der berühmten Seeschlacht von Salamís lassen eine Überfahrt in Erwägung ziehen. Unter Themistoklés Führung wurde im Jahre 480 v. Chr. mit Hilfe einer geschickten Taktik die zahlenmäßig weitaus stärkere persische Streitmacht des Xerxes geschlagen. Salamís selbst gehörte nach längeren Auseinandersetzungen mit Mégara seit 612 v. Chr. endgültig zum athenischen Herrschaftsgebiet.

• *Verbindungen* Ab der Platía Eleftherías Koumundoúru (Nähe Platía Omónia) vom Athener Stadtzentrum mit Bus Nr. 841 oder 842 zur Schiffsanlegestelle nach Pérama, dann mit den Autofähren von Pérama (ca. 7 km westlich von Piräus) nach Paloúkia (Ostküste von Salamís), alle 15 Min. Außerdem Fährverbindungen von Néa Péramos (ca. 10 km westlich von Elefsína) nach Pérama (Westküste von Salamís) etwa alle 40 Min. von 5 Uhr morgens bis 1 Uhr nachts. Preise: pro Person ca. 0,50 €, Auto ca. 3 €, Wohnmobil ca. 5 €.

Salamína/Stadt

Mit etwa 37.500 Einwohnern lebt fast die gesamte Inselbevölkerung in der gleichnamigen Hauptstadt Salamína. Sie liegt im Westen des nur etwa 4 km breiten Isthmós in der Inselmitte. Ihr Hafengebiet ist relativ groß und umfasst zahlreiche Kais. Dahinter befinden sich Parkplätze sowie eine breite Küstenstraße (*Aktí Karaiskáki*) mit zahlreichen Tavernen. Erwähnenswert ist die Kirche *Ágios Dimítrios*, in der das Grab von *Geórgios Karaiskákis* (1782–1827), Held aus den Befreiungskriegen von 1821, zu besichtigen ist. In der Kirche *Panagía tou Katharoú* sind Fresken und Ikonen aus dem 17. Jh. zu bewundern.

• *Essen* **Eválio**, Aktí Karaiskáki 12. Ouzerí an der Paralía. Ein paar runde Metalltische vor dem Haus und Plätze unterm Zeltdach. Es gibt einfache Gerichte, aber auch wer nur einen Kaffee trinken will, ist willkommen.

To Stéki tou Thanásis, Aktí Karaiskáki 32. Trotz moderner Tische und Stühle die urigste Ouzerí an der Paralía. Direkt gegenüber liegt die Anlegestelle für die Kaíkia der Fischer. Nach der Rückkehr von der harten Arbeit auf dem Meer gehen sie hier einen Kaffee trinken. Oktopusse hängen auf der Leine zum Trocknen. Guter Service.

Pyrofáni, Aktí Karaiskáki 16. Weitere Ouzerí an der Paralía. Schattige Plätze unterm Sonnendach, ab mittags bis spät in die Nacht geöffnet. Geboten wird ein breites Angebot an Mezé-Gerichten.

Archäologisches Museum: am Strand von Ágios Nikólaos. Das kleine Museum besteht aus nur einem Raum und zeigt einige Stücke, die auf der Insel gefunden wurden. Die Grabreliefs aus dem 4. Jh. v. Chr. stammen überwiegend aus der Umgebung des antiken Hafens bei Ambelákia. Darüber hinaus sind Vasen aus mykenischer Zeit sowie Schalen und Becher aus geometrischer Epoche zu sehen.

• *Anfahrt* Man folgt der Paralía (Aktí Karaiskáki) westwärts und gelangt nach Ágios Nikólaos. Direkt am Ortseingang teilt sich die Straße an der gleichnamigen Kirche. Das Museum befindet sich in einem wenig ansehnlichen Betonklotz direkt hinter der Kirche.

🕐 Di–So 8.30–19 Uhr (1.11.–31.03. nur 8.30–15 Uhr). Eintritt 3 €, erm. 2 € (unter 19 J. und EU-Studenten frei). ✆ 28410-24943.

Museum für Volkskunst der Stadt Salamís: Konstantínos-Karamanlí-Str. 1. Das Museum umfasst einen großen Raum im Rathaus der Stadt. Ausgestellt sind vor allem Haushaltsgeräte, Möbel, Keramik, Glaskunst und Metallgegenstände aus verschiedenen Epochen. Hinzu kommen Webstühle und diverse Arbeitsgeräte der Bauern. Wie in allen Volkskundemuseen werden auch hier zahlreiche lokale Trachten von Männern und Frauen präsentiert. Die Sammlung wird abgerundet durch Gemälde, Fotografien, Dokumente, Schiffsmodelle, Waffen, Ikonen und andere sakrale Gegenstände.

Mo–Fr 8–15 Uhr, Sa/So geschl. Eintritt frei.

Antikes Salamís: Die antike Stadt der Insel befand sich auf der dem heutigen Hauptort gegenüberliegenden Seite des Isthmós. Überlieferungen und Ruinenfunde deuten darauf hin, dass Salamís zwischen dem Hafen Paloúkia, Ambelákia und Kamateró lag. Gefunden wurden nur spärliche Überreste der Akrópolis, antiker Terrassen und eines Athená-Tempels.

Auch vom **antiken Hafen** in der Ambeláki-Bucht ist praktisch nichts mehr erhalten. In einem umzäunten Gelände findet man ein paar Steinfragmente, drum herum eine hässliche Industrieumgebung mit verrotteten Bauten, Müllplätzen und jeder Menge Abfall. Ein Besuch lohnt wirklich nur bei besonderem Interesse (ab Ambelákia beschildert).

Moní Kímissis Theotókou Faneroméni („die Erschienene"): an der Nordwestküste der Insel, gegenüber der Stadt Néa Péramos auf dem Festland. Das wichtigste Inselkloster wurde 1661 vom Hl. Laurentios gegründet. Seine Kirche ist ein Kreuzkuppelbau mit Fresken, die um 1740 entstanden sind. In der Umgebung sind einige antike Mauerreste zu sehen, die aus der Zeit der Peloponnesische Kriege stammen. Jedes Jahr am 23. August wird hier ein großes Fest zur Verehrung der Madonna gefeiert.

Inselsüden: Gute Badestrände befinden sich an der Südwestküste bei dem Ort Aeánthio, an der Südküste bei Peristeriá und im Osten in den Buchten Peránis und Kakí Vígla. Liebhaber byzantinischer Kirchen kommen in Aeánthio in den Kirchen *Kímissis tis Theotókou* (an der Platía) und *Metamórphosis* auf ihre Kosten. Beides sind Kreuzkuppelbauten aus dem 12. und 13. Jh. Ansonsten ist noch das *Moní Agíou Nikólaou Lemonión* (an der Straße nach Kanákia) aus dem 17. Jh. mit Spolien aus dem 12. Jh. erwähnenswert.

An der Hafenpromenade von Salamína/Stadt

Süßwasserreservoir und Staudamm von Marathónas

Nördliches Áttika und das Párnitha-Gebirgsmassiv

Neben dem höchsten Berg Áttikas sind es vor allem drei wichtige antike Stätten, die den Norden der Region ausmachen: Marathon, Ramnoús und das Amfiárion.

Marathónas wurde durch die siegreiche Schlacht der Athener gegen die Perser im Jahre 490 v. Chr. weltberühmt. Der 1896 eingeführte olympische Lauf über die Marathondistanz von etwa 42 km erinnert an das erste Zurückschlagen nach Europa eindringender asiatischer Eroberer. Dieser historische Sieg der Athener war für die Entwicklung der griechischen und damit der frühen europäischen Kultur von immenser Bedeutung. Die 10 km lange und etwa 3 km breite Ebene bei Marathónas wird landeinwärts von den Ausläufern des Pentelikóns begrenzt. An der Nordküste liegt die antike Festungsstadt *Ramnoús* mit einem einzigartigen Heiligtum der *Némesis*. Es war die Aufgabe der Stadt, die Küste und den Schiffsverkehr im Golf von Euböa zu kontrollieren. Einige Kilometer weiter westlich befinden sich die Ruinen des Orakel- und Heilzentrums *Amfiárion*, das nach dem Halbgott Amfiaráos benannt wurde. Die gesamte Küste von Marathónas bis Skála Oropoú ist außerdem wegen ihrer teils hervorragenden Sandstrände ein beliebtes Badegebiet. Touristisch gut erschlossen sind jedoch nur die Küstenabschnitte zwischen Marathónas und Schiniás sowie rund um Skála Oropoú.

Volkskundemuseum Achanés: Achanés, Platía Achanés, gegenüber der Kirche Ágios Vlássios. Das im ersten Obergeschoss des ehemaligen Rathauses von Achanés untergebrachte Museum wurde 1977 vom örtlichen Bergwanderverein gegründet. Auf 80 m^2 werden Möbel, bäuerliche Haushalts- und Arbeitsgeräte, Gold- und Silberschmuck,

Säbel, Pistolen und Waffen von den Türkenkriegen bis zum Zweiten Weltkrieg sowie Werke lokaler Künstler präsentiert. Natürlich fehlt auch nicht eine große Sammlung lokaler Volkstrachten aus ganz Áttika. Außerdem besitzt das Museum eine etwa 400 Exponate umfassende Münzsammlung, ein Foto- und Zeitungsarchiv sowie zahlreiche alte private und behördliche Schriftstücke. Im Erdgeschoss des Gebäudes kann man verschiedene Grabstelen und -säulen aus klassischer und römischer Zeit sowie Grabgefäße von der geometrischen bis zur römischen Periode besichtigen.

Mo, Mi 18–20 Uhr, So 11–13 Uhr, Di, Do–Sa geschl., Juli und August geschl. Eintritt frei.

Párnitha-Gebirgsmassiv

Mit 1413 m ist der Óros Párnitha der höchste Berg Áttikas. Mit dem Auto kann man bis zum Gipfel hinauffahren.

Das zerklüftete Gebirgsmassiv des *Párnes* – wie der Berg auch genannt wird – ist heute als Nationalpark, Luftkurort und Naturschutzgebiet ausgewiesen. Allerdings darf dort Skisport betrieben werden und es gibt zwei Hotels im oberen Gebirgsteil, eines davon ein Luxushotel mit Spielkasino. Seit 2004 gibt es eine (neue) Umlaufgondelbahn einer bekannten österreichischen Firma mit 1,5 km Länge hinauf zum Gipfel. Vom Athener Vorort Achanés führt auch eine durchgängig asphaltierte Straße hinauf. Selbstverständlich bietet sich ein hervorragender Rundblick über Áttika, Böotien (*Viotía*), den Saronischen und den Südeuböischen Golf. Hoch oben im Párnitha-Massiv wurden frühantike Keramiken und Reste einer Opferstätte gefunden. Im Westen liegt auf etwa 700 m Meereshöhe eine Höhle. Der Párnitha ist jedoch nicht zu verwechseln mit dem mythologischen Parnassós (*Parnass*) in Mittelgriechenland.

Verbindungen Stadtbus Nr. 714 fährt ab der Acharnon-Straße bis zum Gipfel. Ticket 1 €.

Kástro Fylí: Das heutige Dorf Fylí befindet sich an der antiken Straße von Athen nach Theben (*Thíva*) am Südhang des Párnitha. Erhalten sind die Ruinen des alten Grenzkastells *Phylé*, welches zur Absicherung der antiken Straße errichtet wurde. Das Gelände in 650 m Höhe mit Superblick auf die Ebene der Stadt Athen ist über eine Straße (nur teilweise ausgeschildert) und anschließenden 20 Min. Fußweg oder über einen Wanderweg vom Dorf Fylí in 1,5 Std. zu erreichen. Zu sehen gibt es zunächst die Festungsmauern aus dem 4. Jh. v. Chr., die in sehr gutem Zustand sind. Vom Eingang im Osten gelangt man ins Innere der fünfeckigen Bastion, die bis zu 2,50 m dicke Mauern besitzt. Neben den Ringmauern sind fünf Türme und zwei Burgtore erhalten.

• *Anfahrt* Die Ausgrabung ist mangels guter Ausschilderung schwer zu finden. Man fährt über die Leofóros Fylís stets geradeaus durch den Ort hindurch. Etwa 1 km hinter Fylí teilt sich die Straße: hier links halten. Nach gut 5 km auf asphaltierter Straße findet sich ein kleiner blauer Wegweiser nach links. Hier parken und etwa 700 m über den Schotterweg weiter zu Fuß.

Moní Panagía Klistón: 3 km nördlich von Fylí. Das der Kímissi Theotókou geweihte Kloster aus dem 14. Jh. liegt am Rande einer romantischen Schlucht an einem südwestlichen Ausläufer des Párnitha-Berges. In der Kreuzkuppelkirche kann man herrliche Fresken aus dem 18. Jh. bewundern. Interessant ist zudem der Brunnen im Klosterhof mit einer Inschrift von 1677.

Dekéleia

Die Überreste der alten Festung werden heute Paleókastro genannt. Sie stammen von den Spartanern, die hier in der zweiten Phase der peloponnesischen Kriege einen Stützpunkt einrichteten.

Heute wird das Areal um das antike Dekéleia *Tatoíou* genannt. König Geórgios I. (1863–1913) errichtete hier Ende des 19. Jh. die Sommerresidenz der königlichen Familie. Das unzugängliche *Schloss* liegt sehr hübsch und etwas zurückgezogen von der Tatói-Straße im Wald. Am Rand des Geländes ließ sich Geórgios I. ein Mausoleum errichten. Auch seine Söhne, die Könige Aléxandros (1917–1920) und Geórgios II. (1922–24) wurden hier begraben. Später kam die letzte Ruhestätte von König Pávlos (1947–1964) hinzu.

Marathon (Marathónas)

Dieses kleine Landstädtchen, in einer lieblichen Ebene gelegen, wurde durch die siegreiche Schlacht der Athener gegen die persischen Barbaren 490 v. Chr. berühmt. Im Jahr 2003 wurde das Startareal des alljährlich stattfindenden Marathonlaufs nach Athen aufwändig umgebaut und kam anlässlich der Olympischen Spiele 2004 zu neuen Ehren.

Im Jahre 490 v. Chr. kam es auf dem *Schlachtfeld in der Ebene von Marathónas* zur ersten kriegerischen Auseinandersetzung zwischen den Athenern und den asiatischen Persern. Unter seinem Feldherren Miltiádes siegte Athen mit nur geringen Verlusten, während die Perser hier fast 6500 Soldaten verloren. Angesichts des überraschenden Erfolgs rannte der athenische Soldat Phidippídis in voller Kriegsrüstung die 42,195 km nach Athen, um die frohe Botschaft *„Nenikíkamen"* (Wir haben gesiegt!) zu überbringen. Dort angekommen, konnte er gerade noch vom Sieg des Athener Heers berichten, bevor er vor Erschöpfung starb. In Erinnerung an das Ereignis von 490 v. Chr. wird seit den ersten Olympischen Spielen der Neuzeit von 1896 (in Athen) der Marathonlauf als Disziplin ausgetragen.

Das antike Schlachtfeld lag zwischen den heutigen Siedlungen Marathónas und Néa Mákri, wobei sich das Heerlager der Athener wohl in der Nähe des heutigen

Provinziell und gemütlich: Spaziergang durch den modernen Ort Marathónas

Museums am Fuße des Pentelikóns befand, während die Perser näher zur Küste campierten. Damals trafen etwa 25.000 persische Soldaten auf rund 10.000 Griechen, welche die in Richtung Athen liegende Passhöhe des Pentelikón verteidigten. Der geschickten Taktik des Miltiádes wird der griechische Sieg über ein zahlenmäßig weit überlegenes persisches Heer zugeschrieben. Derzeit sind praktisch nur das Museum, der Grabhügel der Platäer und das Grab der Athener zu besichtigen (Stand: Frühjahr 2009). Alle anderen Stätten sind unzugänglich oder – mangels Beschilderung – ohne ortskundigen Führer nicht aufzufinden.

Marmortafel am Grabhügel der Athener

Die Gegend um Marathónas war allerdings schon in vorhistorischer und mykenischer Zeit besiedelt, wie Fundstücke beweisen. Östlich der Stadt gibt es zudem einen lang gezogenen Sand- und Kiesstreifen mit einem durchaus passablen Badestrand. Das gesamte flache und dicht bewaldete Küstengebiet – hier haben viele Athener ihre Ferien- und Wochenendhäuser – ist mit Dutzenden kleiner Sträßchen durchzogen, in denen man schnell die Orientierung verlieren kann. Am Strand liegen zahlreiche Fischtavernen fast unmittelbar nebeneinander.

• *Verbindungen* Die **Linienbusse** nach Marathónas fahren ab Athen etwa stündlich zwischen 5.30 und 22.30 Uhr (von 9–13 Uhr auch halbstündlich), ab Ecke Platía Egýptou/Mavromatéon-Str. 18 vor dem Áreos-Park (wenige hundert Meter östlich der Metrostation Platía Victória). Die Fahrt kostet 2,90 € (Tickets im Bus).

• *Übernachten* ** **Hotel Marathon**, Marathónas, Ágios Panteleímonas 25, etwa 1 km östlich des Athener Grabs, vermietet werden 24 Zimmer mit Balkon, Telefon, TV und Heizung, die meisten auch mit eigenem Bad. Ausstattung nicht mehr ganz taufrisch. Frühstückszimmer im EG mit Gartenzugang. EZ 30–40 €, DZ 45–55 €. ✆/℻ 22 940-55122.

Marathon, ausgesprochen hübsche und ruhige Lage direkt am Meer. Ebenes Gelände mit Kiesuntergrund, geringe Grasnarbe. Schattige Stellplätze unter vielen großen Bäumen. Waschhäuser o.k., nicht mehr neu, aber gepflegt. Rund um die Uhr warmes Wasser. Juni–Okt. geöffnet, viele griechische Dauercamper. Preise je nach Saison pro Tag: Person 6 €, Zelt 4–5 €, Auto 5 €, Motorrad 3 €, Wohnwagen 5 € und Wohnmobil 7 €. ✆ 22940-55577.

• *Essen* **Agnanti**, am Meer, etwa 1,2 km südöstlich des Athener Grabs. In der Taverne des Campingplatzes gibt es im Sommer gute Fisch- und Fleischgerichte. Open-Air-Gelände in frischem Kykladenblau. Preise im Rahmen.

Sämtliche archäologischen Stätten rund um Marathon wurden zum Olympiajahr 2004 renoviert und für Besucher hergerichtet. Schon 2003 wurde insbesondere um die beiden Grabhügel ein leicht begehbarer Zugang angelegt. Das Archäologische Museum soll ebenfalls neu gestaltet werden und ein Besucherzentrum mit Café und Museumsshop erhalten.

Spiridon Louis

Ein einfacher Schafhirte machte am 6. April 1896 die griechische Öffentlichkeit verrückt, als er, für alle überraschend, als erster Marathonsieger der Neuzeit in das ovale Rund des Panathenäischen Stadions einlief. Den 1873 im Dorf Maroússi geborenen Hirten hatte keiner auf dem Plan. Nur eine Gruppe von 17 Läufern, die einen Tag vor ihrem Start feierlich mit Kutschen nach Marathónas entsendet wurden, machte sich (nach einem gemeinsamen Gottesdienst) auf die strapazenreiche Distanz von 42,4 km. Was dem späteren Gewinner entgegenkam, war die Tatsache, dass die meisten seiner Gegner auf der langen Strecke gänzlich ungeübt waren. Spiridon Louis indes soll angeblich sogar eine kurze Rast in einer Taverne eingelegt haben. Als er schließlich im Stadion einlief, tobten die 70.000 Zuschauer auf den Rängen, sogar König Georg und sein Sohn Konstantin sprangen aus der Loge, um den Ausdauerathleten auf den letzten Metern ins Ziel zu begleiten.

Sehenswertes

Grabhügel der Athener: Das Zentrum des ehemaligen Schlachtfelds von 490 v. Chr. ist heute in einem Parkareal unweit des Meeres zu besichtigen (beschildert). In der Mitte befindet sich der 9 m hohe und etwa 180 m Umfang messende Grabhügel der Athener, *Sorós Athinaíon* genannt. Hier wurden die 192 athenischen Soldaten beigesetzt, die in der berühmten Schlacht von Marathónas gegen die Perser fielen. Mit ihnen wurden hunderte von Töpfen und Vasen in den Grabhügel verbracht. Die Stätte gilt den Griechen noch heute als nationales Heiligtum und ist dementsprechend ein beliebtes Ausflugsziel für Einheimische.

Di–So 8.30–15 Uhr, Mo geschl. Eintritt 3 €, erm. 2 € (Kombi-Ticket für das Grab der Athener und Museum). ✆ 22940-55055.

Grabhügel der Plätäer: Nordwestlich des Athener Grabes liegt im Ort Vrána bei der Kirche Ágios Dimítrios der Grabhügel des mit Athen verbündeten Heeres der Platäer. In dieser nur 4 m hohen Stätte wurden elf Soldaten aus Plataiai begraben.

Nekropole mit Thólos-Grab: Unweit der plataiaischen Gedenkstätte befindet sich eine Nekropole aus mittelhelladischer und mykenischer Zeit. Interessant ist hier insbesondere das mykenische Kuppelgrab, ein sog. *Thólos* mit einem gut 25 m langen Eingangstunnel (*Drómos*).

Archäologisches Museum: Plateón-Str. 114. Das 1975 eröffnete Museum findet man im Ort Vrána bei der Kirche Ágios Dimítrios. Die fünf Räume beherbergen – weitgehend in chronologischer Reihenfolge – die spärlichen Überreste aus der berühmten Schlacht von Marathónas sowie Funde aus der näheren Umgebung.

Ⓘ Di–So 8.30–15 Uhr, Mo geschl. Eintritt 3 €, erm. 2 € (Kombi-Ticket für Museum und Grab der Athener). Freier Eintritt an allen Sonntagen zwischen 1. Nov. und 31. März und an nationalen Feiertagen. ✆ 229 40-55155.

Nördliches Áttika

Sandstrand von Schiniás

Umgebung von Marathónas

Antikes Dorf Marathónas: Das Zentrum des antiken Dorfs Marathónas lag wahrscheinlich in der Nähe des heutigen Museums in Vrána bei der Kirche Ágios Dimítrios. Der Philosoph und Kunstmäzen Herodes Attikus, nach dem das Theater am Fuße des Akrópolis-Hügels in Athen benannt wurde, ist hier geboren (2. Jh. n. Chr.).

Schiniás und Umgebung: Kurz vor Marathónas zweigt die schmale Verbindungsstraße in östlicher Richtung nach Schiniás ab, dem Austragungsort der Ruderwettbewerbe bei den Olympischen Spielen von 2004. Eigentlich sollte die Ruderregatta-Strecke zu den Prestigeobjekten des Organisationskomitees werden, doch dann kam die Region bis zu den Spielen nicht mehr aus den Schlagzeilen: Erstens liegt das Gelände auf archäologischem Gebiet – schließlich fand hier die Schlacht von Marathon statt –, sodass es Proteste der Archäologen hagelte. Zweitens wurde für den Bau des Ruderzentrums ein Feuchtgebiet mit Nistplätzen seltener Vogelarten zerstört, was die Umweltschützer erzürnte. Drittens kenterten aufgrund der starken Winde schon bei den Testwettkämpfen einige Boote, was in Kreisen der Ruderer kollektives Kopfschütteln auslöste. Die Frage der nächsten Jahre lautet nun: Was passiert mit der ehemaligen Olympiaanlage? Der Umbau zu einem öffentlich zugänglichen Naturpark ist geplant, die nahen Anwohner würden dagegen eher die Trockenlegung der Sümpfe begrüßen, weil ihre Anwesen bei Regenfällen nicht selten komplett unter Wasser stehen. Gleichzeitig wird der Ruf der Athener nach neuem Baugrund immer lauter, und auch die Zahl der Erholungsuchenden am kilometerlangen Sandstrand unterhalb des Olympiazentrums steigt. Schlechte Vorzeichen für den Erhalt der urwüchsigen Natur.

Pan-Höhle: etwa 2 km westlich von Marathónas. Die „Höhle des Pan und der Nymphen“ wurde erst 1957 von dem Archäologen Papadimitríou entdeckt. Gemäß den Funden und einer Inschrift scheint die Höhle schon in neolithischer Zeit eine heilige Stätte gewesen zu sein. Auch Herodot berichtet im 5. Jh. v. Chr. von einem Pan-Kult in dieser Region. Der Hirtengott – so ist es überliefert – liebte das Flötenspiel und die hübschen Nymphen. Das Höhleninnere ist allerdings seit einigen Jahren nicht mehr zugänglich, Fundstücke daraus können im Museum besichtigt werden.

Marathón-Stausee: Der große Stausee von Marathónas befindet sich etwa 8 km nordwestlich der Stadt. Er wurde in den 1930er-Jahren angelegt, indem die Flüsse Charádra und Varnáva angestaut wurden. Heute ist der See das wichtigste Wasserreservoir Athens. Seine teils marmorverkleidete Staumauer ist 54 m hoch und etwa 300 m breit. Am Fuße der Staumauer sind die überbauten Reste eines antiken Tempels zu besichtigen.

Ramnoús

Ramnoús war einst eine sehr wichtige antike Festungsstadt, die heute inmitten fast unberührter Natur und weit abseits der benachbarten Ortschaften im sanften Hügelland der nordattischen Küste liegt.

Aufgabe der Stadt war es, die Küste und den Schiffsverkehr im Golf von Euböa (*Kólpos Évia*) zu kontrollieren. Gut erhalten sind die Ruinen der Akrópolis, doch wurde Ramnoús vor allem durch das einzige *Némesis-Heiligtum* auf europäisch-griechischem Boden bekannt. Im 5. und 4. Jh. v. Chr. erreichte der Kult seinen Höhepunkt, wurde aber auch unter römischer Herrschaft weiterbetrieben.

Leider ist nur ein sehr kleiner Teil der Stätte für Besucher geöffnet, da die Grabungen noch andauern. Vom Eingang aus ist nur der obere, im Landesinnern gelegene Stadtteil zugänglich. Der lang gezogene Mittelteil und die Unterstadt am Meer sind gesperrt. Wunderschön ist jedoch der Blick zur Küste.

Naós Némesis: Der im Jahr 435 v. Chr. errichtete Némesis-Tempel ist mit 24 x 12 m der größte Bau der Oberstadt. Heute sind noch die Fundamente sowie mehrere Säulenstümpfe und -trommeln erhalten.

In der Ausgrabung von Ramnoús

Naós Thémidos: Der Tempel der Thémidos ist mit einer Fläche von 12 x 8 m deutlich kleiner, aber auch älteren Datums. Er stammt aus dem 6. Jh. v. Chr. und war der Gottheit des Kosmos geweiht. Zu besichtigen sind Reste des Fundaments und die Stümpfe dorischer Säulen.

Akrópolis: Von der Oberstadt mit ihren Tempeln verläuft ein Weg hinunter zu einem Hügel an der Küste, wo das Zentrum der antiken Stadt lag. Dieser 400 m lange Weg ist derzeit nicht zugänglich. Er führt vorbei an einer *spätrömischen Nekropole* zum *Akrópolis*-Hügel, der heute *Oreókastro* genannt wird. Hier sind Überreste von Wehrtürmen und -mauern, von hellenistischen und römischen Wohnhäusern, Zisternen, einem Theater, einem Gymnásion sowie von einem kleinen Diónysos-Tempel erhalten. Letzterer lag südöstlich unterhalb der Stadt.

• *Verbindungen* Die **Linienbusse** von Athen nach Ramnoús/Souli fahren etwa zweistündlich ab Ecke Platía Egýptou/Mavromatéon-Str. 18, vor dem Áreos-Park (wenige hundert Meter östlich der Metrostation Platía Victória). Die Fahrt kostet 3,60 € (Tickets im Bus).

Tägl. 8.30–15 Uhr. Eintritt 2 €, erm. 1 € (unter 19 J. und EU-Studenten frei). ✆ 22940-63477.

Amfiaráion

Die nach dem antiken Halbgott Amfiaráos benannte Stätte war ein Orakel- und Heilzentrum. Ihre Ruinen liegen heute in einer dicht bewaldeten Senke an der Straße zwischen Kálamos und Oropós.

Der aus Árgos stammende Seher Amfiaráos versank der Sage nach im Krieg gegen Theben mit seinem Streitwagen in einer Erdspalte, die Zeus mit einem Blitz geöffnet hatte. Einige Meter vom Altar entfernt öffnet sich eine Quelle, durch die der von Zeus zum Halbgott erhobene Held nach der Überlieferung auf die Erde zurückkam und die später nach ihm benannt wurde. In hellenistischer und römischer Zeit entwickelte sich der Ort dann zu einem Heilzentrum. Angewandt wurden Fasten-, Heilschlafen- und Wasserkuren aus der *Heiligen Quelle*. Nach den Trinkkuren (gefunden wurden zahlreiche Tongefäße) mussten Münzen aus Gold und Silber als „Kurtaxe" in ein Becken an der Quelle geworfen werden.

Naós Amfiaráous: Der etwa 13 x 22 m große Tempel wurde im 4. Jh. v. Chr. mit 16 dorischen Säulen errichtet. Im Innern befand sich das Kultbild des Sehers und ein Opferaltar.

Großer Altar: Nordöstlich des Tempels liegt der große, ca. 8 m lange Altarbau, in dem verschiedenen Göttern geopfert wurde. Unter anderem musste jeder Patient für die Behandlung ein Opferlamm mitbringen. Später folgte der Heilschlaf auf dem Fell das Lamms. Im Altarraum standen ursprünglich wohl auch Statuen, außerdem wurden dort Weihegeschenke aufbewahrt.

Schlafhalle (*Enkimitírion*): Am Nordostrand des Geländes kann man die rechteckigen, gut 110 m langen und etwa 11 m breiten Fundamente der Schlafhalle besichtigen. Ihr Dach ruhte auf 74 dorischen und ionischen Säulen. Erhalten sind einige spärliche Basen der marmornen Schlafbänke. Die ärztliche Therapie wurde auf der Grundlage von Traumdeutungen verordnet, dabei wurden vor allem die Träume des Tages analysiert.

Theater: Hinter der Schlafhalle befand sich ein kleines Theater aus hellenistischer Zeit. Es wurde um 332 v. Chr. errichtet und bot etwa 300 Zuschauern Platz. Alle vier Jahre fanden hier Festspiele statt. Heute sind nur noch die unteren Stufenreihen vorhanden. Sehenswert sind insbesondere die fünf Ehrensitze aus Marmor mit Schmuckornamenten und Inschriften.

Museum: Im kleinen Museum auf dem Ausgrabungsgelände werden einige Funde der Stätte präsentiert. Der Raum zeigt Inschriften, Grabstelen, Statuen- und Skulpturenfragmente sowie Marmorteile des Tempels.

• *Verbindungen* Die **Linienbusse** von Athen zum Amfiárion fahren 8-mal tägl. (etwa zweistündlich) ab Ecke Platía Egýptou/Mavromatéon-Str. 18, vor dem Áreos-Park (wenige hundert Meter östlich der Metrostation Platía Victória). Die Fahrt kostet 3,40 € (Tickets im Bus).

Ⓘ Di–So 8–14.30 Uhr, im Winter (1.11.–31.3.) 8.30–15 Uhr, Mo geschl., ✆ 22950-62144. Eintritt 2 €, erm. 1 € (unter 19 J. und EU-Studenten frei).

Oropós und Skála Oropoú

Von **Skála Oropoú**, dem Hafen von Oropós, bestanden schon in der Antike beste Verbindungen zur Insel *Évia* (Euböa). Dort lag eine der Kornkammern Athens. Außerdem war das zweitgrößte Eiland Griechenlands mit Viehbestand reich gesegnet. Wer heute übersetzt, landet in dem touristisch bedeutenden Ort *Erétria*. Aus antiker Zeit sind nur noch geringe Spuren der Hafenanlagen erhalten. Vor dem Zentrum der Stadt befindet sich ein nicht sehr breiter, aber lang gezogener Kai mit mehr als einem Dutzend Anlegeplätzen. Mehrere Molen führen hinaus ins Wasser. Nach Auseinandersetzungen zwischen Athen und Theben wurde die antike Stadt um 420 v. Chr. etwa 4 km landeinwärts an die Stelle der heutigen Stadt **Oropós** verlegt. Überreste aus dieser Zeit sind nicht mehr vorhanden.

• *Verbindungen* Von Athen nach Skála Oropós startet von 6–20.45 Uhr etwa stündlich ein **Linienbus** ab der Ecke Platía Egyptou/Mavromatéon 14 vor dem Áreos-Park (wenige hundert Meter östlich der Metrostation Platía Victória). Die Fahrt dauert ca. 1 ¾ Std. und kostet 3,90 € (Tickets im Bus). Die Busstation in Skála Oropós liegt am Hafen. Im Sommerhalbjahr Mo–Do stündliche, von Fr–So halbstündliche **Fährverbindungen** zwischen 5.45 und 21 Uhr nach Erétria. Die Überfahrt dauert 30 Min. Fahrpreise: Person 1,50 €, Auto 8 €.

• *Adressen* **Post**, G.-Gennimatá-Straße, ca. 150 m links vom Hafen.

• *Übernachten* ** **Hotel Alkyonis**, Paralía Markópoulo, vermietet werden 91 Zimmer mit Bad und Balkonen mit herrlichem Blick aufs Meer. Zwei Restaurants mit griechischer und internationaler Küche im Hotel, Bar vorhanden. Schwerpunkt des Hotels sind sportliche Aktivitäten: Es gibt einen Pool, zwei Fußballplätze mit Natur- und Kunstrasen, einen Basketballplatz, mehrere Tischtennisplatten, Lehrräume für Bewegungstherapie und Vortragssäle. Insgesamt stehen 11.000 m² Fläche zur Verfügung. DZ 55–65 €. ✆ 22950-32490-4, 📠 22950-31744, www.alkyonis-hotel.gr.

• *Essen* **Morias**, Propontídos 52, an der Paralía. Es gibt Plätze im Innenraum, vor dem Lokal oder unterm Sonnendach direkt am Kai, alles in einem etwas gehobenen Stil gehalten. Breite Auswahl an diversen Fischsorten, von Oktopus und Kalamari über Gávros, Sargós, Garídes bis zu Karavídes und Hummer.

Batis, Propontídos 24, an der Paralía. Chef Ioánnis Valsámis serviert im Innenraum und unterm Sonnendach am Kai. Auch hier ist Fisch die Spezialität des Hauses – je nachdem, was gerade am Markt frisch zu bekommen ist. Ortsübliche Preise.

Ola sta Kárvouna, Propontídos 8, an der Paralía. Fastfood zum Mitnehmen oder Sitzplätze unterm Sonnendach direkt am Kai. Beliebt bei der Jugend sind wie überall Gýros, Kotópoulo, Kokorétsi, Kontosoúvli, Seftalia, Exochikó und Biftéki.

Café Navy, am Kai direkt vor der Hafeneinfahrt. Tische unter Schatten spendenden Evkályptosbäumen. Es gibt Kaffee, Drinks, Erfrischungen, Tirópites, Waffeln und Pikilíes. Service o.k. und nicht zu teuer.

Zacharoplastío Tzímas, Propontídos 8, an der Paralía. Kaffee, leckere Süßspeisen und gutes Eis. Plätze an der Paralía.

Der Poseidon-Tempel von Soúnion, nicht nur für Romantiker ein beliebtes Ausflugsziel

Südliches Áttika

Am Saronischen Golf: Apóllon-Küste (Aktí Apóllona)

Die Apóllon-Küste genannte Ostseite des Saronischen Golfs ist das erweiterte Badezentrum der Athener. Viele Häuser in den seit den 70er-Jahren stark gewachsenen Küstenorten gehören Athener Familien, die ihre Wochenenden und Sommerferien hier verbringen.

Der südlichste Punkt des attischen Festlands ist das Kap Soúnio(n). Hoch oben auf dem etwa 60 m über Meereshöhe liegenden *Kávos Soúnio* ragen die Säulen des berühmten *Poseidón*-Heiligtums in den Himmel. Der romantische Tempel ist längst zum Wahrzeichen Áttikas avanciert. Zahllose Tavernen säumen den Straßenrand der *Leofóros Souníou*, der bis zum Kap Soúnio führenden Landstraße. Südlich von Vouliagméni haben Archäologen auf der auch *Asprókavos* genannten Landzunge *Zostíras* die Fundamente eines *Apóllon*-Heiligtums ausgegraben. Sie gehören zu einem Tempel aus dem 6. Jh. v. Chr. Außerdem fand man kaum noch erkennbare Überreste von Priester- und Pilgerhäusern (s. S. 246). Wahrscheinlich stammt der Name für die Küstenlinie von Piräus bis zum Kap Soúnio, die Apóllon-Küste (*Aktí Apóllona*), von diesem Apóllon-Tempel bei Vouliagméni.

Várkiza: Die erste Stadt südlich außerhalb der Grenzen des Großraums Athen ist Várkiza. Der Ort liegt zwischen Vouliagméni und Vári an der Westseite des Várkiza-Berges und besitzt einen kleinen Fischerhafen. Im Scheitel der Bucht befindet sich außerdem ein gut 1 km langer feinsandiger Strand unweit der Straße Richtung

Soúnio (Leofóros Souníou), der zu ausgedehnten Spaziergängen einlädt. Die E.O.T. hat in Várkiza zudem ein Meerwasserstrandbad mit riesiger Wasserrutsche eingerichtet (Eintritt).

Kalívia Paralías: Knapp 18 km hinter Vouliagméni trifft man auf die Küstensiedlung Kalívia Paralías. Einige Tavernen liegen am Straßenrand. Reichere Athener besitzen hier Wochenend- und Ferienhäuser. Die Küste zeigt sich weitgehend felsig, die wenigen kurzen Strandabschnitte bestehen aus Kies.

Kalívia Thorikoú: Das kleine gemütliche Landstädtchen im Landesinnern ist das Zentrum der Region und bekannt für seine vielen hervorragenden Fleisch-Tavernen. Sehenswert ist die große Natursteinkirche *Evangelismós tis Theotókou* im Zentrum an der kleinen Platía Evangelismós. Die dreischiffige Basilika mit einer Ikonostase aus hellem Marmor wurde im Innern vollständig mit Fresken bemalt. Auch die längst von den Mönchen verlassene Klosterkirche *Taxiárchis* mit ionischen Kapitellen etwa 1,2 km südwestlich des Ortes an der Straße zur Küste ist unbedingt einen kleinen Ausflug wert.

• *Essen & Trinken* **Kreopolíon Georgántes**, Oktovríou-Str. 28. Chef Tásos führt eine Fleischerei mit angeschlossener Tavérna im gleichen Raum. Sehr einfach eingerichtet, keine nennenswerte Atmosphäre, aber hervorragende Fleischgerichte und nicht teuer.

Kreopolíon Kóllia, Platía Evangelístria. Traditionell griechisch gebliebenes Ambiente, ebenfalls Teil einer Fleischerei. Man sitzt auf wackligen Stühlen an alten Holztischen. Je nachdem, was im Laden gerade vorhanden ist, gibt es Schwein, Kalb, Lamm oder Ziege. Preiswert und gute Qualität.

Lagoníssi: Zersiedeltes Dorf ohne eigentlichen Ortskern in sehr schöner Küstenlage. Früher war Lagoníssi ein sehr gefragter Ferienort, heute handelt es sich um ein dicht besiedeltes Wohngebiet, da viele Athener hier Häuser besitzen. Lagoníssi war einst nur die Bezeichnung für die etwa einen Kilometer ins Meer hineinragende Landzunge, heute heißt auch der Ort jenseits der Straße so. Sehr schön zum Baden, wenn auch nur knapp 0,5 km lang, ist der Strandabschnitt unmittelbar im Norden der Landzunge. Lagoníssi zählt zur Gemeinde Kalívia.

• *Übernachten* ***** **Hotel Grand Resort Lagonissi**, Leofóros Souníou, exklusives Luxushotel auf einer grünen Landzunge mit knapp 300.000 m² Fläche und 16 Strandabschnitten. Jeder erdenkliche Luxus ist in allen Wohneinheiten vorhanden, egal ob es sich um ein Zimmer im Hauptgebäude, einen der Bungalows, Suiten oder Villen mit Privat-Pool handelt. Neben diversen Extras für VIP-Gäste gibt es auch noch einen Helikopter & Learjet-Service. Auf dem Gelände liegen mehrere gehobene Restaurants mit griechischer, italienischer, polynesischer und internationaler Küche sowie natürlich mehrere Bars im Hauptgebäude und an den Stränden. Sportlich Aktive können sich auf den Tennis-, Volleyball- und Basketballplätzen, in der Tauchschule, beim Wassersport oder Minigolf vergnügen. Kinderspielplatz ist vorhanden. Zimmer 500–1575 €, Suiten ab 679 €, Villen 800–10.686 €. Die Königssuite kostet 30.845 € pro Nacht. ✆ 22910-76000, 📠 22910-24514, www.lagonissiresort.gr.

Ferienwohnung Glaubitz, Lagonissi, Harás-Str, die deutsche Familie Glaubitz vermietet eine 52 m² große Wohnung, etwas höher am Hang in Lagoníssi gelegen (2 km zum Meer). Recht neu und mit hochwertigen Möbeln geschmackvoll eingerichtet. Schlafzimmer, gemütliche Sitzecke im Wohnzimmer, vollständig ausgestattete Küche (Geschirr, Töpfe, Herd, Kühlschrank, Kaffeemaschine), Waschmaschine, deutsches Sat-TV, Bettwäsche und Handtücher vorhanden. Terrasse vor dem Haus mit hübschem Garten, separater Eingang, einmal pro Woche wird die Wohnung gereinigt. Ohnehin wird sehr viel Wert auf Sauberkeit gelegt. Gäste bekommen auch schon mal ein Stück selbst gemachten Kuchen oder Wein. Ganzjährig geöffnet, mit regulierbarer Zentralheizung. Bei Voranmeldung kostenloser Transfer zum Flughafen (20 Min.). Ab 80 € für 2 Pers./Tag oder 550 €/Woche. ✆ Mobil: 697-7376513.

Kurzweil bis zum berühmten Sonnenuntergang von Soúnion

Saronída: An der Küste lang gezogener Ferienort ohne wirklichen Kern. Auch hier besitzen viele Athener Sommerhäuser, dementsprechend ist im Juli und August mächtig was los, im Winter ist der Ort praktisch ausgestorben. Entlang der Küstenstraße Leofóros Souníou liegen unzählige Cafés und Tavernen fast Tür an Tür. Durch den neuen Flughafen ist dieser Bereich der Küste jetzt stärker ins Zentrum des Interesses gerückt.

Límni Anávyssos: Den auf jeder Karte eingetragenen See von Anávyssos gibt es faktisch nicht mehr. Früher wurde das Gewässer zur Salzgewinnung genutzt, heute ist es eine große Freifläche, die langsam austrocknet. Eine Bebauung hat bislang noch nicht eingesetzt, da der ehemalige Seegrund noch nicht trocken genug ist (Stand: Frühjahr 2009).

Anávyssos: Das Zentrum des wenig spektakulären Ortes befindet sich nicht an der Küste, sondern ein Stück im Landesinnern, östlich des See-Areals. Vor dem See liegt ein etwa 2 km langer, teils breiter Strandstreifen, der von Touristen und Einheimischen gleichermaßen besucht wird. Ungefähr in der Mitte gibt es eine Surfstation, an den Flaggen zu erkennen. Im westlichen Teil völlig schattenloser Sand- und Kiesstrand, am östlichen Ende spenden einige Bäume Schatten.

• *Übernachten* **** **Hotel Eden Beach**, Leofóros Souníou, in den beiden Hauptgebäuden östlich der Straße werden 286 relativ hell gestaltete Zimmer mit Bad, Balkon (die meisten mit Meeresblick), Telefon und Zentralheizung vermietet. Auf Anfrage stehen Sat-TV, Radio, Kühlschrank und Klimaanlage zur Verfügung. Zum Komplex mit Pinienwald und Garten samt großem Pool gehören auch Bar, Restaurant, Sat-TV-Raum, Kinderspielzimmer, Safe, Disko und Boutique sowie ein Parkplatz. Eigener Strandabschnitt mit Bar und Umkleidekabinen, Duschen, Sonnenschirm- und Liegestuhlverleih, Tennis-, Basketball und Volleyballplatz sowie Tischtennisplatte. Jeden Abend Entertainment-Veranstaltungen im Hotel. EZ 50–80 €, DZ 65–100 €, Suiten 70–130 €, Frühstück kostet extra. ✆ 22910-60031, 📠 22910-60043, www.eden.gr.

Mávro Lithári Studios/Apartments, Leofóros Souníou, vermietet werden 18 rustikal eingerichtete Studios und Apartments mit Steinfußböden, Bad, Meeresblick-Veranda, Küche, Telefon, TV und Radio. Im Obergeschoss gibt es drei große Hochterrassen mit Cafeteria, Bar und Restaurant. Zur Anlage gehört ein 130 m langer Strandabschnitt mit Liegestuhl- und Sonnenschirmverleih sowie Beach-Bar. Studio 75–130 €, Apartment 110–180 €. ✆ 22910-54972-4, 📠 22910-54975.

Paleá Fókea: Die guten Fischtavernen von Anávyssos, von denen man oft hört, liegen eigentlich in Paleá Fókea, der nächsten kleinen Küstensiedlung. Wie an einer Perlenkette aufgereiht befinden sich rechts und links des schönen kleinen Hafens ein gutes Dutzend *Psarotavérnes* direkt am Ufer.

• *Essen & Trinken* **Pórto**, Leofóros Souníou 2. Unser Tipp in Paleá Fókea. Der freundliche Chef Ioánnis Vlachópoulos serviert Fischgerichte aller Art auf einer Hochterrasse mit Meeresblick direkt am kleinen Hafen des Ortes. Schattige, windgeschützte Plätze. Spezialitäten sind Rote Meeräsche, Schwertfisch, Sargós, Lythrínia, Gold- und Meerbrasse, frittierte Gópa, Fischsuppe, Lobster, Shrimps sowie Fluss- und Meereskrebse. Offener Wein vom Fass. Preise im Rahmen.

Akrogiáli, Leofóros Souníou 12. Eine der größten Fischtavernen an der Paralía. Breite Auswahl und immer ein paar frische Spezialitäten, je nach Tagesfang. Plätze im Sommer auf der Hochterrasse am Meer, im Winter in Innenraum auf der gegenüberliegenden Straßenseite.

Ánna, 28. Oktovríou 24. Chefin Ánna Makrodimítri kocht selbst, während Sohn Sotíris die Gäste bedient. Man betont, dass es hier nur frische und einheimische Fische der Saison und keine Tiefkühlware gibt. Täglich werden 3 bis 4 spezielle Gerichte je nach Tagesfang angeboten, an den Wochenenden deutlich erweiterte Karte. Plätze im Innenraum mit Meeresblick über die Häuserdächer hinweg. Tägl. geöffnet, aber nur zur Lunch-Zeit von 12–17 Uhr, abends geschl. Etwas teurer.

• *Nachtleben* **Club Café Blue Sky**, Smírnis 8. Disko-Club mit griechischer und internationaler Popmusik. Große Bar mit bequemen Sofas in den Ecken. Guter DJ und ordentlich laute Musik. Cocktails, Longdrinks und ein spezieller Mix des Hauses. Immer gute Stimmung, Tanzen bis zum Sonnenaufgang. Im Sommer tägl. ab 22 Uhr geöffnet.

Legrená: Der letzte größere Ort an der Küste, bevor man das Kap Soúnio erreicht. Auch hier gibt es mehrere kleinere Abschnitte mit guten Sandstränden am Órmos Legrenón. Empfehlenswert sind die Fisch- und auch Fleischtavernen im Ort und am Strand.

• *Essen & Trinken* **Estiatório Archipélagos**, Leofóros Souníou. Chef Níkos Zagourís serviert Fisch- und Fleischgerichte der einfachen griechischen Küche. Beliebte Taverne bei Athener Sonntagsausflüglern. Plätze auf der Hochterrasse zur Straße hin und im Innenraum. Palmen im Vorgarten.

Psarotavérna Marína, Leofóros Souníou. Plätze auf einer überdachten Hochterrasse an der Landstraße nach Soúnio. Überwiegend Fisch-, aber auch Fleischgerichte. Spezialität des Hauses ist eine Sargós-Kreation. Service o.k., Preise im Rahmen.

Ágios Ioánnis Pródromos: an einem Hügel gegenüber der Zufahrt zum Soúnio-Tempel. Markante Kirche, 1919 geweiht, aber leider verschlossen.

Kap Soúnion/Naós Poseidón

Der südlichste Punkt des attischen Festlands. Hoch oben auf dem etwa 60 m über Meereshöhe liegenden Kap ragen die Säulen eines Heiligtums in den Himmel, das schon seit drei Jahrhunderten als Synonym für griechische Tempelromantik gilt.

Noch immer sind sich die Wissenschaftler unschlüssig, ob das Wahrzeichen Áttikas dem Poseidón oder dem Apóllon geweiht war. Eine Inschrift spricht für den Meeresgott, die Tempelarchitektur und die Lage in Richtung der heiligen Insel Délos eher für Apóllon. Jedenfalls ist der Säulenbau am Kap Soúnion einer der landschaftlich am schönsten gelegenen Tempel Griechenlands. Die markante und stets windige Felsnase war schon in frühantiker Zeit ein wichtiger Orientierungspunkt für die Schifffahrt. Besonders eindrucksvoll erscheint der Tempel im Licht des Sonnenuntergangs oder in Vollmondnächten. Seit dem 18. Jh. ist Kap Soúnion ein sehr beliebtes Ziel europäischer Bildungsreisender. Unter anderem hat Lord Byron seinen Namen in eine Säule das Tempels eingeritzt. Heute wäre dies eine Straftat!

Auf dem Gelände wurden Kykladenidole und mykenische Siegel gefunden, die auf eine Besiedelung schon im 2. Jt. v. Chr. hinweisen. Im 7. Jh. v. Chr. gab es hier ein Altar-Heiligtum, das nachweislich dem Apóllon geweiht war. Etwa um 600 v. Chr. umrahmten zwei Apóllon-Koúroi das Heiligtum. Die marmornen Männerstatuen befinden sich heute im Archäologischen Nationalmuseum (Saal 8). Die Umwidmung der heiligen Stelle zugunsten des Poseidóns soll um 500 v. Chr. stattgefunden haben. Damals wurde ein Tempel errichtet, den das persische Kriegsheer schon 20 Jahre später wieder zerstörte. Dieser ursprüngliche Tempel ist bis heute noch ein archäologisches Rätsel geblieben.

Der heutige weiße Marmortempel wurde um 440 v. Chr. auf den Fundamenten des alten Bauwerks errichtet. Ursprünglich bestand der Bau aus 34 dorischen Säulen, von denen heute noch 16 aufrecht stehen. Außergewöhnlich am Soúnio-Tempel sind die senkrechten Rillen am Säulenschaft, die sog. Kannelüren. Normalerweise sind es 20, hier jedoch nur 16. Man vermutet, dass der Tempelplaner aus Gründen des Windschutzes auf vier Rillen verzichtete.

Stimmungsvoller Sonnenuntergang an der Apollonküste

• *Verbindungen* Von Athen nach Soúnio startet von ca. 6–21.30 Uhr je nach Route alle halbe bis volle Stunde ein **Linienbus** von der Ecke Platía Egýptou/ Mavromatéon-Str. 18, vor dem Áreos-Park (wenige hundert Meter östlich der Metrostation Platía Victória). Einige Busse fahren die Inlandsroute (über Lávrio), andere an der Küste entlang. Die Fahrt nach Soúnio dauert ca. 1,5 Std. und kostet etwa 4,60 € (Inland) bzw. 5,10 € (Küste). Tickets gibt's im Bus. Die Busstation in Soúnio liegt am Café Naós, direkt am Eingang zum Tempelbezirk.

• *Übernachten* **** **Hotel Aegaeon (Egeon)**, Paralía Souníou, am Strand unterhalb des Tempelbezirks werden 45 Zimmer mit etwas älterem, rustikalen Equipment, Bad, Meeresblick-Balkon, TV und Klimaanlage vermietet. Hotelrestaurant auf einem Balkon im 1. Stock, der eigene Strandabschnitt liegt direkt vorm Haus. Die Rezeption wird von der Schweizerin Heidi deutschsprachig geführt. DZ 150–280 €, Frühstück kostet 10 € extra, Lunch und Dinner je 20 €. ✆ 22920-39 200, ℻ 22920-39234, www.aegeon-hotel.com.

• *Essen & Trinken* **Akrogiáli**, Paralía Souníou. Mit vielen bunten Blumen auffälliges, in frischem Kykladenblau gehaltenes Ambiente direkt am Meer mit Blick zum Tempel. Die Tavérna der Familie Trikalióti besteht schon seit 1887 unterhalb der archäologischen Stätte am Strand. Heute ist die gut deutsch sprechende María die Chefin. Fotos an den Wänden zeigen die Familie und die Tavérna in den 20er- und 30er-Jahren. Berühmtester Gast war eine Frau aus dem

Kennedy-Clan, die 1961 hier speiste. Breites Angebot an Fischgerichten, besonders gute Melanoúri, Gópa und Oktopus, aber auch diverse Souvláki vom Lamm und Schwein. Offener Wein vom Fass.

Ilías, Paralía Sounío. Chef Panagiótis Skoúfos führt diese Fischtaverne am Strand unterhalb des Tempelbezirks. Er serviert auf einer Hochterrasse seine Spezialitäten: Rote Meeräsche, Sargós und Kalamari, aber auch Moussakás und Souvláki-Gerichte. Schöner Meeresblick und freundlicher Service. Ganzjährig geöffnet von 10 Uhr bis Mitternacht, im Winter nur bis 18 Uhr.

Café Naós, am Eingang zum Tempelbezirk. Herrliche Lage mit bestem Blick auf die Säulen des weltberühmten Tempels. Angeboten werden komplette Menüs, Fisch und Fleisch, vegetarische Gerichte, Salate, diverse Vorspeisen, vor allem aber erfrischende kühle Drinks und Kaffee. Die schöne Terrasse mit Sonnenuntergangspanorama wird oft von großen Busgesellschaften in Beschlag genommen, die jeden Tag aus ganz Áttika Ausflüge nach Soúnio unternehmen. Durch die Lage auch etwas teurer.

Rundgang

Festung: Der Tempel war auch Teil einer in den Peloponnesischen Kriegen um 412 v. Chr. errichteten Befestigungsanlage am Kap Soúnion. Dort befand sich ehemals ein kleiner Hafen, an dem Soldaten stationiert waren. Von der Festungsmauer, die sich einst nördlich um den Tempelbezirk zog, sind kaum noch Reste erhalten. Gleiches gilt für antike Gassen, die sich innerhalb der Festungsmauern befanden. Oft herrscht eine gute Fernsicht über das Meer, weshalb der Beobachtungspunkt zur Überwachung der Einfahrten in den Saronischen und den Südeuböischen Golf so wichtig war.

Athená-Tempel: Etwa 500 m nordöstlich des großen Tempels befindet sich ein der Göttin Athená Souniás geweihtes Heiligtum. Dieser Tempel auf einer flachen Hügelkuppe wurde im 6. Jh. v. Chr. errichtet und um 460 v. Chr. umgebaut. Einige der Originalteile werden heute im Archäologischen Nationalmuseum ausgestellt. Neben dem Athená-Tempel lagen einst noch ein weiterer kleiner Tempel und ein der Athená geweihter Altar.

In den Sommermonaten tägl. 8–19.30 Uhr, im Winter (1.11.–31.3.) 8.30–15 Uhr. Eintritt 4 €, erm. 2 € (unter 19 J. und EU-Studenten frei). ✆ 22920-39363.

Die südliche Ostküste

Die südliche Ostküste von Áttika – der *Lavriotikós Kólpos* – ist durch die Silbererz-Abbauregion Lávrio geprägt. Hunderte Stollen und Minen durchziehen die Berglandschaft, stille Zeugen des Athener Reichtums in der Antike und in den Zeiten der frühen Industrialisierung Griechenlands im 19. Jh., als der Erzabbau wieder aufgenommen wurde. Eng verbunden mit Lávrio ist die antike Stadt Thorikós nur wenige Kilometer weiter nördlich an der Küste. Leider ist von ihren Bauwerken nur wenig erhalten, aber vor allem das Theater und die Erzwaschanlagen lohnen einen Blick. Die gesamte Küste bietet mit Ausnahme des nördlichen Órmos Thorikós und dem Gialós Limanáki bei Pánormos keine guten Strände.

• *Übernachten* **** Hotel Saron**, etwa auf halber Strecke zwischen dem Kap Soúnio und Lávrio, das Hotel besteht aus zwei Gebäuden. Im neueren Haus werden 20 geräumige, aber spartanisch eingerichtete Zimmer mit schlichten hellen Kiefernholzmöbeln vermietet. Alle verfügen über großzügige, weiß gekachelte Bäder, Balkon, Kühlschrank, Klimaanlage, Telefon und TV. Pool im Garten. Im älteren Haus gibt es kleinere und schon deutlich abgewohnte Zimmer. Frühstücksraum und Restaurant neben der Lobby. Ganzjährig geöffnet. EZ ab 75 €, DZ 85 € im neueren Haus und ab 65 € im älteren Gebäude, Frühstück 9 € extra. ✆ 22920-39144, 📠 22920-39045, www.saronhotel.com.

• Camping **Bacchus**, in der Nähe der Landstraße Richtung Lávrio, etwa auf halber Strecke zwischen dem Kap Soúnio und Lávrio, der etwa 1200 m² große Platz bietet durch reichen Pinienbestand genug Schatten. Sanitäre Einrichtungen sauber, aber nur teilweise überdacht. Restaurant, Bar und Mini-Markt auf dem Platz. Zelte und Wohnwagen können auch gemietet werden, Waschmaschinen und kleiner Kinderspielplatz vorhanden. Unterhalb des Campinggeländes liegen zwei gute Sandstrände etwa 200 m entfernt. Bushaltestelle an der Landstraße (ca. 5 Min. zu Fuß) mit stündlicher Verbindung nach Athen. Ganzjährig geöffnet. (Preisnachlass in der Nebensaison). Preise pro Tag: Person 6,50 €, Zelt 4,50–5 €, Auto 4 €, Wohnwagen 5 € und Wohnmobil 7 €. Wer mit unserem Reiseführer kommt, erhält 5 % Rabatt. ☏/℻ 22 920-39572, campingbacchus@hotmail.com.

• Essen & Trinken **Fáros**, etwa auf halber Strecke zwischen dem Kap Soúnio und Lávrio. Die freundliche Familie Nikoláou hat ihre Taverne auf mehreren Ebenen mit viel Holz und Grünpflanzen hübsch eingerichtet. Sittiche und Kanarienvögel zwitschern vor sich hin. Es gibt griechische Küche mit kreativen Elementen. Spezialität des Hauses sind die gefüllten Kalamari. Gut auch: gegrillter Féta mit besonderen Gewürzen, Saganáki Melintzána, Shrimps mit Schinken auf Fleischspießen. Insgesamt 62 verschiedene Gerichte. Weiß- und Rotwein aus dem Fass, deutsches Bier.

Makrónissos: Die etwa 18 km² große vorgelagerte Insel Makrónissos diente in ihrer Vergangenheit des Öfteren als Gefängnisinsel, zuletzt während des Bürgerkriegs und der Obristendiktatur (1967–74). Vom Strand der attischen Südostküste aus sind die Ruinen der Gefängnisgebäude zu erkennen. Das schmale, lang gestreckte Eiland liegt wie eine Schutzbarriere vor dem Hafen Lávrio. Mangels Quellen wächst auf Makrónissos kaum mehr als bodendeckende Phrygana. Die Insel ist heute unbewohnt. Wer von Lávrio aus mit der Fähre nach Keá oder Kíthnos übersetzt, fährt sehr nah an Makrónissos vorbei.

Lávrio

Die Hafenstadt mit viel Industrie wurde berühmt durch reiche Silbervorkommen in den Bergen. Das gesamte Gebiet auf einem Streifen von 10 km im Hinterland ist heute praktisch ein Freilicht-Bergbaumuseum der frühen Industriedenkmäler. Von Bedeutung ist außerdem der Fährhafen nach Kéa und Kíthnos, die festlandsnächsten Inseln der westlichen Kykladen.

Lávrio ist mit etwa 8000 Einwohnern eine kleinere Stadt mit guter Café-Bar-Infrastruktur, aber kaum Tavernen und praktisch keinen Hotels. Insofern ist sie auf die Funktion als (geplanter) Ausweichfährhafen für Piraeás kaum vorbereitet. Das Zentrum liegt nicht weit vom Fährhafen an einem von Straßen umrahmten Grünstreifen. Hier gibt es Dutzende Café-Bars und Läden mit Waren für den täglichen Bedarf. Insgesamt besitzt der Ort jedoch wenig Atmosphäre und auch nicht den herben Charme eines typischen Großhafenambientes. Sehenswert sind nur das 1864 erbaute neoklassizistische *Rathaus* am Hafen und die Markthallen mit einem beeindruckenden *Fischmarkt* in der Vasiléos Georgíou-Straße.

Archäologische Funde rund um die Bucht Lavriotikós Kólpos bezeugen die erste Besiedelung etwa im Jahr 1000 v. Chr. Schon früh erlangte Lávrio durch seine Silbervorkommen und die Einführung der Münzen (Tetrádrachmen) in Athen um 600 v. Chr. eine ernorme Bedeutung. Die Minen waren Athener Staatsbesitz, Aíschylos schrieb von der „unterirdischen Schatzkammer Athens“. Mit dem Geld wurden Kriege und natürlich die Prachtbauten der Stadt finanziert. Insofern lag der Grundstein für Athens Reichtum teilweise auch in Lávrio. Überlieferungen zufolge arbeiteten hier etwa 15.000 Sklaven unter härtesten Bedingungen. Gut 2000 Stollen sind

In Lávrio

überall in die Berge gegraben worden, meist zwischen 20 und 100 m tief. Im Hellenismus nahm die Bedeutung der Minen ab, da in Thrakien reichere und leichter auszubeutende Minen gefunden wurden. Gegen Mitte des 19. Jh. wurde der Abbau wieder aufgenommen bzw. aus den Abraumhalden die Schwermetalle Blei, Zink und Mangan gewonnen. 1977 erfolgte dann die endgültige Einstellung der Arbeiten.

• *Verbindungen* Von Athen nach Lávrio startet von 6–18.45 Uhr alle halbe Stunde (und 19.45, 20.30 und 21.30 Uhr) ein **Linienbus** von der Ecke Platía Egýptou/Mavromatéon-Str. 18, vor dem Áreos-Park (wenige hundert Meter östlich der Metrostation Platía Victória). Die Fahrt nach Lávrion dauert ca. 1 ¾ Std. und kostet 4,10 € (Tickets im Bus). Die Busstation in Lávrio liegt zwei Gehminuten von der Abfahrtstelle der Fähren entfernt.

• *Essen & Trinken* **To Koráli**, Limáni Lavríou, direkt am großen Hafen von Lávrio. Plätze auf einer Terrasse unterm Sonnendach. Spezialität von Chef Ioánnis Migchíros sind natürlich Fischgerichte. Die einfache Taverne ist bei den Einheimischen beliebt und ein guter Tipp, um vor der Überfahrt guten Fisch zu genießen.

To Paradosiakó, Aktí Koudourióti 6, Limáni Lavríou, ebenfalls direkt am Hafen von Lávrio. Café und Ouzerí in einem. Typisch griechisch gebliebenes Ambiente mit alten wackligen Stühlen. Innen ebenso einfach wie funktional eingerichtet. Spezialität des Hauses sind Fischgerichte, insbesondere Oktopus, der draußen zum Trocknen in der Sonne aufgehängt wird.

Lebel, Platía Lavríou. Restaurant und Pizzeria in einem renovierten Natursteinhaus. Plätze innen und auf der begrünten Terrasse. Schnelle Bedienung, Preise im Rahmen.

Café Ergastíria, Aktí Koudourióti 6, Limáni Lavríou. Innen rustikal, außen mit Regiestühlen eingerichtetes Café. Schöner Blick durch die kleine Grünanlage auf den Hafen.

Limáni Day+Night, Aktí Koudourióti 1, Limáni Lavríou. Tagsüber Café, nachts Musik-Club. Hübsch begrüntes und mit Holz überdachtes Areal mit fünf Dattelpalmen am Hafen. Gute Drinks und stimmungsvolle Sommerabende.

Sehenswertes

Hafen: Die *Marína* wurde in den letzten Jahren stark ausgebaut, und ein Ende ist noch nicht absehbar. Seit 2004 wird der Fährverkehr zu den Kykladen-Inseln Kéa und Kíthnos von hier abgewickelt. Der südliche Hafenbereich ist Jachten und Privatbooten vorbehalten, der Fährhafen liegt weiter nördlich in der Nähe des Ortskerns, wo die Fährgesellschaften auch kleine Ticketbüros betreiben.

Bergwerke: Die *Metallía* genannten antiken Bergwerke überziehen die gesamte Gegend rund um Lávrio und reichen weit ins Hinterland. Überall befinden sich Stollen und Schächte im Berg. Oberirdisch sind auch noch einige der primitiven Gerätschaften aus dem Bergbau zu besichtigen: Silberwaschanlagen (*Ergastíria*), Schmelzöfen und Zisternen sind zum Teil erhalten. Am westlichen Stadtrand von Lávrio an der Straße nach Ágios Konstantínos liegt eine alte Erzverarbeitungsanlage. Hier lassen sich die Maschinen, Fördergeräte, Türme und Abraumhalden gut von der Straße aus einsehen. Das Gelände darf allerdings nicht betreten werden.

Tipp: Für eine detaillierte Tour zu den Minen, Waschanlagen und teilweise eingestürzten Stollen empfehlen wir vorab einen Besuch im Archäologischen Museum, das eng mit den Archäologen vor Ort zusammenarbeitet.

Archäologisches Museum: Lávrio, Serpieri-Platz. Das nach längerer Renovierung Ende 1999 wiedereröffnete Museum sammelt Kunst- und Kultgegenstände sowie Bedarfsmaterialien aus dem täglichen Leben vom frühen Neolithikum (um 5000 v. Chr.) bis zum beginnenden Mittelalter. Die Präsentation erstreckt sich auf eine Vorhalle, zwei Säle und das Atrium.

Tägl. 8.30–15 Uhr, Eintritt 2 €, erm. 1 €. ✆ 22920-22817.

Mineralogisches Museum: Lávrio, Kordélla-Straße/Platía Iróon Polytechníou. Nicht nur die Sammlung, sondern auch das restaurierte Gebäude verdient Aufmerksamkeit. Es ist ein 1873 errichteter Steinbau in der typischen Industriearchitektur der Silberbergbauregion. Die Ausstellung umfasst mit etwa 500 Exponaten ungefähr die Hälfte des Museumsbestandes. Insgesamt sind in der Umgebung von Lávrio knapp 300 verschiedene Sorten von Mineralien bekannt. Die bedeutendsten Gesteine zur Silbergewinnung sind Gallitit und Kerusit. Interessant sind insbesondere Mineralien, die sich in den im Meer entsorgten Abraumschlacken der Silber- und Bleierze gebildet haben. Sie sind einzigartig in Lávrio und – genau genommen – nicht natürlichen Ursprungs. Knapp 70 solcher Gesteine sind bis heute bekannt (beispielsweise Thorikosit, Nilit und Penfieldit auf Silberbasis sowie Paralauronit und Matlockit auf Bleibasis). Hinzu kommen bekannte Mineralien wie Hämatit, Vulpinit, Adamit, Aragonit, Asbetit, Serpierit und Gips. Im Museum werden auch Arbeitsgeräte zur Förderung und Verarbeitung von Erz gezeigt: Loren, Steinbrechwerkzeuge und Grubenlampen.

Tägl. 8.30–15 Uhr. Eintritt 2 €, erm. 1 €. ✆ 2920-25295.

Thorikós

Hier lag der antike Hafen für den athenischen Silbererzexport und Holzimport. Einst war Thorikós eine reiche Stadt mit einer Akrópolis, griechischem Theater, Werkstätten für die Silberverarbeitung, einem befestigten Hafen sowie einem Ringwall.

Zahlreiche Funde aus der Jungsteinzeit beweisen die frühe Besiedelung des Gebiets. Später ließen sich hier die Mykener nieder, wie ihre *Thólos*-Gräber belegen. In der klassischen Epoche dienten die Wohnhäuser und Schutzbauten in der Stadt den Bergwerksarbeitern bei Lávrio. Zu ihrer Verteidigung waren außerdem Soldaten in Thorikós stationiert. Die ganze Umgebung ist noch heute durchzogen von Minen und Steinbrüchen. Auf einigen Halden kann man auch heute noch z. T. wunderbar kristallisierte Mineralien entdecken. Nach unseren Informationen ist das Sammeln auf den Halden grundsätzlich erlaubt, freilich unter Einhaltung der Spielregeln zum Erhalt der Umwelt. **Nicht genug warnen** können wir dagegen vor dem Betreten der weitgehend erhaltenen, aber z. T. sehr fragilen Stollenanlagen. Es soll schon zu mehreren Todesfällen gekommen sein!

Der weithin bekannte Spruch *Eulen nach Athen tragen* dürfte übrigens in engen Zusammenhang mit der berühmten Tetradrachme stehen, deren Silber aus den Stollen von Lávrio stammt und die eine Eule als Prägung aufweist.

Ausgrabungsgelände: Das weitläufige Gelände östlich der Straße von Lávrio nach Athen ist kaum beschildert und für touristische Besucher wenig vorbereitet. Lediglich auf das antike Theater am Hügel *Velatoúri* weist ein Schild hin: Etwa 1,8 km nördlich von Lávrio an den rot-weißen Schornsteinen des E-Werks rechts abbiegen, den Wegweisern „PPC/DEH" folgen und dann liegt das Theater nach ca. 250 m links am Hang. Das umzäunte Gelände ist durch ein Tor frei zugänglich (Stand: Frühjahr 2009). Archäologische Funde belegen die durchgängige Besiedelung vom Neolithikum (ca. 2900 v. Chr.) bis in die Zeit des Hellenismus. Bedeutend sind drei mykenische *Thólos*-Gräber aus dem 16. Jh. v. Chr. Bei einem der Gräber, es hat eine Breite von 3,5 m, ist sogar die Kuppel noch teilweise erhalten. Später, um 1200 v. Chr., wurden von den Mykenern dann Kammergräber angelegt, von denen ebenfalls eines besichtigt werden kann. Weiter oben am Hügel liegen die spärlichen Reste mykenischer Mauern und eine archaische Nekropole (ca. 1800 v. Chr.) am südlichen Hang.

Antikes Theater: Schon von der Straße aus blickt man auf das antike Theater im unteren Bereich des Hügels *Velatoúri*. Von dem halbovalen Bauwerk, das einst 31 Sitzreihen besaß, sind noch 19 erhalten. Das Theater wurde im 4. Jh. v. Chr. errichtet und fasste etwa 5000 Zuschauer. Angeblich soll es das älteste griechische Theater auf heutigem griechischen Boden sein. Westlich davon kann man außerdem die Fundamente eines *Tempels* und eines *Altars* besichtigen, die dem Diónysos geweiht waren.

Antike Stadt: Die antike Stadt – ebenfalls aus dem 4. Jh. v. Chr. – lag innerhalb der Festungsmauern, ganz oben am Hügel. Von dieser Akrópolis, die von einer Ringmauer umgeben war, sind allerdings nur noch geringe Reste vorhanden. Hie und da finden sich noch Fundamente von Wohnhäusern aus archaischer bis klassischer Zeit. Auch an den Berghängen westlich der Straße von Lávrio nach Athen (kaum beschildert) befanden sich Wohngebiete, Werkstätten und Erzwaschanlagen der antiken Stadt. Heute sind nur noch einige unscheinbare Fundamente zu sehen. Eine kleine Informationstafel in englischer Sprache und ein Lageplan geben darüber Auskunft. Weiter östlich Richtung Meer liegen die Abraumhalden des dunklen Erzes.

Di–So 8.30–15 Uhr. Mo geschlossen (im Sommer 2008 war das Gelände frei zugänglich). Eintritt frei.

Antiker Hafen: Östlich des *Velatoúri*-Hügels mit dem Theater schließt sich eine nach Süden gebogene Landzunge an, auf der heute das E-Werk steht. An dieser *Ágios Nikólaos* genannten Halbinsel lag einst der antike Hafen von Thorikós. Reste der Befestigungsmauern sind noch in Fundamenten erhalten.

Ágios Konstantínos: ehemaliger Bergwerksort im Landesinnern. Am westlichen Ortsausgang stehen ein verrosteter Förderturm und mehrere Natursteinpfeiler, über die einst eine Loren-Bahn für den Erztransport hinunter zum Hafen Lávrio führte.

Im Zentrum zweigt eine Straße südlich ab, die mit „Ancient Mine Workshop" beschildert ist. Entlang dieser Straße (schlechter Zustand) befinden sich auf der linken Seite zahlreiche Stolleneingänge der ehemaligen Erzbergwerke. Vorsicht, sie sind allesamt völlig ungesichert und schon jahrelang nicht mehr auf Einsturzgefährdung überprüft worden.

In Ágios Konstantínos

Mineralogisches Museum Kamáriza: Ágios Konstantínos, Platía. Das winzige Museum ist im Rathaus der Gemeinde untergebracht. Die Mehrzahl der Exponate stammt aus dem größten Abbaustollen der Region, der von einer französischen Gesellschaft betrieben wurde. Zu sehen sind etwa 50 verschiedene Mineralien und diverse Ausrüstungsgegenstände der Stollenarbeiter vom Neolithikum bis ins 19. Jh.: Lampen, Werkzeuge und Kleidung. Im Museum kann man auch einige Erze kaufen.

Mi, Sa, So 10–14 Uhr, Mo, Di, Do, Fr geschlossen. Eintritt 1 €.

Apostólou-Pávlou-Kloster: östlich oberhalb von Paliokamáriza am Hang. 1975 aus den Steinen einer alten Brücke errichtete Anlage, die von etwa 20 Nonnen bewohnt wird. Die Klosterkirche ist teils mit Fresken ausgestattet, die im Original-Fresko-Stil, d. h. eine zweite Schicht auf den noch feuchten Putz, aufgetragen wurden. Liebevoll gepflegte Anlage mit Blick aufs Meer. Namenstag ist der 29. Juni.

Mo–Sa 8–12 und 17–19 Uhr, So geschl., angemessene Kleidung Pflicht.

Östliches Áttika

Das östliche Áttika wird von zwei Bergmassiven geprägt: dem Pentelikón und dem Ymittós. Südlich schließt sich die breite *Mesógia*-Ebene („Mittelland") an, in der auch der neue internationale Großflughafen bei Spáta errichtet wurde. In den Orten gibt es einige sehenswerte Kirchen, ansonsten sollte man vor allem das antike Theater bei Diónysos besuchen. Die Küste bietet zudem einige angenehme und touristisch gut erschlossene Badeorte. Was selbst die wenigsten Athener wissen: Auch ein Zoo ist hier zu besichtigen.

Pentelikón-Bergmassiv (Pentéli)

Mit 1108 m ist der Óros Pentelikón das zweithöchste Gebirgsmassiv Áttikas. Berühmt wurde es durch die großen Marmorsteinbrüche und die Landhäuser der Herzogin von Plaisance.

Das Pentelikón-Gebirge trennt den Kessel der Stadt Athen von der Küstenebene zwischen Rafína und Marathónas. Archäologischen Funden zufolge waren die im

Norden dicht mit Kiefern bewaldeten Hänge schon in neolithischer Zeit bewohnt. Der Marmorabbau, der bis heute riesige Wunden in den Berg – besonders im Süden und Südwesten – gerissen hat, wird seit etwa 600 v. Chr. betrieben. Vor allem für die frühen (um 550 v. Chr.) und klassischen (um 450–440 v. Chr.) athenischen Prachtbauten wurde pentelischer Marmor verwendet, der durch seinen geringen Eisengehalt einen leichten Gelbstich annimmt. Das bekannteste Bauwerk ist selbstverständlich die Akrópolis. Auch die Römer bauten Marmor vom Pentelikón ab. Danach lagen die Bergwerke still, bis im 19. Jh. die Förderung wieder aufgenommen wurde. Noch heute wird, wenn auch nur in vergleichbar geringen Mengen, pentelischer Marmor gebrochen. Die Marmorbrüche aus antiker Zeit liegen nordöstlich des Dorfs Néa Pentéli auf 700–1000 Höhenmetern. Hinauf führt ein ebenfalls aus der Antike stammender Pflasterpfad, auf dem die Blöcke damals abtransportiert wurden. Nicht ganz leicht zu finden ist dagegen der Eingang einer kleinen *Tropfsteinhöhle* am unteren, nordöstlichen Rand des Abbaugebietes. Zu sehen gibt es einige Stalaktiten, in den Fels gemeißelte Inschriften und den byzantinischen Doppeladler. Archäologen vermuten hier eine frühchristliche Altarstätte. Vom Abbaugelände gelangt man zu Fuß in etwa 1,5 Std. auf den Pentelikón-Gipfel (*Pirgári*), wobei die höchste Stelle durch eine militärische Radarstation unzugänglich ist. Früher befand sich dort ein Standbild der Göttin Athína.

Deutliche Verkehrsentlastung in der Stadt: Attikí Odós – Täglich über 1 Million Liter Benzinersparnis seit Fertigstellung

Rechtzeitig vor den Olympischen Spielen wurde der letzte noch verbliebene Teil der Athener Stadtumgehungsautobahn für den Verkehr freigegeben. Die Attikí Odós verläuft nördlich und östlich an den Athener Außenbezirken vorbei bzw. in Süd-Nord-Richtung zwischen Neo Faliro und Moscháto („Lamía-Autobahn"). Im Westen zweigt die Attikí Odós von der Peloponnes-Autobahn nach Kórinthos (bzw. direkt der ins Zentrum von Athen führenden Leofóros Athinón) ab und führt nördlich des ausschließlich vom Militär genutzten Flughafens von Elefsína auf die Nord-Umgehung. Sie führt vorbei an den Vororten Áno Liósia und Metamórfosi gen Osten und trifft dort auf die Autobahn von Athen über Lamía nach Thessaloníki. Nach dem Autobahnkreuz verläuft die Attikí Odós weiter südöstlich durch die Vororte Néa Iráklio, Maroússi (Olympiazentrum) und Vrilisía. Dort verzweigt sie sich. Die Hauptstrecke führt über Gérakas und Pallíni sowie Korópi und Markópoulo bis zum Flughafen.

Anfang 2004 wurden auch die Abzweigung über Stavrós und Glyká Nerá sowie eine Stichstraße westlich des Ymittós-Berges bis Katecháki (Abzweig bei Stavrós) fertig gestellt.

Tarife Die Attikí Odós ist mautpflichtig. Pro Fahrt werden – unabhängig von der zurückgelegten Fahrstrecke – für Pkw 2,70 € erhoben, ebenso für Fahrten zum Flughafen (Stand: Frühjahr 2009).

Das schönste Kloster an den Hängen des Pentéli ist sicherlich das *Kímissi Theotókou Pentélis* im Südwesten auf etwa 400 m Höhe. Es liegt zwischen den Orten Pentéli, Néa Pentéli sowie Áno Pentéli und ist von Athen aus über die Leofóros Pentélis zu erreichen. Die große Anlage wird noch heute von Mönchen bewirtschaftet. Sehenswert sind der Glockenturm, der Arkadenhof sowie die Klosterkirche, die auf das Jahr 1233 zurückgeht. Trotz Restaurierung Mitte des 19. Jh. sind noch einige der originalen Wandmalereien aus byzantinischer Zeit erhalten. Hinzu kommen prachtvolle Ikonen, Gemälde und Reliquien aus dem 16. und 17. Jh. Weiter im Südosten ist auch das Kloster *Daoú Pentélis* bei dem Weiler Daoú Pentéli (ca. 1,5 km vor Kallitechnoúpoli) einen Blick wert. Es wurde im 12. Jh. von Mönchen gegründet und etwa um 1650 erheblich erweitert. Damals entstand der große Wehrturm, der heute abgestützt werden muss. Interessant ist die hohe Kuppel, die nicht wie ansonsten üblich von vier oder acht, sondern von sechs Säulen getragen wird.

• *Anfahrt* Asphaltierte Straße bis zum Gipfel, von Athen aus über den Vorort Kifissiá. Von Pentéli aus asphaltierte Verbindung über einen 700 m hohen Pass an die Ostküste nach Néa Mákri. Ansonsten mehrere Schotterwege an den Hängen, aber keine weitere Verbindung über das gesamte Massiv hinweg.

Diónisos

Der kleine Ort am nördlichen, stark bewaldeten Hang des Pentelikón-Gebirges liegt etwa 25 km vom Zentrum Athens entfernt. Der Name *Diónisos* ist zweifellos mit dem antiken Weingott verbunden, und nach der Überlieferung fanden hier auch die *Dionysien* statt, die berühmt-berüchtigten Weinfeste. Vergleichbar mit unserem Karneval gehörten Masken, Verkleidung sowie Tanz und exzessiver Weingenuss zum ländlichen Vergnügen in klassischer Zeit. Der Ort des Geschehens kann heute auf dem Ausgrabungsgelände besichtigt werden. Das ehemalige Diónysos-Heiligtum wurde 1890 wiederentdeckt.

Antikes Theater: Die spärlichen Überreste stammen aus dem 6. und 5. Jh. v. Chr. Ein Bühnenhaus war wahrscheinlich nicht vorhanden. Links der Spielfläche sind noch Fragmente des obligatorischen Diónysos-Altars zu sehen, auf dem vor jeder Vorstellung Opfer dargebracht wurden. Etwas weiter Richtung Eingang sind noch Teile eines steinernen Ehrensitzes zu erkennen, der hochrangigen Gästen oder Theaterkritikern vorbehalten war. Nordwestlich des Theaters sind Fundamente auf einer Fläche von 9 x 7 m zu sehen, die einst zu einem Tempel des Apóllon-Diónysos gehörten. Von seinem Standbild in der Cella existiert allerdings nur noch die Basis. Nebenan sind Reste eines Priesterhauses und von Mauern erhalten.

Freilichtmuseum für alte Steinbruchtechnik: in Aloúda bei Diónisos. Das äußerst interessante und sehenswerte Museum mit einer Gesamtfläche von fast 140.000 m^2 wurde zwischen 1994 und 1998 angelegt und war seinerzeit das erste Museum dieser Art in Griechenland. Heute existiert nur noch ein zweites Freilichtmuseum für Steinbruchtechnik nahe dem Dorf Kóronos auf der Insel Náxos. Das Gelände bei Diónisos wurde von ehemaligen Steinbrucharbeitern und Landschaftsarchitekten weitgehend wieder in den Originalzustand versetzt. Zwischen Mitte des 19. Jh. und 1986 wurde hier weißer pentelischer Marmor abgebaut, der für Bildhauerarbeiten, aber auch für Pflastersteine und Marmorplatten Verwendung fand.

Im Eingangsbereich befinden sich ein kleines griechisches Theater sowie einige Steinhäuser der Arbeiter (*Kamáres*). Der große Berg aus Steinsplittern ist eine „Abfallhalde", die bei der Weiterverarbeitung der großen Steinblöcke entstanden ist. Vom Eingang aus führen schmale Pfade, Terrassen, Treppen und Rampen durch das Gelände. Zunächst gelangt man auf ein kleines Plateau mit fantastischem Rundblick. Es folgt eine Abbaustelle, an der der Stein in traditioneller Handarbeit gebrochen wurde. Nun steigt der Weg durch eine teils natürliche, teils künstlich aufgeschichtete Felslandschaft an, deren Relief dem ehemaligen Zustand des Steinbruchs entspricht.

Am Ende des aufsteigenden Weges erreicht man eine Treppe, die zu einem Plateau führt. Zu sehen gibt es auch noch einige Abschnitte der ehemaligen Transportbahn, mit der die Blöcke den Berg hinunter zur Bearbeitungsstation gebracht wurden. Der alte Verladebahnhof der Strecke nach Diónisos ist ebenfalls noch erhalten.

• *Verbindungen* Mit dem Linienbus von Diónisos nach Néa Mákri an der Station „Steinbruch Diónysos-Pentelikón" aussteigen und in die Eólidos-Straße einbiegen. Am Ende dieser Straße führt ein Feldweg zum Freilichtmuseum.

Ⓞ Ganztägig, Info-Stand Sa/So geschl. Eintritt frei.

Deutscher Soldatenfriedhof: in Rapendósa, nur 2 km östlich von Diónisos. Fast alle der über 10.000 während des Zweiten Weltkriegs in Griechenland gefallenen deutschen Soldaten wurden hier bestattet. Nur die Toten der Schlachten um Kreta sind auf der Insel beigesetzt. Herrlicher Blick über die Ebene von Marathónas.

Pallíni: Der kleine Ort Pallíni liegt zwischen den Gebirgszügen des Pentelikón und des Ymittós etwa 15 km vom Athener Zentrum entfernt an der Straße nach Rafína. Von der antiken Stadt Palléne ist praktisch nichts mehr erhalten. Einst befand sich hier auch ein Tempel der Göttin Athiná Pallenís. Er stand wahrscheinlich im mythologischen Zusammenhang mit den 50 Söhnen des attischen Prinzen Pallás. In Athener Frühzeit schlug der exilierte Tyrann Peisístratos auf den Feldern von Palléne das athenische Heer und zog als neuer Führer wieder in die Stadt ein (etwa 545 v. Chr.).

Spáta/Flughafen Elefthérios Venizélos

Spáta wird heute als Synonym für den neuen Großflughafen von Athen gebraucht (nähere Informationen im Kapitel „Anreise"). Das gleichnamige Dorf liegt im Zentrum der Ebene von Spáta, die heute fast vollständig vom Flughafengelände eingenommen wird. In der Umgebung des Ortes wurden Ende des 19. Jh. einige mykenische Kuppelgräber entdeckt. Ansonsten erlangte die Gegend früher durch den Weinanbau eine größere Bedeutung.

Internationaler Flughafen Athen „Elefthérios Venizélos"

Traurige Berühmtheit erlangte der Athener Flughafen, als am 14. August 2005 ein zypriotisches Charterflugzeug mit 121 Menschen an Bord im Landeanflug rund 10 km nordöstlich des Flughafens bei der Ortschaft Grammatikó am Boden zerschellte. Insbesondere die dramatischen Umstände bleiben im Gedächtnis: Ein radikaler Druckabfall ließ Flugpersonal und Passagiere ohnmächtig werden, sodass die Maschine per Autopilot in ihr Unglück steuerte.

Dabei zeigte sich aber auch, wie richtig die Entscheidung war, den neuen Flughafen von Athen weit außerhalb des Stadtgebietes zu verlagern. Noch vor wenigen Jahren flogen die Maschinen im niedrigen Landeanflug über stark besiedelte Vororte, bevor sie im alten „Ellinikón" aufsetzten. Der aktuelle *gliding path* der nationalen und internationalen Flieger führt weitgehend über das Meer und dünn besiedelte Gebiete zum Elefthérios-Venizélos-Airport.

Attica Park – der Zoo Athens

Der im Jahr 2000 eröffnete Privatzoo liegt in Gialoú bei Spáta und bietet u. a. eine der größten Vogelsammlungen der Welt. Von der Öffentlichkeit wird er allerdings kaum wahrgenommen. Sollte sich hier das alte Vorurteil bestätigen, dass Griechen und Tiere nicht so recht miteinander können?

Die Journalistin Diana Farr Lewis kommentierte unlängst in der Athens News: „... ein gut geführter Zoo, wie eine Arche, die die Tiere bewahrt – bis die Menschen erwachsen genug sind, damit wir alle zusammenleben können".

Gegründet wurde das Privatunternehmen *Attica Park* von dem Franzosen Jean-Jacques Lesueur, der aus Paris stammt, Griechenland aber seit 1955 verbunden ist. Der Zoo ist dreigeteilt: Im Eingangsbereich gibt es vor allem einheimische Vertreter wie Land- und Wasserschildkröten, Schneeeulen, kretische *Kri-Kris* oder Wölfe zu sehen. Ein großer Teil des Geländes wird von riesigen Vogelkäfigen mit Arten aus Asien, Afrika, Amerika dominiert, darunter drollige Ibisse oder farbenprächtige Papageien, seltene Tropenvögeln und sogar Fischadler. Es ist die drittgrößte Vogelsammlung der Welt mit 1500 Exemplaren von 300 Vogelarten! Schließlich folgt der „übliche" Bereich mit Giraffen, Leoparden, Straußen, Braunbären, Storchen, Mardern, Affen und Luchsen. Besonderheit sind zwei äußerst seltene weiße Löwen, die sich in ihrer Freiluftanlage sichtlich wohl fühlen. Auch Liebhaber von exotischen Leguanen, Krokodilen oder Riesenskorpionen kommen im Reptilienhaus auf ihre Kosten. Ein kurzweiliges Erlebnis!

• *Anfahrt* Der Attica Park mit Blick auf das Ymittós-Gebirge liegt nahe dem Ort Spáta bei **Gialoú**. **Mit eigenem Fahrzeug** etwa in der Ortsmitte von Spáta beim Veropoulos-Supermarkt links abbiegen in Richtung Christoúpoli. Nach ca. 1,5 km zweigt links eine kleine Stichstraße zum Friedhof ab, daran vorbei bis hinter die Kuppe und der Beschilderung folgen. Nahe der Athener Metrostation Ethnikí Ámina fährt die **Bus**-Linie 319 etwa zweistündlich vom kleinen Busbahnhof nach Spáta (den Fahrer nach der Haltestelle fragen).

⌚ Tägl. von 9 Uhr bis Sonnenuntergang. Erwachsene 14 €, Kinder von 3–12 Jahren 10 €. Im Zoo gibt es eine Taverne und Café-Bar. Trotz des sehr hohen Eintrittspreises (Privatunternehmen ohne Zuschüsse) für Familien lohnenswert. ✆ 210-6634724-5. www.atticapark.gr.

Iguanidae

Bubo scandiacus

Ymittós-Gebirge

Der Berg Ymittós (1026 m) bietet üppige Natur, dichten Baumbestand, viele Quellen und einige wichtige Klöster. Das Gebiet ist außerdem bekannt für seinen delikaten Honig.

Das Ymittós-Gebirge zieht sich auf einer Länge von 24 km westlich entlang der Athener Vororte Papágou, Zográfou, Kaisarianí und Ilioúpoli von Nord nach Süd. Sein höchster Gipfel ist der 1026 m hohe *Efzónos*. Trotz einiger Waldbrände ist der Ymittós ein grünes Naturparadies mit etwa 100 Vogelarten, von denen manche unter Naturschutz stehen. Auch die Flora mit Wildblumen und Heilkräutern ist sehr üppig. Der Baumbestand umfasst Kiefernwälder, Olivenhaine und Platanen in der Nähe der vielen Quellen. Als besonders schön gelten die Sonnenuntergänge am Ymittós, der aufgrund seines bläulichen Kalksteines im Licht der untergehenden Sonne eine veilchenartige Farbe annimmt.

Durch die Blumenvielfalt ist der Ymittós schon seit der Antike für die Bienenzucht bekannt. Auch die Mönche im Kloster *Kaisarianí* (siehe S. 173) beschäftigten sich hauptsächlich mit der Imkerei. Im Jahre 402 spottete der Bischof Synésios, dass die Philosophiestudenten einer Schule auf dem Ymittós eher wegen des Honigs als wegen des Lehrangebots dorthin gingen. Der Honig vom Ymittós gilt heute noch als Delikatesse. Neben dem Honig sind es vor allem die zahllosen Quellen, die dem Berg seine Bedeutung geben. Die berühmteste Quelle ist die des *Ilissós*, der durchs Zentrum Athens bis nach Piräus fließt (heute weitgehend unterirdisch kanalisiert). Auch die *Kýllou-Péra*-Quelle versorgte die Stadt Athen einst unter Kaiser Hadrian mit Trinkwasser. Später wurde dem Wasser eine heilende Wirkung bei weiblicher Unfruchtbarkeit zugesprochen.

In antiker Zeit sollen sich verschiedene Heiligtümer mit Altären des Zeus, des Apóllon und des Heraklés auf dem Ymittós befunden haben. Entsprechende Funde sind jedoch nicht bekannt. Entlang des Flussbettes des *Kakórema* wurde in der Antike – vor allem im 6. Jh. v. Chr. – auch der bereits erwähnte bläuliche Marmor gebrochen. Die Steinbrüche liegen westlich des Klosters *Ágios Ioánnis Karéa*. Der Marmor wurde auch später in hellenistischer und römischer Zeit für Bauwerke verwendet. Auf der Ostseite des Gebirges befindet sich auf etwa 550 m die etwa 3800 m^2 große *Paianía*-Höhle (*Spílio Paianías* oder auch *Spílio Koutoúki* genannt). Hier wurden Kultreste aus dem 10.–6. Jh. v. Chr. gefunden. Im Mittelalter galt der Berg Ymittós wegen seiner bedeutenden Klöster als „Kleiner Áthos". Neben den bereits Erwähnten gibt es auch noch die byzantinischen Klöster *Ágios Ioánnis Theológos* (heute eine Kirche) und *Ioánnis Kanigós*Moní aus dem 12. Jh. mit einer markanten Kuppel.

Vom Athener Vorort Kaisarianí führen eine Straße und zahlreiche, nach dem Zweiten Weltkrieg angelegte Fußpfade hinauf zum Gipfel. Leider ist das Gipfelplateau militärisches Sperrgebiet. Dennoch bietet sich auch von einem etwas unterhalb gelegenen Punkt (*Mávra Vráchia*) ein hervorragender Weitblick über Athen bis zum Saronischen Golf. Das ist auch den Athenern nicht verborgen geblieben, die den Berg als beliebtes Naherholungsgebiet nutzen.

Sehenswert ist auch die *Spílio Nymfón*, die Nymphenhöhle. Sie liegt in einem südlichen Ausläufer des Ymittós und ist vom Ort Vári aus etwa 5 km nordwestlich zu erreichen. Die 1903 wiederentdeckte Kulthöhle war dem Gott Pan und den Nymphen geweiht. Archäologische Funde beweisen, dass die Tropfsteinhöhle vom 7. Jh.

v. Chr. bis in das 4. Jh. n. Chr. bewohnt war oder als Kultstätte genutzt wurde. Die Forscher fanden im Innern der durch eine Felswand in zwei Kammern geteilten Höhle vor allem Fels- und Weihereliefs, die kleine Statue einer Göttin, einen marmornen Löwenkopf und einen dem Apóllon geweihten Altar.

Anfahrt Asphaltierte Straße bis zum Gipfel, von Athen aus über den Vorort Kaisarianí. Von Paianía aus asphaltierte Zufahrt zur Höhle. Ansonsten mehrere Schotterwege, vor allem in Nord-Süd-Richtung über das gesamte Massiv hinweg.

Paianía: kleinerer Ort mit etwa 5000 Einwohnern am Osthang des Ymittós-Berges. Geburtsort des berühmten Athener Redners Demosthenes (384–322 v. Chr.). Paianía ist ein lebhaftes Landstädtchen mit einigen sehenswerten Kirchen mit Fresken aus dem 17. Jh.: *Zoodóchos Pigí, Ágios Athanásios, Ágios Dimítrios* und *Ágios Spirídon* sowie *Agía Paraskeví.*

Verbindungen Stadtbus Nr. A 5 ab der Odós Akadimías, an der Station Ethnikí Ámyna umsteigen in Nr. 125 oder 308. Ticket 1 €.

Museum Vorres: Paianía, Parodos Diadóchou Konstantínou-Straße 1. Das äußerst sehenswerte Privatmuseum des ehemaligen Bürgermeisters von Paianía, Ionas Vorres, umfasst eine zeitgenössische Sammlung griechischer Kunst- und Volkskunstobjekte. Verteilt auf mehrere alte und neue Gebäude stehen über 18.000 m² Ausstellungsfläche zur Verfügung, die für mehr als 1500 Exponate von etwa 500 verschiedenen Künstlern genutzt werden. Die Gebäude sind von einem großen Park mit mehr als 3500 Bäumen und Zierpflanzen umgeben, der seinerseits von einer neu errichteten Trockenmauer aus Natursteinen im traditionellen Baustil (ohne Mörtel) eingefasst ist. Im Park befindet sich ein kleines Café.

Die ältesten Exponate stammen aus **antiker Zeit**: Grabbeigaben für Kinder, Reliefs und einige Gefäße.

Kirchliche Kunst aus nachbyzantinischer Zeit ist durch einige Ikonen aus dem 18. und 19. Jh. vertreten, die slawischen Einflüssen unterzogen sind.

Der **Volkskundebereich** ist in drei restaurierten Bauernhäusern und einem ehemaligen Stall untergebracht. Zu sehen sind Holzgegenstände, Schnitzer- und Schreinerarbeiten, Möbel, Keramik, Küchenausstattung und Bilder.

Die **moderne Kunstsammlung** – eine der größten in Griechenland – befindet sich in einem anderen Gebäude mit gepflastertem Innenhof. Dort werden die Skulpturen größerer Formate gezeigt. In den Innenräumen des neuen Gebäudes sind vor allem die Werke zeitgenössischer griechischer Maler ausgestellt. Aber auch die modernen Bildhauer des Landes sind gut vertreten.

Weitere Exponate wie großformatige Statuen, Reliefs, marmorne Mühlsteine und eine Weinkelter finden sich im **Park**. Besonders sehenswert sind ein byzantinisches Brunnenrelief und ein Löwenkopf aus Marmor aus dem 5. Jh. v. Chr.

Ⓞ Tägl. 8.30–15 Uhr. Eintritt 4,40 €, erm. 2,10 €. ✆ 210-6642520.

Koropí: unspektakulärer, kleinerer Ort mit etwa 8.000 Einwohnern am Westrand der Mesógia-Ebene unweit des Flughafens. Einen Besuch ist die hübsche *Metamórphosis*-Kirche aus byzantinischer Zeit mit Fresken aus dem 10. Jh. wert.

Markópoulo: Der zentrale Ort der landwirtschaftlich intensiv genutzten Mesógia-Ebene hat etwa 4.000 Einwohner. Sehenswert sind auch hier mehrere schöne Kirchen mit Fresken aus dem 17. Jh.: *Ágios Konstantínos, Panagía, Agía Paraskeví, Agía Triáda* und *Agía Kyriakí.* Für die Olympischen Spiele wurden die beiden neuen Stadien gebaut, die den Landstrich dominieren: die Parcours für Dressur- und Springreiten sowie das Military-Areal. In Sichtweite davon befindet sich auch die Sportschützen-Anlage.

Myrrhinús: die spärlichen Ruinen eines antiken Dorfs. Sie liegen in der Nähe der Straße von Markópoulo nach Pórto Ráfti am Hang des Merénda-Berges. Neben einem mittelalterlichen Wachtturm wurden die Ruinen der antiken Stadt Myrrhinús ausgegraben. Gefunden wurde eine Nekropole mit 26 Gräbern aus dem 8.–4. Jh. v. Chr., Statuenteile eines männlichen und eines weiblichen *Koúros* aus archaischer Zeit sowie ein antiker Straßenabschnitt.

Keratéa: am Südrand der Mesógia-Ebene. Das etwa 5.000 Einwohner zählende Dorf ist in der Umgebung bekannt für Obst- und Weinanbau.

Im Hafen von Néa Mákri

Die Küste von Néa Mákri bis Pórto Ráfti

Entlang der buchtenreichen südlichen Ostküste von Áttika finden sich mehrere hübsche und vor allem bei Griechen beliebte Badeorte. Einige der Strände erstrecken sich über mehrere Kilometer. In der Nebensaison sind die Orte weitgehend ruhig, jedoch im Hochsommer werden sie fast vollständig vom griechischen Tourismus in Beschlag genommen. Von dem beschaulichen Hafenstädten Rafína aus existieren Fährverbindungen auf die Kykladeninseln *Ándros, Tínos* und *Mýkonos* oder nach *Káristos* auf *Évia*. Die antike Stätte Vravróna zählt zu den bedeutendsten und am schönsten an einem Ausläufer eines Hügels gelegenen *Ártemis*-Heiligtümern Griechenlands. Auf dem Gelände wurde der Sage nach Iphigénie, Tochter des Agamémnon, begraben.

Néa Mákri

Dieser lang gezogene, beliebte Badeort liegt 32 km nordöstlich von Athen an den Ausläufern des Pentelikón-Gebirges.

Néa Mákri besteht aus einer größeren Wohnstadt etwa 1 km im Landesinnern und einer touristisch ausgeprägten Strandsiedlung. Der Sandstrand zieht sich entlang der gesamtem Küstenlinie, dahinter verläuft die Paralía, von der einige Abschnitte an den Sommerabenden für Autos gesperrt werden. Der Strand ist leidlich sauber, besteht aus teils mit Kies durchsetztem Sand, teils nur aus kleinen Kieselsteinen. Viele Hotels und gute touristische Infrastruktur sind vorhanden. Wenngleich Ort und Hafen auf den ersten Blick verschlafen aussehen, so sind die Plätze gegen Abend recht bevölkert, vor allem, wenn der Strandclub La Costa seine Pforten öffnet.

• *Verbindungen* Die **Linienbusse** von Athen nach Néa Mákri fahren ab Athen von ca. 6–22 Uhr etwa halbstündlich ab Ecke Platía Egýptou/Mavromatéon-Str. 18 vor dem Áreos-Park (wenige hundert Meter östlich der Metrostation Platía Victória). Die Fahrt nach Néa Mákri dauert ca. 1 Std. und kostet 2,40 € (Tickets im Bus). Für die Fahrt nach Athen liegen mehrere Bushaltestellen an der großen Durchgangsstraße Leofóros Marathónas.

• *Übernachten* *** **Hotel Marathon Beach**, Néa Mákri, an der südlichen Paralía (ausgeschildert), vermietet werden 166 Zimmer in rustikaler Einrichtung, teils mit Parkettböden, Bad, Telefon und Balkonen mit Blick auf die Bucht von Marathónas. Zum Hotel gehören ausgedehnte Grünanlagen, ein Salzwasser-Pool, eine Bar, ein Restaurant und ein Tennisplatz. Einmal pro Woche Barbecue. EZ 46–63 €, DZ 60–80 € inkl. Frühstück, Halbpension kostet 18 € Aufschlag pro Person. ✆ 22940-91255, 📠 22940-95307, hotelmb@otenet.gr.

*** **Hotel Nireus (Nirefs)**, Néa Mákri, Posidónos 22, an der südlichen Paralía, vierstöckiges, modernisiertes Gebäude unweit des Strands in einem hübschen Gartengelände. Es stehen 125 Zimmer in rustikaler Einrichtung zur Verfügung. Alle Zimmer mit Bad, Telefon und Balkon, entweder mit Meeresblick oder auf die Hänge des Pentelikón-Gebirges. Im Hotel gibt es ein Restaurant und eine Bar, im Garten mehrere Terrassen und einen großen Pool. Guter Service. EZ 80 €, DZ 75–130 € inkl. Frühstück sowie Lunch oder Dinner. ✆ 22940-91214, 📠 22940-93486, www.nireushotel.gr.

** **Apartments Ballos**, sehr geräumige Apartments mit Wohn- und Schlafzimmern, eingerichtet mit dunklen Holzmöbeln. Saubere, hell gekachelte Bäder, voll ausgestattete Küchen, Klimaanlage, Telefon und große Balkone. Deko etwas karg und antiquiert, aber viel Platz. Das Haus liegt etwas zurückgezogen vom Meer, dazwischen ein üppig grüner Garten mit vielen Palmen und Bäumen, Sitzgruppen und einem Grillplatz. 88–115 € pro Tag bei einem Mindestaufenthalt von 5 Tagen. Geöffnet April–Okt. ✆ 22940-93689, 📠 22940-95250, www.ballosapartments.gr.

Nea Makri, Néa Mákri, Leofóros Marathónas 156, hübsches, ebenes Gras- und Sandbodengelände mit vielen Bäumen und Buschwerk, reichlich Schatten. Sanitäre Einrichtungen (24 Std. warmes Wasser) schon deutlich älteren Datums, könnten eine Renovierung gut vertragen. 350 m zum Meer. Mini-Markt, Cafeteria-Bar, Grillküche, Waschmaschine und kleiner Kinderspielplatz auf dem Platz, großer Supermarkt und Wassersportgerätevermietung 2 Min. außerhalb. Volleyballfeld am Strand. Viele griechische Camper haben hier ihren Wagen das ganze Jahr über abgestellt, insofern begrenzter Platz. Ganzjährig geöffnet. Preise pro Tag: Person 6 €, Zelt 4,50–5 €, Auto 4 €, Wohnwagen 5 € und Wohnmobil 6,50 € (Preisnachlass in der Nebensaison). ✆ 229 40-99160, 📠 22940-92719, linos@otenet.gr.

• *Essen* **Tráta**, an der Paralía, ca. 200 m nördlich des kleinen Hafens. Unter den zahlreichen Fischtavernen am Hafen gilt Tráta bei den Einheimischen als eine der besten. Man sitzt unterm Sonnendach draußen an der Uferstraße oder im Innenraum. Spezialitäten sind Shrimps, Langusten, Kalamari und diverse Fischsorten je nach Fang. Ortsübliche Preise.

Koráli, an der südlichen Paralía. Plätze auf einer Terrasse am Meer mit wunderschönem Blick über die ganze Bucht und windgeschützter Innenraum mit Glasfront. Es gibt die üblichen Fischgerichte je nach Saison. Preise im Rahmen.

Rafína

Das beschauliche Hafenstädtchen an der Ostküste Áttikas liegt etwa 28 km vom Athener Zentrum entfernt. Bisher ist es weitgehend griechisch geblieben. Es bestehen Fährverbindungen auf die Kykladen und nach Évia. Beliebt für Badeausflüge.

Rafínas stimmungsvoller kleiner Hafen ist für maximal eine Hand voll Fährschiffe ausgerüstet. Sie fahren meist 1- bis 3-mal am Tag zu den Kykladeninseln *Ándros*,

Tínos und *Mýkonos* oder nach *Káristos* auf *Évia*, einmal pro Woche auch nach *Sýros, Páros, Náxos* und *Amorgós*. In dem kleinen Hafenhalbrund drängen sich lautstark gestikulierende Fischhändler, zahlreiche Tavernen und die Ticketbüros der großen Gesellschaften auf engem Raum. Außerdem findet man dort das Büro der Hafenpolizei, einige Kioske und Bankautomaten. Tagtäglich spielt sich ein buntes Durcheinander ab. Selbst wer hier nicht mit einer Fähre abreist, sollte einen Blick in den Hafenbezirk und auf die Fischgeschäfte werfen. Erstaunlich, was hier noch alles aus dem Meer geholt wird: Fein säuberlich auf Eis gestapelt liegen Kisten voller zentimeterlanger „Gopa“-Fischchen, Bündel glitschiger Tintenfische und Prachtexemplare von einem halben Meter.

Einsam auf dem Meer unterwegs

Etwas oberhalb vom Hafen liegt die ruhige *Platía Plastíra* mit Bänken und Spielflächen für Kinder sowie zahlreichen Café-Bars mit griechischer Musik. Hier finden sich auch ein Hotel, ein paar Läden und zwei Kioske, außerdem ein großer Taxistand. Die beiden Haupteinkaufsstraßen von Rafína treffen beide auf die Platía Plastíra. In der *Kyprion-Agoniston-Straße* gibt es Waren des täglichen Bedarfs genauso wie touristische Artikel. Die *Ethnikís Antistátheos*, mit praktisch den gleichen Geschäften, führt an der dem Hafen gegenüberliegenden Stirnseite der Platía vorbei. Rund um den Hafen, in den Seitenstraßen der Platía und an der Landstraße nach Athen liegen zahlreiche Tavernen. Auf dem Gebiet der heutigen Stadt wurden geringe Spuren einer jungsteinzeitlichen Siedlung entdeckt. Etwa 7 km landeinwärts wurden im Dorf *Pikérmi* paläontologische Funde von großen afrikanischen Säugetieren aus dem Pliozän (vor etwa 8 Millionen Jahren) entdeckt.

• *Verbindungen* Die **Linienbusse** von Athen nach Rafína fahren ab Athen von ca. 6–22 Uhr etwa 30–45 Min. ab Ecke Platía Egýptou/Mavromatéon-Str. 18, vor dem Áreos-Park (wenige hundert Meter östlich der Metrostation Platía Victória). Die Fahrt nach Rafína dauert zu normalen Tageszeiten ca. 45–50 Min. und kostet 2,20 € (Tickets im Bus). In Rafína fährt der Bus bis zum Hafen hinunter. Die Haltestelle für die Fahrt nach Athen liegt an der Hafenausfahrt. Im Sommer auch 12-mal tägl. Verbindungen zum neuen Flughafen nach Spáta (im Winter seltener). Abfahrten am Hafen, Ticket 3,50 €.

• *Adressen* **Post**, Elefthériou-Venizélou-Str., erste Querstraße nördlich des Hauptplatzes.

• *Übernachten* **** **Hotel Avra**, Rafína, Paralía, links der Hafenausfahrt, vermietet werden 96 Zimmer, die sich auf einen alten und einen neuen Teil des Hotels verteilen und alle grundlegend renoviert wurden. Alle mit Telefon und Heizung für den Winter und alten, aber sauberen Bädern. Die Zimmer sind geschmackvoll mit dunklen modernen Holzmöbeln eingerichtet, weiß geflieste Bäder mit abgemauerter Dusche. Alle mit Meeresblick-Balkonen, Klimaanlage, Internet, Telefon und TV. DZ im alten Hotelteil je nach Ausblick 85–95 €, Superior Room ab 120 € (jeweils inkl. Frühstück). ✆ 22940-22780, ✆ 22940-23320, www.hotelavra.gr.

Camping Kokkino Limanaki, Rafína, Dimokratías 100, 2 km nördlich der Stadt oberhalb

Östliches Áttika

der Bucht Kókkino Limanáki, ordentlich gepflegter, auf verschiedenen Ebenen angelegter Platz von ca. 12 ha Größe. Ruhige Lage und schattige Stellplätze durch viele Bäume. Großes, sauberes Waschhaus, rund um die Uhr warmes Wasser. Waschmaschine und Mini-Markt vorhanden. Zugang zum Strand ca. 3 Min. die Treppen hinunter. Zelte und kleine Bungalows können gemietet werden. Geöffnet 1.4.–30.9., Bushaltestelle an der Rezeption. Preise je nach Saison pro Tag: Person 6 €, Zelt 4,5–5,50 €, Auto 4–4,50 €, Motorrad 2,50–3 €, Wohnwagen 6 €, Wohnmobil 7,50 €, Stromanschluss 3 € und Bungalow ab 25 €. ✆ 22940-31604, 📠 22940-31603, travelnet@otenet.gr.

• Essen **Tou Égkre i Kalí Kardiá**, D. Píndou 22. Hübsch gestalteter Innenraum mit farbenfrohen naiven Motiven aus dem Weinbau und Tavernenszenen. Seit 1922 im Besitz einer aus Kleinasien vertriebenen griechischen Familie. Es gibt zahlreiche Vorspeisen, gute Salate, viele Gerichte aus dem Backofen, Lamm- und Schweinefleisch sowie einige Sorten Fisch. Dazu offener Wein vom Fass. Neben dem Gebäude stehen einige Tische im Innenhof. Man spricht nur griechisch.

Ta Kavoúria tou Asimáki, Limáni Rafínas. Gleich die erste Taverne an der Hafeneinfahrt auf der linken Seite. Tische im Innenraum und an der Paralía. Chef Kosmás Kalpákis serviert alle Fischsorten der Saison, täglich frisch von den Fischern Rafínas. Freundlicher Service, aber nur in griechischer Sprache. Gilt unter den Einheimischen als eine der besten Tavernen im Hafen. Preise im ortsüblichen Rahmen.

Galíni, Limáni Rafínas. Am Hafen nahe des Anlegers. Eine der vielen Fischtavernen an der Paralía. Plätze unterm Sonnendach mit Hafenblick. Breites Angebot je nach Fang.

Balkóni sto Kókkino Limanáki, Dimokratías 100, das Restaurant und Café des Campingplatzes. 2 km nördlich der Stadt oberhalb der Bucht Kókkino Limanáki. Romantisches Plätzchen mit wunderschönem Meeresblick, das am späteren Abend vor allem griechische Gäste aufsuchen. Spezialitäten sind die Mezé-Gerichte, verschiedene Saganáki, Spaghetti mit Meeresfrüchten und die Desserts. Sehr freundlicher Service und hervorragende Qualität des Essens. Im Sommer gibt es auch Tagesgerichte für die Camper. Eine Treppe führt auf die Dachterrasse hinauf, die als Café betrieben wird und besten Buchtblick bietet. Von Ostern bis Ende September geöffnet. Preise im Rahmen. Im Sommer Plätze reservieren unter ✆ 22940-75888.

Loútsa

Das größere Landstädtchen liegt unweit des neuen Flughafens direkt an der Küste und ist ein bei den Athenern beliebter Badeort. Mehrere Badestrände und eine gute touristische Infrastruktur sind vorhanden.

In der Umgebung von Loútsa wurden Fundamente eines *Peripteros*-Tempels im dorischen Stil des 4. Jh. v. Chr. entdeckt. Der *Naós* war der Göttin Ártemis geweiht. Über die weitere Entwicklung der Stadt in der Antike ist nichts bekannt. Loútsa hat drei Strandabschnitte: einen kleinen im Süden, einen mittleren im Zentrum und einen lang gezogenen Strand im Norden der Stadt. Hier setzt sich die Uferstraße *25. Martíou* noch einige Kilometer nach Norden fort. Der Strand ist feinsandig und wird in Stadtnähe im Sommer von der Kommune gereinigt. Das flache Wasser ist fast überall etwas wärmer als sonst an der Ostküste, da es bis zu 500 m vor der Küste nur bis Brusthöhe reicht. Ideal für Familien mit Kindern.

• Einkaufen Die vom Zentrum nach Norden führende Leofóros Artémidos ist die Haupteinkaufsstraße von Loútsa. Hier gibt es alles, was für ein griechisches Landstädtchen typisch ist, bei Weitem nicht nur touristischen Bedarf.

• Übernachten **Hotel Medoussa**, Lóutsa-Artemis, Leofóros Artémidos 2, schon älteres Hotel mit 15 Zimmern im Zentrum. Steinfundamentbetten mit Holzumrahmung. Alle Zimmer mit TV, Klimaanlage, Heizung im Winter und weitgehend mit Meeresblick-Balkonen. Bäder auch schon ältere Semester, aber sauber. Zimmer ab 66 € ohne, 76 € mit Meeresblick. ✆ 22940-82213-4.

• Essen & Trinken **Serífis**, Leofóros Vravrónos 4. Die Taverne von Chef Níkos Serífis bietet Plätze auf beiden Seiten der Straße. Es gibt Fischspezialitäten wie Rotbarsch, Tsipoúra, Saganáki-Garída, Garnelen und

Oktopus. Lamm- und Schweinefleischgerichte vom Grill. Auch Spagetti werden angeboten, da der Küchenchef Italiener ist. Guter Service, normale Preise.

Manoúli, Dimitríou Frángou 3. Breite Auswahl an griechischer Küche. Fisch- und Fleischgerichte vom Grill und aus dem Tontopf sowie Pizzen. Plätze im Innenraum und auf einer Terrasse direkt am Meer.

Páris, Agíou-Nikoláou-Str., am Fußballplatz am nördlichen Stadtausgang. Großer, hallenartiger Innenraum und überdachtes Außenareal hinter ein paar Tamarisken am Strand. Spezialität des Hauses sind Fischgerichte: Sinagrída, Sargós, Sfirída, Mariada, Kabeljau, Schwertfisch, Oktopus und Kalamari. Gut sind aber auch die Paidákia und Biftéki. Preise im Rahmen.

Panórama, Loútsa-Vravróna, Leofóros Vravrónos 62. Plätze im Innenraum und auf dem Dachgarten mit schönem Meeresblick. Die Karte bietet diverse Fischgerichte wie Rote Meeräsche, Oktopus, Kalamari und Shrimps, aber auch Souvlákia vom Lamm, Rind und Schwein. Empfehlenswerte Grillküche. Von Mai bis September tägl. ab 13 Uhr geöffnet, an Wochenenden die ganze Nacht. Griechische Musik, Preise im unteren Rahmen.

To Misó Pithári, Leofóros Artémidos 6. Große Auswahl an Fastfood und sehr beliebt bei Einheimischen. Pítes in vielen verschiedenen Variationen. Angeboten werden Schweine- und Hühnchenfleisch, Choriátiki und diverse Käsesalate. Innen eine Hand voll Tische.

Café Médousa, Leofóros Artémidos 2, im Erdgeschoss des gleichnamigen Hotels. Plätze innen und außen in einem kleinen Steingarten mit Sonnenschirmen direkt am Strand. Eis, Kaffee, Wein, Drinks und deutsches Bier vom Fass. Als eines der wenigen Cafés in Loútsa ganzjährig geöffnet.

Café Nóstos, 25. Martíou-Str. 32, direkt neben dem Windsurf-Center am Strand nördlich der Stadt. Der freundliche junge Dimítrios führt diese nette Strandbar in einem schönen Ambiente mit Tamarisken und Schirmen aus Palmenblättern. Frisch gepresster Orangensaft, Kaffee, Bier, Wein und Drinks ab dem frühen Morgen. Abends bis tief in die Nacht Barbetrieb mit Pop-Musik, dank der abgeschiedenen Lage wird nicht selten am Strand getanzt bis die Sonne aufgeht. Ganzjährig geöffnet.

Eródios, Loútsa-Vravróna, Leofóros Vravrónos 60. Plätze in einem hübsch mit viel Holz und einem alten Schiff gestalteten Areal direkt am Strand. Es gibt hervorragendes Eis, ein Dutzend Sorten Kaffee, Waffeln, Toasts, Bier, Wein, Drinks und Cocktails.

• *Nachtleben* Etwa 500 m nördlich des Stadtzentrums liegen mehrere Diskotheken und Musik-Klubs ab der Leofóros Artémidos 135 fast direkt nebeneinander: zum Beispiel **Ekkedron Club**, **Palazzo**, **Akrópolis**, **Extasy** und **Famous**.

• *Sport* **Athens Windsurf Center**, 25. Martíou-Str. 34, am Strand nördlich der Stadt. Bretter und Segel der Marke F2. Nur im Sommer geöffnet.

Vravróna (Braurón)

In dem Ártemis-Heiligtum am Ausläufer eines Hügels, auf dem ehemals die prähistorische Stadt Vravróna lag, wurde Iphigénie, die sagenhafte Tochter des Agamémnon, begraben.

Vravróna zählt zu den ältesten Städten des antiken Áttikas. Das nicht weit vom Meer entfernte Heiligtum war schon 3500 v. Chr. bekannt und wurde im 3. Jh. v. Chr.nach mehreren Flutkatastrophen – als der hinter der Stoá entlanglaufende Fluss Erasinós über die Ufer trat – nicht wieder aufgebaut. Die ältesten Fundstücke deuten auf eine Besiedelung im Neolithikum hin. Später, um 800 v. Chr. (der Zeit Homers), wurden hier Iphigénie und Ártemis verehrt. Ihre Blütezeit erlebte die Stätte als Jungfrauen-Heiligtum im 5. und 4. Jh. v. Chr. Die am oberen Rand des Geländes stehende Kirche *Ágios Geórgios* wurde im 15. Jh. errichtet und besitzt im Innern noch Reste von Fresken.

• *Verbindungen* Die **Linienbusse 304, 305** und **316, 321** von Athen nach Vravróna fahren ab Ethnikí Ámyna (Metrostation). Selbstfahrer orientieren sich an der Markópoulo Messogíon, an der Straße von Markópoulo nach Loútsa, etwa 1 km von der Küste entfernt.

⌚ **Museum und archäologische Stätte** haben Di–So 8.30–15 Uhr geöffnet, Mo geschl. Eintritt 3 €, erm. 2 € (unter 19 J. und EU-Studenten frei). ✆ 22990-27020.

Ártemis-Heiligtum in Vravróna

Naós Artémidos: Nördlich der Kapelle Ágios Geórgios liegen die etwa 10 x 20 m großen Fundamente eines dorischen Tempels aus dem 5. Jh. v. Chr. Ein Jahrhundert zuvor stand an derselben Stelle ein älterer Tempel, der vom persischen Heer zerstört wurde. Nördlich und südlich der Ruinen befinden sich noch die Überreste einer Mauer und einer Terrasse.

Grab der Iphigénia: Das sagenhafte Grab der Tochter des Agamémnon ist wahrscheinlich das älteste Bauwerk im Heiligen Bezirk von Vravróna. Die eingestürzte Höhle aus Tuffstein befindet sich etwa 10 m südöstlich des Ártemis-Tempels am Hang des Hügels. Folgt man dem Mythos, so starb Iphigénia in Braurón, nachdem sie von Tauris mit dem hölzernen Bild der Göttin zurückgekehrt und Artemis-Priesterin geworden war. Die im Grab gefundenen Kultobjekte reichen bis ins 8. Jh. v. Chr. zurück. Nebenan liegen die Fundamente des Priesterinnenhauses.

Stoá: Als um 430 v. Chr. das Heiligtum seinen größten Bekanntheitsgrad in der griechischen Welt erlangte, wurde der Bezirk um eine große, 36 m lange Kulthalle und einen Hof erweitert. Die ehemaligen dorischen Säulen wurden später wieder aufgerichtet und stellen heute das Wahrzeichen der Ausgrabungsstätte dar. Vom Hof sowie den Weihe- und Schlafräumen sind noch die Fundamente erhalten. Westlich hinter der Stoá sind noch Ruinen einer *antiken Steinbrücke* aus dem 5. Jh. v. Chr. zu besichtigen.

Archäologisches Museum: an der Ausgrabungsstätte. In dem Museum werden nicht nur Stücke aus Vravróna ausgestellt, sondern praktisch die wichtigsten Funde aus dem gesamten Gebiet der Mesógia-Ebene. Der erste Blick gilt jedoch dem Modell des Heiligen Bezirks.

In **Saal 1** befinden sich Keramik und Kleinkunst vom 9. bis 2. Jh. v. Chr., vor allem Vasen und Goldschmuck. Sehenswert sind eine Schmuckschatulle aus Alabaster und ein Spiegel aus der Zeit Iphigénies. **Saal 2** versammelt Votivreliefs aus dem Leben der

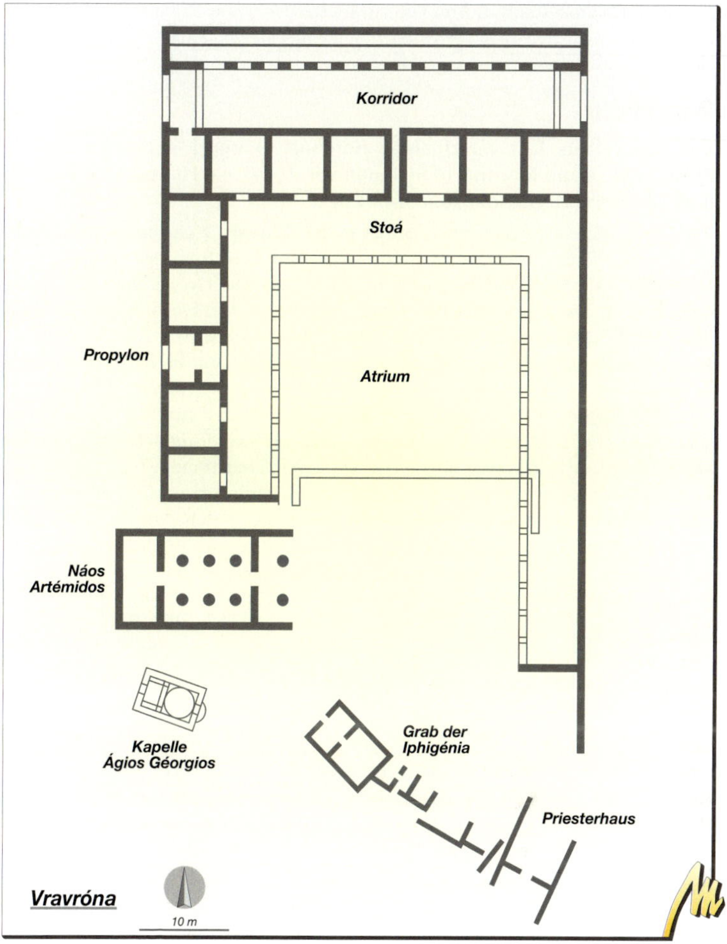

Ártemis und Kinderstatuetten, die Teil des Kults waren. **Saal 3** wird wegen seiner vielen Terrakotta-Figuren von Gottheiten aus dem 8. bis 3. Jh. v. Chr. „Raum der Götter" genannt. In **Saal 4** sind Fundstücke aus der *Nekropole von Merénda* (südlich Markópoulo) von geometrischer bis klassischer Zeit ausgestellt, vor allem Tongefäße und Grabreliefs. Außerdem finden sich hier Exponate aus der antiken Stadt Myrrhinús und eine Marmor-Sphinx aus Pórto Ráfti.

Saal 5 ist der Anávyssos-Raum, in dem geometrische Vasen vom Friedhof von Anávyssos (8. Jh. v. Chr.) und einige mykenische Keramik präsentiert werden.

Pýrgos Vraónas: Wehrturm etwa 3 km südwestlich der Ausgrabungsstätte Vravróna. Man erreicht den Turm – der Weg ist leider nicht ausgeschildert – über die Straße Richtung Markópoulo. Nach 1,7 km rechts abbiegen, dann noch etwa 1,5 km geradeaus über betonierten Feldweg. Die letzten 300 m zum Wehrturm, der mitten im hügeligen Gelände steht, sind zu Fuß zurückzulegen (keine Zufahrt möglich). Man wandert an einem Weinfeld vorbei und dann einen kleinen Hügel hinauf. Der Turm ist sehr imposant, aber leider verschlossen.

Pórto Ráfti

Der gemütliche, fast verschlafene Hafenort erstreckt sich rund um die Bucht. Viele teure Motorjachten liegen vor Anker, am Haupthafen auch einige Fischerboote. Kleiner Sandstrand.

Pórto Ráfti zieht sich rund um eine tief in die Küstenlinie eingeschnittene, halbkreisförmige Bucht, den Órmos Pórto Ráftis. Fast überall an der Paralía gibt es Fischtavernen, einige Souvláki-Buden und Café-Bars. Der Ort ist nur am Wochenende und im Hochsommer belebt, wenn die Athener hierher kommen. Da diese hier eigene Ferienwohnungen haben, gibt es kaum Hotels. Für Touristen kommt Pórto Ráfti deshalb eher als Durchgangstation in Frage, um in den Fischtavernen zu essen oder die Atmosphäre eines ruhigen Hafenortes zu genießen. An der Nordseite der Bucht haben Archäologen einige *Grabstätten* aus mykenischer und späthelladischer Zeit freigelegt. Hier, am Ende der nördlichen Paralía, *Leofóros Grégou*, liegt auch ein breiter, aber nicht sehr langer Sandstrand.

Dem Órmos sind drei kleine Inseln vorgelagert: *Ráftis*, *Raftopoúla* und *Prasonísi*. Auf der größten der Inseln, Ráftis, wurde eine etwa 3 m hohe weibliche Marmorstatue aus römischer Zeit gefunden, die sich noch heute dort befindet.

• *Verbindungen* Die **Linienbusse** von Athen nach Pórto Ráfti fahren ab Athen zwischen 5.45 und 19.45 Uhr stündlich ab Ecke Platía Egýptou/Mavromatéon-Str. 18, vor dem Áreos-Park (wenige hundert Meter östlich der Metrostation Platía Victória). Die Fahrt kostet 3,40 € (Tickets im Bus).

• *Essen & Trinken* **To Limáni**, Fischtaverne am Haupthafen. Plätze am Kai unterm Sonnendach und mit bestem Hafenblick. Chefin María Karadíma offeriert Fischgerichte je nach Fang. Gute Qualität, weil stets frische Ware. Spezialitäten sind Sargós, Brassen, Rote Meeräsche, Flusskrebse, Oktopus und Kalamari. Service und Preise o.k.

Lákis, Psarotavérna und Ouzerí an der südlichen Paralía. Plätze auf einer Hochterrasse an der Straße und in einem kleinen, begrünten Areal am Meer. Chef Micháli Andréou grillt und kocht gute Fischgerichte mit Schwerpunkt auf Fischen der A-Klasse. Es gibt aber auch Gávros, Sardinen, Oktopus und Kalamari. Normale Preise.

Ipirótis, Leofóros Grégou 69. Fischtaverne an der nördlichen Paralía. Auffälliges, mit einem bunt-romantischen Strandmotiv bemaltes Haus. Man sitzt in einem holzverkleideten Raum an hübsch eingedeckten Tischen hoch über der Straße. Chef Spíros Bakólas bietet eine reiche Auswahl an Fischgerichten. Guter Service, der Qualität angemessene, leicht gehobene Preise.

Café Remézzo, an der südlichen Paralía. Terrasse mit Regiestühlen an der Uferstraße, modernes Ambiente. Schon zur Frühstückszeit geöffnet und dann den ganzen Tag über Kaffee und kühle Erfrischungen. Abends internationale Pop-Musik und Café-Bar-Charakter.

Prasiaí: die antike Hafenstadt von Pórto Ráfti. Prasiaí ist einer der besten Naturhäfen Griechenlands. Im 7. und 6. Jh. v. Chr. starteten die Handels- und Kriegsschiffe Richtung Kykladen zumeist wegen der sicheren Hafenausfahrt von dieser Bucht. Die antike Stadt und ihr Hafen lagen wahrscheinlich an der Südseite der heutigen Bucht, hinter der sich der Ort erstreckt. Dort wurden auch Gräber aus mykenischer Zeit entdeckt. Weiter im Landesinnern an den Osthängen des Korifí-Gebirges befinden sich die Ruinen der ehemaligen Befestigungsmauern mit neun Bastionen. Errichtet wurde die von einer (nicht mehr erhaltenen) Akrópolis gekrönte Anlage um 265 v. Chr.

Relaxtes Angeln im Hafen von Pórto Ráfti

Sach- und Personenregister

Geographisches Register (Athen)

Geographisches Register (Áttika)